ECKART KLEIN

# Die verfassungsrechtliche Problematik des ministerialfreien Raumes

Schriften zum Öffentlichen Recht

Band 236

# Die verfassungsrechtliche Problematik des ministerialfreien Raumes

## Ein Beitrag zur Dogmatik der weisungsfreien Verwaltungsstellen

Von

Dr. Eckart Klein

DUNCKER & HUMBLOT / BERLIN

Gedruckt 1974 bei Berliner Buchdruckerei Union GmbH., Berlin 61
Printed in Germany

ISBN 3 428 03081 8

# Vorwort

Die vorliegende Arbeit hat im Sommersemester 1973 der Juristischen Fakultät der Universität Heidelberg als Dissertation vorgelegen. Für die Drucklegung sind Rechtsprechung und Literatur bis Mitte 1973 eingearbeitet worden.

Ich möchte auch an dieser Stelle den Herren Professoren Dr. Klaus Vogel und Dr. Karl Doehring herzlich für die Betreuung und die Mühe der Begutachtung danken. Mein Dank gilt gleichfalls Herrn Ministerialrat a. D. Dr. J. Broermann für die Aufnahme der Arbeit in die Reihe „Schriften zum Öffentlichen Recht".

Ich widme diese Abhandlung meinen Eltern und meiner Frau.

Heidelberg, den 28. August 1973

*Eckart Klein*

# Inhaltsverzeichnis

*Dritter Teil*

*Vierter Teil*

**Die eigene Lösung** 190

# Abkürzungsverzeichnis*

| | |
|---|---|
| A. A. | Anderer Ansicht |
| ABl. | Amtsblatt |
| AöR | Archiv des öffentlichen Rechts |
| Archiv PF | Archiv für das Post- und Fernmeldewesen |
| BaWüVBl. | Baden-Württembergisches Verwaltungsblatt |
| BayVerwBl. | Bayerische Verwaltungsblätter |
| BayVerfGH | Bayerischer Verfassungsgerichtshof |
| BayVGH | Bayerischer Verwaltungsgerichtshof |
| Bes. | Besonders |
| Beschl. | Beschluß |
| BFH | Bundesfinanzhof |
| BGBl. | Bundesgesetzblatt |
| BGH | Bundesgerichtshof |
| BGHZ | Entscheidungen des Bundesgerichtshofes in Zivilsachen |
| BK | Kommentar zum Bonner Grundgesetz (Bonner Kommentar) |
| BRat | Bundesrat |
| BRD | Bundesrepublik Deutschland |
| BReg. | Bundesregierung |
| BRH | Bundesrechnungshof |
| BStBl. | Bundessteuerblatt |
| BTag | Bundestag |
| BVerfG | Bundesverfassungsgericht |
| BVerfGE | Entscheidungen des Bundesverfassungsgerichts |
| BVerwG | Bundesverwaltungsgericht |
| BVerwGE | Entscheidungen des Bundesverwaltungsgerichts |
| B-VG | Bundes-Verfassungsgesetz |
| DJT | Deutscher Juristentag |
| DÖV | Die öffentliche Verwaltung |
| DRiZ | Deutsche Richterzeitung |
| Drucks. | Drucksache |
| DVBl. | Deutsches Verwaltungsblatt |
| DVO | Durchführungsverordnung |
| Erk. | Erkenntnis |
| Erl. | Erläuterung |
| EvStL | Evangelisches Staatslexikon |
| FS | Festschrift |

* Die sich unmittelbar aus dem Text ergebenden oder dort selbst erklärten Abkürzungen sind hier nicht mitaufgeführt.

| | |
|---|---|
| GBl. | Gesetzblatt |
| GeschO | Geschäftsordnung |
| GG | Grundgesetz |
| GGO II | Gemeinsame Geschäftsordnung der Bundesministerien, Besonderer Teil |
| GMBl. | Gemeinsames Ministerialblatt |
| GVBl. | Gesetz- und Verordnungsblatt |
| GVG | Gerichtsverfassungsgesetz |
| HdbDStR | Handbuch des Deutschen Staatsrechts |
| Hess. | Hessisch |
| H. L. | Herrschende Lehre |
| Hrsg. | Herausgeber; herausgegeben |
| I. d. F. | In der Fassung |
| I. S. | Im Sinn |
| I. ü. | Im übrigen |
| I. V. m. | In Verbindung mit |
| JBl. | Juristische Blätter |
| JöR | Jahrbuch des öffentlichen Rechts der Gegenwart |
| JuS | Juristische Schulung |
| JZ | Juristenzeitung |
| LV | Landesverfassung |
| MDR | Monatsschrift für Deutsches Recht |
| M. w. N. | Mit weiteren Nachweisen |
| NF | Neue Folge |
| NJW | Neue Juristische Wochenschrift |
| Nr. | Nummer |
| OVG | Oberverwaltungsgericht |
| OVGE | Entscheidungen der Oberverwaltungsgerichte für das Land Nordrhein-Westfalen in Münster sowie für die Länder Niedersachsen und Schleswig-Holstein in Lüneburg |
| ÖJZ | Österreichische Juristen-Zeitung |
| ÖZöffR | Österreichische Zeitschrift für öffentliches Recht |
| Prot. | Protokoll |
| Pr. OVG | Preußisches Oberverwaltungsgericht |
| Rdn. | Randnummer |
| RegBl. | Regierungsblatt |
| RGBl. | Reichsgesetzblatt |
| RHO | Reichshaushaltsordnung |
| Rspr. d. hess. VerwGe | Rechtsprechung der hessischen Verwaltungsgerichte |
| RV | Reichsverfassung von 1871 |
| SchwJZ | Schweizerische Juristen-Zeitung |
| Slg. | Sammlung |

| | |
|---|---|
| Sten. Prot. | Stenographisches Protokoll |
| StGB | Strafgesetzbuch |
| StGH | Staatsgerichtshof |
| U. a. | Unter anderem |
| Urt. | Urteil |
| U. S. | United States |
| U. U. | Unter Umständen |
| V. | Versus |
| VerfGH | Verfassungsgerichtshof |
| VerwArch. | Verwaltungsarchiv |
| VerwRspr. | Verwaltungsrechtsprechung |
| VGH | Verwaltungsgerichtshof |
| VO | Verordnung |
| Vorbem. | Vorbemerkung |
| VVDStRL | Veröffentlichungen der Vereinigung der Deutschen Staatsrechtslehrer |
| VwGO | Verwaltungsgerichtsordnung |
| WissR | Wissenschaftsrecht, Wissenschaftsverwaltung, Wissenschaftsförderung |
| WV | Weimarer Reichsverfassung |
| ZBR | Zeitschrift für Beamtenrecht |
| ZfP | Zeitschrift für Parlamentsfragen |
| ZgesStW | Zeitschrift für die gesamte Staatswissenschaft |
| ZRP | Zeitschrift für Rechtspolitik |
| ZSchwR | Zeitschrift für Schweizerisches Recht |
| Zust. | Zustimmend |

# Einleitung

## § 1 Gegenstand und Methode

### I. Ziel und Gegenstand der Arbeit

Ziel dieser Arbeit ist, eine verfassungsrechtlich vertretbare Antwort auf die Frage zu finden, ob und gegebenenfalls in welchem Umfang öffentliche Verwaltung von parlamentarischer Kontrolle frei sein kann. Daß dies keine nur akademische Frage, sondern eine in der Rechtswirklichkeit sogar recht häufige Erscheinung ist, wird aus den hier angestellten Erörterungen gleichfalls hervorgehen.

Der Reichweite parlamentarischer Kontrolle entspricht die Reichweite der parlamentarischen Verantwortlichkeit der Regierung. Dieser Zusammenhang von Kontrolle des Parlaments und Verantwortlichkeit der Regierung ist natürlich zunächst nichts weiter als eine noch zu verifizierende These. Das parlamentarische Prinzip[1] wird jedoch bewußt zum Ausgangspunkt dieser Untersuchung genommen. Die zunehmende, auf mancherlei Gründen beruhende, allenthalben beklagte[2] Schwächung des Parlaments läßt es notwendig erscheinen, der mit in Verfall geratenden Kontrollfunktion des Parlaments nähere Beachtung zu schenken.

Von den vielfältigen Gründen, die zur Abnahme der Kontrolltätigkeit des Parlaments führen[3], soll hier nur einer Gegenstand der Erörterung sein. Es geht um die Problematik solcher Verwaltungsstellen, die derart organisiert sind, daß sie aus dem verwaltungsrechtlichen Instanzenzug, dem Ministerialsystem herausgenommen sind, also den Weisungen der Ressortspitze, d. h. der verantwortlichen Minister nicht (mehr) unterliegen und folglich — der obigen These entsprechend — „parlamentsfrei", frei von parlamentarischer Kontrolle sind. Sieht man diese Erscheinungen mehr von der Verwaltungsorganisation her, so ist die Bezeichnung

---

[1] Einen interessanten Hinweis zur Verbindung zwischen Ministerverantwortlichkeit und parlamentarischem Prinzip gibt *V. Böhmert* in der Diskussion zum Thema „Parlament und Regierung im modernen Staat", VVDStRL 16 (1958), S. 141 f.

[2] Vgl. statt vieler *H. H. Rupp,* Die Dogmatik des Verwaltungsrechts und die Gegenwartsaufgaben der Verwaltung DVBl. 1971, S. 669 ff., der eine anschauliche „Verlustliste parlamentarisch — demokratischer Elemente" (S. 673) aufstellt.

[3] Siehe etwa *U. Scheuner,* Verantwortung und Kontrolle in der demokratischen Verfassungsordnung, in FS für Gebhard Müller, 1970, S. 379 ff. (398 ff.).

„ministerialfreier Raum“ treffender[4]. Die Untersuchung beschränkt sich dabei auf den Bereich der Bundesverwaltung; auf die Verfassungslage der Länder soll nur da näher eingegangen werden, wo dies einer irgendwie gearteten Erhellung des Problems dienen könnte.

Eine Beschränkung der Untersuchung auf die sog. unmittelbare Bundesverwaltung wäre dagegen nicht sachgemäß. Um dem Gesamtkomplex gerecht zu werden, ist vielmehr auch die mittelbare Staatsverwaltung, sind m. a. W. die Selbstverwaltungskörper im Auge zu behalten; denn auch sie sind in eine erst noch zu erklärende Distanz zu der Verwaltungsspitze getreten und erfüllen im Prinzip nicht anders als die Ausgliederungen im Bereich der unmittelbaren Staatsverwaltung die Bedingungen des „parlamentsfreien Raumes“.

Die verfassungsrechtlichen Implikationen unserer Fragestellung sind klar. Ist es doch eine der wichtigsten Aufgaben der Verfassung, durch die Art der Machtverteilung im Staat die staatliche Ordnung zu verfassen und zu garantieren[5]. Dabei wäre es gewiß übereilt, vom Grundgesetz eine stets klare Antwort zu erwarten. In ihm leben „Spannungen und Kräfte“[6], in ihm sind antinomische Grundentscheidungen zum Ausdruck gekommen; sie miteinander zu versöhnen, um aus ihnen die Lösung zu erhalten, wird eine genauere Analyse dieser „verfassungsgestaltenden Grundentscheidungen“[7] nötig machen. Vor diesem Hintergrund wird man die Meinung *Ernst Friesenhahns*, gegen den sog. ministerialfreien Raum bestünden von Verfassungs wegen keine Bedenken[8], nicht von vornherein ohne Vorbehalt akzeptieren können. Die Bedenken liegen auf der Hand; ob sie allerdings schwerwiegend genug sind, um den ministerialfreien Raum schlechthin für verfassungswidrig zu halten, oder ob sie zu einer differenzierenden Lösung führen werden, wird sich erst im Verlauf der Darstellung ergeben.

Zuvor ist jedoch noch die Zulässigkeit des hier gewählten Ansatzpunktes zu überprüfen. Sie würde etwa von *Heiko Faber* und *Peter Füßlein* bestritten werden.

---

[4] Der Begriff „ministerialfreier Raum“ hat sich im Anschluß an den die Diskussion nach dem Krieg recht eigentlich eröffnenden Aufsatz von *H. Loening*, Der ministerialfreie Raum in der Staatsverwaltung, DVBl. 1954, S. 173 ff., als terminus technicus durchgesetzt. Über den Zusammenhang von ministerialfreiem und parlamentsfreiem Raum vgl. unten bei § 5 II.

[5] Siehe hierzu den Hinweis von *G. Jellinek*, Allgemeine Staatslehre, 3. Aufl. 1922, S. 789, und von *L. Werner*, Weisungsfreie Verwaltungsbehörden, JBl. 1957, S. 229.

[6] Vgl. *W. Weber*, Spannungen und Kräfte im westdeutschen Verfassungssystem, 3. Aufl. 1970.

[7] *N. Achterberg*, Antinomien verfassungsgestaltender Grundentscheidungen, Der Staat Bd. 8 (1969), S. 159 ff.

[8] Parlament und Regierung im modernen Staat, VVDStRL 16 (1958), S. 72 (These II 14.).

In seiner Schrift „Wirtschaftsplanung und Bundesbankautonomie" bezeichnet *Faber* mit unverhohlener Kritik die Frage nach der Vereinbarkeit unabhängiger Verwaltungsstellen mit dem parlamentarischen Prinzip als einen „interessanten Hinweis auf das überwiegend zentralistische Verständnis der Demokratie ganz im Gegensatz zum Selbstverwaltungsgedanken, zum Föderalismus und zum Durchbruch pluralistischer Strukturen"[9]. *Füßlein* hingegen hält den „Gedanken des Parlamentarismus" schon darum nicht für den richtigen Aufhänger der Problematik, weil er von der mangelnden Eigenständigkeit der Regierung ausgehe und diese damit — zu Unrecht — zu einem bloßen Parlamentsausschuß degradiere[10].

Beide Einwände sind nicht überzeugend. Richtig ist zwar, daß der hier gewählte Ausgangspunkt von der — noch zu belegenden — Voraussetzung ausgeht, daß wirksame — *parlamentarische* — Kontrolle der Verwaltung nur durch eine parlamentarisch verantwortliche Regierung möglich ist[11]; richtig ist auch, daß die Bundesregierung Zuständigkeiten nur außerhalb dieses unabhängig gestellten „ministerialfreien Raumes" hat[11] — aber es muß gestattet sein, ja ist erforderlich, daß eine Untersuchung dem rechtlichen Grund dieser fehlenden Zuständigkeit der Regierung und damit des Kontrollverlustes des Parlaments nachgeht. Auch die Argumentation *Füßleins* ist nicht stichhaltig: Die Abhängigkeit der Regierung vom Parlament und umgekehrt das Angewiesensein des Parlaments auf die Regierung als Vermittler der Kontrolle[12] macht die Regierung noch längst nicht zum bloßen Parlamentsausschuß ohne eigene Rechte. Damit ist das Verhältnis Regierung — Parlament für unser Problem nicht eliminiert; darauf ist vielmehr noch in mehrfacher Hinsicht zurückzukommen.

## II. Gang der Arbeit

Durch den Ausgangspunkt ist zugleich der Gang der Arbeit vorgezeichnet. In einem 1. Teil soll zunächst die Kontrollfunktion des Parlaments näher umschrieben werden (A), um im Anschluß daran die Be-

---

9 Wirtschaftsplanung und Bundesbankautonomie, 1969, S. 25. Ausgangspunkt *Fabers* ist das Demokratiegebot gem. Art. 20 Abs. 1 GG.

10 Ministerialfreie Verwaltung. Begriff, Erscheinungsformen und Vereinbarkeit mit dem Grundgesetz, Diss. Bonn 1972, S. 311 f. Unmittelbar bei den Befugnissen der Regierung findet *Füßlein* den von ihm für richtig gehaltenen Ansatzpunkt, vgl. S. 318 ff.

11 *H. Faber,* S. 63. Nicht bestritten soll Faber werden, daß nicht nur die parlamentarische Kontrolle gegenüber der Verwaltung wirksam werden kann, sondern daß es auch andere Kontrollmöglichkeiten gibt. Entscheidend ist aber zunächst die Frage, ob das Parlament selbst nicht umfassende Kontrollmöglichkeiten haben muß.

12 *P. Füßlein,* S. 312, spricht insoweit anschaulich von der Funktion der Regierung als „Transmissionsriemen zwischen Parlament und Verwaltung".

reiche ermitteln zu können, in welche die parlamentarische Kontrolle nicht hineinzuwirken vermag (B). Im 2. Teil werden einzelne Grundgesetzbestimmungen untersucht, denen unmittelbar die Freistellung von parlamentarischer Kontrolle und die Unabhängigkeit von der Verwaltungsspitze entnommen werden kann bzw. von denen dieses in der Diskussion behauptet worden ist. Den bislang dargebotenen Lösungsversuchen unter dem Grundgesetz wird im 3. Teil nachgegangen. Wegen des hierbei häufig stattfindenden Rekurses auf die Zeit vor 1949 ist es unerläßlich, auch auf die verfassungsrechtliche Lage unter den vorgrundgesetzlichen deutschen Verfassungen einzugehen. Der eigene Lösungsvorschlag wird im 4. Teil abgehandelt. Hier soll im einzelnen ausgeführt werden, daß das Parlament in einem bestimmten, noch näher abzugrenzenden Rahmen auf sein Kontrollrecht *verzichten* kann, womit eine m. E. geeignete dogmatische Grundlage gefunden ist, auf der das Problem des parlamentsfreien Raumes in einem akzeptablen Umfang gelöst werden kann. Die „Verzichtstheorie“ ist somit zugleich eine pragmatische Antwort auf Erscheinungen des politischen Alltags, denen der Jurist sich zu stellen hat.

*Erster Teil*

# Parlamentarische Kontrolle und ministerialfreier Raum

## A. Die Kontrollfunktion des Parlaments

### § 2 Die Funktionen des Parlaments

Will man sich einen Überblick über die dem Parlament obliegenden Funktionen verschaffen, so lohnt es sich, einen Blick auf die klassische Darstellung bei *Walter Bagehot*[1] zu werfen, die zwar auf das House of Commons konzipiert ist, die aber auch eine allgemeingültige Aussage für Länder des parlamentarischen Systems enthält. *Bagehot* nennt an dieser Stelle — als „the main function" — „the elective function". Es folgen „the expressive function", „the teaching function", „the informing function" und „lastly, there is the function of legislation".

Beim ersten Hinsehn wundert man sich allerdings über diese Aufzählung. Dies gilt sowohl bezüglich der den letzten Platz — was von *Bagehot* durchaus wertend gemeint ist[2] — einnehmenden legiferierenden Aufgabe, als auch für das zunächst offenkundig scheinende Fehlen der Kontrollfunktion des Parlaments. Im Gegensatz hierzu pflegt man in Deutschland häufig überhaupt nur die Gesetzgebung und Kontrolle als Funktionen des Parlaments hervorzuheben[3], verschiedentlich werden noch die Befugnisse bei der Bestellung von Bundesorganen[4] und zur

---

[1] The English Constitution, Oxford University Press, 1952, S. 115 ff. Eine erste Ausgabe war 1867 erschienen.

[2] The English Constitution, S. 119: „... the function of legislation, of which of course it would be preposterous to deny the great importance, and which I only deny to be as important as the executive management of the whole state, or the political education given by Parliament to the whole nation."

[3] So z. B. G. *Leibholz*, Die Kontrollfunktion des Parlaments, in: Macht und Ohnmacht der Parlamente, 1965, S. 57 ff.; auch *U. Scheuner*, FS G. Müller, S. 397.

[4] *Th. Maunz*, Deutsches Staatsrecht, 18. Aufl. 1971, S. 345; *E. Stein*, Lehrbuch des Staatsrechts, 2. Aufl. 1971, S. 65 ff., hebt die „Wahlfunktion" ausdrücklich hervor.

[5] *Th. Maunz*, S. 346; *U. Scheuner*, Entwicklungslinien des parlamentarischen Regierungssystems, in: FS für Adolf Arndt, 1969, S. 385 ff. (396 ff.).

[6] *M. Frenkel*, Institutionen der Verwaltungskontrolle, 1969, Nr. 175 ff., nennt als weitere Parlamentsfunktion die im Zuge der Entwicklung in den Hintergrund getretene Rechtsprechung (House of Lords!). Was den Bundestag angeht, so kann man in der ihm obliegenden Wahlprüfung ein letztes Residuum einer rechtsprechenden Aufgabe erblicken; vgl. dazu *Th. Maunz* in: Maunz - Dürig - Herzog, Grundgesetz, Art. 41 Rdn. 12.

Haushaltsfeststellung[5] hinzugenommen[6]. Eine nähere Betrachtung der von *Bagehot* dem Parlament zugeschriebenen Funktionen zeigt jedoch, daß von einem sachlichen Unterschied in der Beurteilung keine Rede sein kann[7]. So erweist sich etwa die Wahlfunktion[8], die ja auch eine — wenngleich gegenüber früher abgeschwächte — Abwahlfunktion ist (Art. 63, 67 GG), als Kernstück gerade der Kontrollfunktion.

Unter der „expressive function" versteht *Bagehot* die Aufgabe, die Auffassung des Volkes wiederzugeben. Damit ist ein Punkt angesprochen, der uns noch ausgiebig beschäftigen wird. Es handelt sich hierbei heutzutage darum, ob das Parlament überhaupt noch in der Lage ist, allein die Volksmeinung zu artikulieren, ob dies nicht ganz notwendig weitgehend von Parteien, Verbänden, Interessengruppen wahrgenommen wird. In diesen Konnex gehört auch die von *Ekkehart Stein* sogenannte „Rückkopplungsfunktion" zwischen parlamentarischer Vertretung und Bevölkerung; sie ist ihm freilich weniger echte Aufgabe als Voraussetzung der Erfüllung dieser Aufgaben, ein ständiger Prozeß „zur Ermittlung der Gesamtinteressen durch ein Ringen der Einzelinteressen um einen Kompromiß"[9].

Ein Stück Kontrolle verbirgt sich jedoch wieder in der „teaching" und der „informing function". Während die erzieherische Wirkung des Parlaments in der Darstellung der Probleme, die zu bewältigen sind, besteht[10] und somit Offenlegung ist, wird das kontrollierende Element der „informing function" — in einer deutschen Übersetzung als „Beschwerdefunktion" bezeichnet[11] — noch deutlicher. Über Mißstände und Klagen wird diskutiert; indem sie der Verborgenheit entrissen werden, die Öffentlichkeit hierfür interessiert wird, entsteht eine mächtige Barriere gegen Ungerechtigkeit und Willkür.

Nicht zu übersehen ist, daß in einem modernen Sozial- und Industriestaat die Gesetzgebungsfunktion ungeheuer an Gewicht zugenommen hat. Der verwaltende und verteilende Staat bedarf der Normierung, der Zielweisung weit mehr als der Staat des 19. Jahrhunderts[12]. Auf diese

---

[7] Vgl. zum Folgenden *R. Wildenmann,* Macht und Konsens als Problem der Innen- und Außenpolitik, 1963, S. 116 ff.

[8] Dabei obliegt dem Bundestag nicht nur die Wahl des Bundeskanzlers, die Funktion geht weiter, *E. Stein,* Staatsrecht, S. 65 ff.

[9] *E. Stein,* Staatsrecht, S. 76.

[10] Vgl. *R. Wildenmann,* Macht und Konsens, S. 123.

[11] *W. Bagehot,* Die englische Verfassung, hrsg. von K. Streifthau, 1971, S. 138.

[12] Dies auch ganz unabhängig von der noch immer nicht abgeklärten Frage, ob die Leistungsverwaltung von Rechts wegen der gesetzlichen Ermächtigung bedarf; zum Problem vgl. etwa nur *K. Vogel,* Gesetzgeber und Verwaltung, VVDStRL 24 (1966), S. 151 ff. — In dem jedenfalls weithin tatsächlich bestehenden Angewiesensein der Verwaltung auf gesetzliche Leitlinien wird erkennbar, daß das Parlament eine neue Funktion hinzugewonnen hat, nämlich die eines „Richters über Sozialinteressen", vgl. *R. Wildenmann,* Macht und Konsens, S. 130.

Weise wird über die Bindung der vollziehenden Gewalt an Gesetz und Recht (Art. 20 Abs. 3 GG) der reglementierende, ordnende und insofern präventiv-kontrollierende Einfluß des Parlaments auch in der Gesetzgebungsfunktion deutlich. Es wäre gleichwohl nicht richtig, die Kontrolldimension im Bereich der Gesetzgebung zu überschätzen. Die anschwellende Gesetzesflut steigert nämlich gleichzeitig die Einwirkungsmöglichkeiten der Regierung und der ihr nachgeordneten Ministerialbürokratie auf den Gesetzgebungsprozeß, da weitgehend nur sie über die Daten und Fakten des zu regelnden Lebensbereiches verfügen. Mag diese Entwicklung auch manchmal überzeichnet worden sein, so macht sie doch klar, daß vermehrte gesetzgeberische Tätigkeit kaum in der Lage sein wird, ein — eventuell — vorhandenes Defizit laufender parlamentarischer Kontrolle auszugleichen. Sie als die eigentliche „Wächterfunktion" soll im folgenden noch etwas näher ins Auge gefaßt werden[13]. Dabei kann es sich nicht darum handeln, ein ins einzelne gehendes Bild zu zeichnen[14]. Entscheidend ist vielmehr herauszustellen, in welcher Weise und wem gegenüber sich die parlamentarische Kontrolle verwirklicht.

## § 3 Die parlamentarische Kontrolle Begründung, Kontrollorgan und Verantwortungsschuldner

### I. Begründung

Gerade wegen des Abbaus von Macht und Einfluß des Parlaments in vielen anderen Bereichen hat man die Kontrollfunktion, wohl in der Hoffnung, sie als Gegengewicht dazu ausgestalten zu können, die „parlamentarische Funktion der Zukunft" genannt[1]. Hier in eine Untersuchung darüber einzutreten, *daß* das Parlament kontrolliert, d. h. feststellt, mißt, bewertet i. S. *Kurt Eichenbergers*[2], wäre müßig[3]. Nicht über das Ob, sondern über das Warum, über den personellen und sachlichen Umfang der Kontrolle besteht Streit.

[13] Der Vollständigkeit halber sei darauf hingewiesen, daß dem Parlament ein nicht unwesentlicher Teil an der Staatsleitung zukommt, dazu vgl. unten § 25 II. Auch hier aber liegt ein Zusammenhang mit der parlamentarischen Kontrollfunktion vor, wie ihn etwa *H.-W. Bayer*, Die Aufhebung völkerrechtlicher Verträge im deutschen parlamentarischen Regierungssystem, 1969, S. 113 ff., speziell für Art. 59 Abs. 2 GG aufgezeigt hat; vgl. aber auch ebd. S. 144 ff.

[14] Aus der reichen Anzahl von Gesamtdarstellungen sei hier nur verwiesen auf *S. I. Aschauer*, Die parlamentarische Kontrolle der Regierung, Diss. Bonn 1966, und *K. Kröger*, Die Ministerverantwortlichkeit in der Verfassungsordnung der Bundesrepublik Deutschland, 1972.

[1] *W. Moser*, Die parlamentarische Kontrolle über Verwaltung und Justiz, Diss. Zürich 1969, S. 3.

[2] Die Problematik der parlamentarischen Kontrolle im Verwaltungsstaat, SchwJZ 1965, S. 269.

[3] In Art. 45 b GG und in Art. 3 Abs. 2 der Vorläufigen Niedersächsischen Verfassung, GVBl. 1951, S. 103, ist die Kontrollfunktion des Parlaments aus-

### 1. Volkssouveränität

Als Begründung für parlamentarische Kontrolle bietet sich zunächst der Grundsatz der Volkssouveränität[4] an. Wenn alle Macht vom Volke ausgeht, wie es in Art. 20 Abs. 2 S. 1 GG heißt, und diese Macht — von wenigen Ausnahmen abgesehen — von einem besonderen Organ ausgeübt wird, an deren Akte die vollziehende Gewalt gebunden ist (Vorbehalt und Vorrang des Gesetzes), dann erscheint die Kontrolle dieses Organs lediglich als Ausdruck der Sorge darüber, ob die Verwirklichung durch die Exekutive noch der Zielvorstellung des eigentlichen Souveräns entspricht[5]. Der Grund für die Kontrolle wird so in der alle anderen Staatsorgane bindenden Rechtssetzungstätigkeit gesehen, die dem Parlament eine übergeordnete Stellung verleiht[6].

### 2. Funktionelle Integration

*Rudolf Smend*[7] hat den parlamentarischen Verhandlungen[8], in denen ja die Kontrolle realisiert wird, eine weitere und seiner Ansicht nach vorrangige Rechtfertigung gegeben. In der Verhandlung, durch die parlamentarische Dialektik gewinnt das politische Volk sein Dasein, seine Existenz als staatliche Wirklichkeit. Nicht nur ist Aufgabe des parlamentarischen Gesprächs, das, was „falsch gelaufen" ist, anzuprangern und negativ - kritisch herauszustellen; in der Diskussion wird auch das, was wohl gelungen ist, hervorgehoben, einer, wenn man so will, affirmativen Kritik unterzogen[9]. Parlamentarische Kontrolle wird so zum Element „funktioneller Integration".

### 3. Gewaltenteilung

Begreift man den Gewaltenteilungsgrundsatz[10] nicht als Dogma der Dreiteilung der Gewalten i. S. einer bloßen Verselbständigung von Funktionen und ihren Trägern, sondern als den Ausdruck einer — gegenseitigen — Machthemmung i. S. des Montesquieuschen „que le

drücklich verankert. — Einen Überblick über die geschichtliche Entwicklung gibt *H. Monz*, Die parlamentarische Verantwortlichkeit im deutschen Staatsrecht einst und heute, 1965.

4 Vgl. *K. Eichenberger*, SchwJZ 1965, S. 271 f., und *W. Moser*, S. 24.

5 Hierin sieht wohl auch *E. Stein*, Staatsrecht, S. 69, den Sinn der parlamentarischen Kontrolle.

6 Bezeichnenderweise wird das parlamentarische Kontrollrecht in der Schweiz „Oberaufsichtsrecht" genannt, Art. 85 Ziff. 1 Bundesverfassung.

7 Verfassung und Verfassungsrecht, in: Staatsrechtliche Abhandlungen, 1955, S. 119 ff. (136 ff., 154 ff.).

8 Aber nicht nur ihnen, sondern allen Staatsfunktionen.

9 Vgl. auch *K. Eichenberger*, SchwJZ 1965, S. 272.

10 Vom Zusammenhang von parlamentarischer Kontrolle und der Gewaltenteilungsidee geht etwa *K. v. Beyme* aus, Stichwort: Kontrolle, parlamentarische, in: Handbuch des deutschen Parlamentarismus, hrsg. von H.-H. Röhring, K. Sontheimer, 1970, S. 251.

pouvoir arrête le pouvoir“[11], so erhält die parlamentarische Kontrolle ein neues Gewicht dadurch, daß sie ein geeignetes Mittel wird, der Wahrung der Staatseinheit zu dienen. Ihr obliegt es, ein Auseinanderstreben der Machteinheiten zu verhindern und außerrechtliche Machtballungen unmöglich zu machen. „Man kann denn sagen, die parlamentarische Kontrolle der Exekutive perfektioniere das zugleich trennende wie verschränkende Gewaltenteilungsprinzip“[12].

#### 4. Rechtmäßigkeit der Verwaltung

*Werner Moser*[13] hat im Anschluß an die bereits zitierten Ausführungen *Eichenbergers*[14] die parlamentarische Kontrolle auch als Garantie *recht*mäßiger Verwaltung begreifen wollen. Mit der Kontrolle solle das rechts- und sachrichtige Handeln der Exekutive sichergestellt werden. Diese Begründung der parlamentarischen Kontrolle hat einmal starke Berührungspunkte zur oben unter 1. gegebenen Begründung, zum andern weist sie — wie noch zu zeigen sein wird — durch den in ihr enthaltenen Rechtmäßigkeitsmaßstab über die parlamentarische Kontrolle als politische Kontrolle hinaus.

#### 5. Realisierung von Verantwortlichkeit

Die parlamentarische Kontrolle ist aber auch Mittel, Verantwortlichkeiten zu realisieren[15]. Realisieren heißt sichtbar machen, generell und für den Einzelfall. Verantwortlich sein ist ein Zustand, der durch die Kontrolle aktualisiert wird. Aus dieser Verbindung von Kontrolle und Verantwortlichkeit lassen sich als Folgerungen ableiten: a) das kontrollierende Organ muß ein Gegenüber, den „Verantwortungsschuldner“ haben; b) die Reichweite von Kontrolle bzw. Verantwortlichkeit entspricht sich; c) der Maßstab der Kontrolle wird zugleich den Inhalt der Verantwortlichkeit prägen. Dies soll nun weiter ausgeführt werden.

### II. Kontrollorgan

Das Bundesverfassungsgericht hat das „Parlament“ als „oberstes Kontrollorgan“ bezeichnet[16]; aus den näheren Umständen geht hervor, daß vom Bundestag die Rede ist. Frage ist nur, ob auch der Bundes*rat* als Kontrollorgan angesprochen werden darf. Geht man davon aus, daß par-

---

[11] *Ch. de Montesquieu*, De l'Esprit des Lois, Editions Garnier Frères, 1961, XI. Buch, 4. Kapitel.

[12] *K. Eichenberger*, SchwJZ 1965, S. 271.

[13] S. 25 f.

[14] SchwJZ 1965, S. 272.

[15] Vgl. *K. Loewenstein*, Die neue Dreiteilung der Staatsfunktionen, in: Zur heutigen Problematik der Gewaltentrennung, hrsg. von H. Rausch, 1969, S. 272 ff. (283): „Der Angelpunkt der Funktion der politischen Kontrolle liegt in der Geltendmachung und Erzwingung der politischen Verantwortlichkeit.“

[16] BVerfGE 10, 4 ff. (17), Urt. v. 14. 7. 1959.

lamentarische Verantwortlichkeit sich vor allem im Rede — und Antwort-stehen-müssen verwirklicht[17], so ließe sich im Zitierungsrecht[18] des Bundesrats und seiner Ausschüsse nach Art. 53 Satz 1 GG die Grundlage eines parlamentarischen Kontrollrechts finden. In diese Richtung deutet in der Tat die Bemerkung von *Theodor Maunz*, dieses Zitierungsrecht sei „Bestandteil des allgemeinen Kontrollrechts, das in gewissem Sinne auch dem Bundesrat“ zustehe[19]. Weiter noch scheint *Hans Ulrich Scupin* zu gehen, der mit Art. 53 GG, der „Kardinalnorm des parlamentarischen Kontaktes zwischen dem zentralen Bundesexekutivorgan und dem föderativen Organ“, den „üblichen parlamentarischen Nexus zwischen einem Kabinett und einer Kammer“ hergestellt sieht[20]. Er macht an gleicher Stelle jedoch deutlich, daß der Bundesrat mit dieser Bestimmung sich dem Charakter einer zweiten Kammer[21] angenähert, ihn aber nicht erreicht hat: es fehlt die Vertrauensabhängigkeit der Regierung.

Aus diesem Grunde beruft sich *Maunz* a. a. O. auch zu Unrecht auf *Hans Schäfer*, der in seinem Buch über den Bundesrat ganz richtig auf die unterschiedliche innere Rechtfertigung des Zitierungsrechts von Bundesrat und Bundestag hinweist[22]. Da die Bundesregierung vom Vertrauen des Bundesrats nicht abhängig ist, beruht das bundesrätliche Zitierungsrecht nicht auf dem parlamentarischen Regierungssystem[23], sondern es ergibt sich aus den in Art. 50 GG aufgezählten Kompetenzen des Bundesrats, aus seiner Mitwirkung nämlich bei der Gesetzgebung und Verwaltung des Bundes. Diese Aufgaben allerdings machen einen ähnlich engen Kontakt mit der Bundesregierung nötig wie er zwischen Bundestag und Bundesregierung besteht[24]. Dem entspricht auch die Beschränkung der Äußerungspflicht der zitierten Regierungsmitglieder auf den Umfang des Kompetenzbereichs des Bundesrates (Art. 50 GG). Auf Fragen nach darüber hinausgehenden Handlungen der Bundesregierung, etwa bezüglich Kabinettsumbildung etc., ist die Bundesregie-

---

[17] *W. Hennis*, Zur Rechtfertigung und Kritik der Bundestagsarbeit, in FS für Adolf Arndt, 1969, S. 147 ff. (156).

[18] Nach allgemeiner Ansicht folgt aus dem Zitierungsrecht sowohl nach Art. 43 als auch nach Art. 53 GG die Äußerungspflicht des Zitierten; vgl. *Th. Maunz* in: Maunz - Dürig - Herzog, Art. 53 Rdn. 7.

[19] Maunz - Dürig - Herzog, Art. 53 Rdn. 6. Auch *K. Hesse*, Grundzüge des Verfassungsrechts der Bundesrepublik Deutschland, 5. Aufl. 1972, S. 246, gesteht dem Bundesrat Kontrollfunktion zu.

[20] *H. U. Scupin*, BK, Art. 53, Erl. 1.

[21] *E. Stein*, Staatsrecht, S. 45, spricht allerdings von der „zweiten Kammer“.

[22] Der Bundesrat, 1955, S. 57.

[23] Vgl. Urt. des BVerfG v. 22. 7. 1969, DVBl. 1969, S. 735 ff., wo als wesentlicher Inhalt des parlamentarischen Regierungssystems die Abhängigkeit der Regierung vom Parlament genannt ist.

[24] *H. v. Mangoldt* und *Fr. Klein*, Das Bonner Grundgesetz, 2. Aufl., Art. 53 Anm. III 1.

rung zu antworten nicht verpflichtet; sie schuldet hierüber dem Bundesrat keine Rechenschaft[25]. Kontrollorgan i. S. einer parlamentarischen Kontrolle ist daher nur der Bundestag, nicht auch der Bundesrat[26].

## III. Der Kreis der Verantwortlichen

### 1. Die Verantwortlichkeit von Bundeskanzler und Bundesministern

Ebenso wie das kontrollierende Organ muß der Kreis der Kontrollierten, der parlamentarisch Verantwortlichen feststehen. Es ist davon auszugehen, daß auf diese Frage eine Antwort im Grundgesetz selbst gegeben wird; denn „es ist ... eine fundamentale Frage der rechtsstaatlichen Demokratie, ob und wie sich verselbständigte Verantwortlichkeiten der herrschenden Organgruppen und Organwalter vollziehen"[27].

Der Begriff der Verantwortung bzw. Verantwortlichkeit findet sich in Art. 28 Abs. 2, 34, 46 Abs. 1, 65 GG, dort gleich zweimal. Für unseren Zusammenhang kommt nur Art. 65 GG in Betracht. In Satz 1 heißt es: „Der Bundeskanzler bestimmt die Richtlinien der Politik und trägt dafür die Verantwortung". Satz 2 lautet: „Innerhalb dieser Richtlinien leitet jeder Bundesminister seinen Geschäftsbereich selbständig und unter eigener Verantwortung". Während es unstreitig ist, daß es das Parlament (Bundestag) ist, dem gegenüber der Bundeskanzler die Verantwortung trägt[28], wird die parlamentarische Verantwortlichkeit der Bundesminister von einer Vielzahl von Autoren geleugnet; sie sehen in Art. 65 S. 2 GG lediglich die Verantwortlichkeit der Bundesminister dem Bundeskanzler gegenüber statuiert[29].

---

[25] *A. Schüle*, Die Informationspflicht der Bundesregierung gegenüber dem Bundesrat, in: Völkerrechtliche und Staatsrechtliche Abhandlungen, Carl Bilfinger zum 75. Geburtstag, 1954, S. 441 ff. (451). — Vgl. auch § 19 GeschO BRat v. 1. 7. 1966 (BGBl. I S. 437), über dessen Abs. 2 ein verfassungsrechtlicher Streit zwischen Bundesregierung und Bundesrat darüber besteht, ob das sog. nichtakzessorische Fragerecht mit dem GG in Einklang steht; zum Ganzen vgl. *H. Lechner* und *K. Hülshoff*, Parlament und Regierung, 3. Aufl. 1971, S. 281.

[26] So auch *H. v. Mangoldt*, Das Verhältnis von Regierung und Parlament, in: Deutsche Landesreferate zum III. Internationalen Kongreß für Rechtsvergleichung in London 1950, S. 819 ff. (822 f.). Dagegen besteht *R. Herzog*, Der Bundesrat als politisches Führungsorgan, BayVBl. 1966, S. 181 ff., auf einer weitgehenden Gleichstellung von Bundestag und Bundesrat. Selbstverständlich hat der Bundesrat Anteil an der Finanzkontrolle (Art. 144 GG); Quelle dieses Rechts ist aber für den Bundesrat nicht die parlamentarische sondern die bundesstaatliche Verfassung der BRD. Dies ist nicht klar geschieden bei *S. E. Pelny*, Die legislative Finanzkontrolle in der Bundesrepublik Deutschland und in den Vereinigten Staaten von Amerika, 1972, S. 20 ff.

[27] *K. Eichenberger*, Die politische Verantwortlichkeit der Regierung im schweizerischen Staatsrecht, in: Verfassungsrecht und Verfassungswirklichkeit, FS für Hans Huber, 1961, S. 109 ff. (111).

[28] Statt aller *Th. Meder*, BK, Art. 65, Erl. 6.

[29] *H. v. Mangoldt*, Das Bonner Grundgesetz, 1. Aufl. 1953, Art. 65 Anm. 4; *Th. Maunz* - Dürig - Herzog, Art. 65 Rdn. 4; *F. Giese* und *E. Schunck*, Grund-

### a) *Ablehnende Stimmen zur Ministerverantwortlichkeit*

Für das parlamentarische „Verantwortlichkeitsmonopol"[30] des Bundeskanzlers wird als entscheidendes Argument angeführt, dem Bundestag fehle die Möglichkeit, die Bundesminister durch ein Mißtrauensvotum aus ihrem Amt zu entfernen, wie sie früher nach Art 54 WV bestand und heute nach Art 67 GG in eingeschränkterem Umfang[31] nur gegenüber dem Bundeskanzler gegeben ist. Erst als das Parlament sich das Recht errungen habe, eine Regierung stürzen zu können, sei der Kampf für den Parlamentarismus entschieden gewesen. Das Mißtrauensvotum sei daher das Kernstück, ja das Kriterium parlamentarischer Verantwortlichkeit[32].

*Kurt Eichenberger* hat die Bezeichnungen „informative" und „sanktionierende" Kontrolle in die Diskussion eingeführt[33]. Bei der informativen Kontrolle setzt sich das Kontrollorgan über die Betätigungen der Exekutive ins Bild, wobei gleichzeitig dadurch ein korrektes Verhalten bewirkt werden kann, daß der Kontrollierte das Bewußtsein hat, ständig gesehen zu werden. Wenn Kontrolle dagegen auf Korrektur, jedenfalls auf Sanktion bei fehlerhaftem Exekutivhandeln geht, spricht man von sanktionierender Kontrolle. Es wäre aber nun zu einfach, den Streit um die Frage der parlamentarischen Ministerverantwortlichkeit als rein terminologisch abzutun, etwa in der Art, daß die ganze Zwistigkeit nur davon herrühre, daß man nicht wisse, ob man den Begriff der Ministerverantwortlichkeit auf die informative oder sanktionierende Kontrolle beziehen solle. *Eichenberger* hat die genannten Bezeichnungen zu Recht (bloße) „*Zweck*begriffe" genannt. Ihnen obliegt keine weitere Aufgabe, als die verschiedenen Möglichkeiten parlamentarischer Kontrolle[34] begrifflich zu ordnen. Aus der Unterscheidung Rechtsfolgen abzuleiten, geht nicht an.

*Hermann-Wilfried Bayer* hat Unrecht, wenn er bei seiner die Ministerverantwortlichkeit leugnenden Untersuchung über die parlamenta-

---

gesetz, 8. Aufl. 1970, Art. 65 Anm. II 5.; *F. Münch*, Die Bundesregierung, 1954, S. 221 f.; *U. Scheuner*, Das parlamentarische Regierungssystem in der Bundesrepublik, DÖV 1957, S. 633 ff. (634); *H. Monz*, S. 42; *H.-W. Bayer*, Zur Richtlinienkompetenz des Bundeskanzlers, DÖV 1965, S. 753 ff. (755).

30 *H.-W. Bayer*, Aufhebung, S. 156.

31 Mit der Frage, ob Art. 67 GG einem Ersuchen des Bundestags an den Bundeskanzler, die Vertrauensfrage zu stellen, entgegensteht, haben sich *E. Küchenhoff*, Mißtrauensantrag und Vertrauensfrage-Ersuchen, DÖV 1967, S. 116 ff. (verneinend) und *A. Sattler*, Vertrauensfrage-Ersuchen und Art. 67 GG, DÖV 1967, S. 765 ff., (bejahend), auseinandergesetzt.

32 *H.-W. Bayer*, DÖV 1965, S. 755.

33 SchwJZ 1965, S. 270.

34 Hierüber informieren u. a. *E. Stein*, Staatsrecht, S. 68 ff., und *H. Wollmann*, Die Stellung der Parlamentsminderheiten in England, der Bundesrepublik Deutschland und Italien, 1970, S. 150 ff., 156 ff., 164 ff.; beide legen Wert auf die minderheitsrechtlich-intensive Ausgestaltung der einzelnen Kontrollmittel.

rische Kontrollfunktion glaubt, sich auf die Rechtsprechung des Bundesverfassungsgerichts berufen zu können[35]. Der zweite Senat hat zwar in dem für unser Thema zentralen Urteil vom 27. April 1959 gesagt, im parlamentarischen Regierungssystem finde die parlamentarische Verantwortlichkeit der Regierung gegenüber dem Parlament im Mißtrauensvotum Ausdruck[36]. Hierin ließe sich in der Tat eine Stütze der Bayerschen Ansicht finden, auch wenn die Verantwortlichkeit der Regierung, nicht des Kanzlers genannt wurde. Entscheidend aber ist, daß das Bundesverfassungsgericht seine Argumentation fortsetzt mit einem Zitat *Erich Kaufmanns:* „Die Regierung hat die Aufgabe, in Verantwortlichkeit gegenüber der Volksvertretung und von ihr getragen, der gesamten Staatstätigkeit eine bestimmte Richtung zu geben und für die Einhaltung dieser Linie durch die ihr unterstellten Instanzen zu sorgen[37]." Demnach können die Ausführungen des Bundesverfassungsgerichts nur dann als gegen die parlamentarische Ministerverantwortlichkeit gerichtet angesehen werden, wenn die von *Kaufmann* skizzierte Aufgabe der Regierung vom Bundeskanzler allein nach den ihm im Verhältnis zu den Bundesministern eingeräumten Kompetenzen erfüllt werden könnte.

Bevor hierauf eingegangen wird, ist es angebracht, auch daran zu erinnern, daß der Bundestag durchaus im Wege politischen Drucks die faktische, wenngleich nicht rechtliche[38] Möglichkeit hat, einen ihm unliebsam gewordenen Minister zum Rücktritt zu zwingen[39]. Das Grundgesetz verbietet weder reine Mißbilligungsvoten noch darüber hinausgehende Aufforderungen an den Bundeskanzler, den betreffenden Minister dem Bundespräsidenten zur Entlassung vorzuschlagen[40].

---

[35] *H.-W. Bayer,* Aufhebung, S. 142 f.

[36] BVerfGE 9, S. 268 ff. (281).

[37] BverfGE a. a. O. Das Zitat *E. Kaufmanns* findet sich in: Die Grenzen der Verfassungsgerichtsbarkeit, VVDStRL 9 (1952), S. 7.

[38] Dies heißt nicht, daß das (Verfassungs-)Recht diesem politischen Druck entgegensteht. Das GG stellt nur seine Autorität nicht hinter diesen Druck, d. h. verleiht ihm keinen juristischen Anspruchscharakter.

[39] Zu erinnern ist hier an den Rücktritt des damaligen Verteidigungsministers F. J. Strauß anläßlich der „Spiegelaffäre" im Jahr 1962; dazu auch *E.-W. Böckenförde,* Die Organisationsgewalt im Bereich der Regierung, 1964, S. 146 FN 33. Weitere Beispiele finden sich bei *E. Friesenhahn,* VVDStRL 16 (1958), S. 59 in und bei FN 147.

[40] So z. B. *K. Hesse,* Grundzüge, S. 250; *E. Friesenhahn,* S. 58 f.; *E. Stein,* Staatsrecht, S. 70; *H. Pfeifer,* Über die Beschlußfassung der Regierung und die Verantwortlichkeit ihrer Mitglieder, JBl. 1964, S. 485 ff. und 541 ff. (547); *Hans Schneider,* Kabinettsfrage und Gesetzgebungsnotstand nach dem Bonner Grundgesetz, VVDStRL 8 (1950), S. 28 f. — *A. A. F. Münch,* S. 179. Schließlich sollte nicht ganz vergessen werden, daß auch über Art. 67 und 69 Abs. 2 GG, also über den Bundeskanzler ein Regierungsmitglied entfernt werden könnte, vgl. *G. v. Wick,* Die Verantwortung der Bundesminister, DÖV 1956, S. 113 ff. (114).

Selbst wenn es also richtig wäre, daß in der sanktionierenden Kontrolle sich die parlamentarische Kontrolle schlechthin erschöpfe, würde die Berücksichtigung dieser politischen Möglichkeiten des Bundestags die Verneinung der parlamentarichsen Ministerverantwortlichkeit problematisch werden lassen.

### *b) Stellung der Bundesminister*

Die Beantwortung der Frage, ob und inwieweit der Kanzler in die Ressortbereiche seiner Minister hineinregieren kann, setzt eine Erörterung der Regierungsorganisation, insbesondere der Stellung der Bundesminister voraus. Der Bundesminister hat unter dem Grundgesetz in der Regel[41] eine doppelfunktionale Stellung: er ist einmal Mitglied des Regierungskollegiums (Art. 62 GG), zum andern ist er Ressortchef (Art. 65 S. 2 GG)[42]. An der Konzeption dieser Doppelstellung ist Kritik geübt worden. Insbesondere wird bezweifelt, ob der Minister gleichzeitig der Regierungs- und Ressortleiterfunktion in effizienter Weise gerecht werden kann[43]. Es besteht jedoch kein Zweifel, daß eine Auflösung dieses Zusammenhangs von administrativer und gubernativer Funktion dem geltenden Verfassungsrecht widerspräche. Zu prüfen ist aber, ob die Stellung des Bundesministers als Ressortchef gegenüber Zugriffen des Kanzlers oder des Kollegiums gesichert ist. Dies führt in die Erörterung des Verhältnisses von Ressort- und Kollegialprinzip hinein.

#### ba) Das Verhältnis zum Bundeskanzler

Eine Einwirkung des Bundeskanzlers auf das Ressort ist auf dem Wege über die Richtlinienkompetenz (Art. 65 S. 1 GG) und auf dem der Gesamtleitungsbefugnis (Art. 65 S. 4 GG) denkbar.

---

[41] Der „Minister ohne Portefeuille“ ist dadurch nicht ausgeschlossen, vgl. dazu näher *U. Mähler,* Der Minister ohne Geschäftsbereich als Mitglied des Regierungskollegiums, Diss. Würzburg 1967, S. 32 ff.; umgekehrt gibt es jedoch keine Minister außerhalb des Regierungskollegiums (Kabinett).

[42] *J. Amphoux,* Le chancelier fédéral dans le régime constitutionnel de la République Fédérale d'Allemagne, 1960, S. 350 f.; *E.-W. Böckenförde,* Organisationsgewalt, S. 174.

[43] Für eine Aufspaltung in ein politisches und administratives Kabinett spricht sich aus etwa *E. Guilleaume,* Politische Entscheidungsfunktion und Verwaltungsstruktur, Die Verwaltung, Bd. 3 (1970), S. 1 ff. Dagegen *W. Damkowski,* Zum Verhältnis von Regierung, Verwaltung und Parlament im demokratischen Staat, Die Verwaltung Bd. 3 (1970), S. 317 ff. (322 f.), und *A. Morkel,* Die Reform des Kabinetts, aus politik und zeitgeschichte, B 43/70, S. 3 ff. (9). Zum Problem vgl. auch *J. Kölble,* Die Ministerialverwaltung im parlamentarisch-demokratischen Regierungssystem des Grundgesetzes, DÖV 1969, S. 25 ff.; *ders.,* Ist Art. 65 GG (Ressortprinzip im Rahmen von Kanzlerrichtlinien und Kabinettentscheidungen) überholt?, DÖV 1973, S. 1 ff. (7). — Um eine Verbesserung der Situation auf dem Boden des geltenden Rechts bemüht sich *R. Wahl,* Die Weiterentwicklung der Institution des parlamentarischen Staatssekretärs, Der Staat Bd. 8 (1969), S. 327 ff.

Man hat zunächst versucht, die Richtlinien als „innerdienstliche, für die Bundesminister rechtsverbindliche, abstrakte Weisungen mit normativem Charakter“ zu definieren[44]. Die heutige Haltung ist davon verschieden: es wird die politische Führungsfunktion, die notwendige Direktion und Koordination der großen, auseinanderstrebenden Ressortpolitiken in den Vordergrund gestellt[45]. Nimmt man hinzu, daß die organisationsrechtliche Entwicklung seit Bismarck von der monokratischen Kabinettsstruktur weggestrebt hat und bereits der Sache nach weitgehend auf Grund des Stellvertretergesetzes vom 17. März 1878[46] durch ressortselbständige Minister ersetzt war, was sich allerdings verfassungskräftig dann erst aus Art. 56 S. 2 WV ergab, so wird man sagen können, daß die Richtlinien eher auf Konkretisierung und Ausgestaltung durch die Minister angelegt sind als auf gehorsame Nachvollziehung[47]. Dem entspricht § 1 Abs. 1 S. 2 der Geschäftsordnung der Bundesregierung[48], wo es heißt, daß die Richtlinien für die Bundesminister verbindlich „und von ihnen in ihrem Geschäftsbereich selbständig und unter eigener Verantwortung zu verwirklichen“ sind. Dem ausgewogenen Verhältnis von Richtlinienkompetenz des Kanzlers und Ressortselbständigkeit tragen auch die §§ 3 und 4 der GeschO Rechnung. Sind die Bundesminister verpflichtet, aus ihrem Geschäftsbereich dem Kanzler von allem Nachricht zu geben, was für die Richtlinienbestimmung von Bedeutung ist (§ 3), so hat der Minister in einer mit Gründen versehenen Anfrage den Kanzler um seine Entscheidung zu bitten, wenn er eine Änderung der Richtlinien für erforderlich hält (§ 4). *Klaus Kröger* hat in der letztgenannten Bestimmung richtig ein Informationsrecht des Ministers gesehen, das dem Informationsanspruch des Kanzlers gegenübersteht[49]. Diesem Informationsanspruch selbst, in Person zu genügen, steht dem Minister zu[50]; der Immediatverkehr mit Ressortbeamten ist dem Bundeskanzler gegen den Willen des Ministers auch in Richtlinienfragen ebenso wenig möglich wie dem preußischen König im Verhältnis zu den dem Ministerpräsidenten unterstellten Staatsbeamten[51].

---

[44] So *v. Mangoldt - Klein*, Art. 65 Anm. III 2 d). Zu den unterschiedlichen Auffassungen vgl. *Eb. Menzel*, Die heutige Auslegung der Richtlinienkompetenz des Bundeskanzlers als Ausdruck der Personalisierung der Macht?, in: Die moderne Demokratie und ihr Recht, FS für Gerhard Leibholz, 1966, Bd. 2, S. 877 ff. (882 f.).

[45] *J. Amphoux*, S. 363; *E. U. Junker*, Die Richtlinienkompetenz des Bundeskanzlers, 1965, S. 59; *W. Hennis*, Richtlinienkompetenz und Regierungstechnik, 1964, S. 8 ff.

[46] RGBl. 1878, S. 7.

[47] *E.-W. Böckenförde*, Organisationsgewalt, S. 206; *K. Kröger*, Aufgabe und Verantwortung des Bundeskanzlers nach dem Grundgesetz, aus politik und zeitgeschichte, B 34/69, S. 28 ff. (32).

[48] I. d. F. vom 23. 1. 1970 (GMBl. S. 50).

[49] a. a. O., S. 33.

[50] *E.-W. Böckenförde*, Organisationsgewalt, S. 190.

[51] *E. R. Huber*, Deutsche Verfassungsgeschichte seit 1789, Bd. IV, 1969, S. 231 ff.

Jedenfalls vermag der Kanzler nicht mit Hilfe seiner Richtlinienkompetenz die Ressortselbständigkeit der Minister aufzuheben[52]. Dies zeigt auch anschaulich die Auslegung des § 19 der GeschO BReg, wie sie in den Kommentaren zur GeschO gefunden wird. Nach § 19 ist, soll ein Beamter vom Ministerialdirigenten an aufwärts in den einstweiligen Ruhestand versetzt werden, die Stellungnahme des Bundeskanzlers einzuholen. Die Kommentatoren sind sich darin einig, daß diese Stellungnahme den Minister rechtlich nicht bindet[53].

Die ergangene Richtlinie beschränkt jedoch die Selbständigkeit des Ministers auf die eigenverantwortliche Verwirklichung und Ausgestaltung; nur insoweit kann daher die Verantwortlichkeit auf den Kanzler devolviert sein. In diesem Sinn ist es auch richtig, daß die Bindung an die Richtlinien die Selbständigkeit des Ministers geradezu verdeutlicht[54].

Nach dem bisher Dargelegten ist kaum zweifelhaft, daß der Bundeskanzler auch über die ihm zustehende Gesamtleitungsbefugnis nicht in die Ressorts hineinregieren, Angelegenheiten also beliebig an sich ziehen kann, wie es immerhin juristisch noch unter dem bereits erwähnten Stellvertretergesetz von 1878 möglich war[55]. Art 65 S. 4 GG weist dem Bundeskanzler zunächst einmal nur den formellen Vorsitz in den Sitzungen der Bundesregierung zu (§§ 21 ff. GeschO BReg), hält für ihn aber darüber hinaus eine eigenständige Koordinierungskompetenz[56] bereit, was sich etwa in den §§ 2, 5, 17 Abs. 2, 31 der GeschO BReg niedergeschlagen hat[57], alles Anzeichen dafür, daß Grundlage der Geschäftsführung der Regierung auch insoweit die Ressortselbständigkeit der Minister ist.

### bb) Kollegialprinzip und „collective responsibility"

Auch das in Art. 65 S. 3 GG zum Ausdruck gekommene Kollegialprinzip vermag die ressortbezogene Selbständigkeit der einzelnen Minister nicht aufzuheben[58]. *Ernst-Wolfgang Böckenförde* spricht hier von der „ausgleichenden" Koordination im Gegensatz zur „leitenden" Koordination durch den Bundeskanzler[59]. Der Koordination unterfallen da-

---

52 So schon zu Recht *J. Amphoux*, S. 363.

53 *H. Honnacker* und *G. Grimm*, Geschäftsordnung der Bundesregierung, 1969, § 19 Erl. 5, und *Lechner - Hülshoff*, S. 349.

54 *E.-W. Böckenförde*, Organisationsgewalt, S. 206 f.

55 Vgl. *G. Meyer* und *G. Anschütz*, Lehrbuch des deutschen Staatsrechts, 7. Aufl. 1919, S. 528 ff.

56 Zum Problem allgemein *U. Scheuner*, Politische Koordination in der Demokratie, in: FS für G. Leibholz, Bd. 2, S. 899 ff.; speziell zur koordinierenden Position des Bundeskanzlers ebd. S. 917 ff.

57 Vgl. *H. Prior*, Die interministeriellen Ausschüsse der Bundesministerien, 1968, S. 10 ff.

58 *K. Kröger*, Aufgabe und Verantwortung, S. 38 ff.

59 Organisationsgewalt, S. 172. I. ü. gilt auch hier, was *E. C. S. Wade* und *A. W. Bradley*, Constitutional Law, 7th edition, 1965, S. 87, für britische Ver-

bei — denn nur sie sind koordinierungstauglich — ausschließlich die ein Ressort übergreifenden Angelegenheiten.

Allerdings hat der in § 15 GeschO BReg niedergelegte Katalog die Kabinettszuständigkeit erheblich erweitert. *Fritz Münch* folgert daraus eine Zurückdrängung des Ressortprinzips in den Bereich der politisch belanglosen Maßnahmen[60]; *Böckenförde* meldet dagegen verfassungsrechtliche Bedenken an, § 15 Abs. 2 GeschO BReg sei sogar „direkt verfassungswidrig"[61].

Beide Auffassungen sind nicht berechtigt; sie berücksichtigen weder die Möglichkeit verfassungskonformer Auslegung noch die Handhabung dieser Bestimmung in der Praxis der Bundesregierung. Man wird kaum behaupten können, daß die in § 15 Abs. 1 GeschO BReg angeführten Materien schwerwiegend die Ressortautonomie zu beeinträchtigen vermögen[62]. Was § 15 Abs. 2 GeschO BReg betrifft, läßt sich dies zwar für Ziff. a) (Vorschläge zur Ernennung von Beamten vom Ministerialrat aufwärts) und Ziff. b) (Vorschläge zur Anstellung von Angestellten bei obersten Bundesbehörden mit übertariflichen Vergütungen nach der ADO) grundsätzlich nicht sagen. Die Kabinettspraxis hat sich aber dahin eingespielt, daß — nach eventuell gesetzlich vorgeschriebener Zustimmung von Bundesinnen- und Bundesfinanzminister — das Kollegium von den Ernennungsvorschlägen des Ministers zustimmend Kenntnis nimmt[63]. Ein förmlicher Beschluß wird dagegen nicht gefaßt[64].

Es ist somit festzustellen, daß auch die Koordinationskompetenz des Regierungskollegiums den eigenverantwortlichen Ressortbereich des Ministers jedenfalls nicht so schmälert, daß er als Verantwortungsschuldner entbehrlich wäre. Die der Regierung als Kollegium vom Grundgesetz unmittelbar zugewiesenen Aufgaben (z. B. Art. 37 Abs. 1 GG) sind spezieller Art, vom Grundgesetz im einzelnen aufgeführt[65] und

---

hältnisse sagen: „Nowadays so complex are results of governmental action that it is safe to assume that the practice of prior inter-departmental consultation is firmly established at all levels ..."

[60] Bundesregierung, S. 206.

[61] Organisationsgewalt, S. 209 f.

[62] Was etwa den Erlaß einer Rechtsverordnung durch die Bundesregierung angeht, § 15 Abs. 1 b) GeschO BReg, so bleibt doch — wie die zitierte Bestimmung gerade zeigt — die sachliche Vorbereitung und Federführung bei dem Minister, in dessen Ressort die Sache fällt. Nur der federführende Minister auch zeichnet in diesem Fall gegen; Verordnungen, zu deren Erlaß der Minister allein vom Gesetzgeber ermächtigt wurde, werden, auch wenn sie der Bundesregierung vorgelegen haben, von ihm allein gezeichnet, § 30 GeschO BReg und § 68 GGO II.

[63] So *Honnacker-Grimm*, § 15 Erl. 3 und 9.

[64] Für Verfassungsmäßigkeit auch *Lechner - Hülshoff*, S. 347.

[65] Vgl. dazu auch den Bericht der Enquête-Kommission für die Verfassungsreform, BTag-Drucks. VI/3829, S. 49. — Es bedarf allerdings nicht selten gründlicher Exegese, ob da, wo im GG von „Bundesregierung" die Rede ist,

der ressortinternen Entscheidung schon qua Verfassung vorenthalten. Es ist bereits deshalb nicht möglich, darüber hinaus einen Geschäftsbereich bei der Bundesregierung als solcher ressortieren zu lassen oder ihr Dienststellen unmittelbar zu unterstellen[66]; die Spitze der Verwaltungen bilden die Minister und sie allein[67].

Auch aus der solidarischen Gesamtverantwortung der Regierung läßt sich nicht die Möglichkeit der Ressortträgerschaft der Regierung herleiten. Im deutschen Schrifttum wird für deutsche Verhältnisse eine „collective responsibility", wie sie im britischen Staatsrecht unbestritten ist, freilich ohnehin abgelehnt[68], doch m. E. zu Unrecht. Die negative deutsche Stellungnahme scheint auf dem Irrtum zu beruhen, daß die Ressortselbständigkeit und die Eigenverantwortlichkeit des Ministers einerseits, die Verantwortlichkeit des Kanzlers andererseits für eine solche Kollektivverantwortlichkeit keinen Raum ließen[69]. Daß das Gegenteil richtig ist, zeigt die englische Ausgestaltung der „collective responsibility". Von keiner britischen Darstellung wird dieses Nebeneinander von „collective" und „individual responsibility" geleugnet[70] — es ist auch keines-

---

das Kollegium oder der zuständige Minister gemeint ist. Für Art. 84 Abs. 2, 85 Abs. 2, 86 GG vgl. den Beschl. des BVerfG v. 15. 7. 1969, DVBl. 1970, S. 108 f. mit Anm. *E. Klein*, DVBl. 1970, S. 109 ff., sowie das Urt. des BVerwG v. 26. 11. 1970, DÖV 1971, S. 317 f. Nach *G. Kassimatis*, Der Bereich der Regierung, 1967, S. 58 f., spricht im Zweifel die Vermutung für die Zuständigkeit des Kollegiums.

[66] A. A. insoweit *A. Köttgen*, Bundesregierung und oberste Bundesbehörden, DÖV 1954, S. 4 ff. (5), unter Hinweis auf den Bundespersonalausschuß, da über die Mitglieder des Ausschusses der Bundesminister des Innern die Dienstaufsicht *im Auftrag* der Bundesregierung führt, § 104 BBG. Aber gerade die vom Gesetzgeber ausgesprochene Zuweisung der Dienstaufsicht an den Bundesinnenminister macht deutlich, daß der Bundespersonalausschuß beim Bundesinnenminister auch ressortieren soll. Der Wendung „im Auftrag der Bundesregierung" kommt keine irgendwie rechtlich geartete Bedeutung zu. — Auch etwa das Presse- und Informationsamt der Bundesregierung ist nicht der Bundesregierung als solcher unterstellt, sondern untersteht unter Leitung eines Staatssekretärs unmittelbar dem Bundeskanzler — und nicht dem Bundeskanzleramt —, der aber ja selbst ressortfähig ist, d. h. Verwaltungsspitze (Minister) sein kann; zum Rechtscharakter des Amtes vgl. *N. Kaps* und *H. Küffner*, Das Presse- und Informationsamt der Bundesregierung, 1969, S. 74.

[67] *E.-W. Böckenförde*, Organisationsgewalt, S. 181.

[68] So schon *F. Frh. Marschall von Bieberstein*, Die Verantwortlichkeit der Reichsminister, HdbDStR Bd. 1 (1930), S. 520 ff. (529); aus neuerer Zeit etwa *E.-W. Böckenförde*, Organisationsgewalt, S. 172 f.; *K. Vogel*, Zur Verantwortlichkeit leitender Organwalter, Hamburger Festschrift für Friedrich Schack, 1966, S. 183 ff. (188); *K. Kröger*, Aufgabe und Verantwortung, S. 39. Anders wohl nur *F. Münch*, S. 221, jedoch unklar.

[69] Vor allem *Böckenförde*, Organisationsgewalt, S. 172 f. Wenn *Marschall v. Bieberstein*, HdbDStR Bd. 1 (1930), meint, in Deutschland sei durchaus die Erzwingung des Rücktritts eines Ministers möglich, nicht notwendig gleich die Gesamtdemission des Kabinetts (vgl. Art. 54 WV), so ist nur zu sagen, daß auch in Großbritannien ein Minister zu Fall gebracht werden kann, ohne daß die ganze Regierung zurücktritt (Fall Profumo).

[70] Vgl. *I. Jennings*, Cabinet Government, 3rd edition, 1959, S. 277 ff., 497 ff.;

wegs überflüssig. Für „collective responsibility" ist nämlich kein Raum, wo persönliches Versagen der Minister im Spiel ist — „the Government does not accept responsibility for an error of judgement or bad administration by one of its members"[71]. Bei näherem Zusehen ergeben sich keine irgendwie signifikanten Unterschiede zum deutschen Recht. Wenn der Inhalt der Kollektivverantwortung damit umschrieben wird, sie erfordere, daß in den wichtigen Fragen die Minister einer Ansicht sein und mit einer Zunge sprechen müssen und daß derjenige Minister, der der Mehrheitspolitik nicht zustimmt, entweder seinen Hut nehmen oder zumindest schweigen muß[72] — so gilt diese Kabinettssolidarität, wie „collective responsibility" vielleicht besser übersetzt ist, in gleicher Weise unter dem Grundgesetz. Auch ein deutscher Minister muß auf Anfrage die Politik der Regierung vertreten — oder gehen: alles andere ist untragbar. Daß sich solche Vorgänge dennoch in der BRD eher als in Großbritannien ereignen mögen, hat einen ganz anderen Grund. Zu Recht hat Sir *Ivor Jennings* nämlich einen Bogen von der „collective responsibility" zu dem Zwei-Parteien-System gezogen[73] — und kein Zweifel: je stärker und homogener die Regierung, desto eher läßt sich die Kabinettssolidarität verwirklichen.

Obgleich man also auch für das deutsche Recht von einer solchen „collective responsibility" auszugehen hat, eignet sie sich nicht dazu, ihrem Träger, also der Regierung, Ressortfähigkeit zuzugestehen. Dies aus dem einfachen Grunde, weil sie nicht ein Einstehen-Müssen für irgendwelche Einzelheiten bedeutet, sondern lediglich bezogen ist auf „the general conduct of the affairs of the country"[74]. Damit aber wäre, wie leicht einzusehen ist, Führung und Verantwortung für ein Ressort nicht zu vereinbaren.

### *c) Ergebnis*

Als Fazit der bisherigen Ausführungen läßt sich festhalten, daß es trotz einer unter dem Grundgesetz vorhandenen Hierarchisierung des Kabinetts[75], in dem zugleich die kollegiale Komponente nicht ganz unbedeutend ausgeprägt ist, autonome Bereiche des Ressortministers gibt, für die weder der Kanzler noch das Kollegium zuständig sind[76] und wofür

*O. Hood Phillips*, Constitutional and Administrative Law, 4th edition 1967, S. 87 f.; *E. C. S. Wade* and *A. W. Bradley*, S. 84 ff.

[71] *I. Jennings*, S. 498.

[72] So *O. Hood Phillips*, S. 87 f.; vgl. auch *I. Jennings*, S. 278: „If a minister does not resign he is ‚responsible' — ." Auch hier wird die seit dem konstitutionellen Staatsrecht eminente Bedeutung des Rücktrittsrechts der Regierungs-(Kabinetts-)mitglieder sichtbar; vgl. Art. 64 Abs. 1 und 69 Abs. 3 GG. Eindeutiger etwa Art. 55 LV Baden-Württemberg.

[73] *J. Jennings*, S. 281.

[74] *Hood Phillips*, S. 87.

[75] Vgl. *K. v. Beyme*, Organisationsgewalt, Patronage und Ressorteinteilung im Bereich der Regierung, Die Verwaltung Bd. 2 (1969), S. 279 ff. (290 f.).

von ihnen auch keine Verantwortung übernommen werden kann. Kehren wir zurück zu der Entscheidung des Bundesverfassungsgerichts vom 27. 4. 1959, so müssen wir zu dem Ergebnis kommen, daß die Bundesminister selbst parlamentarisch verantwortlich sind[77], ohne daß es auf das Fehlen eines verbindlichen Mißtrauensvotums ankäme. Will man, mag man darum aber von einem „beschränkten" parlamentarischen Regime sprechen[78].

**2. Verantwortlichkeit außerhalb der Regierung?**

Es bleibt noch das Problem, ob außerhalb des Kreises der Regierungsmitglieder parlamentarische Verantwortlichkeiten begründet oder doch begründbar sind; m. a. W.: darf das Parlament mit seinem Kontrollinstrumentarium auf andere Personen als Regierungsmitglieder zugreifen?

*a) Die Regierungsmitglieder als „Durchgriffsobjekte"*

Dem Grundgesetz sind Anhaltspunkte hierüber nicht zu entnehmen. Geht man nicht mehr vom Kriterium der Regierungszugehörigkeit aus, so würde eine Bejahung der Frage jedenfalls implizieren, daß der Kreis der parlamentarisch Verantwortlichen offen, fluktuierend wäre. Damit aber wären die unserem System zugrunde liegenden Strukturen undurchsichtig, weil verschiebbar geworden.

„Die *eindeutige* Festlegung der politischen Verantwortung ... ist für das Funktionieren des parlamentarischen Regierungssystems völlig un-

[76] Für das bayerische Landesverfassungsrecht hat der BayVGH mit Entscheidung vom 20. 3. 1963, DÖV 1963, S. 585 ff. (587) festgestellt, daß das Kabinett nicht befugt ist, bindend in den Geschäftsbereich eines Ministers für einen Einzelfall einzugreifen.

[77] So auch G. v. Wick, DÖV 1956, S. 113 ff.; v. Mangoldt - Klein, Art. 65 Anm. III 4. a) und IV 4.; *G. Dürig* im Maunz - Dürig - Herzog, Art. 65 a Rdn. 15 bb); *E. Friesenhahn*, VVDStRL 16 (1958), S. 58; *E. W. Böckenförde*, Organisationsgewalt, S. 145 f.; *W. Hennis*, Richtlinienkompetenz, S. 26 und 46; *E. Junker*, Richtlinienkompetenz, S. 81; *K. Hesse*, Grundzüge, S. 250. — Für die hier vertretene Auffassung spricht auch der historische Befund: Das zunächst noch offene Problem der Ministerverantwortlichkeit wurde innerhalb des Organisationsausschusses des Parlamentarischen Rates bereits am 7. 10. 1948 im Sinne einer unbeschränkten Einzelverantwortlichkeit der Minister gegenüber dem Bundestag geklärt. Der Antrag des Abg. Dehler, die Worte „und unter eigener Verantwortung" zu streichen, weil doch nur der Bundeskanzler parlamentarisch verantwortlich sei, wurde ohne Diskussion im Hauptausschuß am 16. 11. 1948 abgelehnt. Art. 93 S. 2 Herrenchiemseer Entwurf, der den Debatten zugrunde lag, wurde so im Ergebnis unverändert als Satz 2 in die endgültige Fassung des Art. 65 GG übernommen; vgl. *K.-B. v. Doemming, R. W. Füßlein* und *W. Matz*, Entstehungsgeschichte der Artikel des Grundgesetzes, JöR NF Bd. 1 (1951), S. 438 ff.

[78] So etwa *H. Pfeifer*, JBl. 1964, S. 546 m. w. N. Man wird sich aber klar darüber sein müssen, daß dies eine Idealform des parlamentarischen Regierungssystems voraussetzt. Damit ist indes wenig gewonnen. Entscheidend für die Lösung einer Frage ist nicht die allgemeine Staatslehre, sondern das konkrete Verfassungsrecht.

entbehrlich. Nur so erhält das Parlament die Adresse für seine Einwendungen, den Ansatzpunkt für seine Kritik“[79]. Mit der Entwicklung des parlamentarischen Regierungssystems — deshalb ist der Ausdruck, der im Grundgesetz allerdings selbst gar nicht vorkommt, so treffend — entstand eine Gegenüberstellung von Parlament und Regierung, die die Abwicklung der (parlamentarischen!) Kontrollvorgänge auf dieser, aber auch nur auf dieser besonderen verfassungsrechtlichen Ebene sowohl zuläßt, als auch fordert. *Rainer Wahl* spricht insofern anschaulich von Zwang zur „Systemdifferenzierung zwischen Regierung und Verwaltung“[80]. Nicht der einzelne Staatsbeamte ist (parlamentarisch!) verantwortlich, sondern allein der zuständige Minister[81]. Die Minister sind daher die nicht vermeidbare „Nahtstelle“[82], die notwendigen Durchgriffsobjekte für das Parlament auf die Verwaltung. Ist dem aber so, dann ergibt sich — von der parlamentarischen Kontrollfunktion her gesehen — eine weitere Konsequenz: die nämlich, daß der Regierungs- und Verwaltungsbereich, der ressortfrei ist (und ressortfähig sind nur die Mitglieder der Bundesregierung), also außerhalb der von den Ministern geleiteten Ressorts steht, sich zugleich außerhalb der parlamentarischen Verantwortlichkeit befindet. Jedenfalls zunächst wird man hier die größten Bedenken haben müssen.

### b) *Stellvertretung in der Verantwortlichkeit*

In diesen Zusammenhang gehört noch die Frage, ob sich nicht eine Stellvertretung in der Verantwortlichkeit begründen läßt. *Rainer Wahl* ist dem an Hand einer Untersuchung über den Parlamentarischen Staatssekretär nachgegangen[83]. Er ist indes zu Recht — aus den bereits erörterten Gründen — zu dem Ergebnis gelangt, daß eine selbständige parlamentarische Verantwortlichkeit des Stellvertreters mit dem geltenden Verfassungsrecht nicht vereinbar ist; er hält dagegen ein Nebeneinander von Verantwortlichkeiten, ähnlich wie es bei Bundesminister und Bundeskanzler besteht, für möglich[84]. Diese Auffassung ist nicht

[79] *G. A. Ritter*, Die Kontrolle von Regierung und Verwaltung in Großbritannien, in: Faktoren der politischen Entscheidung, Festgabe für Ernst Fraenkel, 1963, S. 294 ff. (296). Hervorhebung von mir. Von Interesse ist auch die Fortsetzung des Zitats: „Die Tendenz in der Bundesrepublik, die Verantwortlichkeit der Minister zu vertuschen und damit die parlamentarische Kontrollarbeit trockenzulegen, erscheint mir daher als eine der bedenklichsten Erscheinungen unseres politischen Lebens“.

[80] Stellvertretung im Verfassungsrecht, 1971, S. 199.

[81] Dieser Unterschied bestand freilich im parlamentarischen System von Anfang an, ist geradezu Bedingung. Eine Gleichbehandlung von Minister und Staatsbeamtem war nur möglich gewesen i. S. einer strafrechtlichen oder einer auf Anklage beschränkten staatsrechtlichen Verantwortlichkeit, eben bevor sich die parlamentarische Kontrollfunktion entwickeln konnte; unklar *R. Wahl*, ebenda, S. 200 FN 6.

[82] *E.-W. Böckenförde*, Organisationsgewalt, S. 145.

[83] Stellvertretung, S. 241 ff.

unproblematisch, erweitert sie eben doch die kontroll- bzw. verantwortlichkeitsrelevante Ebene über die Beziehung Parlament — Regierungsmitglieder hinaus[85]. Darauf braucht jedoch nicht näher eingegangen zu werden; denn auch nach dieser Konzeption ist ein Herausdrängen des zuständigen Ministers aus seiner Verantwortlichkeit jedenfalls nicht möglich.

### 3. Umfang der parlamentarischen Verantwortlichkeit

Im folgenden soll der Bereich, der Umfang der parlamentarischen Verantwortlichkeit ermittelt werden. Noch heute kennzeichnend für die h. L. hat *Fritz Marschall v. Bieberstein* den Grundsatz aufgestellt, daß „*die gesamte Tätigkeit der Exekutive* dieser Verantwortlichkeit" unterfalle[86]. Das bedeutet, daß der ganze Bereich der Regierung und der Verwaltung der parlamentarischen Kontrolle unterworfen ist. Eine genauere Abgrenzung der beiden exekutivischen Teilbereiche braucht hier nicht gegeben werden. Es genügt der Hinweis, daß sowohl „die schöpferische Entscheidung, die politische Initiative, die zusammenfassende Leitung des Staatsganzen" als auch die „tätige Verwirklichung der Staatsziele im Einzelnen und Besonderen"[87] dem Parlament gegenüber grundsätzlich zu verantworten sind.

Einen bemerkenswerten Angriff auf diese überkommene Lehre hat *Hermann-Wilfried Bayer* unternommen. Folgen will er ihr nur insoweit, als die „informative" Kontrolle angesprochen ist; der Gegenstand der „sanktionierenden" Kontrolle sei dagegen auf den Bereich der Regierung im materiellen Sinn beschränkt[88]. Diese Auffassung ist jedoch im Ansatz falsch und führt darüber hinaus zu eigenartigen, wenig einleuchtenden Folgerungen.

*Bayer* sieht — wie oben schon erwähnt — in der sanktionierenden Kontrolle, sprich: der Abwählbarkeit der Regierung das Kriterium parlamentarischer Kontrolle[89]. Weder in diesem Punkt — wie gezeigt —

---

[84] Ebenda, S. 245, 248.

[85] Kritisch insoweit auch zu Recht *I. Staff*, Die Rechtsstellung der Parlamentarischen Staatssekretäre, 1970, S. 28.

[86] HdbDStR Bd. 1, S. 525. Hervorhebung im Original. Aus der modernen Literatur seien genannt *K. Eichenberger*, SchwJZ 1965, S. 269 ff. (270); *F. Möller*, Das Parlamentarische Kontroll- und Untersuchungsrecht, Bundeswehrverwaltung 1964, S. 265. Es waltet ein großes Mißverständnis ob, wenn *W. Moser*, S. 39, meint, aus der in der BRD herrschenden Lehre, wonach es Verwaltung ohne gesetzliche Grundlage gibt (Leistungsverwaltung), folge, daß der Bundestag diesen Bereich gesetzesfreier Exekutivbetätigung nicht kontrollieren könne.

[87] *U. Scheuner*, Der Bereich der Regierung, in: Rechtsprobleme in Staat und Kirche, FS für Rudolf Smend, 1952, S. 253 ff. (278). So bereits auch schon *W. Jellinek*, Verwaltungsrecht, 3. Aufl. 1948, S. 3 f. Ähnlich auch *G. Kassimatis*, S. 54 ff. Neuerdings kritisch zur Trennung von Regierung und Verwaltung *W. Leisner*, Regierung als Macht kombinierten Ermessens, JZ 1968, S. 727 ff.

[88] Aufhebung, S. 141 ff.

[89] Am deutlichsten: in DÖV 1965, S. 753 ff.

noch in seiner jetzt zu behandelnden These kann er sich zu Recht auf die Entscheidung des Bundesverfassungsgerichts vom 27. 4. 1959[90] berufen. Das Bundesverfassungsgericht hat zwar dort tatsächlich davon gesprochen, daß der Regierung die Befugnisse erhalten bleiben müssen, „die erforderlich sind, damit sie selbständig und in eigener Verantwortung gegenüber Volk und Parlament ihre *„Regierungs“*-Funktion erfüllen kann“[91]. Daraus jedoch den Schluß zu ziehen, nur der Bereich der Regierung[92] unterliege der parlamentarischen Kontrolle, ist verfehlt. „Regierungs-Funktion“ ist, darauf deutet gerade der Trennstrich hin, Funktion der Regierung. Da die Regierung aus dem Bundeskanzler und den Bundesministern besteht, die als Ressortchefs die Spitzen der Verwaltungen sind, gehört zu den Regierungsaufgaben auch die Leitung der traditionellen Verwaltungsarbeit[93].

Doch verfolgen wir die Argumentation *Bayers* weiter. Die — ausschließliche — sedes materiae der sanktionierenden Kontrolle sieht er in Art. 67 GG. Zur Auslegung dieser Vorschrift, nämlich um zu ermitteln, unter welchen Umständen der Bundestag vom Mißtrauensvotum Gebrauch machen kann, wird Art. 65 GG in Anspruch genommen und aus der dortigen Richtlinienkompetenz auf den Anwendungsbereich von Art. 67 GG geschlossen. Dabei erfahren die „Richtlinien“ eine interessante Erweiterung — sie sind nicht mehr bloß „Politische Grundsatzentscheidungen“, sondern sie stellen den „Gesamtbereich der Regierung im materiellen Sinn im Gegensatz zum Bereich der Verwaltung“ dar[94]. Zu dieser Ausweitung sieht sich *Bayer* gezwungen, weil er — zu Recht — die somit unvermeidliche Konsequenz ablehnt, daß andernfalls der Bundeskanzler für nicht-grundsätzliche Entscheidungen, die nicht er selbst, sondern ein Bundesminister trifft, einstehen müßte, oder aber die vom Minister zu erledigenden Regierungsaufgaben sich überhaupt parlamentarischer Kontrolle entziehen.

Diese Abweichung vom „einfachen Wortsinn“ — wie *Bayer* selbst eingesteht — ist wenig einleuchtend: es stimmt die Prämisse nicht. Bayer

[90] BVerfGE 9, 268 ff. (281).

[91] Hervorhebung von mir.

[92] *Bayer* definiert den Bereich der Regierung abweichend von *U. Scheuner*, FS für R. Smend, S. 253 ff. Kriterium ist für ihn im Anschluß an *H. Mosler*, Die auswärtige Gewalt im Verfassungssystem der Bundesrepublik Deutschland, in: Völkerrechtliche und Staatsrechtliche Abhandlungen, Carl Bilfinger zum 75. Geburtstag, 1954, S. 243 ff. (293), der Spielraum für die Gestaltung politischer Entscheidungen; vgl. Aufhebung, S. 149.

[93] Dazu paßt Ziff. I 2. der Richtlinien für die Fragestunde im Bundestag, wonach Einzelfragen aus den Bereichen, für die die Bundesregierung unmittelbar oder mittelbar verantwortlich ist, zulässig sind; die Richtlinien sind abgedruckt bei *Lechner - Hülshoff*, S. 247.

[94] Aufhebung, S. 155 f. Anders die h. L., z. B. *E. U. Junker*, Richtlinienkompetenz, S. 55: Die Richtlinienentscheidungen „sind die grundlegenden, staatsrichtungsbestimmenden Gestaltungsentscheidungen im Bereich der Regierung“.

wertet einmal die Eigengewichtigkeit der Minister im Regierungskonzert zu gering, zum andern ist trotz der Aufweichung des Richtlinienbegriffs die Verantwortlichkeit des Bundeskanzlers zu eng umrissen. Bayer muß zugeben, daß das Parlament jederzeit die Möglichkeit hat, Verwaltungsangelegenheiten „mit dem Mantel des ‚Hochpolitischen' zu umgeben", und so zum Kanzlersturz auch aus anderen als Richtliniengründen in der Lage ist[95]. Eine Theorie zu entwickeln, die der — und zwar auch rechtlich abgesicherten — politischen Wirklichkeit widerspricht, ist wenig sinnvoll. Die oben skizzierte überwiegende Auffassung von der Reichweite parlamentarischer Kontrolle bzw. Verantwortlichkeit kann darum nicht als widerlegt gelten.

### 4. Der Gedanke der Zurechenbarkeit

Dieses Ergebnis bedarf der Ergänzung. Die Verknüpfung von Verantwortlichkeit als Rechenschaftspflicht mit dem Gedanken der Zurechenbarkeit hat *Fritz Marschall v. Bieberstein* in das Bewußtsein der deutschen Staatsrechtslehre gehoben[96]. Der Ressortchef kann nicht für jedes dienstliche Fehlverhalten seiner Ressortangehörigen im Verwaltungsalltag haftbar gemacht werden. Dies bedeutet aber nicht eine Beschränkung der Verantwortlichkeit auf den Bereich der Regierung, sondern nur, daß die Kenntnis des *fremden* Fehlverhaltens und damit das *eigene* Geschehenlassen Voraussetzung, Zurechnungsgrund *auch* der parlamentarischen Verantwortlichkeit[97] ist. Hat der Minister Kenntnis erhalten, muß er handeln — oder anders: zieht er den ihm unterstellten Beamten zur Rechenschaft, aktualisiert er seine Verantwortlichkeit[98]. Insofern zielt parlamentarische Kontrolle auf zukünftiges Handeln[99].

### 5. Verantwortung und Verantwortlichkeit

Es ist an dieser Stelle nützlich, sich über den Zusammenhang von Verantwortung und Verantwortlichkeit klar zu werden. Bisher war nur von der Verantwortlichkeit die Rede. Aus dem Kontext ergibt sich, daß sie ein Zustand, eine Eigenschaft[100] zugleich ist, in dem jemand steht bzw.

---

[95] Aufhebung, S. 157 FN 305.

[96] HdbDStR Bd. 1, S. 527. So auch *G. Leibholz*, Regierung und Parlament, in: Strukturprobleme der modernen Demokratie, 1958, S. 160 ff. (161); *H. P. Bull*, „Dienstliche Anweisung" statt Widerspruchsbescheid?, DVBl. 1970, S. 243 ff. (247).

[97] *K. Vogel*, FS F. Schack, S. 183 ff., sieht in der Beschränkung der Verantwortlichkeit auf eigenes zurechenbares Verhalten einen „verallgemeinerungsfähigen Rechtsgedanken" (S. 187), „ein allgemeines Prinzip organisationsrechtlicher Gerechtigkeit" (S. 189).

[98] *N. Luhmann*, Funktionen und Folgen formaler Organisation, 1964, S. 183.

[99] Dazu vgl. *K. Eichenberger*, SchwJZ 1965, 270.

[100] Vgl. *U. Beckmann*, Die Rechtsstellung des Stellvertreters des Bundeskanzlers, Diss. Würzburg 1966, S. 157.

die jemand hat, ob er will oder nicht. Die Verantwortlichkeit ist durch die Amtsstellung determiniert und nur mit ihr variabel. Sie ist die Eigenschaft, Rechenschaft zu geben und geben zu können, für Fehler einstehen zu müssen.

Rein sprachlich kann man der Verantwortlichkeit die Verantwortung so zuordnen, daß diese das Geschehen oder die Möglichkeit des Sich-Verantwortens darstellt[100]. Unter diesen Umständen fallen Verantwortung und Verantwortlichkeit nicht auseinander. Vielmehr gilt: ein Mensch ist verantwortlich, weil er Verantwortung trägt. An dieser Übereinstimmung hat die mehr empirisch arbeitende Sozialwissenschaft gerüttelt. Versteht man wie *Niklas Luhmann* Verantwortung tragen als „Absorption von Unsicherheit", was durch Lieferung von Information und Rat sicher geschieht, wird freilich die Diskrepanz von Verantwortlichkeit und Verantwortung offenbar bzw. ihre Deckungsgleichheit zur Fiktion[101].

Nun kann man diese Begriffsbestimmung für gut heißen oder nicht: dem Dilemma, daß der verantwortliche Minister sich weitgehend — schon aus Zeitgründen — auf den ihm gegebenen Rat und die ihm gelieferten Informationen verlassen muß, ist nicht zu entgehen. Da ihm aber überhaupt nicht zu entgehen ist, will man nicht eine Unzahl von Verantwortlichen schaffen und gerade so Verantwortlichkeit verunklaren, muß davon ausgegangen werden, daß das System, das parlamentarische Verantwortlichkeit an eine klar abgegrenzte Personengruppe knüpft, die Diskrepanz von Verantwortlichkeit und Verantwortung in einem gewissen Umfang zuläßt[102]. Wo die Grenzen sind, kann an dieser Stelle noch nicht ermittelt werden. Ihre Bestimmung gehört jedoch in den Rahmen dieser Arbeit[103].

## IV. Parlamentarische Kontrolle als politische Kontrolle

Vor allem *Kurt Eichenberger* hat die parlamentarische Kontrolle als politische[104] Kontrolle erkannt und umschrieben[105]. Hierin liegt der entscheidende Durchbruch des parlamentarischen Gedankens. Ganz zu

---

101 Funktionen und Folgen, S. 172 ff. (174, 184).

102 Anders *K. Vogel*, Verfassungsrechtliche Grenzen der öffentlichen Finanzkontrolle, DVBl. 1970, S. 193 ff. (197), und neuerdings auch *K. Kröger*, Ministerverantwortlichkeit, S. 66. — I. ü. ist fraglich, und das wäre gegen Luhmann einzuwenden, ob die genannte Diskrepanz wirklich so schwerwiegend ist, wenn — wie oben gezeigt — Verantwortlichkeit auf eigenes zurechenbares Verhalten begrenzt ist. Auf dieser Linie ist wohl auch die Bemerkung *H. Priors*, S. 80, zu verstehen, die individuelle Verantwortlichkeit sei zur institutionellen geworden so wie die individuelle zur institutionellen Entscheidung geworden sei.

103 Siehe unten § 6 I.

104 Im Unterschied zur inneren, historischen und rechtlichen Verantwortlichkeit. Die letztere war die Errungenschaft des konstitutionellen Staates.

Recht sagt daher *Karl Loewenstein:* „Politische Verantwortlichkeit ist die wirksamste der Techniken zur Kontrolle eines Machtträgers über den anderen geworden“[106].

Mit der Bindung allein an die Gesetze der Volksvertretung wäre die Bindung an den Willen des Souveräns (Art. 20 Abs. 2 Satz 1 GG) nur unvollkommen, da nicht alles kodifizierbar ist. Ihm muß aber auch im außergesetzlichen Bereich Geltung verschafft werden können. Dies ist nur dann möglich, wenn Maßstab der Kontrolle und damit der Verantwortlichkeit nicht das Gesetz bzw. nur das Gesetz, sondern (auch) die politische Opportunität ist. Dies heißt, daß es der freien — begrenzt nur durch die Normen des Rechts — Entscheidung des Parlaments anheimgegeben ist, ob es etwas für gut oder schlecht, als lobenswert oder tadelnswert empfindet; ob es sich der Klärung von Rechtsfragen zuwendet oder sich auf die Erörterung allgemeiner politischer Fragen einläßt. Grundsätzlich wird jedoch die politische Fragestellung dominieren. Sie mag oft zufällig sein — aber auch in der Unberechenbarkeit liegt ein mäßigender Faktor. Sie wird meist auf abgeschlossene Verwaltungsvorgänge gerichtet, insoweit nachträgliche Kontrolle sein[107]. Indem sie aber zum Handeln zwingt, erhält sie eine in die Zukunft weisende Dimension[108]; die oben festgestellte Verengung der Verantwortlichkeit auf zurechenbares Verhalten wird so in die Zukunft hinein gelockert, indem Verhalten zurechenbar wird.

Die Charakterisierung der parlamentarischen Kontrolle als politische Kontrolle ist entscheidend; ihr kommt besonderes Gewicht zu, wenn es unten darum gehen wird, ob im Rahmen eines großen Kontrollsystems, dem die parlamentarische Kontrolle eingebettet ist, die parlamentarische Kontrolle durch andere Kontrollmechanismen ersetzt werden kann.

## V. Zusammenfassung

Die parlamentarische Kontrolle dient vordringlich der Sichtbarmachung von Verantwortlichkeit. Die kontroll- bzw. verantwortlichkeitsrelevante Beziehung besteht im deutschen parlamentarischen Regierungssystem nur zwischen Parlament (Bundestag) und Regierung. Die Regierungsmitglieder — Bundeskanzler und Bundesminister — sind die ausschließlichen Durchgriffsobjekte der parlamentarischen Kontrolle[109],

---

Mit ihr befaßt sich wegweisend *R. Mohl,* Die Verantwortlichkeit der Minister in Einherrschaften mit Volksvertretung, 1837, bes. S. 61 ff. Interessant ist, daß Mohl der rechtlichen Verantwortlichkeit immerhin bereits eine politische Seite abgewinnt — „Der Zweck ist ein politischer“, S. 87.

[105] FS für H. Huber, S. 108 ff.

[106] Dreiteilung, S. 285.

[107] Vgl. *E. Stein,* Staatsrecht, S. 68; *K. Vogel,* DVBl. 1970, S. 198.

[108] *K. Eichenberger,* SchwJZ 1965, S. 270.

[109] Damit ist auch deutlich, daß Art. 65 GG nicht *nur* für die Binnenstruktur der Regierung von Bedeutung ist, sondern zugleich wesentlich ist für die

die eine politische Kontrolle ist, ohne daß dem Parlament eine Prüfung nach Rechtsmaßstäben versagt wäre. Parlamentarische Kontrolle und Verantwortlichkeit erstrecken sich auf den ganzen Bereich der Exekutive; sie sind eingeschränkt nur durch die Möglichkeit fehlender Zurechenbarkeit.

## B. Der parlamentsfreie und der ministerialfreie Raum

Aufgabe dieses Abschnittes soll es sein, die Bereiche der Exekutive zu ermitteln, die so organisiert sind, daß sie der — oben dargestellten — parlamentarischen Kontrolle entzogen sind; sie sollen „parlamentsfreie" Räume[1] heißen. Aus der vorgenommenen Verknüpfung von Kontrolle und Verantwortlichkeit, die durch den Grundsatz der Zurechenbarkeit begrenzt sind, ergibt sich dabei, daß das Kontrollrecht des Parlaments nur so weit reicht, als die Verantwortlichen ihrerseits Einwirkungsmöglichkeiten auf die ihnen nachgeordneten Verwaltungsstellen haben[2]. Oder anders gesagt: volle parlamentarische Kontrolle wird nur da möglich sein, wo die dem Parlament Verantwortlichen ihren Willen voll zur Geltung bringen können. Es ist daher im folgenden zunächst ein Blick auf das Instrumentarium zu werfen, das zur Einwirkung der übergeordneten auf die nachgeordneten Verwaltungsstellen zur Verfügung steht.

## § 4 Das Ministerialsystem als Regelfall der Verwaltungsorganisation

### I. Einwirkungsmöglichkeiten

#### 1. Der Aufsichtsbegriff Triepels

*Heinrich Triepel*[1] hat dem Begriff der „Aufsicht" eine umfassende Bedeutung gegeben. Ihm unterfällt einmal die von Triepel sogenannte „Untertanenaufsicht". Darunter werden alle kontrollierenden Tätigkei-

---

Bestimmung des Verhältnisses von Parlament und Regierung; ebenso BVerfGE 1, 299 ff. (310 f.), Urt. v. 21. 5. 1952, und *P. Dagtoglou*, Der Private in der Verwaltung als Fachmann und Interessenvertreter, 1964, S. 150 f. A. A. *H. Faber*, S. 63; *C. P. Fichtmüller*, Zulässigkeit ministerialfreien Raums in der Bundesverwaltung, AöR 91 (1966), S. 297 ff. (321); BVerwGE 7, 66 ff. (73), Urt. v. 23. 5. 1958.

[1] Genauer wäre der Ausdruck „parlamentskontrollfreie" Räume, da sie — jedenfalls in der Regel — nicht frei sind von gesetzlicher Einwirkung.

[2] *E.-W. Böckenförde*, Organisationsgewalt, S. 146; *P. Dagtoglou*, Der Private, S. 149 ff., der allerdings nur von der parlamentarischen Verantwortlichkeit des Bundeskanzlers ausgeht.

[1] Die Reichsaufsicht, 1917, S. 145 ff.

ten des Staates gegenüber den seiner Gewalt Unterworfenen verstanden; sie treten besonders im Polizeirecht (im weitesten Sinn) und im Strafrecht in Erscheinung. Dieser Bereich ist hier ohne Bedeutung. Wesentlich ist dagegen die „Ämteraufsicht", von Triepel definiert als „die Kontrolle, mittels deren der Staat die Funktion seines eigenen organisatorischen Apparats in Übereinstimmung mit den Normen des Rechts oder den Anforderungen der Zweckmäßigkeit erhalten will"[2]. Diese Gesamtheit aufsichtlicher Funktionen wird von Triepel weiter in die beiden wichtigsten Unterarten der „Dienstaufsicht" und der „Staatsaufsicht" über die öffentlich-rechtlichen Selbstverwaltungskörper unterteilt[3].

### 2. Die Weisung

Versteht man unter „Dienstaufsicht" die Staatsaufsicht der übergeordneten über die untergeordneten Behörden[4], so fragt sich, welches Instrument der übergeordneten Behörde zur Verfügung steht, ihre übergeordnete Stellung bzw. die Abhängigkeit der untergeordneten Behörde zu realisieren. Ein solches Instrument ist der „Befehl" oder die „Weisung", die „Anordnung". Für den Begriff des Befehls, der vom Gesetzgeber dem militärischen Bereich vorbehalten ist[5], findet sich ebensowenig wie für den Begriff der „Weisung" eine Legaldefinition. Weisung (oder Befehl) ist aber jedenfalls mehr als bloßer Vorschlag, bloße Anregung. Sie ist ein Imperativ: der geäußerte Wille des Anordnenden soll ein ganz bestimmtes Verhalten des Weisungsempfängers bewirken[6]. Sie geht darum aus von einer bestehenden Über- und Unterordnung; ihr Telos ist nicht Rechtsphärenabgrenzung nach außen[7], sondern Sicherstellung der Verwaltungsfunktion[8]. Ihre Wirkung besteht nicht darin, daß sie das angewiesene Organ zum weisungsgemäßen Verhalten ver-

---

[2] Ebenda, S. 146.

[3] Neuerdings wird der Begriff der Aufsicht enger gefaßt und von dem der Leitung unterschieden: Aufsicht sei auf fremde Angelegenheiten bezogen, Leitung erfolge in eigener Sache. Im Ergebnis wird so Aufsicht für den Bereich der mittelbaren Staatsverwaltung reserviert und der Staatsaufsicht — i. S. des Textes — gleichgestellt; vgl. *E. Forsthoff*, Lehrbuch des Verwaltungsrechts, 9. Aufl. 1966, S. 445; *H. Frick*, Die Staatsaufsicht über die kommunalen Sparkassen, 1962, S. 29 f., 34.

[4] *H. Frick*, S. 32; *H. J. Wolff*, Verwaltungsrecht II, 3. Aufl. 1970, § 77 II b) 4. und 5., würde den Ausdruck „Organaufsicht" vorziehen.

[5] Vgl. §§ 10 Abs. 4, 11 SoldG i. d. F. vom 22. 4. 1969 (BGBl. I S. 313) einerseits und §§ 37 BRRG i. d. F. v. 22. 10. 1965 (BGBl. I S. 1754), 55 BBG i. d. F. v. 22. 10. 1965 (BGBl. I S. 1776), 68 LBG i. d. F. v. 27. 5. 1971 (GBl. Baden-Württ. S. 225) andererseits.

[6] *W. Barfuß*, Die Weisung, 1967, S. 11; ähnlich *A. Risken*, Grenzen amtlicher und dienstlicher Weisungen im öffentlichen Dienst, 1969, S. 26.

[7] Es kommt hier daher nicht auf die Untersuchungen an, die sich mit der Weisung unter Rechtsschutzgesichtspunkten befaßt haben.

[8] Vgl. *K. Obermayer*, Verwaltungsakt und innerdienstlicher Rechtsakt, 1956, S. 107.

pflichtet[9]. Die Pflicht zum Gehorsam ist die Folge der Einräumung von Weisungs*befugnis*. Die Weisung selbst aktualisiert allerdings die latente Gehorsamspflicht.

### a) *Inhalt der Weisung*

Die Weisung kann grundsätzlich jeden *Inhalt* haben[10]. Sie dient keineswegs nur der Verwirklichung der — geschriebenen — Gesetze. Vielmehr ist zu Recht auf den engen Zusammenhang von Weisungsbefugnis und Zweckmäßigkeitskontrolle aufmerksam gemacht worden[11]. Gerade in den Ermessensräumen der Verwaltung ist die Durchsetzung einer bestimmten Konzeption wichtig.

### b) *Einzelweisung und allgemeine Verwaltungsvorschriften*

Schon dem Grundgesetz liegt der Unterschied von abstrakt-genereller und konkret-individueller Weisung zugrunde: den allgemeinen Verwaltungsvorschriften etwa des Art. 84 Abs. 2, 85 Abs. 2 GG werden die „Einzelweisungen" in Art. 84 Abs. 5 GG gegenübergestellt. Es ist nicht verfehlt, eine „Einzelweisung" immer nur bei individuell genau bezeichneten Adressaten in einem konkreten Fall anzunehmen[12]. Das macht die Gesetzessprache deutlich: wenn in § 19 Abs. 2 Wehrpflichtgesetz[13] den Mitgliedern des Musterungsausschusses für den Einzelfall Weisungen nicht erteilt werden dürfen, so ist durch das Gesetz selbst der Adressat individualisiert, und auch der konkrete Fall ist genannt. Dem läßt sich nicht entgegenhalten, der Gesetzeszweck werde verfehlt, wenn eine generell-konkrete Weisung ergehen dürfe, eine Weisung also an nach Gattungsmerkmalen bezeichnete Adressaten[14] im konkreten Musterungsfall X. In Wahrheit wäre auch eine solche Weisung als individuell anzusehen, da ja für den Musterungsfall X immer nur ein Ausschuß zuständig ist und an ihn die Weisung daher sinnvoll ergehen kann.

Während die Verwaltungsvorschriften[15] durchaus Richtung und Verhalten von nachgeordneten Staatsorganen bestimmen können, ist es nicht

---

[9] So aber mißverständlich *W. Barfuß*, Weisung, S. 95. Nicht umsonst ist die Gehorsamspflicht in den Beamtengesetzen festgelegt, wobei offen bleiben kann, ob sie nicht bereits hergebrachter Grundsatz des Berufsbeamtentums i. S. des Art. 33 Abs. 5 GG ist. Die Erzwingung des Gehorsams ist durch das Disziplinar-, teilweise auch Strafrecht sichergestellt.

[10] *F. Krzizek*, Weisungsrecht und Gehorsamspflicht, JBl. 1954, S. 29 ff. (30).

[11] *O. Gönnenwein*, Die Kommunalaufsicht als Rechtsproblem, in: Forschungen und Berichte aus dem öffentlichen Recht, Gedächtnisschrift für Walter Jellinek, 1955, S. 511 ff. (516 FN 24 a); *E. Stein*, Die Grenzen des dienstlichen Weisungsrechts, 1965, S. 41.

[12] Anders *P. Füßlein*, S. 116.

[13] WPflG i. d. F. v. 28. 9. 1969 (BGBl. I S. 1773).

[14] *W. Barfuß*, Weisung, S. 64.

[15] Verwaltungsvorschriften i. S. von *F. Ossenbühl*, Verwaltungsvorschriften und Grundgesetz, 1968, S. 32, der typologisiert in Organisationsvorschrif-

möglich, durch sie punktuell den Willen der Verwaltungsspitze zur Geltung zu bringen.

### c) *Adressat der Weisung*

Ihre Gemeinsamkeit mit der Einzelweisung besteht indes darin, daß sich beide nur an Verwaltungsorgane richten[16]. Dabei macht es grundsätzlich keinen Unterschied, wie diese Adressatenstelle organisiert ist, monokratisch oder kollegial. Das ist jedoch nicht unbestritten. Es wird gegen Kollegialorgane als mögliche Adressaten von Weisungen vorgebracht, mit dem Sinn der Einrichtung solcher Organe sei Weisungsgebundenheit unvereinbar[17]. Übereinstimmend wird dieser Sinn in der Möglichkeit von Dezentralisation und Dekonzentration, der Ermöglichung von Interessenvertretung und Interessenausgleich, der Verwertung von Fachwissen und der Vermeidung sachfremder Entscheidungen und von Machtmißbrauch gesehen[18]. Hiergegen hat sich jedoch mit überzeugenden Gründen *Werner Barfuß*[19] gewandt. Juristisch relevant i. S. einer wesensnotwendigen Weisungsfreiheit sind die angeführten Zweckmäßigkeitserwägungen, die zur Bildung von Kollegialorganen (Ausschüssen etc.) führen, nicht. Dies gilt offensichtlich für Verwaltungsvorschriften, die der Tätigkeit noch eigenen Raum lassen, dies gilt aber auch für Einzelweisungen. Andernfalls wäre die besonders angeordnete Freistellung von Einzelweisungen nicht zu erklären[20]. Weisungsbefugnis bzw. Weisungsabhängigkeit laufen ja nicht unbedingt auf die Herstellung einer Beziehung hinaus, die ausschließlich durch „Befehl und Gehorsam" gekennzeichnet ist. Wesentlich ist hier nur die Möglichkeit, den Willen der Verwaltungsspitze durchsetzen zu können. Dem Zweck der Ausschußverwaltung wird üblicherweise auch so genug Raum bleiben. Etwas anderes ist, daß Weisungen gegenüber Kollegialorganen faktisch schwerer durchzusetzen sein werden als gegenüber einem einzelnen Organwalter; in dieser Verunklarung der Verantwortlichkeit wird denn auch ein wichtiger Nachteil der Kollegialverwaltung erblickt[21]. Er ist auch nicht dadurch auszuräumen, daß die Weisung nur an den Vorsit-

---

ten, verhaltenslenkende und in intersubjektive, inter- und intrabehördliche Verwaltungsvorschriften; vgl. auch ebd. S. 443 f.

[16] *W. Barfuß*, Weisung, S. 38 f.; *P. Füßlein*, S. 116.

[17] *L. Werner*, JBl. 1957, S. 232; *F. Krzizek*, JBl. 1954, S. 31.

[18] Zusammenfassend *H.-W. Canenbley*, Die Zweckmäßigkeit der Verwendung von Ausschüssen in der Verwaltung, 1968, S. 45 ff.; *P. Dagtoglou*, Kollegialorgane und Kollegialakte der Verwaltung, 1960, S. 21 ff.

[19] Weisung, S. 78 ff.; *ders.*, Kollegialbehörden und Bundesverfassung, ÖJZ 1970, S. 57 ff. (59 f.). Barfuß geht zwar vom österreichischen Recht aus, seine Argumentation trifft jedoch auch weitgehend für die deutschen Verhältnisse zu.

[20] Vgl. das obige Beispiel des Musterungsausschusses im WPflG. Dies übersieht auch *D. Haas*, Ausschüsse in der Verwaltung, VerwArch. Bd. 49 (1958), S. 14 ff. (22).

[21] *H.-W. Canenbley*, S. 104 ff.

zenden des Kollegialorgans adressiert wird, da er wiederum seinen Kollegen gegenüber nicht weisungsbefugt ist[22].

### d) *Grenzen des Weisungsrechts*

Die Weisung als verwaltungsrechtliches Institut ist den Schranken von Gesetz und Recht unterworfen. Der Gehorsamsanspruch der Verwaltungsspitze endet daher, wo der angewiesene Beamte sich strafbar machen würde oder wo er laut besonderer gesetzlicher Vorschrift an Weisungen gerade nicht gebunden sein soll (§§ 55, 56 BBG)[23]. Die „Grenzen des dienstlichen Weisungsrechts" im einzelnen zu lokalisieren, kann hier unterbleiben[24].

## 3. Die Staatsaufsicht

Die sog. „Staatsaufsicht" ist im Bereich der rechtlich selbständigen Verwaltungsträger angesiedelt[25]. Sie ist mindestens Rechtsaufsicht, d. h. jedenfalls die Rechtsmäßigkeit des Handelns und Unterlassens des Verwaltungsträgers wird beaufsichtigt[26]. Um sie durchzusetzen, stehen dem beaufsichtigenden Organ i. d. R. gesetzlich im einzelnen aufgezählte Einwirkungsmöglichkeiten zur Verfügung[27]. Soweit Fachaufsicht besteht, ist ein Beobachtungs- und Berichtigungsrecht auch bezüglich der Zweckmäßigkeit der getroffenen Maßnahmen gegeben[26]. Insofern besteht kein Unterschied zur oben sogenannten „Dienstaufsicht". So weit die Fachaufsicht reicht besteht umfassende Sachweisungsbefugnis[28]. *Heinrich Frick* hat darum mit der Dienstaufsicht auch die Fachaufsicht aus dem Begriff der „Aufsicht" herausgenommen und dem der „Weisung" zugeordnet[29].

## 4. Einzelweisungsbefugnis als Voraussetzung parlamentarischer Verantwortlichkeit

Der Wille der parlamentarisch Verantwortlichen — und dies sollte der vorstehende Überblick zeigen — läßt sich nur durch Einzelweisung

---

[22] *W. Barfuß*, Weisung, S. 79 f.

[23] Es sei denn, solche Einschränkungen seien verfassungswidrig. Dieser Frage allgemein auf den Grund zu gehen, dient diese Arbeit.

[24] Dazu vgl. die genannten Schriften von *E. Stein* und *A. Risken*.

[25] *E. Forsthoff*, Verwaltungsrecht, S. 445.

[26] *H. J. Wolff*, Verwaltungsrecht II, § 77 II c).

[27] Vgl. z. B. die §§ 118 - 124 Gemeindeordnung von Baden-Württemberg v. 25. 7. 1955 (GBl. S. 129).

[28] Vgl. etwa § 25 Abs. 3 Landesverwaltungsgesetz von Baden-Württemberg v. 7. 11. 1955 (GBl. S. 225): „Die Fachaufsichtsbehörden haben ein unbeschränktes Weisungsrecht." Es kann allerdings nicht übersehen werden, daß weitgehend — selbst mit der Konsequenz der Anfechtungsmöglichkeit — die Fachaufsicht der Kommunalaufsicht angenähert wird; dazu vgl. Art. 39 Abs. 1 der Landessatzung von Schleswig-Holstein sowie Art. 75 LV Baden-Württemberg und § 118 Abs. 2 GemO.

[29] *H. Frick*, S. 33 f. Ähnlich auch *G. Vorbrugg*, Unabhängige Organe der Bundesverwaltung, Diss. München 1965, S. 56.

in jedem Gebiet der Verwaltung und jedem Verwaltungsorgan gegenüber voll zur Geltung bringen[30]; nur wo die Verwaltungsspitzen in beliebigen Einzelfällen *ihre* Vorstellungen von Rechtmäßigkeit *und* Zweckmäßigkeit verbindlich zum Ausdruck bringen können, können sie vom Parlament für das Geschehen in ihrem Bereich verantwortlich gemacht werden. Wo ihnen dagegen das Instrument der Einzelweisung genommen ist, läuft auch die parlamentarische Kontrolle insoweit leer.

### 5. Andere Einwirkungsmechanismen als Kompensation fehlender Einzelweisungsbefugnis?

Mit dieser Feststellung ist schon vorweggenommen, daß das Verwaltungsrecht kein anderes Instrument zur Verfügung stellt, mit dem das fehlende Weisungsrecht in vollem Umfang ausgleichbar wäre. Dennoch muß hierauf kurz eingegangen werden, da auch die allgemeine Diskussion diese Frage immer wieder berührt.

#### *a) Die Kassation*

So hält *Diether Haas* die Kassation in seiner Untersuchung über „Ausschüsse in der Verwaltung" für einen vollen Ersatz des Weisungsrechts, die denn auch dem Prinzip der parlamentarischen Verantwortlichkeit gerecht werde[31]. Die Kassation als Korrekturmöglichkeit gegenüber der Entscheidung eines weisungsfrei beschließenden Ausschusses sei in den Gesetzen zwar nirgends erwähnt, aber stillschweigend vorausgesetzt. Sie sei gegeben, wenn der Ausschußbeschluß gegen eine zulässig ergangene Weisung oder eine Rechtsnorm verstoße. Weigere sich der Ausschuß zu entscheiden, habe die Aufsichtsbehörde das Recht zur Ersatzvornahme[32].

Macht man sich einmal die These von *Haas* zu eigen, so interessiert hier nicht seine Auffassung von der gegebenen Kassation bei Verstoß gegen zulässig ergangene Weisung[33], sondern bei Normverstoß der Ausschußentscheidung. Nur bei rechtswidrigen Beschlüssen ist somit die Kassation möglich, nicht auch zur Durchsetzung bestimmter Zweckmäßigkeitserwägungen. Schon dies macht es nach der hier vertretenen Meinung unmöglich, von einem gleichwertigen Ersatz für fehlendes Weisungsrecht zu sprechen. Die entgegengesetzte Ansicht von Haas beruht

---

[30] *G. Vorbrugg*, S. 49 ff. Anders, aber ohne Begründung, *P. Dagtoglou*, Der Private, S. 153.

[31] VerwArch. Bd. 49 (1958), S. 14 ff. (27, 30). Ähnlich *P. Dagtoglou*, Kollegialorgane, S. 48.

[32] Zur Terminologie, die insoweit zwischen „Ersatzvornahme" und „Selbsteintritt" schwankt, vgl. *H. J. Wolff*, Verwaltungsrecht II, § 77 II d) 4.

[33] Ist die Weisungsgebundenheit an sich gegeben, so kommt es auf eine eventuell gegebene Kassationsbefugnis als Ersatz der Weisungsbefugnis nicht an.

darauf, daß er — lediglich unter Hinweis auf die körperschaftliche Selbstverwaltung — es unter dem Aspekt der Regierungsverantwortlichkeit für ausreichend ansieht, wenn nötigenfalls die Gesetzmäßigkeit der Verwaltung von der verantwortlichen Stelle durchgesetzt werden kann[34]. Es wurde indes oben gezeigt, daß die parlamentarische Kontrolle prinzipiell weiter reicht. Die Argumentation mit der körperschaftlichen Selbstverwaltung ist zugleich ein bezeichnender Hinweis darauf, wie diskutiert wird: man rechtfertigt die eine Erscheinung mit der anderen, ohne sich über die eigentlichen Rechtfertigungsgründe klar geworden zu sein.

Es ist freilich auch vom *Haas*schen Ausgangspunkt her gesehen zweifelhaft, ob ein Kassationsrecht der Aufsichtsbehörde im genannten Umfang ohne ausdrückliche gesetzliche Grundlage gegeben ist[35]. Das Problem braucht hier nicht vertieft zu werden. Sicherlich wird man dieser Lösung dann nicht zustimmen können, wenn das Gesetz andere Mittel vorsieht, die Gesetzmäßigkeit der Entscheidungen weisungsfreier Stellen zu gewährleistern, wie z. B. ein Klagerecht der Aufsichtsbehörde[36].

### *b) Die Beanstandung*

Als weitere Korrekturmaßnahme, die einen vollwertigen Weisungsersatz darstellen soll, wird von *Haas* die Beanstandung genannt, der nicht nur Suspensiv-, sondern (subsidiär) auch Devolutiveffekt zukommen soll[37]. Den oben gegen die „Kassationstheorie“ erhobenen Einwand, sie erlaube gerade keine verbindliche Durchsetzung von Zweckmäßigkeitserwägungen, würde Haas allerdings bei der Beanstandung nicht gelten lassen; denn sie hat nach ihm „vor allem Bedeutung, wenn der Beschluß des Ausschusses weder rechtswidrig ist noch gegen eine Weisung verstößt, sondern unzweckmäßig erscheint oder dem Staatswohl zuwiderläuft“[37]. Es ist jedoch sehr problematisch, ob ein solch weitgehendes Beanstandungsrecht überhaupt existiert. *Machtolf Roller* hat mit Recht die Frage gestellt, woher dieses Institut kommt[38]. Es liegt nahe, mit ihm auf die Kommunalaufsicht zu rekurrieren, wo der Rechtsaufsichtsbehörde indessen ein Beanstandungsrecht nur für den Fall einge-

---

[34] *D. Haas*, VerwArch. Bd. 49 (1958), S. 22.

[35] Gegen Haas auch *von der Groeben*, Mitwirkung von Ausschüssen in der staatlichen Verwaltung, VerwArch. Bd. 49 (1958), S. 231 ff. (238 FN 12); *M. Roller*, Weisungsfreie Ausschüsse in der Verwaltung und Ministerverantwortlichkeit, Diss. Tübingen 1966, S. 168; *K. Machens*, Die Klagemöglichkeiten von einzelnen oder Gruppen von Mitgliedern gegen ihr eigenes Kollegialorgan innerhalb der öffentlichen Verwaltung, Diss. Köln 1964, S. 51, 78. In ihrer Kritik berücksichtigen die genannten Autoren die Ausgangsthese von Haas allerdings zu wenig.

[36] So zu Recht *K. Machens*, S. 79. — Zum Insichprozeß s. unten.

[37] *D. Haas*, VerwArch. Bd. 49 (1958), S. 27 f.

[38] *M. Roller*, S. 166.

räumt ist, daß Beschlüsse und Anordnungen der Gemeinde das Gesetz verletzen (z. B. §§ 121, 123 GemO Baden-Württemberg). Die Aufsichtsbehörde kann aber auch das u. U. dem Vorsitzenden des kollegialen Verwaltungsorgans eingeräumte Beanstandungs- oder Widerspruchsrecht bei Unzweckmäßigkeit (vgl. § 43 II GemO) nicht für sich in Anspruch nehmen. Dies wäre ein Widerspruch in sich. Ein weiterer, gleichfalls nicht nachvollziehbarer Schritt wäre die Übertragung und zugleich Erweiterung des kommunalaufsichtlichen Beanstandungsrechts auf alle weisungsfrei gestellten Exekutivstellen. Kann man darum jedenfalls nicht davon ausgehen, daß gegen die Entscheidung einer weisungsfreien Verwaltungsstelle in jedem Fall — gleichsam automatisch — ein auch Zweckmäßigkeitsüberlegungen umfassendes Beanstandungsrecht der Aufsichtsbehörde gegeben ist, so ist dies dann anders, wenn etwa gegenüber Beschlüssen des Verwaltungsrates der Deutschen Bundespost, dessen Mitglieder an keine Aufträge oder Weisungen gebunden sind (§ 5 Abs. 3 S. 1 des Gesetzes über die Verwaltung der Deutschen Bundespost)[39], dem zuständigen Fachminister ausdrücklich eine Art aufschiebendes Veto zugestanden ist und zugleich damit die Entscheidungsbefugnis der parlamentarisch verantwortlichen Bundesregierung begründet wird[40]. Man würde aber auch in einem solchen Fall fehlgehen, die nicht vorhandene Weisungsbefugnis für ersetzt zu halten; denn anders als eine Weisung, in der nicht nur zum Ausdruck gebracht werden kann, *wie* etwas gemacht, sondern auch *daß* etwas gemacht werden soll, erschöpft sich das Beanstandungs-, Widerspruchs- oder Vetorecht darin, eine von einem anderen in Gang gebrachte Aktion zu hemmen und auch gegebenfalls in diesem Punkt zu einer anderen Entscheidung zu kommen, ohne aber dem Widerspruchsberechtigten etc. die Möglichkeit zu geben, von sich aus initiativ zu werden[41]. Es bleibt somit eine Lücke bestehen.

### *c) Der Selbsteintritt*

Könnte die parlamentarisch verantwortliche Instanz oder ein von ihr abhängiges Organ jederzeit eine Angelegenheit an sich ziehen (worin anders als oben auch ein Initiativrecht zu sehen wäre), deren Erledigung an sich einer weisungsfreien Exekutivstelle zugewiesen ist, so müßte hierin

---

39 PostVerwG v. 24. 7. 1953 (BGBl. I S. 676).

40 Vgl. § 13 PostVerwG.

41 Ähnlich P. *Füßlein*, S. 271. In diesem Zusammenhang ist auf die interessanten, wenngleich nicht zu billigenden Ausführungen von *H. P. Bull*, DVBl. 1970, S. 243 ff., hinzuweisen, der der Ansicht ist, daß eine Fachaufsichtsbehörde, die zugleich Widerspruchsbehörde nach § 73 VwGO ist, nach Erhebung des Widerspruchs nur von ihrer Widerspruchsbescheidkompetenz, nicht jedoch mehr von ihrer fachaufsichtsrechtlichen Weisungsbefugnis (nämlich den angegriffenen Verwaltungsakt aufzuheben), Gebrauch machen dürfe. Anders zu Recht Hess. VGH, Urt. v. 10. 10. 1969, Rspr. d. hess. VerwGe, Folge 4/1970, S. 25; vgl. auch VGH Bad.-Württ., Urt. v. 23. 4. 1969, VerwRspr. 21 Nr. 71.

in der Tat eine der Weisungsbefugnis äquivalente Einwirkungsmöglichkeit gesehen werden[42]. Diese Frage wird unter dem Stichwort „Selbsteintritt" diskutiert. Genauer müßte man vom Selbsteintritt der höheren Behörde sprechen, da eine Erörterung der Problematik bisher nur in dem durch die Bezeichnung „höhere" Behörde schon angedeuteten Verhältnis der Über- und Unterordnung stattfand; hier jedoch geht es gerade um den Ersatz fehlender Weisungsbindung. Um die Frage für diesen Bereich zu klären, muß aber zunächst auf den „Selbsteintritt der höheren Behörde" eingegangen werden.

Gleich zu Beginn wiedererstandener Staatlichkeit ist *Hans Schneider* diesem Problem unter Darstellung der bisherigen Entwicklung in Rechtsprechung und Literatur nachgegangen[43]. Er kam dabei zu einer grundsätzlichen Ablehnung des Selbsteintritts, ein Ergebnis, das noch heute durchaus h. L. ist. Ein Selbsteintritt ist danach nur dann gestattet, „wenn Gefahr im Verzuge ist, oder wenn ohne ein solches Eingreifen der höheren Instanz die Zwecke der durch das Gesetz geordneten Aufsicht nicht erfüllt werden können"[44]. Eine gewisse, aber gesetzlich determinierte Erweiterung des Selbsteintrittsrechts ist auf dem Gebiet des Polizeirechts eingetreten, darauf aber auch beschränkt geblieben, so daß sie keineswegs als prinzipielle Problemlösung anzusehen ist[45].

Die freilich vereinzelt gebliebene Gegenposition wird vom Bundesgerichtshof markiert, der ohne nähere Begründung das Selbsteintrittsrecht bei vorhandener Weisungsbefugnis bejaht[46]. Eine Zwischenstellung hat kürzlich *Georg Brunner* bezogen; er bejaht zwar bei vorhandener Zuständigkeitsregelung die objektive Rechtswidrigkeit des Selbsteintritts, hält sie aber mangels einer subjektiven Rechtsverletzung des von der Entscheidung betroffenen Bürgers für (verwaltungs-) gerichtlich nicht überprüfbar, da es weder einen Anspruch auf die instanziell zuständige Behörde, noch auf einen Instanzenweg gebe, noch sei der Gleichheitssatz verletzt[47]. Es ist Brunner darin zu folgen, daß keines-

---

[42] Bedenken hat insoweit wohl *P. Füßlein*, S. 72, der von nicht wieder wettzumachendem Zeitverlust spricht. Von der parlamentarischen Kontrolle her gesehen ist dies jedoch nicht entscheidend, da sie ohnehin im wesentlichen Zukunftswirkung entfaltet. Füßlein scheint auch zu übersehen, daß das Selbsteintrittsrecht anders als das bloße Beanstandungs- und Kassationsrecht nicht nur ein *Re*agieren, sondern bereits ein Agieren erlaubt.

[43] *Hans Schneider*, Zum Selbsteintritt der höheren Behörde in Angelegenheiten der unteren Verwaltungsstelle, DVBl. 1950, S. 702 ff.

[44] So die klassische Formulierung im Urt. des Pr. OVG v. 30. 11. 1908, Bd. 53, S. 321 ff. (323 f.), in deren Nachfolge Literatur und Rechtsprechung stehen.

[45] Vgl. etwa §§ 53 Abs. 1, 51 Abs. 2 Polizeigesetz von Baden-Württemberg i. d. F. v. 16. 1. 1968 (GBl. S. 61) sowie zum Ganzen *H. J. Wolff*, Verwaltungsrecht III, 2. Aufl. 1967, § 124 II d).

[46] Urt. v. 2. 4. 1962, S. 615 f.

[47] *G. Brunner*, Der Selbsteintritt der höheren Behörde, DÖV 1969, S. 773 ff.

wegs notwendig jeder objektiven Rechtsverletzung ein subjektives Recht auf Aufhebung des Verstoßes gegenübersteht, wenn auch die Tendenz gewiß dahin geht, objektives und subjektives Recht auf einen Nenner zu bringen und so den „gerichtsfreien" Raum zu verkleinern. Das Argument Brunners, der Bürger erreiche im anderen Fall doch nichts, da die höhere Behörde in ihrer Widerspruchsentscheidung gewiß nicht von ihrer zuvor ergangenen Weisung an die untergeordnete Behörde abweiche, der Rechtsbehelf also nur Steine statt Brot biete, kann nicht gebilligt werden. Ein wesentliches Charakteristikum des Rechtsstaats ist die Formalisierung; auf die Einhaltung formalisierter Regeln — wenn sie ihrerseits verfassungsgemäß sind — ihm gegenüber hat der Bürger Anspruch. Das heißt nicht, daß das einfach gesetzliche Verfahren verfassungskräftig abgesichert wäre; ist es aber geregelt, so besteht ein Anspruch darauf, daß es beachtet wird[48]. Die Über- und Unterordnung der beteiligten Behörden wird dabei nicht tangiert, da das Weisungsrecht ja in vollem Umfang bestehen bleibt. An es ist lediglich nicht — wie *Hans J. Wolff* richtig bemerkt[49] — das Selbsteintrittsrecht automatisch, qua Überordnung gekoppelt.

Dann liegt es jedoch nahe, bei fehlendem Weisungsrecht erst recht nicht ohne ausdrückliche gesetzliche Grundlage den Selbsteintritt einer ihrerseits weisungsabhängigen Stelle zuzulassen. Diese Auffassung hat das Bundesverwaltungsgericht für die Beziehung Aufsichtsbehörde zu Selbstverwaltungsorgan (Wasserverband) bekräftigt[50]; ein Handeln anstelle des Selbstverwaltungsorgans gibt es nur bei der Ersatzvornahme und auch da mit der anders gearteten Rechtsfolge, daß die ergehende Entscheidung als die des beaufsichtigten Organs gilt. Erweist sich somit der Selbsteintritt als solcher als durchaus weisungsäquivalentes Instrument, vermag er die Weisung aus Rechtsgründen doch nicht zu ersetzen, da er der Aufsichtsbehörde gegenüber einer weisungsfreien Verwaltungsstelle ohne ausdrückliche gesetzliche Anrodnung nicht zur Verfügung steht[51].

### *d) Der Insichprozeß*

Man wird sich weiter die Frage stellen müssen, ob die Einräumung der Klagebefugnis für die Exekutivspitze bzw. für eine von ihr abhängige Behörde gegen die Entscheidungen weisungsfreier Verwaltungsstellen das fehlende Weisungsrecht zu kompensieren vermag; diese Auf-

---

[48] Dieser Anspruch ergibt sich jedenfalls aus Art. 2 i. V. m. Art. 20 (Rechtsstaatsprinzip) GG.

[49] Verwaltungsrecht II, § 72 IV b) 4.

[50] BVerwGE 3, 11 ff., Urt. v. 18. 11. 1955.

[51] § 13 PostVerwG schafft kein solches Selbsteintrittsrecht im hier behandelten Sinn, da er — wie gesagt — ein Initiativwerden der Bundesregierung bzw. des Postministers nicht zuläßt.

fassung vertreten etwa allen Ernstes *Manfred Seebode*[52], *Hellmuth Loening*[53] und *Hans-Ulrich Evers*[54]. In der Tat ist keineswegs selten, daß die Behörde, der die weisungsfreie Stelle angegliedert ist, über eine ausdrückliche gesetzliche Ermächtigung zu derartiger Klageerhebung verfügt. Zu nennen wäre hier beispielsweise § 35 Abs. 2 WPflG[55], wonach die Wehrbereichsverwaltung gegen den Musterungsbescheid und den Bescheid der Prüfungsausschüsse und Prüfungskammern für Kriegsdienstverweigerer — die Mitglieder dieser Stellen sind (einzel-)weisungsfrei, §§ 19 Abs. 2 S. 2, 26 Abs. 4 S. 2 WPflG — Anfechtungsklage erheben kann; eine analoge Regelung traf § 263 Abs. 2 Reichsabgabenordnung a. F., der bestimmte, daß der Vorsteher des Finanzamtes gegen Einspruchsentscheidungen des mit z. T. weisungsfreien Mitgliedern besetzten Steuerausschusses Berufung einlegen konnte[56].

Es entspricht der ganz überwiegenden Auffassung, daß die Ermöglichung eines Rechtsstreits zweier Verwaltungsorgane, man spricht insoweit vom „Insichprozeß", durch den Gesetzgeber nicht gegen Verfassungsgrundsätze verstößt[57]. Zugleich aber steht die h. L. auf dem Standpunkt, daß ein Insichprozeß nur da ausgetragen werden kann, wo dies gesetzlich vorgesehen ist[58]. Zur Begründung beruft man sich auf die nach der Verwaltungsgerichtsordnung erforderliche — aber zumeist fehlende — Parteifähigkeit der streitenden Organe, ferner mangele es an einer Rechtsverletzung i. S. des § 42 Abs. 2 VwGO, da nach dem Grundsatz der Einheit der Verwaltung die Organe derselben Körperschaft keine „Rechte" gegeneinander haben könnten[59]; von diesen Erfordernissen könne nur eine eigene gesetzliche Regelung dispensieren.

Diese Einwände sind bei der körperschaftlichen und kommunalen Selbstverwaltung im Bereich der Weisungsunabhängigkeit nicht über-

---

[52] Anm. zu BVerfG, Urt. v. 20. 6. 1967, DVBl. 1970, S. 177 f. (178).

[53] DVBl. 1954, S. 173 ff. (179).

[54] Verbände — Verwaltung — Verfassung, Der Staat, 3. Bd. (1964), S. 41 ff. (51).

[55] s. oben Anm. 13.

[56] Vgl. z. B. weiter die Widerspruchs- und Klagebefugnis des Bundesbeauftragten für Asylangelegenheiten gegen die Entscheidungen des Anerkennungs- und Widerspruchsausschusses, § 35 Abs. 2 AuslG v. 28. 4. 1965 (BGBl. I S. 353), ferner §§ 22, 43 Abs. 3 Kriegsgefangenenentschädigungsgesetz v. 8. 12. 1956 (BGBl. I S. 908). Weitere Nachweise finden sich bei *D. Haas*, Verwaltungsstreit zwischen Behörden des gleichen Rechtsträgers, DÖV 1952, S. 135 ff., 170 ff., *K. Redeker* und *H.-J. v. Oertzen*, Verwaltungsgerichtsordnung, 4. Aufl. 1971, § 42 Anm. 17.

[57] Dies hat zuletzt näher das BVerfG mit Beschl. v. 20. 6. 1967, DVBl. 1968, S. 175 ff. ausgeführt.

[58] Vgl. etwa *H. J. Wolff*, Verwaltungsrecht III, § 173 I b) 4.; *M. Roller*, S. 148 ff.; *K. Machens*, S. 76 f.; BVerwG, Urt. v. 6. 10. 1964, DÖV 1965, S. 140 (141); weitere Nachweise für Rechtsprechung und Literatur bei *G. Kisker*, Insichprozeß und Einheit der Verwaltung, 1968, S. 17 FN 31 f., und *D. Tsatsos*, Der verwaltungsrechtliche Organstreit, 1969, S. 12 f.

[59] Vgl. BVerwGE 6, 101 ff. (102); Beschl. v. 28. 12. 1957.

zeugend[60]. Auch im Verhältnis Staat-Fiskus[61] und für den sog. Kommunalverfassungsstreit[62] geht eine an Boden gewinnende Lehre und Rechtsprechung über das Erfordernis gesetzlicher Normierung hinweg. Eine Auseinandersetzung mit den verschiedenen Standpunkten kann insoweit hier nicht erfolgen. Für uns ist wichtiger, daß die genannten Bedenken verschiedentlich auch zurückgestellt werden bei Klagen gegen Verwaltungsakte weisungsfreier Verwaltungsstellen. So hat das Bundessozialgericht keine Bedenken getragen, den „Grundsatz der Unzulässigkeit sog. Insichprozesse" kurzum dann außer Anwendung zu lassen, wenn der Verwaltungsakt von einem weisungsfreien Gremium erlassen wurde[63]. In der Literatur haben sich außer den vom Bundessozialgericht genannten Gewährsleuten weitere zustimmende Äußerungen gefunden. Freilich wird dabei nicht einfach auf die Weisungsfreiheit als Begründung verwiesen; man versucht jedoch nachzuweisen, daß in diesen Fällen den verwaltungsprozessualen Erfordernissen Genüge getan ist. Den Behörden wird die Prozeßstandschaft zur Geltendmachung von Rechten ihrer juristischen Person zugestanden; aus dem Zweiparteienprinzip könne nicht die Notwendigkeit der Rechtssubjektsverschiedenheit hergeleitet werden, und eine Rechtsbeeinträchtigung durch den weisungsfreien Ausschuß etc. wird durchaus für möglich gehalten, da etwa der Verwaltungsträger als Hoheitsverwaltung das Recht habe, von gesetzwidrigen Maßnahmen frei zu sein[64]. Diese nicht umsonst gewundenen Erklärungen vermögen nicht zu überzeugen; freilich dürfte es auch nicht richtig sein, eine Rechtsverletzung der Ausgangsbehörde schon deshalb für unmöglich zu halten, weil die weisungsfreie Stelle der speziellere Sachwalter ist[65]. Einleuchtend ist die Darlegung von *Werner Hoppe*, der diese Frage der speziellen Sachwaltung nicht vermischt mit der Frage

---

[60] *M. Roller*, S. 159.

[61] *G. Kisker*, Insichprozeß, S. 47 ff., über die Konstruktion des Fiskus als Quasi-Bürger; *M. Roller*, S. 154 f. Für die neuere Rechtsprechung grundlegend die Entscheidung des BayVGH v. 20. 3. 1963, NJW 1964, S. 218, sowie kürzlich ausführlich OVG Koblenz, Urt. v. 20. 11. 1969, DÖV 1970, S. 351 f.

[62] Hier bringt *G. Kisker*, Insichprozeß, S. 17 FN 33, eine sehr eingehende Übersicht zustimmender Äußerungen, in der besonders die Rechtsprechung berücksichtigt ist.

[63] Urt. v. 21. 4. 1959, NJW 1959, S. 1750. Ähnlich auch OVG Münster, Urt. v. 12. 3. 1964, DVBl. 1964, S. 633 ff. (634). Das Urt. des BVerwG v. 8. 8. 1958, BVerwGE 7, 209 ff., gehört nicht hierher, obgleich nach der damaligen Fassung des § 35 Abs. 2 WPflG nicht expressis verbis die verwaltungsgerichtliche Klage gegen Bescheide der Prüfungsausschüsse für Kriegsdienstverweigerer gegeben war, das BVerwG sie aber dennoch zuließ; es gewann dieses Ergebnis nämlich auf dem Weg der systematischen und historischen Interpretation, sah es also im Gesetz selbst gerade schon angelegt.

[64] *H.-H. Becker-Birck*, Der Insichprozeß in der Verwaltungsgerichtsbarkeit, Diss. Kiel 1966, S. 86 ff., 119 ff., 127 ff.; *G. Kisker*, Insichprozeß, S. 53.

[65] So aber *D. Lorenz*, Zur Problematik des verwaltungsgerichtlichen Insichprozesses, AöR 93 (1968), S. 308 ff. (321 f.), und insoweit ähnlich auch *D. Tsatsos*, S. 42, und BVerwG, DÖV 1965, S. 140 f.

des subjektiven Rechts[66], sondern auf die Zuständigkeit seiner Wahrnehmung die Prozeßführungsbefugnis bezieht und im Einzelfall entscheidet, ob der Funktionskreis der Ausgangsbehörde überhaupt durch eine rechtswidrige Maßnahme der weisungsfreien Stelle störbar ist[67].

Mag es deshalb Fälle geben, in denen zwar entgegen der h. L., aber m. E. durchaus in Übereinstimmung mit verwaltungsgerichtlichen Prinzipien über die gesetzlichen Normierungen hinaus Insichprozesse zwischen weisungsabhängigen und weisungsfreien Stellen zulässig sind, so ist damit doch noch nichts darüber ausgesagt, ob die Klagebefugnis das Weisungsrecht wirklich in vollem Umfang ersetzt[68]. Diese Frage ist klar zu verneinen, ist doch nicht zu verkennen, daß — entsprechend der Aufgabe der rechtsprechenden Gewalt — mit der Klage nur gegen *rechts*widriges Handeln vorgegangen werden kann, wozu freilich auch ermessensfehlerhaftes Handeln gehört; zweifellos ausgespart ist aber ganz der Bereich der sich in den rechtlichen Grenzen haltenden Zweckmäßigkeitserwägungen[69]. Wie man unter diesen Umständen von der Klagebefugnis als Äquivalent der Weisungsbefugnis sprechen kann, ist unerfindlich. Dem entspricht auch durchaus die Rechtsprechung des Bundesverwaltungsgerichts, das die Verkürzung des staatlichen Aufsichtsrechts auf die Einräumung einer Klagebefugnis für unzulässig hält[70]; es könnte dieser Auffassung jedenfalls nicht sein, wenn es beide Rechte für gleigewichtig hielte.

### *e) Personelle Einwirkungsbefugnisse*

Schließlich kann *Prodromos Dagtoglou* zugegeben werden, daß trotz Freistellung von Weisung den verantwortlichen Instanzen Möglichkeiten gegeben sind, ihren Einfluß auch in Sachfragen zur Geltung zu brin-

---

[66] *W. Hoppe*, Organstreitigkeiten vor den Verwaltungs- und Sozialgerichten, 1970, S. 234. Gemeint ist ein intrapersonales subjektiv-öffentliches Recht, „das die Ausgangsbehörde (der Behördenleiter) für die Gesamtorganisation gegenüber dem weisungsfreien Ausschuß wahrnimmt".

[67] Vgl. auch *W. Hoppe*, Organstreitigkeiten und organisationsrechtliche subjektiv-öffentliche Rechte, DVBl. 1970, S. 845 ff., sowie die lesenswerte Kritik von *H. H. Rupp*, DVBl. 1970, S. 594 f. an Hoppe, Organstreitigkeiten (Anm. 66).

[68] Nur um diese Frage geht es hier. Auf den Zusammenhang ist aber nochmals zurückzukommen, wenn später der andere Aspekt zu erörtern ist, ob die verwaltungsgerichtliche Kontrolle die parlamentarische Kontrolle zu ersetzen vermag, vgl. unten § 22 II.

[69] Wenn *A. Görlitz*, Die Verwaltungsgerichtsbarkeit: Puissance en quelque façon nulle, Politische Vierteljahresschrift 1970, S. 268 ff., die Beschränkung der Verwaltungsgerichtsbarkeit auf die Rechtmäßigkeitskontrolle wohl nicht nur de lege ferenda für falsch hält, so ist diese Ansicht gewiß unhaltbar.

[70] BVerwGE 21, 289 ff. (290 f.), Urt. v. 2. 7. 1965, für den Fall der Schulaufsicht, Art. 7 GG, entschieden. Ein Widerspruch zu BVerwGE 7, 66 ff. (72 f.), Urt. v. 23. 5. 1958, besteht nicht, da dort das BVerwG nur die Einrichtung weisungsfreier Gremien mit Art. 65 S. 2 GG für vereinbar hält (freilich mit der gegebenen Begründung zu Unrecht), auf die hier interessierende Frage wegen seines Ausgangspunktes aber nicht eingehen mußte.

gen, wenn sie über Auswahl, Ernennung und Abberufung zu entscheiden befugt sind[71]. Diese Kompetenzen sind der Bundesregierung z. B. bezüglich der Mitglieder des Verwaltungsrats bei Bundesbahn und Bundespost — wenn auch keineswegs unbeschränkt — eingeräumt[72]. Sicher aber ist, welche Bedeutung man dieser ministeriellen Einflußmacht auch gegenüber der erfolgten Weisungsfreistellung zumessen mag[73], daß sie nicht soweit reicht, um verbindlich den Willen der Bundesregierung in beliebigen Einzelfragen zur Geltung bringen zu können. Auch diese personellen Einwirkungsmöglichkeiten vermögen daher die fehlende Einzelweisungsbefugnis nicht zu kompensieren.

## II. Das Ministerial- oder Ressortsystem

Der Erkenntnis, daß nur die Einzelweisungsbefugnis sachbezogene und personelle Abhängigkeiten zu realisieren vermag, entspricht die Tatsache, daß die (einzel-)weisungsabhängige Verwaltung den Regelfall in der Verwaltungsorganisation bildet. Die Verwaltung ist also in klarer Über- bzw. Unterordnung hierarchisch oder bürokratisch gegliedert; sie stellt eine pyramidale Ordnung dar, an deren Spitze der parlamentarisch verantwortliche Minister steht, bei dem die endgültige letzte Weisungsbefugnis verbleibt[74]. Daraus erklärt sich der Ausdruck Ministerial- oder Ressortsystem, wie er sich in der Diskussion seit langem eingebürgert hat[75]. Der Grundsatz der „Gesamthierarchie der vollziehenden Gewalt"[76] ist in seiner Geltung für den Bereich des Grundgesetzes und der einzelnen Länderverfassungen unbestritten[77]. Bestritten ist freilich, inwiefern er hergebracht[78] oder gar vom demokratischen Verfassungs-

---

[71] *P. Dagtoglou*, Der Private, S. 151 f.

[72] § 10 Abs. 2 BundesbahnG v. 13. 12. 1951 (BGBl. I S. 955) und § 7 S. 3 PostVerwG. Die Bundesregierung ist aber an die Vorschlagslisten gebunden. Eine Abberufung durch die Bundesregierung ist nur in beschränktem Umfang beim Verwaltungsrat der Bundesbahn möglich, § 10 Abs. 7 BBahnG.

[73] Im Gegensatz zu *P. Dagtoglou*, Der Private, S. 151 f., bewertet sie *P. Füßlein*, S. 125 f., recht gering.

[74] *P. Meyer*, Die Verwaltungsorganisation, 1962, S. 154.

[75] Vgl. *H. Nawiasky*, Die Grundgedanken des Grundgesetzes für die Bundesrepublik Deutschland, 1950, S. 123; *H. Nawiasky* und *C. Leusser*, Die Verfassung des Freistaates Bayern, 1948, S. 138.

[76] *K. Obermayer*, S. 108.

[77] *A. Köttgen*, Der Einfluß des Bundes auf die deutsche Verwaltung und die Organisation der bundeseigenen Verwaltung, JöR NF Bd. 3 (1954), S. 67 ff. (107); *H. Loening*, DVBl. 1954, S. 173 ff. (175); *C. P. Fichtmüller*, Zulässigkeit ministerialfreien Raums, AöR 91 (1966), S. 297 f.; *F. Mayer*, Allgemeines Verwaltungsrecht, 1970, S. 53; *Th. Eschenburg*, Staat und Gesellschaft in Deutschland, 1956, S. 695 f., wo sich auch das bekannte Max-Weber-Zitat befindet: „Es besteht das Prinzip der Amtshierarchie und des Instanzenzuges, d. h. ein fest geordnetes System von Über- und Unterordnung der Behörden unter Beaufsichtigung der unteren durch die obenen ..."; auch *R. Herzog*, Allgemeine Staatslehre, 1971, S. 190: „Man kann also ruhigen Gewissens behaupten, daß moderne Staatlichkeit ohne weitestgehende Beachtung des hierarchischen Prinzips nicht mehr möglich ist."

system vorausgesetzt, m. a. W. seine lückenlose Durchführung verfassungskräftig geboten ist.

Gleichwohl ist nicht zu übersehen, daß das hierarchische Prinzip zunehmend in das Kreuzfeuer reformatorischer Kritik geraten ist[79]. Dem Bürokratiemodell *Max Webers* werden zunehmend neue „Modelle politischer Verwaltungsführung“[80] entgegengestellt, die von den Maximen der Effektivität, Demokratisierung der Verwaltung und der Notwendigkeit umfassender Planung ausgehen. Ein näheres Eingehen auf diese Überlegungen verbietet sich hier, wo es um die Erörterung verfassungs*rechtlicher* Fragen geht. Als fester, mit der Verfassung fraglos vereinbarter Ausgangspunkt wird daher das hierarchische Prinzip in der Verwaltung gewählt und dessen Ausnahmen — und nicht es selbst! — unter verfassungsrechtlichen Gesichtspunkten gewürdigt.

Dabei verlangt die Weisungsgebundenheit der Verwaltung durchaus nicht denknotwendig ihre monokratische Organisation. Es ist schon oben auf die Vereinbarkeit von Einzelweisungsbefugnis und Kollegialprinzip hingewiesen worden[81]. Es besteht allerdings kein Zweifel daran, daß eine sehr eindeutige Tendenz dahingeht, gerade kollegial organisierte Stellen durch Freistellung von Einzelweisung aus dem hierarchischen Instanzenzug herauszunehmen. Dies hängt mit den Gründen zusammen, die für die Errichtung von Kollegialorganen, Ausschüssen etc. überhaupt maßgebend sind. Beabsichtigt man etwa ein Gremium von Sachkundigen aus verschiedenen Gebieten (z. B. im Fall der Bundesprüfstelle[82] aus

---

[78] Zur Geschichte der Verwaltungsorganisation vgl. auch unten § 18.

[79] Übrigens nicht zum ersten Mal; vgl. *U. Bermbach*, Das Scheitern des Rätesystems und der Demokratisierung der Bürokratie 1918/19, Politische Vierteljahresschrift 1967, S. 456 ff.

[80] So der Titel der sehr interessanten Schrift von *R.-R. Grauhan*, Modelle politischer Verwaltungsführung, 1969. Das hierarchisch strukturierte Verwaltungsverfahren hat nur noch in dem „Modell legislatorischer Programmsteuerung“ und im „Modell der exekutivischen Führerschaft“ seine umfassende Bedeutung. Erheblich reduziert und modifiziert dagegen scheint es auf im sog. „Korrelativen Führungsmodell“, wo es seinen Platz nur noch im Feld der programmdeterminierten Ausführungsaufgaben hat, nicht aber bei der organisatorischen Bewältigung der Vorbereitungsfunktion. Zum Thema vgl. weiter aus der neuesten Literatur: *K. Heinemann*, Stabilität und Wandel bürokratischer Organisationen, Schmollers Jahrbuch für Wirtschafts- und Sozialwissenschaften, 1969, S. 313 ff.; *R. Höhn*, Verwaltung heute — Autoritäre Führung oder modernes Management, 1970; *F. Giehl*, Die öffentliche Verwaltung in der modernen Gesellschaft — Bürokratie oder Management, BayVerwBl. 1972, S. 57 ff. Kritischer zu den neuen Vorstellungen: *W. Schick*, Beamtenrecht — Beamtentum — Beamte, JZ 1970, S. 449 ff. (450); *H. Rittstieg*, Die Weisungsunterworfenheit des Beamten, ZBR 1970, S. 72 ff. (73); *F. Lauxmann*, Straffe Verwaltung ohne Gehorsam?, DÖV 1970, S. 412 ff.; *E. Laux*, Managementmodelle für die öffentliche Verwaltung, DVBl. 1972, S. 167 ff.; *ders.*, Nicht-hierarchische Organisationsformen in den Ministerien, in: Aktuelle Probleme der Ministerialorganisation, 1972, S. 317 ff.

[81] s. oben § 4 I. 2. c).

[82] Vgl. § 9 des Gesetzes über die Verbreitung jugendgefährdender Schriften — GjS — i. d. F. v. 29. 4. 1961 (BGBl. I S. 497).

Kunst, Literatur, Buchhandel, Jugendwohlfahrt usw.) mit der Entscheidung eines Falles zu betrauen, liegt es durchaus nahe — wenngleich es nicht denknotwendig geboten ist —, den Mitgliedern dieses Kollegiums Weisungsfreiheit zu gewähren, um ihre sachkundige, teilweise gerade auch auf Ausgleich gerichtete Arbeit[83] nicht zu gefährden. Inwieweit solche Zweckmäßigkeitserwägungen freilich verfassungsrechtlichen Erfordernissen standhalten, muß noch geprüft werden.

## § 5 Ministerialfreier und parlamentsfreier Raum

### I. Der ministerialfreie Raum

#### 1. Erste Begriffsumschreibung

Der Begriff des ministerialfreien Raumes konkretisiert sich durch seine Gegensätzlichkeit zum oben dargestellten Ministerialsystem. Ministerialfreie Räume sind also alle diejenigen Verwaltungsstellen[1], die von der Ressortspitze, dem Minister, einzelweisungsunabhängig sind. Diese Definition bedarf aber noch der Präzisierung.

Nicht anders als das Ministerialsystem bezieht sich der Begriff des ministerialfreien Raumes auf das Verhältnis zur Ressortspitze. Einem Minister können aber nach der Struktur unserer Verfassung nur Bereiche nachgeordnet sein, die der „vollziehenden Gewalt" im Gegensatz zur „gesetzgebenden" und „rechtsprechenden Gewalt" angehören[2]. Es erscheint daher jedenfalls auf den ersten Blick wenig sinnvoll, ministerialfrei auch die — materielle — Verwaltung zu nennen, die der ersten oder dritten Gewalt zuzurechnen ist und (daher) von Einzelweisungen eines Ministers frei ist. Bevor hierauf aber näher eingegangen wird, erscheint es richtig, einen knappen Überblick darüber zu geben, um welche verwaltenden Tätigkeiten es sich dabei handelt.

##### *a) Eigenverwaltungen von Bundestag, Bundesrat und Bundesverfassungsgericht*

Zu nennen sind hier an erster Stelle die Eigenverwaltungen von Bundestag und Bundesrat. Der Bundestagspräsident bzw. Bundesratspräsi-

---

[83] So wohl sind die Aufgaben des Bundespersonalausschusses auch aufzufassen, § 98 BBG.

[1] Auf eine nähere Differenzierung nach Behörden, Ämtern usw. braucht nicht eingegangen zu werden, da sich daraus für unser Problem nichts ergibt; vgl. dazu aber *H. J. Wolff*, Verwaltungsrecht II, §§ 73, 76 und *J. Eggers*, Die Rechtsstellung von Ausschüssen, Beiräten und anderen kollegialen Einrichtungen im Bereich der vollziehenden Gewalt, Diss. Kiel 1969, S. 102 ff.

[2] Art. 20 Abs. 2 S. 2 GG. Der Gewaltenteilungsgrundsatz bedeutet jedenfalls — wie er auch immer heute im einzelnen zu verstehen sein mag — ein

dent ist oberste Dienstbehörde der Bundestags- bzw. Bundesratsbeamten, die als Bundesbeamte unter Durchbrechung des Art. 60 GG[3] von den entsprechenden Präsidenten ernannt und entlassen werden, § 176 BBG. Eine analoge Regelung ist in der gleichen Vorschrift bezüglich des Präsidenten des Bundesverfassungsgerichts und der Beamten dieses Gerichts getroffen. In diesen Fällen ist die Zuordnung zu der ersten oder dritten Gewalt eindeutig erfolgt. Auch der Wehrbeauftragte ist — vom Grundgesetz selbst, Art. 45 b — als Hilfsorgan des Bundestages bezeichnet und daher ihm zugehörig. Es entspricht dieser Regelung, daß auch er nach seiner Wahl durch das Plenum vom Bundestagspräsidenten ernannt wird und dessen Dienstaufsicht untersteht[4]. Ebenso ist die Übertragung der Festsetzung und Auszahlung des Anteils an der Wahlkampfkostenpauschale an die politischen Parteien durch den Bundestagspräsidenten eine verwaltende Tätigkeit[5], die sicherlich über den Präsidenten als Parlamentsorgan der ersten Gewalt zugehört.

#### b) *Zweifelsfälle*

Eine solche klare Zuordnung läßt sich nun freilich keineswegs stets erkennen; beispielhaft seien die Rechnungshöfe und Richterwahlausschüsse, die Rechtspfleger und Staatsanwälte genannt.

#### ba) Bundesrechnungshof

Der staatsrechtliche Standort der Finanzkontrolle ist trotz breiter und intensiver Diskussion noch immer nicht abschließend geklärt. Art. 114 GG und § 11 Abs. 1 des Gesetzes über Errichtung und Aufgaben des Bundesrechnungshofs[6], die übereinstimmend den Mitgliedern des Bundesrechnungshofs richterliche Unabhängigkeit gewähren, schweigen sich zur Frage der organisationsrechtlichen Einordnung des Bundesrechnungshofs aus, anders als etwa das österreichische Bundes-Verfassungsgesetz, nach

---

formales Einteilungsprinzip, das organisatorisch die Träger der verschiedenen Funktionen auseinanderhält.

[3] So übereinstimmend *Th. Maunz*, in: Maunz - Dürig - Herzog, Art. 60 Rdn. 3, und *Schneider - Dennewitz*, BK, Art. 60 Erl. 6 c).

[4] §§ 13, 15 und 16 des Gesetzes über den Wehrbeauftragten des Bundestages v. 26. 6. 1957 (BGBl. I S. 652).

[5] Vgl. §§ 18 ff. des Gesetzes über die politischen Parteien v. 24. 7. 1967 (BGBl. I S. 773). In § 21 wird der Präsident des Deutschen Bundestages als mittelverwaltende Stelle bezeichnet und insoweit der Kontrolle des BRH unterstellt. Es handelt sich dabei zweifellos um materielle Verwaltungsaufgaben. Dementsprechend ist bei Streitigkeiten hierüber der Verwaltungsrechtsweg gegeben; dazu StGH Baden-Württemberg, Urt. v. 23. 5. 1970, BaWüVBl. 1970, S. 169, und BVerfGE 18, 97 ff. (102 ff.), Beschl. v. 10. 3. 1970. Zur Verwaltungstätigkeit von Legislativorganen s. auch BVerwGE 2, 36 ff., Urt. v. 26. 3. 1955.

[6] BRHG vom 27. 11. 1950 (BGBl. I S. 765). Vgl. auch § 121 RHO i. d. F. v. 17. 6. 1936 (RGBl. II S. 209).

dessen Art. 122 der Rechnungshof unmittelbar dem Nationalrat untersteht[7].

Weitgehende Einigkeit besteht nur darin, die Rechnungshöfe[8] nicht im Bereich der 3. Gewalt anzusiedeln[9]; wie es aber um das Verhältnis zu Exekutive und Legislative bestellt ist, ist durchaus umstritten. Den letzten breit angelegten Versuch, den Bundesrechnungshof der Legislative zuzuordnen, hat *Eberhard Menzel* unternommen; Art 114 GG lasse erkennen, daß der Hauptakzent der Finanzkontrolle in der Vorarbeit zur Entlastung der Exekutive durch das Parlament liege[10]. Die Zuerkennung solcher parlamentarischer Hilfsorganqualität würde indes die völlige Selbständigkeit des Rechnungshofs auch gegenüber dem Parlament übersehen lassen[11] und — was ebenso wichtig ist — die Tatsache, daß Rech-

---

[7] Der Rechnungshof wird demnach übereinstimmend als Hilfsorgan des Nationalrats betrachtet; vgl. *R. Laurer,* Ist der Rechnungshof ein Verwaltungsorgan? Die Einordnung des Rechnungshofes in die Typen der Staatsorgane und deren rechtliche Bedeutung, Österreichisches Verwaltungsarchiv (VIII [1969]), S. 13 ff.; *L. Adamovich,* Handbuch des österreichischen Verfassungsrechts, 6. Auflage 1971, S. 228, 409; VerfGH, Erk. v. 14. 3. 1969, JBl. 1970, S. 417 f. — Art. 123 B-VG, der den Präsidenten des Rechnungshofs hinsichtlich der Verantwortlichkeit den Mitgliedern der Bundesregierung gleichstellt, bezieht sich nur auf die rechtliche Verantwortlichkeit (Anklage vor dem VerfGH, Art. 142 B-VG).

[8] Unabhängige Rechnungshöfe gibt es in allen Bundesländern; freilich ist ihren Mitgliedern nicht schon überall kraft Verfassungsrecht richterliche Unabhängigkeit gewährt, so in Bremen, Hessen und Saarland, wo aber entsprechende einfachgesetzliche Bestimmungen existieren; für Bremen: §§ 1, 5 Gesetz über die Rechnungsprüfung in der Freien Hansestadt Bremen v. 20. 12. 1966 (GBl. S. 221); für Hessen: §§ 1, 3 Gesetz über den Hessischen Rechnungshof v. 8. 10. 1970 (GVBl. I S. 667); für Saarland: §§ 1, 3a Gesetz Nr. 780 über den Rechnungshof des Saarlandes i. d. F. v. 29. 4. 1970 (ABl. S. 476).

[9] So aber *F. W. Beckensträter,* Die Stellung der Rechnungshöfe im System der Dreiteilung der Staatsgewalt, Diss. Frankfurt 1961, S. 189 ff., im Anschluß an *H. Ridder,* Empfiehlt es sich, die vollständige Selbstverwaltung aller Gerichte im Rahmen des Grundgesetzes gesetzlich einzuführen? Gutachten für den 40. DJT, 1953, Bd. 1, S. 93 ff. (127 f.), der zwar die Primärgeschäfte der Rechnungshöfe begrifflich als Rechtsprechung bezeichnet, aber klar darauf hinweist, daß dies positiv-rechtlich unter dem GG nicht so gewertet werden kann. Geradezu als Richter werden die Mitglieder des Rechnungshofs bezeichnet von *E.-G. Richter,* Mitglieder des Rechnungshofs — Beamte oder Richter?, DVBl. 1969, S. 67 ff. Dagegen *Eb. Menzel* unter gleichnamigem Titel in DVBl. 1969, S. 71 ff.; *A. Fuchs,* Wesen und Wirken der Kontrolle, 1966, S. 39 ff.; *Ch. Berlage,* Neues Beamtenrecht für die Mitglieder des Bundesrechnungshofes? ZBR 1970, S. 41 ff. (42); *B.-P. Lange,* Verfassungsrechtliche Probleme im Zusammenhang mit Rechnungsprüfung und Rechnungshof, Diss. Bonn 1967, S. 198 ff. Aus der Rechtsprechung vgl. BayVerfGH, Entsch. v. 22. 5. 1968, DÖV 1968, S. 656.

[10] *Eb. Menzel,* Der staatsrechtliche Standort der Finanzkontrolle in der Bundesrepublik und im Ausland, DÖV 1968, S. 593 ff. m. w. N.

[11] Vgl. *H. Schäfer,* Der Bundesrechnungshof im Verfassungsgefüge der Bundesrepublik, DÖV 1971, S. 542 ff. (543); *B. Tiemann,* Zur staatsrechtlichen Stellung und Funktion des Bundesrechnungshofes nach der Haushaltsreform, DVBl. 1970, S. 954 ff. (957). — Demgegenüber ist die Tätigkeit des Wehrbeauftragten, auch wenn er grundsätzlich von Weisungen freigestellt ist (§ 5 Abs. 2

nungshof und Parlament in ihrer Kontrolle der staatlichen Finanzgebarung eine keineswegs ganz gleichlaufende Funktion haben[12]. In der eigentlichen Rechnungs- und Verwaltungskontrolle des Bundesrechnungshofs zeigt sich, daß auch Hilfsfunktionen der Regierung gegenüber wahrgenommen werden. Diese Konstellation hat denn auch dazu geführt, daß der Bundesrechnungshof im Schriftlichen Bericht des Rechtsausschusses des Bundestags zum Entwurf der Finanzreformgesetze als „Hilfsorgan sowohl der Exekutive als auch der Legislative" bezeichnet wurde[13]. Doch gegen eine solche Formel spricht eben die Selbständigkeit des Rechnungshofs. Man hat sich in jüngster Zeit damit aus dem Dilemma befreien wollen, daß man den Standort der Finanzkontrolle *zwischen* Legislative und Exekutive annimmt; die Finanzkontrolle wird als „selbständige Staatsfunktion" betrachtet[14]. Diese richtige Erkenntnis brauchte m. E. jedoch nicht zu dem Schluß führen, die Rechnungshöfe in einem bislang unbekannten Raum zwischen 1. und 2. Gewalt zu verankern[15]. Gewiß hat *Klaus Vogel*[14] Recht, wenn er sagt, das Dreigewaltenschema sei nicht fugenlos durchgeführt; aber dies stimmt doch nur insofern als anerkannt ist, daß organisatorisch der einen Gewalt zugehörige Stellen Aufgaben haben können, die — bei funktionaler Betrachtungsweise — „grundsätzlich" Aufgaben der anderen Gewalt sind. Permeabel ist das Dreiteilungsschema bezüglich der Funktion, ihre Träger müssen aber innerhalb von Legislative, Exekutive und Judikative organisiert sein. Der Träger einer selbständigen und unabhängigen Kontrollfunktion braucht auch gar nicht notwendig zur Durchführung seiner Aufgaben einen Platz außerhalb der drei Gewalten; eine verfassungsdogmatisch vielleicht mögliche Konstruktion einer Modifizierung des Art. 20 durch Art. 114 GG ist somit unnötig[16]. Von diesem Ansatz her werden Bedenken verständlich, die sich gegen die Umdeutung der Lehre von der Gewaltenteilung in eine — ausschließliche! — *Funktionenlehre* erheben. Art. 20 GG verlangt keine funktionale, aber doch — im beschriebenen Sinn — eine organisationsrechtliche Rigidität.

Stellt man unter diesem Blickwinkel die Frage nach der organisationsrechtlichen Zugehörigkeit des Bundesrechnungshofs, so lassen sich Kriterien, die für eine Zugehörigkeit zur Legislative sprechen, nicht finden.

---

WbG), doch von einer starken Abhängigkeit vom Parlament durchzogen; dazu *G. Dürig*, Maunz - Dürig - Herzog, Art. 45 b Rdn. 7.

[12] *A. Fuchs*, S. 31 und 37.

[13] Zu BTag-Drucks. V/3605 S. 14. Im Ergebnis so auch *P. Füßlein*, S. 96, und neuerdings *H. Karehnke*, Zur Neufassung des Artikels 114 des Grundgesetzes, DÖV 1972, S. 145 ff. (149).

[14] *K. Vogel*, DVBl. 1970, S. 193 ff. (195); *A. Fuchs*, S. 42; *B.-P. Lange*, S. 201.

[15] Damit kreiert man eine 4. Gewalt; hiergegen jedoch zu Recht *H. Schäfer*, DÖV 1971, S. 542, und der BayVerfGH, DÖV 1968, S. 656.

[16] Den gleichen Effekt kann man nämlich dadurch erreichen, daß man die Kontrollstelle — wie geschehen — unabhängig stellt.

Nicht nur fehlt die ausdrückliche verfassungskräftige Attachierung an die 1. Gewalt — das Parlament hat auch auf die Bestellung der Mitlieder des Bundesrechnungshofs keinen Einfluß[17]. Bis vor kurzem hat der Bundesrechnungshof auch nur durch die Regierung mit dem Parlament verkehrt[18]. Die „richterliche" Unabhängigkeit macht den Bundesrechnungshof andererseits noch nicht zum Gericht, die Mitglieder nicht zu Richtern — nur ihnen aber ist nach Art. 92 GG die rechtsprechende Gewalt anvertraut. Man wird daher im Ergebnis nicht fehlgehen, den Bundesrechnungshof (organisatorisch) als Teil der vollziehenden Gewalt zu betrachten[19].

#### bb) Richterwahlausschuß

Während es sich beim Wahlausschuß gemäß § 6 BVerfGG zweifellos um ein parlamentarisches Organ handelt, ist die Zuordnung des Richterwahlausschusses nach Art. 95 Abs. 2 GG weit weniger eindeutig. *Peter Füßlein*[20] trägt keine Bedenken, hier von einer Zugehörigkeit zum parlamentarischen Bereich auszugehen, obgleich ja der Ausschuß paritätisch mit Landesfachministern und — vom Bundestag — gewählten Mitgliedern besetzt ist[21]. Diese heterogene Zusammensetzung verhindert jedoch eine einheitliche Betrachtung; der Ausschuß ist, soweit es sich um die gewählten Mitglieder handelt, der 1. Gewalt, soweit es sich um die Mitglieder kraft Amtes handelt, der 2. Gewalt zugehörig.

#### bc) Rechtspfleger

Stand bei den bisherigen Beispielen mehr die Abgrenzung zwischen Legislative und Exekutive zur Debatte, so stellt sich bei der Beurteilung der Figur des Rechtspflegers die Frage im Verhältnis zwischen vollziehender und rechtsprechender Gewalt. Der Rechtspfleger nimmt die ihm durch das Rechtspflegergesetz[22] zugewiesenen Aufgaben der Rechtspflege

---

[17] § 119 RHO. Das ist übrigens bei den Landesrechnungshöfen nicht immer der Fall. In Bremen werden die Mitglieder des Rechnungshofs von der Bürgerschaft gewählt, § 4 Gesetz über die Rechnungsprüfung (oben Anm. 8).

[18] Dies ist mit der Neufassung des Art. 114 Abs. 2 GG nunmehr geändert worden: Bundestag und Bundesrat sind jetzt unmittelbare Adressaten der Berichterstattung des BRH. Aus dieser Verfahrensregelung wird man noch nicht auf einen funktionellen Wandel in der Stellung des BRH schließen können, so aber *Th. Maunz*, Maunz - Dürig - Herzog, Art. 114 Rdn. 24. Hilfsfunktionen hat der BRH sowohl gegenüber Regierung als auch Parlament schon früher wahrgenommen. Diese Frage ist aber nicht gleichbedeutend mit der nach seiner organisatorischen Einordnung. Vgl. demgegenüber aber *H. Karehnke*, DÖV 1972, passim.

[19] Ebenso *B. Tiemann*, DVBl. 1970, S. 957. Vgl. auch den Beschl. des VGH Bad.-Württ. v. 29. 12. 1970, BaWüVBl. 1971, S. 76 f., der die gleiche Ansicht bezüglich des Landesrechnungshofs von Baden-Württemberg vertritt. Weitere Nachweise bei *B.-P. Lange*, S. 199.

[20] S. 77.

[21] Vgl. §§ 2 - 5 Richterwahlgesetz v. 25. 8. 1950 (BGBl. I S. 368).

[22] Gesetz v. 5. 11. 1969 (BGBl. I S. 2065).

wahr (§ 1), wobei er bei seinen Entscheidungen nur dem Gesetz unterworfen ist; er entscheidet vorbehaltlich anderer Bestimmungen selbständig (§ 9), ohne daß ihm — was auch niemand behauptet — Richterqualität zukommt. Die weitgehende Abhängigkeit des Umfangs seines Tätigkeitsbereichs von den Entscheidungen des Richters, die in den §§ 5 bis 8 RPflG zum Ausdruck kommt, erlaubt aber die Zuordnung des Rechtspflegers als eines „besonderen Organs der Gerichtsbarkeit" zur dritten Gewalt[23].

bd) Staatsanwaltschaft

Skeptischer wird man den Versuchen gegenüberstehen, auch für die Beamten der Staatsanwaltschaft den gleichen Status zu reklamieren[24]. Nach § 146 GVG haben sie den dienstlichen Anweisungen ihres Vorgesetzten nachzukommen; in § 147 ist das Recht der Aufsicht *und* Leitung dem Bundesminister der Justiz hinsichtlich des Generalbundesanwalts und der Bundesanwälte und der Landesjustizverwaltung hinsichtlich aller staatsanwaltschaftlichen Beamten des betreffenden Landes zugestanden. In einer Art teleologischer Reduktion wird freilich von der überwiegenden Meinung im Bereich des Legalitätsprinzips für die einzelnen Sachbearbeiter Weisungsfreiheit sowohl gegenüber vorgesetzten Beamten der Staatsanwaltschaft als auch gegenüber den Justizverwaltungen beansprucht[25]. Die in diesem Bereich bestehende ausschließliche Ausrichtung staatsanwaltlicher Tätigkeit an Gesetz und Recht sowie der der richterlichen Rechtsfindung ähnelnde Erkenntnisvorgang[26] vermögen indes eine Eingliederung in die 3. Gewalt allein nicht zu begründen. Eine Parallele zu den Rechtspflegern läßt sich mangels analoger Tätigkeit auf dem Gebiet der Rechtspflege[27] und wegen der von der Tätigkeit der Richter unabhängigen Arbeit der Staatsanwaltschaft nicht ziehen. Die Institution der Staatsanwaltschaft ist daher bei der „vollziehenden Gewalt" beheimatet[28].

---

[23] *E. Arnold*, Stellung und Aufgaben des Rechtspflegers 1957, § 1 Rdn. 1. Weitere Nachweise bei *P. Füßlein*, S. 84.

[24] So etwa *M. Kohlhaas*, Die Stellung der Staatsanwaltschaft als Teil der rechtsprechenden Gewalt, 1963. Vgl. auch den Entwurf einer Neufassung des 10. Titels des GVG, erarbeitet von der Kommission für die Angelegenheiten der Staatsanwälte im Deutschen Richterbund, Februar 1970: Der Staatsanwalt in der Dritten Gewalt, DRiZ 1970, S. 187 ff.

[25] Für viele *C. Roxin*, Rechtsstellung und Zukunftsaufgaben der Staatsanwaltschaft, DRiZ 1969, S. 385 ff. (386 f.).

[26] Vgl. dazu BGH, Urt. v. 18. 6. 1970, NJW 1970, S. 1543: „Die Entscheidung des Staatsanwalts über die Erhebung der Anklage im Bereich des Legalitätsprinzips und die anschließende Entscheidung des Richters über die Eröffnung des Hauptverfahrens sind keine Ermessensentscheidungen; beide Amtsträger haben vielmehr bei der Prüfung des hinreichenden Tatverdachtes einen unbestimmten Rechtsbegriff mit einem gewissen Beurteilungsspielraum anzuwenden" (Leitsatz).

[27] Die Rechts*pflege* ist Aufgabe aller drei Gewalten.

[28] Ebenso *J. Schütz*, Staatsanwaltschaft und Dritte Gewalt, FS für Günther Küchenhoff, 2. Hlbbd., 1972, S. 985 ff. Skeptisch zur Zuordnung zur 3. Gewalt

### 2. Verwaltungen in der Ersten und Dritten Gewalt

Alle die Verwaltungsstellen, die formal der 1. oder 3. Gewalt angehören, sind für *Peter Füßlein* keine Fälle des ministerialfreien Raumes — inwieweit parlamentarische oder Rechtsprechungsorgane exekutivische Tätigkeiten wahrnehmen dürfen, sei allein von den Grundsätzen der Gewaltenteilungslehre her zu bestimmen[29]. Dem entspricht, daß für *Füßlein* die Gewaltenteilungsproblematik bei der Erörterung der verfassungsrechtlichen Zulässigkeit des ministerialfreien Raumes keine ausschlaggebende Rolle spielt[30].

Von der Weisungsbefugnis des Ressortministers bzw. von der parlamentarischen Kontrolle her gesehen macht es indessen nur einen rechtstechnischen Unterschied, ob die Durchführung von Verwaltungsaufgaben dadurch der Kontrolle entzogen wird, daß ihre Träger innerhalb der Exekutive weisungsfrei gestellt oder diese Aufgaben auf Organe der 1. oder 3. Gewalt verlagert werden. Man mag in diesem letzten Fall dann nicht mehr von „ministerialfreiem Raum" sprechen, doch ist das Problem dadurch nicht eliminiert — hier gibt es jedenfalls eine sehr deutliche Parallelerscheinung zu den ministerialfreien Räumen. Dies wird deutlich etwa bei der Diskussion über eine Erweiterung der gerichtlichen Selbstverwaltung, die weithin unter dem Schlagwort der „Entfesselung der Dritten Gewalt" geführt wird[31]. Die bisherigen richterlichen Selbstverwaltungsaufgaben beschränken sich — von geringfügigen Mitwirkungsrechten bei der Personalgewinnung abgesehen — auf die Geschäfts- und Stellenverteilung[32]. Die darüber hinausgehende Verlagerung bisheriger Justiz- und Gerichtsverwaltungsaufgaben[33] in rich-

---

auch *H. Schweichel*, Die Zukunft der Staatsanwaltschaft, ZRP 1970, S. 171 ff. — Vgl. dazu ferner die besoldungsrechtlichen Differenzierungen, die das BVerfG zwischen Richtern und Staatsanwälten gemacht hat, Urt. v. 15. 11. 1971, NJW 1972, S. 25 ff. (26).

[29] *P. Füßlein*, S. 72.

[30] *P. Füßlein*, S. 294 ff. Ähnlich auch BVerfGE 9, 268 ff. (280 f.) mit kritischer Anmerkung von *K. Vogel*, Das Bundesverfassungsgericht zum Bremer Personalvertretungsgesetz — Probleme der Gewaltenteilung, der Regierungsverantwortung und der hergebrachten Grundsätze des Berufsbeamtentums, MDR 1959, S. 894 ff., und *K. J. Partsch*, JZ 1960, S. 23 f. Zum Ganzen unten § 20.

[31] Vgl. *P. van Husen*, Die Entfesselung der Dritten Gewalt, AöR 78 (1952), S. 49 ff.

[32] *W. Brandt*, Die gerichtliche Selbstverwaltung, Diss. Münster 1970, S. 13 f.

[33] Dazu gehören auch die Fragen des Ausbildungs- und Prüfungswesens, der Anstellung von Richtern und der Dienstaufsicht. Die Fragen erhalten eigenes Gewicht durch das Gebot des GG nach persönlicher und sachlicher Unabhängigkeit. Bei Erörterungen der Gestaltung der Dienstaufsicht ist dieser Gesichtspunkt jedenfalls besonders wichtig; dazu auch *L. Schäfer*, Grundfragen richterlicher Unabhängigkeit, DRiZ 1970, S. 73 ff., und *K. Vogel*, Der gerichtliche Rechtsschutz des Einzelnen gegenüber der vollziehenden Gewalt in der Bundesrepublik Deutschland, in: Gerichtsschutz gegen die Exekutive, Bd. 1, 1969, S. 149 f., sowie neuerdings die Materialien zum Bericht der Lage

terliche Kompetenzbereiche würde zwangsläufig die zuständigen Fachminister ihrer Verantwortlichkeit entkleiden. Die in Verbindung mit dieser Frage angeführten Argumente gehen dabei zu Recht sehr wohl von dem inneren Zusammenhang von Gewaltenteilungsprinzip und Ministerverantwortlichkeit aus[34]. Dieselbe Argumentation kann aber nicht für zwei grundverschiedene Problemkreise einschlägig sein. Tatsächlich sind auch die Probleme der Schaffung weisungsfreier Stellen innerhalb der Exekutive oder der Verlagerung exekutivischer Funktionen auf andere Gewalten ganz ähnlich strukturiert. Aus der Thematik sollte daher nur ausscheiden, was die Verfassung an materieller Verwaltung für die Erfüllung der Aufgaben von Verfassungsorganen voraussetzt[35]. Die Frage dagegen, ob der Verlust parlamentarischer Kontrolle bei der Richterernennung durch Alleinkooptation der Richter etwa zulässig ist, gehört zu dem hier behandelten Themenkreis[36].

### 3. Oberste Bundesbehörden

Andererseits ergibt sich aus der grundgesetzlichen Organisation der vollziehenden Gewalt, daß sie nicht ausschließlich in den Ministern als Ressortspitzen mündet. Bundesrechnungshof und Bundespräsidialamt, beides zur Exekutive gehörige Verwaltungsstellen, haben Chefs — den Präsidenten des Bundesrechnungshofs und den Staatssekretär im Bundespräsidialamt[37] —, die selbst parlamentarisch nicht verantwortlich

der Nation 1972, BTag-Drucks. VI/3080, S. 298 f. — Auf die besondere Situation des BVerfG weist *W. Brandt*, S. 36 ff., ausdrücklich hin; die dort getroffene Regelung ist kein Präzedenzfall für die übrigen Gerichte.

[34] Vgl. dazu *H. Ridder*, Verhandlungen des 40. DJT (1953), Bd. 1, 115 ff.; *H. P. Ipsen*, ebd., Bd. 2, C 5 ff. (C 17 ff.); *H. H. Dähne*, Selbstverwaltung der ordentlichen Gerichte durch Präsidialverfassung, Diss. Würzburg 1969, S. 25 ff.; *W. Brandt*, S. 57 ff.

[35] Vgl. auch *C. P. Fichtmüller*, der die Verwaltungen der obersten Staats- und Verfassungsorgane nicht qua Verfassungsorgan aus der Problematik herausnimmt, sondern qua Verfassungsorgan vorweg die Zulässigkeit der Ministerialfreiheit bejaht (sog. „verfassungsstrukturbedingte Ministerialfreiheit"), AöR 91 (1966), S. 308. *H. Loening*, DVBl. 1954, S. 175, weist darauf hin, daß sich die obersten Staatsorgane auch haushaltsrechtlich durch das Vorhandensein von Einzelplänen abheben.

[36] Zuletzt dazu *F. Baur*, Richterwahl und Gewaltenteilung, DRiZ 1971, S. 401 ff. Vgl. auch die Ausführungen des niedersächsischen Justizministers Schäfer vor dem Landtag am 20. 1. 1971: „Nach unserem Grundgesetz ist der Richter unabhängig. Dagegen gibt es keine Unabhängigkeit der sogenannten dritten Gewalt als einem Teil der staatlichen Gewalt. Davon steht in unserem Grundgesetz kein Wort. Wer die Unabhängigkeit der dritten Gewalt will, will einen Zustand, der mit der Grundordnung unseres Grundgesetzes nicht vereinbar ist"; DRiZ 1971, S. 95.

[37] Nicht etwa ist Chef des Bundespräsidialamtes der Bundespräsident selbst; so zu Recht *B. Zimmermann*, Das Bundespräsidialamt, 1968, S. 41. A. A. ist *Th. Maunz*, Maunz - Dürig - Herzog, Art. 54 Rdn. 7. Die Sprachregelung ergibt sich aus §§ 21 und 23 der GeschO BReg., wonach der Chef des Bundespräsidialamtes, nicht aber der Bundespräsident an den Sitzungen der Bundesregierung regelmäßig teilnimmt und nur ihm auch die vorgehenden Informationen zur Vorbereitung der Sitzung zugeleitet werden.

sind und auch von Weisungen von Regierungsmitgliedern frei sind. Der wesentliche Unterschied zu anderen weisungsfreien Exekutivstellen liegt jedoch darin, daß Bundesrechnungshof[38] und Bundespräsidialamt[39] als Oberste Bundesbehörden auf der gleichen Ebene wie die Bundesministerien liegen[40]. Ihre Einbeziehung in die Problematik des ministerialfreien Raumes wäre — ähnlich wie bei der Übertragung von Verwaltungsaufgaben an die anderen Gewalten — nur sinnvoll, wenn sie Funktionen zu erfüllen hätten, die über die der Rechnungskontrolle einerseits, der Information und Vorbereitung von vom Bundespräsidenten nach dem Grundgesetz zu treffenden Entscheidungen andererseits hinausgingen[41]. Dies ist jedoch nicht der Fall.

#### 4. Definition

Aus diesen Überlegungen ergibt sich daher die folgende, den weiteren Ausführungen zugrunde gelegte Definition: Ministerialfreie Räume werden die Verwaltungsstellen genannt, die von der Ressortspitze, dem Minister, einzelweisungsunabhängig sind, es sei denn, es handle sich dabei um Verwaltungen, die zum Funktionieren von Verfassungsorganen erforderlich sind, das Bundespräsidialamt oder den Bundesrechnungshof[42].

---

[38] § 1 Abs. 2 BRHG, § 118 RHO.

[39] Das Bundespräsidialamt wird überwiegend als Oberste Bundesbehörde bezeichnet; *O. Kimminich*, BK, Vorb. zu Art. 54 - 61, Rdn. 36; *Th. Maunz*, Maunz - Dürig - Herzog, Art. 54 Rdn. 7.

[40] Vgl. *H. J. Wolff*, Verwaltungsrecht II, § 82 I a) 1., aber auch, um die Gleichordnung zu verdeutlichen, § 3 Landesverwaltungsgesetz von Baden-Württemberg v. 7. 11. 1955 (GBl. S. 225): „Oberste Landesbehörden sind die Landesregierung, der Ministerpräsident, die Ministerien und der Rechnungshof."

[41] Dies ist deshalb zu betonen, weil die gesetzliche Schaffung oberster Bundesbehörden automatisch zu einem Weisungsfreiraum gegenüber den parlamentarisch Verantwortlichen führen würde, würde man mit ihrer Leilung kein Regierungsmitglied betrauen. Die Nicht-Problematik von BRH und Bundespräsidialamt als oberste Bundesbehörden ergibt sich aus der grundgesetzlich ausdrücklich garantierten Unabhängigkeit bzw. der Verfassungsorganstellung. Dazu auch *E. R. Huber*, Wirtschaftsverwaltungsrecht, Bd. 1, 2. Aufl. 1953, S. 90. Vgl. ferner § 29 Abs. 1 BBankG, der Zentralbankrat und Direktorium der Deutschen Zentralbank die *Stellung* von obersten Bundesbehörden einräumt. Der Unterschied zum Bundesrechnungshof liegt in der verschiedenen Rechtsgrundlage dieser Stellung: sie folgt einmal aus der Verfassung, zum anderen aus einfachem Gesetz. Zu der umstr. Frage vgl. näher unten § 11.

[42] Der BRH ist, anders als etwa das BVerfG, kein Verfassungsorgan; dazu vgl. die Bemerkungen des BVerfG zu dem Rechtsgutachten betr. die Stellung des BVerfG von Geh. Hofrat Dr. Thoma vom 3. Juni 1953, JöR NF 6 (1957), S. 194 ff. (197). — Auf die Problematik nur beratender Exekutivstellen wird im § 6 eingegangen. Vgl. i. ü. die — freilich allein auf die unmittelbare Staatsverwaltung bezogenen — Definitionsversuche bei *H. Loening*, DVBl. 1954, S. 173, und *C. P. Fichtmüller*, AöR 91 (1966), S. 298.

## II. Ministerialfreier und parlamentsfreier Raum

Es ist noch nötig, eine Klärung des Zusammenhangs der Begriffe ministerialfrei und parlamentsfrei herbeizuführen. Handelt es sich um Synonyme oder um Ausdrücke für zwar ähnliche, doch nicht ganz gleich gelagerte Probleme? Für *Hellmuth Loening* ist „Ministerialfreiheit“ der umfassendere und zugleich sich unmittelbar bietende Begriff; „Parlamentsfreiheit“ sei davon bloße Teil- und Folgeerscheinung[43].

In Abschnitt A dieses 1. Teils wurde auf die enge Verknüpfung von parlamentarischer Kontrolle und Verwaltungsorganisation hingewiesen. Ausnahmen vom Ministerialsystem, also ministerialfreie Räume, bedeuten demnach stets parlamentsfreie Räume[44]. Parlamentsfreie Räume sind aber auch immer ministerialfreie. Da die parlamentarische Kontrolle sich nach dem System unseres Grundgesetzes nur über die Regierung ausüben läßt, wäre es nicht sinnvoll, weil eben systemwidrig, etwa die Rechtsprechung als parlamentsfreien Raum zu bezeichnen; sie wäre übrigens dann mit gleicher Berechtigung auch wieder als ministerialfreier Raum anzusehen.

Man muß also feststellen, daß ministerialfrei und parlamentsfrei synonyme Begriffe sind, deren Gebrauch allerdings auf einen unterschiedlichen „approach“ zur Problematik hindeuten kann. *Ernst-Wolfgang Böckenförde* hat der Stellung des Ministers die oben erörterte Bedeutung als Spitzenbehörde einerseits und als der Volksvertretung Verantwortlicher andererseits gegeben. Die letztere Bedeutung nennt er die verfassungsrechtliche, die erstere die verwaltungsrechtliche[45]. Beide hängen untrennbar aneinander. Das Problem kann man nun freilich zunächst von der einen, dann von der anderen Seite angehen. Da hier der Einstieg über die parlamentarische Kontrolle bzw. Verantwortlichkeit gewählt wurde, überwog auch bislang der Begriff des parlamentsfreien Raumes.

# § 6 Der sog. „kabinettsfreie Raum“

*Böckenförde* stellt dem ministerialfreien Raum auf der Ebene der Verwaltung den „kabinettsfreien Raum“ auf der Ebene der Regierung

[43] *H. Loening*, DVBl. 1954, S. 173; ähnlich *P. Füßlein*, S. 67 f. Auch *H. Faber*, S. 63, unterscheidet zwischen beiden Begriffen, gibt ihnen aber andere Inhalte als hier, indem er das „Verbot des parlamentsfreien Raums“ allein auf das Demokratiegebot bezieht, das parlamentarische Prinzip dagegen ausschließlich mit dem „ministerialfreien Raum“ in Verbindung bringt. Zu diesem m. E. unzutreffenden Auseinanderhalten von unter dem GG notwendig zusammengehörenden und sich erst im Miteinander verwirklichenden Prinzipien s. unten § 19.

[44] *E.-W. Böckenförde*, Organisationsgewalt, S. 146.

[45] Organisationsgewalt, S. 144 f.

gegenüber — beide seien aus Gründen der parlamentarischen Verantwortlichkeit und Kontrolle der Exekutive grundsätzlich untersagt[1]. Es mag zweifelhaft sein, ob es notwendig ist, für Parallelerscheinungen auf Regierungsebene einen eigenen Terminus zu prägen — die Problematik ist ja dieselbe. Die — rein begriffliche — Unterscheidung soll hier jedoch aufgegriffen werden, da sie es erleichtert zu prüfen, ob die dem „kabinettsfreien Raum" zugeschlagenen Erscheinungen tatsächlich dem hier untersuchten Problemkreis unterfallen.

## I. Die Beratung von Bundeskanzler und Bundesministern

### 1. Die Meinung Böckenfördes

Das angezogene Zitat *Böckenfördes* bezieht sich konkret auf die Frage nach den zulässigen Grenzen der (weisungsfreien) politischen Beratung der Bundesregierung bzw. ihrer Mitglieder. Böckenförde ist der Auffassung, die Beratung des Machthabers sei sowohl ein öffentliches Amt, was also die private Beratung per Freundschaftsdienst ausschließe, als auch vor allem ein — und zwar dem Parlament gegenüber — verantwortliches Amt; da nur die Ministerstellung diese doppelte Bedingung erfülle, nämlich öffentliches und parlamentarisch verantwortliches Amt zu sein, seien allein die Minister die vom Grundgesetz berufenen politischen Berater des Kanzlers oder ihrer Ministerkollegen[2]. Solle der Chef des Bundeskanzleramtes als politischer Berater des Kanzlers fungieren, müsse er jedenfalls selbst im Rang eines Ministers stehen[3].

### 2. Die Formalisierung des Verantwortlichkeitsgeschehens

Soziologisch gesehen kann kein Zweifel daran bestehen, daß jede Beratung von Einfluß ist auf die Frage, für die der Rat eingeholt wurde, gleichgültig, ob dem Rat gefolgt wird oder nicht. Je größer freilich seine „innere Gewichtigkeit"[4] ist, sei es auf Grund größeren Sachwissens oder dialektisch überlegener Argumente, um so eher wird die Entscheidung dem gegebenen Rat auch in der Sache folgen, um so mehr Unsicherheit wird vom Beratenen absorbiert[5]. Dabei soll von Formen der Beratung

---

[1] Organisationsgewalt, S. 189 FN 76.

[2] So außer *E.-W. Böckenförde*, Organisationsgewalt, S. 187 ff. und 242, auch *U. Mähler*, S. 106 ff., und *K. Kröger, Aufgabe und Verantwortung*, S. 28 ff. (43); *ders.*, Ministerverantwortlichkeit, S. 65 f.

[3] Vgl. die in Anm. 2 Genannten. Bedenken hiergegen wegen einer möglichen Verdoppelung der Stimme des Kanzlers bei Abstimmungen im Kabinett äußert *A. Morkel*, Die Reform des Kabinetts, S. 21.

[4] *Herb. Krüger*, Allgemeine Staatslehre, 1964, S. 887.

[5] *N. Luhmann*, Funktionen und Folgen, S. 174. Vgl. auch oben § 3 III 5. Zur Problematik der Beratung allgemein s. ferner *H. Krüger*, S. 887 ff., und *E. Klingler*, Rat und Beratung in der deutschen öffentlichen Verwaltung, Diss. Würzburg 1965, sowie *G. Müller*, Die Stabsstelle der Regierung als staatsrechtliches Problem, 1970, S. 318 ff.

abgesehen werden, die das eigentliche Gebiet der bloßen Beratung schon hinter sich gelassen haben und zur echten und nach innen oder sogar nach außen wirkenden (Teil-)Entscheidung geworden sind, wie sie sich in der Verwaltung in vielfacher Form finden[6]. Aber — und diese Frage stellt *Walter Leisner* zu Recht[7] — entscheidet der Ratgeber nicht sogar auch rechtlich dort, wo der Beratene, wollte er dem Rat nicht folgen, nur willkürlich handeln könnte? Damit ist das Problem des „Zugangs zum Machthaber“[8] in den Bereich des juristisch Relevanten gehoben.

Zugleich besteht das Dilemma, daß das genannte Problem als „auf der Grenze von Faktum und Recht“[9] stehend juristisch ohne der Wirklichkeit unangemessene Rigorosität kaum zu bewältigen ist. Es wäre in höchstem Grade wirklichkeitsfremd, den Regierungsmitgliedern das private politische Gespräch und die Annahme politischer Information mit und von wem auch immer untersagen zu wollen. Diesen empirisch faßbaren Vorgang, der ganz unabhängig von irgendwelchen Organisationsakten des Parlaments oder der Regierung abläuft, kann das Verfassungsrecht, will es an dem fundamentalen Prinzip parlamentarisch verantwortlicher Regierung festhalten, nur durch eine strenge Formalisierung des Verantwortlichkeitsgeschehens begegnen. Das heißt nichts anderes, als daß es zwar ein Auseinanderfallen von Verantwortung und Verantwortlichkeit akzeptiert, nicht jedoch (vorbehaltlich dem Ergebnis dieser Studie) einen Verantwortlichkeitsfreiraum. Solange die Formel von der Zurechenbarkeit auf eigenes Verhalten anwendbar ist — und die Grenze dafür ist bei der echten, also nicht schon mitbestimmenden Beratung noch nicht überschritten —, besteht daher parlamentarische Verantwortlichkeit: Die politische Beratung wird vom beratenen Regierungsmitglied mit- (d. h. *neben* der selbst getroffenen Entscheidung) verantwortet.

Ich möchte daher die politische Beratung durch Nicht-Minister nicht dem hier untersuchten Fragenkreis unterwerfen. Der während der „Gro-

---

[6] Beispiele finden sich in großer Anzahl bei *L. Schomerus*, Die organisatorische Eingliederung der Interessenverbände in die Bundesverwaltung, Diss. Heidelberg, 1959, passim. Genannt seien hier die Ausschüsse zur Festsetzung der Mindestarbeitsbedingungen (Gesetz v. 11. 1. 1952, BGBl. I S. 17) — intern verbindliche Mitwirkung an der staatlichen Willensbildung; die Bundesprüfstelle für jugendgefährdende Schriften (Gesetz v. 9. 6. 1953, BGBl. I S. 377) — selbständige Wahrnehmung von Verwaltungsaufgaben; der Verwaltungsrat der Bundesanstalt für Güterfernverkehr (Gesetz v. 17. 10. 1952 BGBl. I S. 697) — beschließendes Organ einer selbständigen juristischen Person des öffentlichen Rechts.

[7] *W. Leisner*, Gewaltenteilung innerhalb der Gewalten, Festgabe für Th. Maunz, 1971, S. 267 ff. (272).

[8] Vgl. *C. Schmitt*, Der Zugang zum Machthaber, ein zentrales verfassungsrechtliches Problem (1947), in: Verfassungsrechtliche Aufsätze 1958, S. 430 ff., fortgeführt in: Gespräch über die Macht und den Zugang zum Machthaber, 1954, S. 14 ff.

[9] *W. Leisner*, Festgabe Th. Maunz, S. 272.

ßen Koalition" (1966 - 1969) bestehende sog. „Kreßbronner Kreis" war kein „kabinettsfreier Raum" i. S. der hier aufgeworfenen Fragestellung[10]. Damit möchte ich die verfassungsrechtliche Problematik solcher Einrichtungen nicht bestreiten. Sie scheint mir aber nicht in der „Nichtverantwortlichkeit" zu liegen, sondern in dem Eigenrecht der Regierung, politisch beratschlagend zur politischen Entscheidung zu kommen[11]. Diesem Problem kann hier jedoch nicht weiter gefolgt werden.

Für die hier vertretene Auffassung spricht auch die differenzierte Behandlung, die *Böckenförde* den Fachberatern (Fachbeiräten) der Regierung angedeihen läßt[12]. Hier sieht er keine Bedenken, außerhalb der Regierung stehende Sachverständige heranzuziehen, da sich ihre Art der Beratung qualitativ von der politischen Beratung unterscheide: „Ihre Tätigkeit fällt in den Bereich der Kooperation von Politik bzw. Verwaltung und technischem bzw. wissenschaftlichem Sachverstand. Diese Berater äußern sich gutachtlich und auf Anfrage zu bestimmten speziellen Sachproblemen auf Grund und im Rahmen ihres besonderen Fachwissens, nehmen aber nicht an der Beratung, Beschlußfassung und Ausführung politischer Entscheidungen teil"[13]. Angesichts der zunehmenden Verwissenschaftlichung der Politik ist außerordentlich zweifelhaft, ob die Trennung von politischer und fachlicher Beratung noch durchzuführen ist. Gewiß bedarf jeder fachlich-wissenschaftlich fundierte Sachverständigenrat politischer Absicherung, d. h. er muß in politische Maximen umsetzbar sein: das ist die politische Entscheidung. Aber der Entscheidungsspielraum ist gering, wo nur der gemachte Vorschlag sachlich vertretbar ist. Hier wird die sachliche Beratung zur politischen — mit allen Problemen, die — wie oben dargestellt — sich hieran knüpfen. Wer aber ganz zu Recht — wie es auch Böckenförde tut[14] — von der nicht mehr rückgängig zu machenden Notwendigkeit fachlicher Beratung ausgeht, darf keinen der Realität nicht weiterhin entsprechenden Trennungsstrich zwischen fachlicher und politischer Beratung mehr ziehen, sondern muß beide gleich behandeln; nur dies liegt in der Konsequenz der Entwicklung.

---

[10] Zur Problematik des „Kreßbronner Kreises" vgl *E. Benda,* Verfassungsprobleme der Großen Koalition, Bulletin des Presse- und Informationsamtes der Bundesregierung, Nr. 8 (1969), S. 761 ff. (insbesondere unter dem Aspekt der Gewaltenteilung); *W. Schönbohm,* Probleme einer Großen Koalition im parlamentarischen Regierungssystem, in: Reale Utopien, 1970, S. 103 ff. Weniger kritisch *K. Kröger,* Aufgabe und Verantwortung, S. 43, und *U. Bermbach,* Stichwort: Kreßbronner Kreis, Handbuch d. deutschen Parlamentarismus, 1970, S. 253 ff.

[11] Vgl. auch ähnlich *K. Kröger,* Aufgabe und Verantwortung, S. 43 f.

[12] *E.-W. Böckenförde,* Organisationsgewalt, S. 191 f., S. 249 ff. Im Jahr 1969 gab es 207 Beratungsgremien in und bei den Regierungsressorts (ohne interministerielle Ausschüsse), vgl. BTag-Drucks. V/4585.

[13] *E.-W. Böckenförde,* Organisationsgewalt, S. 191.

[14] Organisationsgewalt, S. 192.

### 3. Der „Sachverständigenrat“

Aus der nach allgemeiner Ansicht verfassungsrechtlichen Problemlosigkeit fachlicher Ratgeber(-gremien) tritt jedoch nach gleichfalls überwiegender Meinung der „Sachverständigenrat zur Begutachtung der gesamtwirtschaftlichen Entwicklung“ heraus[15]. Dieser Rat unabhängiger Sachverständiger wurde zur periodischen Begutachtung der gesamtwirtschaftlichen Entwicklung in der BRD und zur Erleichterung der Urteilsbildung aller wirtschaftspolitisch verantwortlichen Instanzen sowie der Öffentlichkeit geschaffen (§ 1 Abs. 1 SVRG). In § 3 Abs. 1 des Gesetzes wird die Unabhängigkeit und bloße Gesetzesgebundenheit des Rates als Institution bekräftigt. Der Sachverständigenrat kann die fachlich zuständigen Minister hören (§ 5 Abs. 1 SVRG); die Bundesregierung muß zum Gutachten des Rates gegenüber Bundestag und Bundesrat Stellung nehmen und dabei ihre wirtschaftspolitischen Schlußfolgerungen, die sie aus dem Gutachten zieht, darlegen. Außer dem terminlich festgelegten Jahresgutachten steht dem Sachverständigenrat frei, selbstinitiativ gutachtliche Äußerungen abzugeben (§ 6 SVRG).

Entgegen der Auffassung *Böckenfördes* und *Füßleins* liegt das verfassungsrechtlich bedenkliche Element nicht darin, daß der Sachverständigenrat nicht nur der Regierung, sondern auch dem Parlament und der Öffentlichkeit beratend gegenübertritt[16]. Entscheidend ist vielmehr, daß hier der Punkt erreicht ist, wo nicht bloß faktisch, sondern in rechtlich gebundener Weise die Regierung zu einem Handeln gezwungen ist, das kraft der Öffentlichkeitswirkung des Gutachtens sachlich weitgehend determiniert ist[17]. Hier wird man in der Tat zu dem Schluß kommen müssen, daß der Sachverständigenrat, ohne selbst politisch verantwortlich zu sein und ohne daß für seine Tätigkeit mangels Weisungsgewalt ein Regierungsmitglied verantwortlich zu machen wäre, wirtschaftspolitische Leitungsbefugnisse ausübt. Der Sachverständigenrat ist somit als „kabinettsfreier Raum“ anzusehen[18].

---

[15] Gesetz i. d. F. v. 8. 11. 1966 (BGBl. I S. 633), SVRG, und § 31 des Stabilitätsgesetzes v. 8. 6. 1967 (BGBl. I S. 582). Zum Problem vgl. *Ch. Heinze*, Der Sachverständigenrat zur Begutachtung der gesamtwirtschaftlichen Entwicklung und die Umbildung der Verfassung, Der Staat, Bd. 6 (1967), S. 433 ff., und neuerdings *B.-O. Bryde*, Zentrale wirtschaftspolitische Beratungsgremien in der Parlamentarischen Verfassungsordnung, 1972, S. 81 ff., 138 ff., sowie *W. Brohm*, Sachverständige und Politik, FS für Ernst Forsthoff, 1972, S. 37 ff. (65 ff.).

[16] *E.-W. Böckenförde*, Organisationsgewalt, S. 256 ff., und *P. Füßlein*, S. 109 und 247 ff.

[17] Dazu vgl. *F. Holzheu*, Zur Zielproblematik in den Jahresgutachten des Sachverständigenrats zur Begutachtung der gesamtwirtschaftlichen Entwicklung, ZgesStW, Bd. 127 (1971), S. 609 ff.

[18] A. A. *B.-O. Bryde*, S. 140 ff., der den Sachverständigenrat als rein beratendes Gremium auffaßt. *E.-W. Böckenförde*, Organisationsgewalt, S. 256, erwähnt in diesem Zusammenhang auch den Wissenschaftsrat (GMBl. 1957,

## II. Ausschüsse auf Regierungsebene

### 1. Die echten Kabinettsausschüsse

Bei den Ausschüssen auf Regierungsebene lassen sich die sog. echten Kabinettsausschüsse von den Interministeriellen Ausschüssen trennen. Die eigentlichen Kabinettsausschüsse[19] setzen sich aus Regierungsmitgliedern zusammen; ihre Aufgabe besteht in der Koordinierung der Regierungspolitik auf besonders wichtigen Sachgebieten (Wirtschaftskabinett, Sozialkabinett, Verteidigungsrat). Dies ist allerdings keine bloß vorbereitende oder vorberatende, sondern soweit wie möglich — d. h. vorbehaltlich nötiger Entscheidung des Gesamtkabinetts — bereits entscheidende Tätigkeit[20]. Zwangsläufig wird hierdurch wie durch jede Koordination die Ressortselbständigkeit der betroffenen Minister eingeschränkt, und es stellte sich damit die Frage nach der Vereinbarkeit mit Art. 65 S. 2 GG[21]. Für den hier behandelten Zusammenhang genügt aber die Feststellung, daß für die Entscheidungen der Kabinettsausschüsse der ihnen präsidierende Kanzler die parlamentarische Verantwortlichkeit trägt, um diese Ausschüsse aus der hier untersuchten Problematik ausklammern zu können[22].

### 2. Interministerielle Ausschüsse

Eine ganz erhebliche, von *Böckenförde*[23] sehr unterschätzte Koordinierungsfunktion haben auch die Interministeriellen Ausschüsse[24]. An

---

S. 355). Nach neuesten Pressemeldungen soll nach dem Beispiel des Sachverständigenrats zur Begutachtung der gesamtwirtschaftlichen Entwicklung ein Sachverständigenrat für Umweltfragen eingerichtet worden sein; Bundesinnenminister Genscher begrüßte den von den Stellungnahmen des Rats voraussichtlich ausgehenden Zugzwang für die Regierung. Mit diesem Rat dürfte aber eher wieder die allgemeine Beratungsproblematik angesprochen sein, nicht die des kabinettsfreien Raums, da die rechtlichen Aktionsmöglichkeiten der Regierung hier doch wesentlich weiter sind als im anderen Fall. Vgl. hierzu den Erlaß des Bundesministers des Innern v. 28. 12. 1971 sowie *G. Dietzel*, Ein zweiter Sachverständigenrat?, ZRP 1973, S. 98 f. Entsprechendes gilt von der sog. Konzertierten Aktion, dazu *Chr. Böckenförde*, Konzertierte Aktion, Der Staat Bd. 11 (1972), S. 366 ff. (370).

[19] *K. Kröger*, Aufgabe und Verantwortung, S. 42, zählte 1969 zehn solcher Ausschüsse.

[20] Dies hat *K. Kröger*, Aufgabe und Verantwortung, gegen *E.-W. Böckenförde*, Organisationsgewalt, S. 152, 178, 246 festgestellt, u. a. unter Hinweis auf die nicht veröffentlichte Geschäftsordnung des Bundesverteidigungsrats v. 27. 1. 1959 i. d. F. v. 25. 1. 1962; seit 1969 lautet die Bezeichnung Bundessicherheitsrat.

[21] Diesem Problem geht *E.-W. Böckenförde*, Organisationsgewalt, S. 243 ff. nach.

[22] Vgl. *K. Kröger*, Aufgabe und Verantwortung, S. 43.

[23] Organisationsgewalt, S. 243 f.

[24] So zu Recht *H. Prior*, S. 5 und öfter. Vgl. dazu auch die Bemerkung des früheren Bundesinnenministers *Höcherl*: „Abschließend kann ich ganz allgemein zu diesem Thema der Koordinierung sagen, daß sich nach meinen Beobachtungen die Institution des Interministeriellen Ausschusses gut be-

Zahl wesentlich höher als die Kabinettsausschüsse[25] setzen sie sich aus Mitgliedern der Ministerialbürokratie (Abteilungsleiter, Referenten), also nicht aus verantwortlichen Regierungsmitgliedern zusammen. Von der hier nicht behandelten Frage nach der sich daraus ergebenden Einschränkung der Ressortselbständigkeit abgesehen ist zu prüfen, wer für die Tätigkeit dieser Ausschüsse parlamentarisch verantwortlich gemacht werden kann.

*Harm Prior* projiziert diese Fragestellung auf die These *Böckenfördes* von dem ganz gleichgewichtigen Verhältnis von Richtlinienkompetenz und Ressortselbständigkeit und kommt davon ausgehend zu dem Ergebnis, daß wegen des ressortübergreifenden Sachzusammenhangs weder ein Minister noch wegen der Gleichwertigkeit der Richtlinienkompetenz der Bundeskanzler verantwortlich zu machen wäre[26]. Prior verwirft daher die Ansicht Böckenfördes und ist bereit, wegen der sonst „unerträgliche(n) Belastung für die zentrale Führungsfunktion" dem Kanzler die uneingeschränkte Prärogative einzuräumen[27], die ihn dann aber auch zum Träger der politischen Verantwortlichkeit in Koordinierungsangelegenheiten macht, wo sie weder vom Gesamtkabinett noch von einzelnen Ministern zu tragen ist. Dieser Lösung ist zuzustimmen. Art. 65 S. 2 GG behält seine Bedeutung auch bei einer zu konstatierenden Hierarchisierung des Kabinetts[28]. Damit scheiden auch die Interministeriellen Ausschüsse aus der weiteren Betrachtung aus.

## § 7 Ministerialfreie Räume in der unmittelbaren Staatsverwaltung

### I. Unmittelbare und mittelbare Staatsverwaltung; Sondervermögen

Seit dem letzten Jahrhundert unterscheidet man in Deutschland zwischen der unmittelbaren und der mittelbaren Staatsverwaltung[1]. Werden Verwaltungsaufgaben durch eigene Organe des Staates wahrgenommen, so spricht man von unmittelbarer, bei der Wahrnehmung von Verwaltungsaufgaben durch verselbständigte, d. h. rechtsfähige Träger von mittelbarer Staatsverwaltung[2]. Beide Erscheinungsformen staatli-

währt hat. Sie gewährt Berücksichtigung aller Gesichtspunkte, sowie einen regen Erfahrungsaustausch der Ministerien untereinander; sie verhindert unnütze Doppelarbeit und ermöglicht eine einheitliche Konzeption der Bundesregierung in den politisch wichtigen Fragen", BTag-Protokoll IV/7448.

25 *H. Prior*, S. 21, zählte für 1968 25 Ausschüsse.

26 *H. Prior*, S. 97 ff.

27 *H. Prior*, S. 98.

28 Vgl. oben § 3 III 1. c).

1 *E. Forsthoff*, Verwaltungsrecht, S. 427.

2 *H. J. Wolff*, Verwaltungsrecht I, 7. Aufl. 1968, § 4 I b) 2; dazu auch ausführlicher unten § 8.

cher Verwaltung finden sich sowohl auf Bundes- als auch auf Landesebene.

Eine Zwischenstellung zwischen den nicht rechtsfähigen Organen und den verselbständigten Gliedern nehmen die teilrechtsfähigen Verwaltungen ein. Der Grund für die Schaffung einer solchen Zwischenform liegt regelmäßig darin, daß man bezweckt, einen bestimmten Teil des Verwaltungsvermögens auszusondern (Sondervermögen). Dies bedingt zwar auch gewisse organisatorische Konsequenzen, ohne daß diese jedoch bis hin zur vollen Rechtsfähigkeit der den Sondervermögen zugeordneten Verwaltungen gezogen werden müßten[3].

Ministerialfreie (parlamentsfreie) Räume finden sich in allen drei genannten Bereichen. Ihnen soll im folgenden nachgegangen werden.

## II. Unmittelbare Staatsverwaltungen als ministerialfreie Räume

Im nachstehenden kann es nicht um eine lückenlose Aufzählung der im Bereich der unmittelbaren Staatsverwaltung existierenden ministerialfreien Räume gehen. Weitgehend ist diese verdienstvolle Arbeit bereits erbracht worden[4]. Hier sollen lediglich einige Beispiele gegeben werden, die für die verschiedenen Ausprägungen des ministerialfreien Raumes typisch sind und die auch die weiter unten angestellten Erwägungen zur Lösung der verfassungsrechtlichen Problematik verständlich werden lassen.

### 1. Bundesschuldenverwaltung

Die Institution der Staatsschuldenverwaltung, die in Deutschland auf eine lange Tradition zurückblicken kann[5], beruht heute auf der durch neuere Rechtsvorschriften[6] nur geringfügig modifizierten Reichsschuldenordnung vom 13. 2. 1924 — RSO[7]. Art. 115 GG regelt die Voraussetzungen der Kreditbeschaffung des Bundes. Der Bundesschuldenverwaltung obliegt einmal die Sicherung der finanztechnischen Seite der Schuldenabwicklung, zum anderen die Kreditkontrolle.

---

[3] *K. E. v. Turegg* und *E. Kraus*, Lehrbuch des Verwaltungsrechts, 4. Aufl. 1962, S. 93 f.; *E. Forsthoff*, Verwaltungsrecht, S. 462, und *H. J. Wolff*, Verwaltungsrecht I, S. 303 f.

[4] Vgl. besonders die Aufstellungen bei *P. Füßlein*, S. 115 ff.; *G. Vorbrugg*, S. 126 ff.; *C. P. Fichtmüller*, AöR 91 (1966), S. 297 ff., und von einem anderen Blickwinkel her auch *L. Schomerus*, passim.

[5] Dazu im einzelnen *F. Karl*, 150 Jahre Staatsschuldenverwaltung, 1970; einen kurzen Überblick gibt auch *P. Füßlein*, S. 159 ff.

[6] Gesetz v. 13. 7. 1948 über die Errichtung einer Schuldenverwaltung des Vereinigten Wirtschaftsgebietes (GVBl. des Wirtschaftsrates des Vereinigten Wirtschaftsgebietes 1948, S. 73), und VO über die Bundesschuldenverwaltung v. 13. 12. 1949 (BGBl. 1950, S. 1).

[7] RGBl. 1924 I, S. 95. Verfassungsrechtliche Vorschriften betr. Einrichtung und Ausgestaltung der Staatsschuldenverwaltung bestehen nicht.

Die Bundesschuldenverwaltung ist eine kollegial zusammengesetzte Bundesoberbehörde[8]. Sie besteht heute aus mindestens drei hauptamtlichen Mitgliedern, die vom Bundespräsidenten nach Zustimmung des Bundesrates ernannt werden, §§ 25, 26 RSO. Anders als der Bundesrechnungshof ist die Bundesschuldenverwaltung in das Ressort des Bundesfinanzministers eingegliedert[9], dessen Leitung sie auch unterliegt, soweit dadurch nicht ihre nach § 23 RSO bestehende Unabhängigkeit beeinträchtigt ist (§ 24 RSO). Diese Unabhängigkeit, die auch in dem nach § 30 RSO von den Mitgliedern der Bundesschuldenverwaltung zu leistenden Eid zum Ausdruck kommt[10], besteht bei der Ausstellung, Verwaltung und Einlösung der Schuldurkunden des Bundes, ferner bei der Führung des Schuldbuchs. Mit dieser zunächst eher rein technisch anmutenden Aufgabe steht die präventive[11] Kontrolle darüber, daß der Bundesminister der Finanzen sich bei der Kreditbeschaffung in den vom Bundesgesetzgeber gezogenen Grenzen (Art. 115 GG) hält, in unmittelbarem, wenngleich dem Gesetzeswortlaut selbst nicht mit letzter Sicherheit zu entnehmenden Zusammenhang[12]. So gesehen wird das Verbriefungsmonopol geradezu zum Instrument dieser vorgängigen Kreditkontrolle, die damit als der eigentliche Zweck der Bundesschuldenverwaltung hervortritt.

Nach übereinstimmender Auffassung[13] hat die Kreditkontrolle ausschließlich den Charakter einer Rechtskontrolle; Rechtsmaßstab sind die gesetzlichen Vorschriften, die zur Kreditbeschaffung ermächtigen. Zweckmäßigkeitserwägungen des Inhalts etwa, ob die Kreditaufnahme finanzpolitisch opportun ist oder nicht, fallen nicht in den Kompetenzbereich der Schuldenverwaltung. Ihr an den gesetzlichen Vorschriften ausgerichtetes Votum entscheidet freilich über Ausführung oder Nichtausführung von Vorhaben der Finanzverwaltung. Da die Bundesschuldenverwaltung in diesem Aufgabenbereich von Weisungen des zuständigen Ressortministers frei ist, vermag dieser für ihre Tätigkeit parlamentarischer Verantwortung nicht zu übernehmen.

---

[8] §§ 1, 4 Finanzverwaltungsgesetz — FVG — i. d. F. v. 30. 8. 1971 (BGBl. I, S. 1426). Ferner: *Th. Maunz*, in Maunz - Dürig - Herzog, Art. 115 Rdn. 2; *A. Köttgen*, Der Einfluß des Bundes auf die deutsche Verwaltung und die Organisation der bundeseigenen Verwaltung, JöR NF Bd. 3 (1954), S. 67 ff. (128).

[9] So auch *A. Fuchs*, S. 34; a. A. wohl *M. E. F. Kühnemann*, Die staatsrechtliche Stellung der Reichsschuldenverwaltung, AöR 24 (1934), S. 3 ff. (28).

[10] Nach § 30 RSO geloben die Mitglieder der Bundesschuldenverwaltung u. a., „sich von der Erfüllung der ... der Reichs(Bundes)schuldenverwaltung mit selbständiger und unbedingter Verantwortung übertragenen Obliegenheiten durch keine Anweisung irgendwelcher Art abhalten zu lassen".

[11] *Th. Maunz*, in: Maunz - Dürig - Herzog, Art. 115 Rdn. 2; *M. Kühnemann*, S. 21.

[12] Die Kontrollfunktion scheint auf in § 23 lit. a), sowie auch in der Eidesformel nach § 30 RSO.

[13] *Th. Maunz*, in: Maunz - Dürig - Herzog, Art. 115 Rdn. 3; *M. Kühnemann*, AöR 24 (1934), S. 20; *G. Vorbrugg*, S. 134.

In dieser Herausnahme aus der Ministerverantwortlichkeit wird man mit *Max E. F. Kühnemann*[14] den Grund für die Errichtung des Reichs-(Bundes-)schuldenausschusses sehen müssen. Der Ausschuß besteht heute aus drei Mitgliedern des Bundestags und drei Mitgliedern des Bundesrates sowie dem Präsidenten des Bundesrechnungshofs als Vorsitzenschuß ist auch weitgehend auskunftsberechtigt, § 34 RSO. Berichtigungsden[15]. Der Ausschuß führt über alle von der Bundesschuldenverwaltung unabhängig ausgeübten Geschäfte die Aufsicht. Dabei handelt es sich allerdings um ein reines „ius inspiciendi"[16]. Die Bundesschuldenverwaltung hat demgemäß dem Ausschuß die Monats- und Jahresabschlüsse ihrer Kasse sowie ihre Geschäftsübersichten zu übersenden; der Ausfunktion kommt dem Bundesschuldenausschuß dagegen nicht zu. Seine Tätigkeit schlägt sich in jährlichen Berichten an Bundestag und Bundesrat nieder. Die Frage, ob die Aufsicht dieses Ausschusses als Ersatz der fehlenden parlamentarischen Kontrolle dienen kann, soll einstweilen zurückgestellt werden[17].

### 2. Bundeskartellamt

Die im Gesetz gegen Wettbewerbsbeschränkungen — GWB —[18] der sog. Kartellbehörde übertragenen Aufgaben und Befugnisse (insbesondere die Entscheidung über die Erteilung von Erlaubnissen zu wettbewerbsbeschränkenden Verträgen und entsprechenden Beschlüssen von Vereinigungen von Unternehmen) werden vom Bundeskartellamt, dem Bundesminister für Wirtschaft und den zuständigen obersten Landesbehörden wahrgenommen, § 44 GWB. Hier interessiert nur die Stellung des Bundeskartellamtes.

Das Bundeskartellamt ist eine selbständige Bundesoberbehörde, die beim Bundesminister für Wirtschaft ressortiert, § 48 Abs. 1 GWB. Die Entscheidungen des Bundeskartellamtes werden von Beschlußabteilungen getroffen; sie sind besetzt mit drei Lebenszeitbeamten, die die Befähigung zum Richteramt oder zum höheren Verwaltungsdienst haben müssen, § 48 Abs. 2—4 GWB. Diese Entscheidungen der Beschlußabteilungen enthalten wegen der zahlreichen durch das GWB eröffneten Ermessenstatbestände zwangsläufig wirtschaftspolitische Überlegungen, die hoheitlich-gestaltend in den Wirschaftsablauf eingreifen[19]. Es drängt sich daher die Frage nach dem Verhältnis des Bundeskartellamtes zu dem zuständigen Fachminister auf.

---

[14] AöR 24 (1934), S. 42 f.

[15] § 31 RSO i. V. m. § 6 des Gesetzes v. 13. 7. 1948 (Anm. 6).

[16] Vgl. *M. Kühnemann*, AöR 24 (1934), S. 46.

[17] s. u. § 9 II.

[18] I. d. F. v. 3. 1. 1966 (BGBl. I S. 37).

[19] *G. Vorbrugg*, S. 158. Das Verfahren ist weithin justizförmig ausgestaltet, §§ 51 ff. GWB.

Gerade in dieser wichtigen Frage ist das GWB nicht eindeutig. Von einem großen Teil der Literatur wird aus § 48 Abs. 2—4 GWB, dem Kollegialprinzip, geschlossen, daß dem Bundesminister für Wirtschaft gegenüber eine Freiheit von Einzelweisungen besteht[20]. Hinzu kommt, daß § 49 GWB, der die Veröffentlichung allgemeiner Weisungen des Bundeswirtschaftsministers an das Bundeskartellamt vorschreibt, als argumentum e contrario gebraucht werden kann, indem auf das Fehlen einer das Einzelweisungsrecht betreffenden Regel hingewiesen wird. Die Beweisführung ist freilich nicht zweifelsfrei, kann doch auch wieder umgekehrt argumentiert werden, daß nämlich dem allgemeinen Prinzip entsprechend die Einzelweisungsbefugnis des Ministers als selbstverständlich vorausgesetzt wird. Auf die gleichfalls nicht schlüssige Behauptung eines inneren Widerspruchs zwischen Kollegialprinzip und ministeriellem Einzelweisungsrecht wurde oben schon aufmerksam gemacht[21]. Tatsächlich hat die Auffassung, es handle sich beim Bundeskartellamt um eine sich in das Ministerialsystem durchaus einpassende Erscheinung, die besseren Gründe für sich. Die Entstehungsgeschichte des Gesetzes zeigt recht eindeutig auf, daß der Bundeswirtschaftsminister auch für die Entscheidungen des Bundeskartellamtes politisch verantwortlich sein sollte[22]. In der Praxis hat die Bundesregierung — wie *Georg Vorbrugg*[23] nachgewiesen hat — mehrfach das Recht zur Einzelweisung für sich in abstracto in Anspruch genommen, ohne je davon freilich im konkreten Fall Gebrauch machen zu müssen.

Auf der Basis der bisher zu diesem Problem vorgebrachten, die Gegenargumente nicht völlig aus der Welt schaffenden Erwägungen soll an dieser Stelle kein eigener Lösungsvorschlag erstattet werden. Es erscheint vielmehr sinnvoll, auch das Bundeskartellamt zunächst in die Erörterung des ministerialfreien Raumes einzubeziehen. Sollten sich dabei seine generelle verfassungsrechtliche Unzulässigkeit oder doch wenigstens gewisse Interpretationsgrundsätze ergeben, die jedenfalls bei der z. Z. bestehenden Gesetzeslage eine Ministerialfreiheit des Bundeskartellamtes ausschließen, so wäre von daher der einfachgesetzlichen Auslegung der Weg gewiesen.

### 3. Bundesaufsichtsamt für das Versicherungswesen

Ähnliche Unklarheiten bezüglich der Weisungs-(un-)abhängigkeit wie bei den Beschlußabteilungen des Bundeskartellamtes bestehen bei den Beschlußkammern des Bundesaufsichtsamtes für das Versicherungswesen. Das Bundesaufsichtsamt, als Nachfolger des Reichsaufsichtsamtes

---

[20] So u. a. *G. Rinck*, Wirtschaftsrecht, 2. Aufl. 1969, Rdn. 1003; *C. P. Fichtmüller*, AöR 91 (1966), S. 311 m. w. N.
[21] s. o. § 4 I 2. c).
[22] BTag-Drucks. II/3647, S. 34.
[23] *G. Vorbrugg*, S. 163.

für Privatversicherung 1951 errichtet, hat die nach dem Gesetz über die Beaufsichtigung der privaten Versicherungsunternehmen vom 6. Juni 1931 — VAG —[24] dem Bund obliegende Aufsicht wahrzunehmen[25]. Angesichts der zunehmenden Abhängigkeit des einzelnen von Unterstützungsleistungen in Fällen — verschuldeter oder unverschuldeter — Notlagen verfolgt die Versicherungsaufsicht den Zweck, den Versicherten gegenüber Gefahren aus dem Betrieb von Versicherungsunternehmen zu schützen[26].

Das Bundesaufsichtsamt ist eine dem Bundesminister für Wirtschaft nachgeordnete Bundesoberbehörde[27]. Bei seinen Organen (Präsident, Versicherungsbeirat und Beschlußkammern) stellt sich allein für die Beschlußkammern die Frage ihrer Weisungsunabhängigkeit in verfassungsrechtlich relevanter Weise[28].

Die Aufgaben der Beschlußkammern ergeben sich abschließend aus § 7 Abs. 2 der 3. Durchführungsverordnung zum BAG (Verfahrens- und Geschäftsordnung)[29]; es handelt sich dabei um sehr einschneidende Befugnisse. Die Kammern entscheiden etwa über die Frage, ob überhaupt ein Unternehmen der Aufsicht unterliegt; entschieden wird von diesen Instanzen ferner z. B. über die Erlaubnis zum Geschäftsbetrieb, die Untersagung des Geschäftsbetriebs und über den Antrag auf Konkurseröffnung. Die Beschlußkammern entscheiden auch über Einsprüche, die gegen Verfügungen des Präsidenten eingelegt sind (§ 8 der 3. DVO zum BAG).

Die Kammern sind mit drei Mitgliedern des Bundesaufsichtsamtes, die auf Vorschlag des Bundesrates vom Bundespräsidenten ernannt (ständige Mitglieder) bzw. unmittelbar vom Bundesrat gewählt und vom Bundesminister für Wirtschaft ernannt werden (§ 90 Abs. 2 VAG)[30], so-

---

[24] RGBl. I S. 315, 750. Vgl. hierzu § 20 des Gesetzes über Bausparkassen v. 16. 11. 1972, BGBl. I S. 2097.

[25] § 1 des Gesetzes über die Errichtung eines Bundesaufsichtsamtes für das Versicherungswesen v. 31. 7. 1951, (BAG), BGBl. I S. 480.

[26] So *H. Peters*, Zu den Grenzen der staatlichen Versicherungsaufsicht, in: Festschrift für H. Lehmann, 1956, S. 894 ff. (897); ausführlich zum Zweck der Versicherungsaufsicht *B. Michaels*, Staatsaufsicht über Versicherungsunternehmen und Kreditinstitute, Diss. Hamburg 1967, S. 43 ff., und *H. Kraus*, Versicherungsaufsichtsrecht, 1971, S. 29 ff.

[27] § 1 der 1. DVO zum BAG (Überleitungs- und Einrichtungsverordnung) v. 13. 2. 1952 (BGBl. I S. 94).

[28] Zur Problematik der Beratung im Zusammenhang mit dem ministerialfreien Raum vgl. oben § 6 I.

[29] Vom 25. 3. 1953, (BGBl. I S. 75).

[30] Nicht ständige Mitglieder sind bisher nicht gewählt worden. Vgl. i. ü. die geplante Änderung des VAG, BRat-Drucks. 7/72, worin man die „überholte" Beteiligung des Bundesrates an der Ernennung der ständigen Mitglieder des Bundesaufsichtsamtes beenden will. In der Begründung, a. a. O., S. 9, heißt es, die Bundesregierung halte es nicht für vertretbar, daß der Bundesminister für Wirtschaft und Finanzen die Verantwortung für die Tätigkeit des Amtes zu tragen habe, ohne auf die Ernennung des Präsidenten sowie die

wie mit zwei Beiratsmitgliedern besetzt (§ 7 Abs. 2 der 3. DVO zum BAG). Der Versicherungsbeirat setzt sich aus insgesamt 60 Personen zusammen, die dem Kreis der Versicherungswirtschaft, der Gewerkschaften, des Deutschen Versicherungsschutzverbandes, der Versicherungswissenschaft, der Landwirtschaft, der Beamten, der freien Berufe, des Handwerks und Handels, des Verkehrs und Grundbesitzes entnommen sind[31].

Den verschiedenen einschlägigen Rechtsgrundlagen läßt sich ein eindeutiger Hinweis auf die Weisungsunabhängigkeit der Beschlußkammern nicht entnehmen. Geschlossen wird sie weitgehend[32] aus der Kollegialstruktur, der Beteiligung von Laien am Zustandekommen der Entscheidungen[33] sowie aus dem gerichtsähnlichen Verfahren (§§ 11 ff. der 3. DVO zum BAG). Zugleich bleibt aber die Tatsache, daß die drei Mitglieder, die dem Bundesaufsichtsamt angehören, jedenfalls außerhalb ihrer Kammertätigkeit weisungsgebunden sind; bei Unabhängigkeit innerhalb der Kammer wäre eine wenig erfreuliche Spaltung eingetreten — dies spricht gegen die Weisungsfreiheit der Beschlußkammern[34]. Auch hier soll jedoch die Lösung zurückgestellt werden, bis über die eigentliche Verfassungsfrage Klarheit gewonnen ist.

### 4. Bundesprüfstelle

Das Gesetz über die Verbreitung jugendgefährdender Schriften — GjS —[35] hat zum Ziel, sowohl die Verbreitung von Schriften, die geeignet sind, Kinder und Jugendliche sittlich zu gefährden, als auch die Werbung hierfür zu beschränken. Verbreitungs- und Werbungsbeschränkung (§§ 3 ff. GjS) sind automatische Folgen der Aufnahme in eine Liste, die vom Vorsitzenden der Bundesprüfstelle geführt wird, § 16 GjS.

---

Berufung der ständigen Mitglieder und der Beiratsmitglieder „den seiner Verantwortung entsprechenden Einfluß nehmen zu können". Das vom Bundesrat bislang in Anspruch genommene Vorschlagsrecht lasse auch keinen Raum für die Personalhoheit des Ministers: „Dabei entspricht es den Grundsätzen des Berufsbeamtentums, daß über Personalangelegenheiten eines Beamten in der Regel allein die ihm vorgesetzten Dienstbehörden entscheiden, die in einem hierarchischen Über- und Unterordnungsverhältnis stehen".

[31] § 3 der 3. DVO zum BAG. Im einzelnen hierzu auch *L. Schomerus*, S. 65 f.

[32] *G. E. Fromm* und *A. Goldberg*, Versicherungsaufsichtsgesetz und Bundesaufsichtsgesetz, 1966, § 1 BAG Anm. 2; *E. R. Prölss*, Versicherungsaufsichtsgesetz, 5. Aufl. 1966, § 1 BAG Anm. 3; *P. Füßlein*, S. 137; *C. P. Fichtmüller*, AöR 91 (1966), S. 311 und 314.

[33] Zum Problem der Laienbeteiligung an Verwaltungsaufgaben im hier relevanten Zusammenhang vgl. unten § 19 II 2. d).

[34] So *G. Vorbrugg*, S. 170. In Österreich ist die Rechtslage eindeutig: die Versicherungsaufsichtsbehörde ist in das Bundesministerium für Finanzen eingegliedert (Abteilung 19), der Abteilungsleiter zeichnet unter Verantwortung des Ministers; vgl. dazu *H. Kraus*, S. 16 ff.

[35] I. d. F. v. 29. 4. 1961 (BGBl. I S. 497). Das Gesetz baut auf dem Gesetz zur Bewahrung der Jugend vor Schund- und Schmutzschriften vom 18. 12. 1926 (RGBl. I S. 505) auf.

Die Bundesprüfstelle ist eine selbständige Bundesoberbehörde[36], die kollegial organisiert ist. Ihr gehören an der vom Bundesminister für Familie und Jugend ernannte Vorsitzende und je ein von jeder Landesregierung zu ernennender Beisitzer; dazu kommen weitere vom Bundesminister für Familie und Jugend zu ernennende Beisitzer, die aus den Kreisen der Kunst, Literatur, des Buchhandels und der Verlegerschaft, der Jugendverbände und Jugendwohlfahrt, der Lehrerschaft und der Kirchen zu entnehmen sind; das Vorschlagsrecht für dieErnennung dieser Beisitzer steht den jeweiligen Gruppen zu (§ 9 GjS)[37].

Im Gegensatz zu den beiden letzten Beispielen ist hier die Weisungsunabhängigkeit durch § 10 GjS ausdrücklich festgelegt[38]. Zugleich dürfte damit auch der Erlaß allgemeiner (Auslegungs-)Richtlinien unzulässig sein[39]. Die Bundesprüfstelle entscheidet vielmehr in völliger Unabhängigkeit auf Antrag über die Aufnahme in die Liste in einem Verfahren, das justizförmig ausgestaltet ist[40], ohne selbst jedoch Gerichtsqualität zu haben. Eine (Dienst-)Aufsicht des Bundesministers besteht nur insofern, als es um den formellen Ablauf des Verfahrens geht[41]. Bezüglich der konkreten Entscheidung der Bundesprüfstelle ist der Bundesminister für Familie und Jugend aber nicht verantwortlich.

### 5. Bundespersonalausschuß

Um die einheitliche Durchführung der beamtenrechtlichen Vorschriften zu sichern, wurde durch § 95 des Bundesbeamtengesetzes — BBG —[42] ein Bundespersonalausschuß errichtet. Ihm obliegen sowohl im Gesetz einzeln aufgeführte als auch auf Grund gesetzlicher Ermächtigung von der Bundesregierung übertragene Aufgaben (vgl. § 98 Abs. 2 BBG), nicht

---

[36] *A. Ball*, Die Errichtung von Bundesoberbehörden, Diss. Mainz 1964, S. 75 f. Untechnisch sprechen *P. Füßlein*, S. 233, und *G. Vorbrugg*, S. 183, von „oberer Bundesbehörde".

[37] Näher zu den Gruppenvertretern *L. Schomerus*, S. 54. Vgl. auch BVerwG, Urt. v. 16. 12. 1971, DÖV 1972, S. 419 (421): „§ 9 GjS läßt erkennen, daß die Zusammensetzung des Spruchgremiums vermutete Fachkenntnisse und Elemente gesellschaftlicher Repräsentanz verbindet. Die Besetzung der Bundesprüfstelle bietet die Gewähr, daß bei der Entscheidung ... die verschiedenen Gruppen unserer pluralistischen Gesellschaft wirksam werden."

[38] Im Regierungsentwurf (BTag-Drucks. I/1101) findet sich noch keine solche ausdrückliche Weisungsfreistellung, wobei man aber offensichtlich stillschweigend davon ausging (S. 14). Erst auf Änderungsvorschlag des Bundesrates (vgl. a. a. O., S. 28 mit der Begründung, es handle sich um „quasi richterliche Stellen") wurde eine solche klarstellende Vorschrift geschaffen.

[39] So zu Recht *G. Potrykus*, Gesetz über die Verbreitung jugendgefährdender Schriften, Kommentar, Stand 1967, § 10 Anm. 3.

[40] Vgl. §§ 12 ff. GjS und die Verordnung zur Durchführung des GjS i. d. F. v. 23. 8. 1962 (BGBl. I S. 597).

[41] *G. Potrykus*, (Anm. 39), § 10 Anm. 4. Zur umstrittenen Klagebefugnis der nach § 11 Abs. 2 GjS antragsberechtigten Stellen vgl. *Redeker - v. Oertzen*, VwGO, § 42 Erl. 17.

[42] I. d. F. v. 17. 7. 1971 (BGBl. I S. 1181).

jedoch die Personalverwaltung als solche[43]. Die Mitglieder des Bundespersonalausschusses setzen sich zusammen aus dem Präsidenten des Bundesrechnungshofes als Vorsitzendem und dem Leiter der Personalrechtsabteilung des Bundesministeriums des Innern (ständige Mitglieder). Nichtständige Mitglieder sind der Leiter der Personalabteilung einer weiteren obersten Bundesbehörde sowie vier andere Bundesbeamte; sie werden vom Bundespräsidenten auf Vorschlag des Bundesministers des Innern bestellt, wobei drei davon von den Spitzenorganisationen der zuständigen Gewerkschaften benannt werden. Entsprechendes gilt für drei der sieben stellvertretenden Mitglieder (§ 96 BBG).

Dem Bundespersonalausschuß ist in mehrfacher Hinsicht Entscheidungsbefugnis eingeräumt. So entscheidet er etwa über Ausnahmen von der Pflicht zur Stellenausschreibung und über Ausnahmen vom Verbot der Sprungbeförderung und -anstellung sowie über Ausnahmen von Laufbahnvorschriften in mancherlei Hinsicht (Höchstalter, Mindestalter, Probezeit u. a.). Er stellt die Befähigung von anderen als Laufbahnbewerbern fest und entscheidet über die allgemeine Anerkennung von Prüfungen[44]. Soweit die Entscheidungsbefugnis reicht, wirken die gefaßten Beschlüsse zwar nicht nach außen, sie binden aber — intern — alle beteiligten Verwaltungen (§ 103 Abs. 2 BBG). Die Weisungsfreiheit der Mitglieder des Bundespersonalausschusses ist mehrfach eindeutig zum Ausdruck gekommen; sie sind nur dem Gesetz unterworfen[45]. Die daneben bestehende Dienstaufsicht, die der Bundesinnenminister „im Auftrage der Bundesregierung" führt (§ 104 BBG)[46], weist freilich entgegen *Oscar Georg Fischbach*[47] darauf hin, daß es sich beim Bundespersonalausschuß nicht um eine oberste Bundesbehörde handelt, selbst wenn der Präsident des Bundesrechnungshofs den Vorsitz führt[48]. Der Bundespersonalausschuß ressortiert vielmehr beim Bundesminister des

---

[43] Vgl. hierzu *O. G. Fischbach*, Bundesbeamtengesetz I, 3. Aufl. 1964, § 95 FN 1.

[44] §§ 8 Abs. 2, 21, 22 Abs. 2, 24, 98 Abs. 1 Ziff. 3 BBG; §§ 5 Abs. 2, 6 Abs. 3, 21 Abs. 4, 39 der Verordnung über die Laufbahnen der Bundesbeamten v. 27. 4. 1970 (BGBl. I S. 422).

[45] Vgl. § 95 BBG: „... innerhalb der gesetzlichen Schranken unabhängig und in eigener Verantwortung ..."; § 97 Abs. 1 S. 1 BBG: „... unabhängig und nur dem Gesetz unterworfen"; § 97 Abs. 2 BBG: „... dürfen wegen ihrer Tätigkeit weder dienstlich gemaßregelt noch benachteiligt werden." § 97 Abs. 1 S. 2 BBG legt darüber hinaus die Gründe für ein Ausscheiden eines Mitgliedes aus dem Bundespersonalausschuß fest.

[46] Zu dieser mißverständlichen Formulierung vgl. oben § 3 Anm. 66.

[47] Bundesbeamtengesetz, § 95 Erl. 1 und zu § 104. Ähnlich wohl auch *P. Füßlein*, S. 229.

[48] In den Ländern wird die Dienstaufsicht vom Ministerpräsidenten wahrgenommen; § 116 bad.-württ. Landesbeamtengesetz i. d. F. v. 27. 5. 1971 (GBl. S. 225); Art. 108 Abs. 4 Bayerisches Beamtengesetz v. 18. 7. 1960 (GVBl. S. 161). In Baden-Württemberg wird auch der Kreis der obersten Landesbehörden in § 3 Landesverwaltungsgesetz v. 7. 11. 1955 (GBl. S. 225) abschließend aufgeführt — der Landespersonalausschuß fällt nicht darunter.

Innern[49]. Diesem jedoch ermangelt für den vom Ausschuß selbstverantwortlich getätigten Aufgabenbereich die parlamentarische Verantwortlichkeit[50].

Entsprechend den §§ 61 und 62 Beamtenrechtsrahmengesetz[51] sind in den Ländern Landespersonalausschüsse gebildet worden, die gleichfalls weisungsfrei sind. Auch hier finden sich Entscheidungszuständigkeiten, die diesen Ausschüssen anvertraut sind[52, 53].

### 6. Musterungsausschüsse und Musterungskammern

Durch die Musterung wird darüber entschieden, welche ungedienten Wehrpflichtigen für den Wehrdienst zur Verfügung stehen. Diese Entscheidung wird von bei den Kreiswehrersatzämtern bestehenden Musterungsausschüssen getroffen. Sie sind nach § 18 des Wehrpflichtgesetzes — WPflG —[54] mit dem Leiter des Kreiswehrersatzamtes bzw. seinem Vertreter, einem von der Landesregierung benannten Beisitzer sowie einem ehrenamtlichen Beisitzer besetzt, der von den kreisfreien Städten und Landkreisen gewählt wird.

§ 19 Abs. 2 WPflG bestimmt, daß den Mitgliedern des Musterungsausschusses Weisungen für den Einzelfall nicht erteilt werden dürfen. Nach allgemeiner Ansicht erlaubt die Formulierung den Rückschluß, daß generelle Weisungen (Richtlinien) ausgegeben werden dürfen[55]. Dem kann man zustimmen; das damit aufgeworfene Problem der Lücke in der parlamentarischen Verantwortlichkeit bleibt indes unverändert. Dem Bundesminister der Verteidigung, in dessen Geschäftsbereich die Kreiswehrersatzämter als Bundesunterbehörden und somit auch die bei den Kreiswehrersatzämtern und teils von ihnen gebildeten Musterungsausschüsse fallen, sind die konkreten Entscheidungen der Ausschüsse jedenfalls nicht zurechenbar.

---

[49] Dazu vgl. oben § 3 in Anm. 66.

[50] Ähnlich *P. Dagtoglou*, Der Private, S. 154, der freilich von dem hier nicht geteilten Standpunkt der ausschließlichen parlamentarischen Verantwortlichkeit des Bundeskanzlers ausgeht.

[51] I. d. F. v. 17. 7. 1971 (BGBl. I S. 1025).

[52] Dazu vgl. etwa die Kommentierungen von *G. Müller* und *E. Beck*, Das Beamtenrecht in Baden-Württemberg, Bd. 1 (Stand Okt. 1971), Erl. zu § 117, und *L. Hefele* und *J. Schmidt*, Bayerisches Beamtengesetz, Kommentar, 1961, Erl. zu § 109. Auf die Regelung in Baden-Württemberg geht insbesondere *M. Roller*, passim, ein.

[53] Gerade die Personalausschüsse (-ämter) haben in der Diskussion über den ministerialfreien Raum eine große Rolle gespielt. Hingewiesen sei hier nur auf *H. Loening*, DVBl. 1954, S. 177 ff., sowie auf Gutachten und Referate zum 39. DJT (1951): „Inwieweit läßt Art. 33 Abs. 5 GG eine Reform des Beamtenrechts zu?"

[54] I. d. F. v. 28. 9. 1969 (BGBl. I S. 1773).

[55] Vgl. *W. Scherer* und *Th. Krekeler*, Wehrpflichtgesetz, 3. Aufl. 1966, § 19 Erl. III 3.; *P. Füßlein*, S. 196; *G. Vorbrugg*, S. 185.

Die gleichen Erwägungen gelten für die Musterungskammern, die gemäß § 33 Abs. 3 WPflG in Einzelweisungsunabhängigkeit (§ 33 Abs. 7 WPflG) über den Widerspruch gegen die das Ergebnis der Musterung enthaltenden Musterungsbescheide entscheiden[56]. Die Kammern setzen sich aus einem zum Richter- oder höheren Verwaltungsdienst befähigten Angehörigen der Bundeswehrverwaltung, einem von der Landesregierung benannten und einem ehrenamtlichen Beisitzer zusammen. Widerspruch gegen den Musterungsbescheid — und dies wird noch aufzunehmen sein — kann auch von dem ja weisungsabhängigen Kreiswehrersatzamt eingelegt werden (§ 33 Abs. 2 WPflG).

### 7. Prüfungsausschüsse und Prüfungskammern für Kriegsdienstverweigerer

Die Entscheidung über die Berechtigung, den Kriegsdienst mit der Waffe zu verweigern, treffen die Prüfungsausschüsse für Kriegsdienstverweigerer. Den Vorsitz führt eine vom Bundesminister der Verteidigung bestimmte, zum Richterdienst oder höheren Verwaltungsdienst befähigte Person, die jedoch im Ausschuß nur mit beratender Stimme mitwirken kann. Weitere — stimmberechtigte — Mitglieder sind die drei Beisitzer, von denen einer von der Landesregierung benannt ist; die beiden anderen werden als ehrenamtliche Beisitzer von den kreisfreien Städten und Landkreisen gewählt (§ 26 WPflG).

Bei ihren Entscheidungen, in denen sie die gesamte Persönlichkeit des Antragstellers und sein sittliches Verhalten — also sehr vage Kriterien! — berücksichtigen müssen, sind die Mitglieder an Weisungen nicht gebunden (§ 26 Abs. 4 WPflG). Deutet so bereits diese im Verhältnis zu § 19 Abs. 2 S. 2 WPflG weitere Formulierung auch den Ausschluß genereller Weisungen an, so ergibt sich heute die Richtigkeit dieser Ansicht mit eindeutiger Sicherheit aus § 26 Abs. 6 S. 1 WPflG, wo nur unter ausdrücklicher Ausnahme von § 19 Abs. 2 S. 2 WPflG auf die übrigen Bestimmungen dieses Paragraphen verwiesen wird[57].

Über die Widersprüche, die gegen die Bescheide der Prüfungsausschüsse erhoben werden, entscheiden Prüfungskammern für Kriegsdienstverweigerer, deren Mitglieder wie die der Prüfungsausschüsse von sämtlichen Weisungen freigestellt sind (§ 33 Abs. 7 WPflG). Ihre Zusammensetzung entspricht der der Musterungskammern. Auch hier ist

---

[56] Zum Rechtsschutzverfahren insoweit allgemein vgl. *O. Bachof*, Wehrpflichtgesetz und Rechtsschutz, 1957; die Frage des ministerialfreien Raums wird gestreift auf S. 47 f.

[57] Die kritische Erörterung von *O. Bachof*, Wehrpflichtgesetz, S. 23, der freilich zum gleichen Ergebnis kommt, ist nur verständlich, wenn man bedenkt, daß damals die ausdrückliche Ausnahme von § 19 Abs. 2 S. 2 WPflG in § 26 WPflG noch nicht getroffen war. — Anders, aber für die heutige Rechtslage sicher unzutreffend, *D. Schröder*, Die Laienbeteiligung in Gremien der Staatsverwaltung, Diss. Göttingen 1963, S. 168.

neben dem Betroffenen das Kreiswehrersatzamt zur Einlegung des Widerspruchs berechtigt.

### 8. Anerkennungs- und Widerspruchsausschüsse im Asylverfahren

Die §§ 29 ff. des Ausländergesetzes — AuslG —[58] regeln das Verfahren, in dem über den Antrag auf Anerkennung als Asylberechtigter entschieden wird. Die Instanz, vor der dieses Verfahren abläuft, ist das Bundesamt für die Anerkennung ausländischer Flüchtlinge. Seine Organe sind der vom Bundesminister des Innern bestellte Leiter des Bundesamtes sowie die Anerkennungs- und Widerspruchsausschüsse.

Dem Anerkennungsausschuß fällt die eigentliche Entscheidung über den Antrag auf Anerkennung als Asylberechtigter zu. Über den Widerspruch gegen die dort ergangenen Entscheidungen befinden die Widerspruchsausschüsse. Beide Ausschußarten sind mit einem Vorsitzenden und zwei Beisitzern besetzt; die Vorsitzenden der Widerspruchsausschüsse bedürfen der Befähigung zum Richteramt oder höheren Verwaltungsdienst. Berufen und entlassen werden Vorsitzende und Beisitzer vom Bundesminister des Innern; die Hälfte der Beisitzer benennt der Bundesrat (§ 30 AuslG)[59].

Das Gesetz schweigt zur Frage der Weisungs(un)gebundenheit der Ausschüsse. Man wird jedoch nicht fehlgehen, wenn man eine — und das ist entscheidend — Freiheit von Einzelweisungen annimmt[60]. Hierfür spricht neben dem Bericht des Bundestagsausschusses für Inneres, in dem von „unabhängigen Ausschüssen" die Rede ist[61], auch die gesamte Ausgestaltung des Verfahrens[62], vor allem aber die Schaffung eines Bundesbeauftragten für Asylangelegenheiten (§ 35 AuslG).

Der Bundesbeauftragte, der vom Bundesinnenminister berufen und entlassen wird und die Befähigung zum Richteramt oder höheren Verwaltungsdienst besitzen muß, ist an Weisungen des Bundesministers gebunden[63], wie § 35 Abs. 3 AuslG ausdrücklich hervorhebt. Ohne Unab-

[58] Vom 28. 4. 1965 (BGBl. I S. 353).

[59] Für die Mitglieder der Ausschüsse ist (im Gesetz) die Beamteneigenschaft nicht vorgeschrieben; vgl. auch *R. Schiedermair*, Handbuch des Ausländerrechts der Bundesrepublik Deutschland, 1968, S. 253.

[60] So auch *W. Marxen*, Deutsches Ausländerrecht, 1967, § 29 Erl. 1, § 30 Erl. 1, § 35 Erl. 1, und im Anschluß hieran *P. Füßlein*, S. 191.

[61] BTag-Drucks. IV/3013, S. 7.

[62] Die Weisungsunabhängigkeit kann allerdings nicht bloß aus der Ausschußverwaltung geschlossen werden, wie *P. Füßlein*, S. 191, meint; vgl. dazu oben § 4 I 2. c).

[63] Der Bundesminister hat bei der Weisungserteilung das „Benehmen" mit dem Innenminister des Landes herzustellen, in dem sich der Ausländer aufhält oder dem er zugeteilt werden soll. Nach dem Ausschußbericht ist dies dadurch gerechtfertigt, daß durch die Entscheidung im Anerkennungsverfahren erhebliche Interessen des Landes berührt sein können, vgl. BTag-Drucks. IV/3013, S. 7. Auf diese merkwürdige Art der „Mischverwaltung" kann hier nicht weiter eingegangen werden. Näher dazu *W. Marxen*, § 35 Erl. 3.

hängigkeit der Ausschüsse wäre seine Befugnis, sich am Anerkennungsverfahren zu beteiligen, gegen die Entscheidung des Anerkennungsausschusses Widerspruch einzulegen und gegebenenfalls auf die Entscheidung des Widerspruchsausschusses hin Klage beim Verwaltungsgericht zu erheben (§ 35 Abs. 1 AuslG), nicht verständlich.

Der Bundesbeauftragte soll nach dem Bundestagsausschußbericht[64] dafür sorgen, daß neben den Interessen des asylsuchenden Ausländers auch die „staatlichen Belange" zur Geltung kommen. *Werner Kanein* möchte hieraus schließen, daß die Aufgabe des Bundesbeauftragten darin besteht, die „behördlichen Interessen, vor allem auch die Sicherheitsinteressen der Länder und der Allgemeinheit zu vertreten"[65]. Dies kann nach den Mitwirkungsmöglichkeiten, die dem Bundesbeauftragten im Anerkennungsverfahren und danach eingeräumt sind, freilich nur so zu verstehen sein, daß die „behördlichen Interessen" lediglich soweit vertreten werden können, als durch die Ausschußtätigkeit Rechtsverletzungen erfolgen. Genauer umschreibt daher *Werner Marxen* die Aufgabe des Bundesbeauftragten, wenn er sagt, daß sie in der „Durchsetzung des objektiven Rechts" besteht[66]. Ob weitergehende Weisungen des Bundesministers darum gleich rechtswidrig sind[67], mag dahinstehen; jedenfalls lassen sie sich nach dem vom Gesetz eingeräumten Spielraum nicht verwirklichen.

Anerkennungs- und Widerspruchsausschüsse des § 30 AuslG stellen sich somit als eindeutige ministerialfreie Verwaltungsstellen dar.

### 9. Hauptausschuß und Fachausschüsse für Mindestarbeitsbedingungen

Die Tarifhoheit der Tarifpartner schließt es im allgemeinen aus, daß staatliche Instanzen die Arbeitsbedingungen festlegen. Durch das Gesetz über die Festsetzung von Mindestarbeitsbedingungen —MABG —[68] wird jedoch eine Lücke geschlossen, die vor allem da auftreten könnte, wo für einen bestimmten Wirtschaftszweig oder eine Beschäftigungsart Gewerkschaften oder Arbeitgebervereinigungen nicht bestehen oder eine Regelung von Entgelten oder sonstigen Arbeitsbedingungen durch Allgemeinverbindlicherklärung eines Tarifvertrags nicht erfolgt ist (§ 1 MABG). Der Gesetzgeber hat nun aber auch für diesen — übrigens kaum praktisch gewordenen — Fall des subsidiären Eingriffs des Staates das

[64] BTag-Drucks. IV/3013, S. 7. Dort heißt es auch, daß mit dem Bundesbeauftragten erst die „prozessuale Gleichheit zwischen dem antragstellenden Ausländer und dem Staat als dem Sachwalter des öffentlichen Interesses" hergestellt wäre! Im übrigen ist interessant, daß erst auf Drängen der Länder diese Bestimmung Eingang in das Gesetz fand; vgl. W. *Kanein,* Ausländergesetz, 1966, § 35 Erl. A.

[65] W. *Kanein,* § 35 Erl. A.

[66] W. *Marxen,* § 35 Erl. 2.

[67] Dies meint W. *Marxen,* § 35 Erl. 3.

[68] Vom 11. 1. 1952 (BGBl. I S. 17).

staatliche Handeln an die Mitwirkung der Interessenvertretungen der Arbeitgeber- und Arbeitnehmerseite gebunden[69].

Die Bindung erfolgt durch den vom Bundesminister für Arbeit errichteten Hauptausschuß für Mindestarbeitsbedingungen sowie die gleichfalls vom Minister errichteten Fachausschüsse. Der Hauptausschuß besteht aus dem Bundesminister oder einer von ihm bestimmten Person als Vorsitzendem sowie je fünf Vertretern der Gewerkschaften und der Vereinigungen der Arbeitgeber (§ 2 MABG). Diese Mitglieder werden von ihren Gruppen vorgeschlagen und vom Bundesminister für Arbeit berufen. Aufgabe des Hauptausschusses ist, die Wirtschaftszweige oder Beschäftigungsarten, für die Mindestarbeitsbedingungen festgesetzt werden sollen, zu bestimmen; hierüber muß freilich zwischen dem Bundesminister und dem Hauptausschuß Einvernehmen erzielt sein (§ 3 MABG).

Sind diese Wirtschaftszweige bzw. Beschäftigungsarten bestimmt, so werden von dem entsprechenden Fachausschuß die Mindestarbeitsbedingungen durch Beschluß festgesetzt. Erteilt der Bundesminister für Arbeit dem seine Zustimmung, so erläßt er die Mindestarbeitsbedingungen als Rechtsverordnung (§ 4 Abs. 2 MABG). Kann so einerseits zwar keine verbindliche Festsetzung der Mindestarbeitsbedingungen gegen den Willen des verantwortlichen Ministers stattfinden, so ist es ihm andererseits nicht möglich, gegen den Willen des Ausschusses einer bestimmten Auffassung zum Sieg zu verhelfen. Denn daß die Mitglieder der Ausschüsse nicht an Weisungen gebunden sind, ergibt sich hier zwar nicht unmittelbar aus dem Gesetzestext, doch wären sonst die Vorschriften, die auf das „Einvernehmen" bzw. die „Zustimmung" Bezug nehmen, nicht verständlich. Dem entspricht auch, daß in den Fachausschüssen der vom Bundesminister bestellte Vorsitzende seine Stimme nur ausübt, wenn die je drei oder höchstens fünf Beisitzer aus den Kreisen der beteiligten Arbeitnehmer zu keiner Stimmenmehrheit kommen (§ 5 MABG).

Staatliches Handeln ist daher im einen wie im andern Fall an die Mitwirkung von außerhalb der parlamentarischen Verantwortlichkeit stehenden Interessengruppen gebunden. Dabei macht es keinen Unterschied, ob sich die Mitwirkung bei einem typischen Verwaltungshandeln, dem Setzen von Verwaltungsakten[70] vollzieht oder bei dem Erlaß von Rechtsverordnungen[71]. In beiden Fällen ist die Problematik des parlamentsfreien bzw. ministerialfreien Raumes aufgeworfen.

---

[69] Vgl. auch *L. Schomerus*, S. 122 f., und *D. Schröder*, S. 78 f.

[70] Die Bestimmung der Wirtschaftszweige oder Beschäftigungsarten ist ein Verwaltungsakt, den der Bundesminister für Arbeit im Benehmen mit dem Hauptausschuß setzt; vgl. *G. Drewes*, Die Gewerkschaften in der Verwaltungsordnung, 1958, S. 208.

[71] Dies gilt für die Fachausschüsse nach § 4 MABG.

### 10. Steuerausschüsse

Eine interessante, dem Bereich der Finanzverwaltung zugehörige Erscheinung waren die Steuerausschüsse[72], die bis zum Inkrafttreten der Finanzgerichtsordnung im Jahre 1965[73] neben beratender Tätigkeit über Einsprüche zu entscheiden hatten, die sich gegen die Festsetzung der Steuermeßbeträge für die Gewerbesteuer bzw. gegen die Feststellung der Besteuerungsgrundlagen in bestimmten nach der Reichsabgabenordnung[74] vorgesehenen Fällen richteten[75].

Die Steuerausschüsse wurden für den Bezirk von Finanzämtern, die Steuern vom Einkommen oder vom Vermögen verwalteten, errichtet (§ 23 FVG). Vorsitzender des Ausschusses war der Vorsteher des Finanzamtes[76] oder ein mit seiner Vertretung beauftragter Beamter. Dem Ausschuß gehörten ferner an je ein Gemeindevertreter für jede Gemeinde des Finanzamtsbezirks, die von ihren Gemeindevertretungen gewählt wurden, sowie weitere mindestens zwei, höchstens aber vier ebenfalls von dem zuständigen Gemeindeorgan gewählte Mitglieder (§§ 25 - 27 FVG). In Lehre[77] und Rechtsprechung bestand an der Weisungsfreiheit der Mitglieder der Steuerausschüsse mit Ausnahme des Vorsitzenden kein Zweifel, obgleich der Gesetzeswortlaut hierzu schweigt. Eine der beiden Entscheidungen des Bundesverfassungsgerichts, die sich mit dem Problem des ministerialfreien Raumes befassen, geht von dieser Unabhängigkeit ohne Bedenken aus[78]. In der Tat hätte sich die Weisungsgebundenheit angesichts des anzuwendenden Verfahrens der Steuerausschüsse[79] und des Gelöbnisses, das die Mitglieder zu leisten hatten[80], nur schwer begründen lassen.

Das Gesetz sah allerdings in diesem Zusammenhang in zwei Fällen eine subsidiäre Zuständigkeit weisungsgebundener Organe vor: So

---

[72] Die Steuerausschüsse wurden erst durch Gesetz v. 10. 8. 1967 (BGBl. I S. 877) endgültig beseitigt.

[73] Vom 6. 10. 1965 (BGBl. I S. 1477), § 163 Ziff. 1 FGO.

[74] Vom 22. 5. 1931 (RGBl. I S. 161).

[75] Vgl. § 24 des Gesetzes über die Finanzverwaltung (FVG) i. d. F. v. 13. 7. 1961 (BGBl. I S. 981). Zu den Ausschüssen vgl. *L. Schomerus*, S. 70; *D. Schröder*, S. 56 f., und auch *G. Wacke*, Das Gesetz über die Finanzverwaltung, Finanzarchiv NF Bd. 12 (1950/51), S. 713 ff. (717).

[76] Dem Vorsteher des Finanzamtes oblag seit dem Gesetz v. 13. 7. 1961 die Geschäftsführung der Steuerausschüsse.

[77] So etwa *K. Tipke* und *H. W. Kruse*, Reichsabgabenordnung mit Nebengesetzen, Bd II, 1963, Erl. zu § 31 FVG.

[78] Beschl. v. 20. 6. 1967, DVBl. 1968, S. 175 ff. mit kritischer Anmerkung von *M. Seebode*, ebd., S. 177 f.

[79] Bei Abstimmung entschied die Stimmenmehrheit. Bildeten sich wegen eines für die Steuerberechnung wesentlichen Betrags mehr als zwei Meinungen, so wurden die Stimmen für den höchsten Betrag den Stimmen für den nächstniedrigsten Betrag hinzugezählt, bis sich eine Mehrheit ergab, § 32 FVG.

[80] Die Mitglieder gelobten, ihr Amt nach den gesetzlichen Vorschriften unparteiisch und nach bestem Wissen und Gewissen auszuüben, § 31 FVG.

ernannte der Oberfinanzpräsident selbst die Ausschußmitglieder, falls die Selbstverwaltungsorgane trotz Aufforderung die Wahl von Ausschußmitgliedern unterließen (§ 28 FVG). Weitergehend wuchs dem Finanzamt die Zuständigkeit für die Entscheidung über die Einsprüche anstelle der Ausschüsse dann zu, wenn die Steuerausschüsse die Erledigung ihrer Geschäfte verweigerten (§ 29 FVG). In der Praxis werden diese Bestimmungen freilich schwerlich zur Anwendung gekommen sein.

Schließlich ergab sich aus § 263 Abs. 2 RAO die Befugnis des Vorstehers des Finanzamtes, gegen die Entscheidung der Ausschüsse gerichtlich vorzugehen. Entgegen der Ansicht *Peter Füßleins* wird man in diesem Rechtsbehelf jedoch keine Einschränkung der Weisungsfreiheit sehen können[81]. Eine andere Frage ist, ob die Möglichkeit der Klageerhebung die Bedenken gegen eine Lösung wie die vom FVG gewählte im Einzelfall ausräumen kann.

### 11. Widerspruchsausschüsse nach § 73 Abs. 2 VwGO

§ 73 Abs. 2 VwGO[82] eröffnet die Möglichkeit, daß anstelle der in § 73 Abs. 1 VwGO genannten Widerspruchsbehörden Ausschüsse oder Beiräte an die Stelle dieser Behörden treten. Diesen Weg sind Rheinland-Pfalz[83] und Saarland[84] gegangen, indem sie sog. Kreis- bzw. Stadtrechtsausschüsse geschaffen haben, die über die Widersprüche gegen Verwaltungsakte der Landkreise bzw. kreisfreien Städte zu entscheiden haben. Analog hierzu sind in Hamburg[85] Widerspruchsausschüsse errichtet worden, die über Widersprüche gegen Verwaltungsakte der Fachbehörden und Bezirksämter entscheiden.

Im Saarland und in Rheinland-Pfalz sind die Oberbürgermeister oder Landräte oder auch andere Beamte, die die Befähigung zum Richteramt oder zum höheren Verwaltungsdienst haben, Vorsitzende der Widerspruchsausschüsse[86]. Als Beisitzer fungieren zwei von der Kommunalvertretung gewählte Personen[87]. — In Hamburg sind Vorsitzende Beamte der Fachbehörden oder Bezirksämter; auch sie müssen die Befähigung zum Richteramt bzw. zum höheren Verwaltungsdienst haben[88]. Die zwei ehrenamtlichen Beisitzer werden auf Vorschlag der Deputation vom

---

[81] *P. Füßlein*, S. 220 f. Vgl. dazu auch oben § 4 I 5. d).
[82] Vom 21. 1. 1960 (BGBl. I S. 17).
[83] Vgl. § 7 des rheinland-pfälzischen Gesetzes zur Ausführung der Verwaltungsgerichtsordnung — AGVwGO — v. 26. 7. 1960 (GVBl. S. 145).
[84] § 6 des saarländischen AGVwGO v. 5. 7. 1960 (ABl. S. 558).
[85] Vgl. die Verordnung über Widerspruchsausschüsse v. 27. 9. 1960 — VOWA — (GVBl. S. 413) i. V. m. § 7 AGVwGO v. 29. 3. 1960 (GVBl. S. 291).
[86] § 7 saarl. AGVwGO, § 9 rheinl.-pfälz. AGVwGO.
[87] § 8 saarl. AGVwGO, § 8 rheinl.-pfälz. AGVwGO.
[88] § 3 VOWA.

Präses der Fachbereiche berufen; was die Beisitzer in den Widerspruchsausschüssen bei den Bezirksämtern angeht, so beruft sie der Bezirksleiter aus den Einwohnern des Bezirks auf Vorschlag der Bezirksversammlung[89].

Die Ausschüsse selbst, jedenfalls ihre Beisitzer[90] sind in allen Fällen von Weisungen frei[91]. Im Saarland, wo es an einer ausdrücklichen gesetzlichen Regelung fehlt, wird man bei der vorgeschriebenen Zusammensetzung und dem Verfahren kaum anderes vertreten können[92]. Das Problem erhält besonderes Gewicht dadurch, daß den Ausschüssen als Widerspruchsorganen gemäß § 68 Abs. 1 S. 1 VwGO die Nachprüfung der Recht- *und* Zweckmäßigkeit des Verwaltungsaktes obliegt. Das Kollegialorgan hat somit Aufgaben, zu deren Erfüllung das Gesetz allein keine ausschließliche Handhabe bietet. Immerhin sehen die gesetzlichen Bestimmungen des Saarlandes und von Rheinland-Pfalz vor, daß der zuständige Fachminister (Saarland) bzw. der Regierungspräsident oder in Selbstverwaltungsangelegenheiten primär die Gebietskörperschaften (Rheinland-Pfalz) gegen die Widerspruchsbescheide dieser Ausschüsse Klage erheben können[93].

### 12. Beschlußausschüsse in Nordrhein-Westfalen

Mit einem Hinweis auf die „Beschlußausschüsse" in Nordrhein-Westfalen, wie die Widerspruchsausschüsse also unterhalb der Bundesverwaltung angesiedelt, soll die Reihe der Beispiele von ministerialfreien Räumen in der unmittelbaren Staatsverwaltung (mit Ausnahme der Sondervermögen) abgeschlossen werden. Von den kreisfreien Städten, von den amtsfreien Gemeinden und Ämtern mit mindestens 20 000 Einwohnern und von den Landkreisen werden Beschlußausschüsse eingerichtet, die aus fünf bis höchstens neun Mitgliedern bestehen. Sie sind Ehrenbeamte derjenigen Körperschaft, von der der Ausschuß eingerichtet ist, und sie werden nach den Vorschriften des kommunalen Verfassungsrechts gewählt[94]. Die Geschäfte der Beschlußausschüsse führt

---

[89] § 5 VOWA. Zur Bezirksverwaltung allgemein vgl. *C. Teichmann*, Das Ortsamt in der Hamburger Bezirksverwaltung, 1969, S. 24 ff.

[90] So in Hamburg, § 6 Abs. 1 VOWA.

[91] § 8 Abs. 1 rheinl.-pfälz. AGVwGO.

[92] Auch das BVerfG geht im Beschl. v. 11. 10. 1966, BVerfGE 20, 238 ff. (S. 252) davon aus, daß die Ausschüsse „nicht in der sonst üblichen Weise der Verwaltung eingegliedert" sind.

[93] Vgl. §§ 15 saarl. und 17 rheinl.-pfälz. AGVwGO. Zur Vereinbarkeit dieser sog. „Aufsichtsklage" mit den Regelungen der VwGO vgl. auch BVerfG, a. a. O., sowie den Beschl. v. 17. 1. 1967, BVerfGE 21, 106 ff.; dort wird freilich der (notwendige?) Zusammenhang zwischen weisungsfreien Ausschüssen und Aufsichtsklage nur gestreift; BVerfGE 20, 255 und 21, 115.

[94] § 7 des 1. Gesetzes zur Neuordnung und Vereinfachung der Verwaltung — VG — v. 23. 7. 1957 (GVBl. S. 189).

der zuständige Hauptverwaltungsbeamte, der jedoch nicht Mitglied des Ausschusses ist und daher auch in dem justizförmig ausgerichteten Verfahren[95] weder beratend noch mitentscheidend tätig ist[96].

Die Aufgaben der Beschlußausschüsse ergeben sich erschöpfend aus einer Aufzählung, die dem Ersten Verwaltungs-Vereinfachungsgesetz[97] als Anlage angefügt ist. Sie sind weithin gewerbepolizeilicher Art, doch sind den Ausschüssen auch Entscheidungskompetenzen in anderen Materien eingeräumt[98]. Die Beschlußausschüsse stellen sich so als kommunale Einrichtungen dar, die entweder im Weg der Institutionsleihe gewonnene staatliche Organe mit Behördencharakter oder aber kommunale Organe, gleichfalls mit Behördeneigenschaft sind[99].

Die Beschlußausschüsse entscheiden nach ihrer freien, aus dem Gesamtergebnis des Verfahrens geschöpften Überzeugung[100]. Aus dieser Formulierung sowie dem ganzen für die Beschlußausschüsse verbindlichen Verfahren schließt man einhellig auf ihre Einzelweisungsfreiheit[101]. Der Aufsichtsbehörde ist vom Hauptverwaltungsbeamten unverzüglich Nachricht zu geben, wenn ein Beschluß des Ausschusses geltendes Recht verletzt; die Aufsichtsbehörde kann dann hiergegen Klage erheben[102].

## III. Verwaltungen von Sondervermögen als ministerialfreie Räume

### 1. Deutsche Bundesbahn

Die Deutsche Bundesbahn verwaltet bei eigener Wirtschafts- und Rechnungsführung das Bundeseisenbahnvermögen als nichtrechtsfähiges Sondervermögen des Bundes; gleichwohl kann sie im Rechtsverkehr unter ihrem Namen handeln, klagen und verklagt werden,§§ 1, 2 Bundesbahngesetz — BBahnG —[103]. Ihre Organe sind der Vorstand und der Verwaltungsrat, § 7 BBahnG.

---

95 §§ 8 ff. VG.

96 Vgl. § 20 VG.

97 Vgl. § 6 VG.

98 Die Beschlußausschüsse entscheiden z. B. über die Rücknahme der Erlaubnis nach §§ 33a und 33 i GewO, der Entziehung der Reisegewerbekarte für Inländer und Untersagung der Ausübung des Reisegewerbes, ferner über Ausnahmen von der Mindestpachtdauer nach dem Fischereigesetz und auch als Widerspruchsstelle gegen Entscheidungen des örtlichen Trägers der Sozialhilfe.

99 *U. Kirchhoff*, Die Rechtsstellung des Beschlußausschusses in Nordrhein-Westfalen, Diss. Münster 1963, passim.

100 § 20 Abs. 3 VG.

101 *U. Kirchhoff*, S. 124; *H. J. Wolff*, Verwaltungsrecht III, § 157 I c); *P. Füßlein*, S. 201 f.

102 §§ 22, 24 VG.

103 Vom 13. 12. 1951 (BGBl. I S. 155).

### *a) Der Vorstand*

Der Vorstand leitet die Geschäfte der Deutschen Bundesbahn, wobei er allerdings an die Beschlüsse des Verwaltungsrats gebunden ist, § 9 BBahnG. Er setzt sich zusammen aus einem Vorsitzer und drei weiteren Mitgliedern, die im Einvernehmen mit dem Verwaltungsrat vom Bundesminister für Verkehr vorgeschlagen und vom Bundespräsidenten ernannt werden. Ist das Einvernehmen nicht herzustellen, entscheidet die Bundesregierung über die Vorschläge. Die Ernennung erfolgt auf die Dauer von fünf Jahren, wobei Wiederwahl zulässig ist. Aus wichtigem Grund können die Vorstandsmitglieder jederzeit vom Bundespräsidenten auf Beschluß der Bundesregierung hin von ihrem Amt abberufen werden; den Antrag auf Abberufung aus wichtigem Grund kann der Verwaltungsrat mit Zweidrittelmehrheit bei der Bundesregierung stellen, § 8 BBahnG.

### *b) Der Verwaltungsrat*

Neben dem Vorstand steht der Verwaltungsrat. Er hat 20 Mitglieder, die sich gleichmäßig auf vier Gruppen verteilen, nämlich die Gruppen Bundesrat (A), Gesamtwirtschaft (B), Gewerkschaften (C) und sonstige Mitglieder (D). Die Hälfte der Mitglieder sind somit Vertreter von Interessenverbänden. Die Mitglieder werden auf Vorschlag des Bundesrates (A), der Spitzenverbände der gewerblichen Wirtschaft, des Handels, der Landwirtschaft, des Handwerks und des Verkehrs (B), auf Vorschlag der Gewerkschaften (C) und des Bundesministers für Verkehr (D) von der Bundesregierung auf 5 Jahre ernannt (§ 10 BBahnG). Daraus, daß für die Gruppen Gesamtwirtschaft und Gewerkschaften jeweils zehn Vorschläge zu erstatten sind, ergibt sich in der Praxis ein Beinahe-Entsenderecht auch für die beteiligten Interessenverbände[104]. Die aus der Mitte des Verwaltungsrats erfolgende Wahl seines Präsidenten bedarf der Bestätigung des Bundespräsidenten auf Vorschlag der Bundesregierung, § 11 BBahnG.

Die in § 12 BBahnG angeführten Aufgaben des Verwaltungsrats befähigen ihn dazu, alle wichtigen Verwaltungsfragen der Bundesbahn erheblich zu beeinflussen. So beschließt der Verwaltungsrat über die Verwaltungsordnung der Deutschen Bundesbahn, die Beteiligung an anderen Unternehmen, die Aufnahme von Krediten, über grundsätz-

---

[104] Ähnlich *L. Schomerus*, S. 99. Der Vorschlag des Bundesrates ist zwar nicht bindend, wie *P. Füßlein*, S. 273, meint: die Bundesregierung kann vielmehr neue Vorschläge anfordern. Andere als vom Bundesrat vorgeschlagene Mitglieder kann sie freilich nicht ernennen; wie hier auch *A. Sarter* und *Th. Kittel*, Die Deutsche Bundeseisenbahn, 1952, S. 76.

liche Fragen des Personalwesens, die für die Finanzlage wesentlichen Verkehrstarife, den Bau neuer Bahnen, die dauernde Einstellung des Betriebes einer Bundesbahnstrecke u. a. mehr. Hinzu kommt die Generalklausel des § 12 Abs. 2 BBahnG, die den Verwaltungsrat ermächtigt, über Fragen von allgemeiner Bedeutung und auch wichtige Einzelfragen zu beschließen. Da — wie schon erwähnt — der Vorstand an die Beschlüsse des Verwaltungsrats gebunden ist, erweist sich dieser als das wichtigste Verwaltungsorgan, das zugleich — so *Lorenz Schomerus* — als „oberstes Kontrollorgan" an die Stelle des Parlaments getreten sei[105].

### c) *Weisungsunabhängigkeit*

Die Voraussetzung für den Entzug der parlamentarischen Kontrolle ist die Weisungsunabhängigkeit der Verwaltungsorgane. Für die Mitglieder des Verwaltungsrats ist dies in § 10 Abs. 4 S. 2 BBahnG ausdrücklich festgelegt. Eine entsprechende Vorschrift für den Vorstand fehlt; man will aber die Weisungsfreiheit auch für ihn reklamieren[106]. Gesichert erscheint diese Ansicht jedoch nicht. Hat die Bundesregierung jederzeit das Recht, aus wichtigem Grund die Abberufung der Vorstandsmitglieder zu verlangen, wobei man davon auszugehen hat, daß *sie* den wichtigen Grund definiert, so wäre das Bestehen eines Weisungsrechts kein notwendiger Widerspruch. Diese Frage soll aber offen bleiben.

Der ministerielle Einfluß ist jedenfalls nicht ganz aufgehoben. Zunächst bleibt der Bundesminister für Verkehr für die Recht- und Ordnungsmäßigkeit der Verwaltung und Betriebsführung der Deutschen Bundesbahn verantwortlich, § 14 Abs. 1 BBahnG. Diese Art von „Rechtsaufsicht" bedeutet, ohne daß dies gesagt wäre, daß dem Bundesminister jedenfalls insoweit Beanstandungs- und wohl auch weitergehende Rechte zustehen, als Rechtsverletzungen gerügt werden. Darüber hinaus ist für verschiedene wichtige Maßnahmen die Genehmigung des Ministers erforderlich, § 14 Abs. 3 BBahnG; so z. B. für den Wirtschaftsplan (im Einvernehmen mit dem Bundesminister der Finanzen), für die Verwaltungsordnung, die dauernde Betriebseinstellung einer Bahnstrecke, die Beteiligung an einem anderen Unternehmen im Einzelbetrag von mehr als 1 Million DM u. a. m. Wenn an gleicher Stelle gesagt ist, daß die Genehmigung insbesondere dann versagt werden kann, wenn grundsätzlichen Aspekten der Politik der Bundesregierung nicht Rechnung getragen wird, so kann dies nicht heißen, daß nur in diesen Fällen die Genehmigung verweigert werden könnte. Die Formulierung erlegt

---

[105] *L. Schomerus*, S. 99.
[106] *P. Füßlein*, S. 275; *G. Vorbrugg*, S. 206.

freilich — ohne daß dies wohl im einzelnen rechtlich konkretisierbar wäre — dem Bundesminister eine im hierarchischen Verwaltungssystem i. a. nicht bekannte Zurückhaltung auf.

Ähnliches gilt für das Einspruchsrecht des Bundesministers für Verkehr gegen Beschlüsse des Verwaltungsrats (§ 15 BBahnG), das ihm in den Fällen zusteht, die seiner Genehmigung nicht unterliegen, und zwar dann, wenn wichtige Interessen der Bundesrepublik Deutschland, eines Bundeslandes oder der Deutschen Bundesbahn gefährdet sind. Der Einspruch hat aufschiebende Wirkung. Hält der Verwaltungsrat an seinem Beschluß fest, kann die Bundesregierung an seiner Stelle entscheiden; tut sie das nicht innerhalb einer bestimmten Frist, so ist der Beschluß des Verwaltungsrats wirksam.

Nimmt man alle diese Rechte parlamentarisch verantwortlicher Instanzen zusammen mit dem Recht, daß die Mitglieder der Bundesregierung berechtigt sind, an den Sitzungen des Verwaltungsrats teilzunehmen und auch jederzeit das Wort zu ergreifen (§ 10 Abs. 12 BBahnG), sowie dem Auskunfts- und Besichtigungsrecht des Bundesministers für Verkehr (§ 14 Abs. 5 BBahnG), so wird man in der Tat nicht zu dem Ergebnis kommen können, bei der Deutschen Bundesbahn habe eine völlige Ausgliederung aus der Ministerialorganisation stattgefunden. Gleichwohl bleiben erhebliche Freiräume selbst in Bereichen, für die die Genehmigung des Ministers vorgeschrieben ist. Gerade in dieser Situation zeigt sich nämlich die Bedeutung der Weisungsfreiheit; denn aus ihr ergibt sich sowohl das Fehlen eines Initiativrechts[107], als auch die Unmöglichkeit, eine Lösung gegen den Willen des weisungsfreien Organs herbeizuführen. Dies ist nur im Fall der devolvierenden Zuständigkeit des § 15 BBahnG anders und auch da nur bezüglich der konkreten Frage, wegen der der Bundesminister für Verkehr Einspruch erhoben hatte.

So wird man im Ergebnis nicht fehlgehen, wenn man jedenfalls im Verwaltungsrat (nach überwiegender Ansicht aber auch im Vorstand) ein Verwaltungsorgan[108] sieht, das kraft seiner Freistellung von ministerieller Weisung der parlamentarischen Kontrolle nicht unterliegt. Inwieweit dem Verwaltungsrat selbst parlamentarische Autorität zukommt, bleibt zu prüfen[109].

---

[107] So auch *P. Füßlein*, S. 274, im Anschluß an *H.-J. Finger*, Eisenbahngesetze, 6. Aufl. 1970, § 15 BBahnG, Erl. 3b. Dies bedeutet nicht, daß von Regierungsseite keine sachlichen Anregungen kommen könnten, vgl. nur § 13 Abs. 1 BBahnG. Aber der Verwaltungsrat ist nicht verpflichtet, die Sache aufzugreifen und darüber zu entscheiden.

[108] Die privatrechtliche Natur des Benutzungsverhältnisses steht der Qualifizierung der Bundesbahn als Teil der Bundesverwaltung selbstverständlich nicht entgegen; vgl. auch *G. Vorbrugg*, S. 203 f.

[109] Dazu unten § 9 II.

### 2. Deutsche Bundespost

#### *a) Verwaltungsrat*

Die Verwaltung des Post- und Fernmeldewesens wird unter dem Namen „Deutsche Bundespost" vom Bundesminister für das Post- und Fernmeldewesen nach Maßgabe des Postverwaltungsgesetzes — Post VerwG —[110] geleitet; hierbei wirkt ein Verwaltungsrat mit, § 1 PostVerwG. Er besteht aus 24 Mitgliedern, und zwar aus je 5 Vertretern des Deutschen Bundestages, des Bundesrates und der Gesamtwirtschaft, aus 7 Vertretern des Personals der Deutschen Bundespost, die den dort vertretenen Gewerkschaften angehören, sowie je einem Sachverständigen auf dem Gebiet des Finanz- und Nachrichtenwesens (§ 5 Abs. 2 PostVerwG). Wie beim Verwaltungsrat der Deutschen Bundesbahn gibt es auch hier für die Ernennung durch die Bundesregierung ein Vorschlagsrecht der beteiligten Gruppen; das Vorschlagsrecht steht somit dem Bundestag[111], dem Bundesrat, den Spitzenverbänden der gewerblichen Wirtschaft, der Landwirtschaft und des Verkehrs und den zuständigen Gewerkschaften zu. Die beiden Sachverständigen schlägt der Bundesminister für das Post- und Fernmeldewesen vor (§ 6 PostVerwG)[112]. Die Ernennung erfolgt für die Dauer einer Legislaturperiode (§ 8 Abs. 1 PostVerwG). Der Vorsitzer des Verwaltungsrats wird aus dessen Mitte gewählt; er bedarf der Bestätigung des Bundespräsidenten auf Vorschlag der Bundesregierung (§ 9 PostVerwG). § 12 PostVerwG umschreibt die Aufgaben des Verwaltungsrates: er beschließt u. a. über die Feststellung des Voranschlags und die nachträgliche Genehmigung der über- und außerplanmäßigen Ausgaben, über die Genehmigung des Jahresabschlusses, die Bedingungen für die Benutzung der Einrichtungen, sowie die Durchführung grundlegender Neuerungen. In anderen Fragen hat der Bundesminister die Stellungnahme des Verwaltungsrats herbeizuführen, was in bestimmtem Umfang auch in umgekehrter Richtung gilt.

#### *b) Verhältnis zur Bundesregierung*

Weit deutlicher als bei der Deutschen Bundesbahn geschieht bei der Bundespost die Einbindung in die Ministerialorganisation. Gleichwohl ist man berechtigt, auch hier von ministerialfreier Verwaltung zu sprechen. Die Deutsche Bundespost wird vom Bundesminister für Post- und Fernmeldewesen geleitet, der nach § 2 PostVerwG dafür verant-

---

[110] Vom 24. 7. 1953 (BGBl. I S. 676).

[111] Die Vorgeschlagenen müssen auch Mitglieder des Bundestages sein, § 6 Abs. 1 PostVerwG.

[112] Der Sachverständige auf dem Gebiet des Finanzwesens ist im Benehmen mit dem Bundesminister der Finanzen vorzuschlagen.

wortlich ist, daß sie nach den Grundsätzen der Politik der Bundesrepublik Deutschland, insbesondere der Verkehrs-, Wirtschafts-, Finanz- und Sozialpolitik verwaltet wird. Nur in diesem Rahmen kann auch der Verwaltungsrat beschließen (§ 12 Abs. 1 S. 1 PostVerwG), und man darf annehmen, daß so eingeschränkt auch § 5 Abs. 3 S. 1 PostVerwG zu lesen ist, wonach die Mitglieder des Verwaltungsrats an keine Aufträge und Weisungen gebunden sind; denn die Weisungsfreiheit besteht ja nur und gerade bezüglich der dem Verwaltungsrat eingeräumten Funktionen. Anders auch als bei der Bundesbahn hat der Bundesminister für das Post- und Fernmeldewesen bei allen Angelegenheiten, über die der Verwaltungsrat zu beschließen hat, ein Initiativrecht; wird über seine Anregungen nicht binnen drei Monaten beschlossen, so gilt die ministerielle Vorlage als genehmigt (§ 12 Abs. 2 PostVerwG). Alle Beschlüsse des Verwaltungsrats kann der Bundesminister der Bundesregierung zur Entscheidung vorlegen, wenn er meint, sie seien im Interesse des Bundes nicht zu verantworten, § 13 PostVerwG[113]. Letztlich kann daher keine Sachfrage gegen den Willen der parlamentarisch verantwortlichen Instanz entschieden werden. Dennoch ist auch hier ein parlamentarischer Freiraum[114] gegeben. Dies gilt zunächst für die personelle Zusammensetzung des Verwaltungsorgans „Verwaltungsrat" — nur von den jeweiligen Gruppen vorgeschlagene Personen können zu Mitgliedern ernannt werden. Es besteht also keine völlige Ämterhoheit. Ferner ist die rechtlich mögliche Beanstandung eines jeden Beschlusses des Verwaltungsrats utopisch — dies führt zu der gesetzlich gewiß erwünschten Zurückhaltung im Gebrauch von § 13 PostVerwG, so wenig sich auch voraussichtlich im Einzelfall gegen die ministerielle Inanspruchnahme der Klausel von den „Bundesinteressen" von Rechts wegen etwas einwenden ließe. Man wird daher *Georg Vorbrugg* in der Qualifizierung des Verwaltungsrates der Deutschen Bundespost als eines echt unabhängigen Organs folgen müssen: „Der Ersetzung einer von einem unabhängigen Kollegium gefällten Entscheidung stehen regelmäßig erheblich stärkere praktische und politische Hemmnisse entgegen als einer originären eigenen Entscheidung mit dem nämlichen Inhalt[115]."

---

[113] Im Zusammenhang mit der Prüfung der Verfassungsmäßigkeit des § 14 S. 1 PostVerwG hat das BVerfG ausgeführt, § 13 PostVerwG könne verfassungskonform nur dahin ausgelegt werden, daß die Bundesregierung als politisches Organ bei ihrer Entscheidung völlig frei sei, also nicht etwa nur Beschlüsse des Verwaltungsrats aufheben oder bestätigen, sondern diese auch inhaltlich umgestalten könne. So sei das Prinzip der parlamentarischen Ministerverantwortlichkeit nicht verletzt, BVerfGE 28, 66 ff. (84), Beschl. v. 24. 2. 1970. Dazu vgl. auch die in der Begründung weitgehend unrichtige Entscheidung des BVerwG v. 6. 10. 1967, BVerwGE 28, 36 ff. (44).

[114] Dies gälte freilich dann nicht, wenn der Verwaltungsrat selbst als Ersatzparlament anzusehen wäre. Dazu unten § 9 II.

[115] *G. Vorbrugg*, S. 202.

### *c) Reformbestrebungen*

Viel klarer würde dies werden, sollte der von der Bundesregierung im Jahre 1970 eingebrachte Entwurf eines Postverfassungsgesetzes[116] oder gar der Gesetzentwurf der CDU/CSU-Fraktion von 1972 zur Änderung des PostVerwG[117] Gesetz werden. Beide Entwürfe gehen — wie übrigens schon die Begründung zum PostVerwG 1953[118] — davon aus, daß der Deutschen Bundespost die nötige Wendigkeit zur Wahrnehmung der gestellten Aufgaben gegeben werden soll. Regierungs- und Oppositionsentwurf gehen darin nun aber über den bisherigen Rechtszustand teilweise erheblich hinaus.

#### ca) Regierungsentwurf

Der Regierungsentwurf beruht in seiner Grundkonzeption auf Vorschlägen, welche die Sachverständigen-Kommission für die Deutsche Bundespost am 6. 11. 1965 erstattet hat[119]. Mit dem Satz „Das Post- und Fernmeldewesen kann seine Aufgaben für unsere Gesellschaft besser erfüllen, wenn die ministerielle Aufsicht sich auf das politisch Notwendige beschränkt“ übernahm die Bundesregierung die tragenden Gedanken des Sachverständigen-Gutachtens[120].

Die bedeutsamste Änderung soll durch die vorzunehmende Trennung von Aufsicht und Leitung erfolgen. Abweichend vom bisherigen Recht soll die Leitungsfunktion — in Anlehnung an die Regelung im BBahnG[121]— nun einem fünf-köpfigen Vorstand obliegen, der ebenso wie der „Aufsichtsrat“ Organ des „öffentlichen Unternehmens“ Deutsche Bundespost ist[122]. Die Vorstandsmitglieder werden vom Bundes-

---

[116] BTag-Drucks. VI/1385; jetzt BTag-Drucks. 7/81.

[117] BTag-Drucks. VI/3027.

[118] BTag-Drucks. I/3479.

[119] BTag-Drucks. V/203. Dazu vgl. ausführlich *A. Arndt*, Die verfassungsrechtlichen Möglichkeiten der Spitzenorganisation des Post- und Fernmeldewesens, Archiv PF 1970, S. 3 ff.

[120] So Bundeskanzler *W. Brandt*, in der Regierungserklärung v. 28. 10. 1969, BTag-Prot. v. 28. 10. 1969, 5. Sitzung, S. 25.

[121] Auf den gerade gegenüber der Bundesbahn bislang bestehenden Unterschied macht *L. Kämmerer*, Die Rechtsnatur der Bundespost, DVBl. 1966, S. 357 ff. (361) aufmerksam.

[122] §§ 1 und 2 des Entwurfs. Die Bezeichnungen „Vorstand“ und „Aufsichtsrat“ weisen bereits auf die gewollte verstärkte Ausgliederung aus der Ministerialorganisation hin, indem sie sich deutlich an die Aktiengesellschaft anlehnen. Diese Tendenz wird weiter sichtbar in § 8 Entwurf, wo die Beispiele für die Abberufung aus wichtigem Grund in Anlehnung an § 84 Abs. 3 des Aktiengesetzes v. 6. 9. 1965 (BGBl. I S. 1098) aufgeführt werden. — Im übrigen macht die Begründung (oben Anm. 116) klar, daß nach Auffassung der Bundesregierung eine Leitung der Bundespost nach Maßstäben der klassischen Verwaltung dem Unternehmenscharakter (!) nicht mehr gerecht werden kann. Der Entwurf geht davon aus, daß der Gegensatz von unternehmerischen Leitungsbedürfnissen und politischen Interessen, in deren Bereich die Bundespost agiert, nicht auflösbar ist, durch die Trennung der Verantwortungs-

präsidenten auf Beschluß der Bundesregierung bestellt. Dabei hat der zuständige Bundesminister ein Vorschlagsrecht, das bezüglich des Vorstandsvorsitzenden, der den Titel „Generaldirektor" führt, im Einvernehmen mit dem Aufsichtsrat, bezüglich der weiteren Mitglieder im Benehmen mit dem Vorsitzenden auszuüben ist (§ 7 Entwurf). Die auf längstens 6 Jahre bestellten Vorstandsmitglieder können auf Beschluß der Bundesregierung vom Bundespräsidenten aus wichtigem Grund, worunter auch der Vertrauensentzug durch den zuständigen Bundesminister oder den Aufsichtsrat fällt, abberufen werden, vorausgesetzt, der Vertrauensentzug ist sachlich gerechtfertigt (§ 8 Entwurf).

Der Aufsichtsrat, der an die Stelle des Verwaltungsrats treten soll, besteht wie dieser aus 24 Mitgliedern, von denen je acht aus dem politischen Leben, der Wirtschaft und dem Personal der Deutschen Bundespost oder den Gewerkschaften kommen sollen. Sie werden teils benannt von Bundestag und Bundesrat; fünf Mitglieder aus der Wirtschaft werden von ihren Spitzenverbänden, drei davon vom Bundesminister und die übrigen Aufsichtsratmitglieder von den Gewerkschaften benannt. Der Aufgabenkatalog des Aufsichtsrates ist erheblich erweitert worden; es soll damit dem Gedanken Rechnung getragen werden, daß ihm neben den Funktionen der Überwachung und Beratung zugleich die Stellung des in den wichtigen Fragen der unternehmerischen Leitung beschließenden Organs zukommt[123]. So hat der Aufsichtsrat etwa auch zu beschließen über den mittelfristigen Investitions- und Finanzierungsplan, die Richtlinien für Vergütung, Zulagen, dienstrechtliche Sonderregelungen oder besoldungsrechtliche Ausnahmeregelungen sowie über die Allgemeine Geschäftsordnung der Bundespost und die Geschäftsordnung des Vorstandes (§ 17 Entwurf). Die für das Initiativrecht des zuständigen Bundesministers bedeutsame Vorschrift des § 12 Abs. 2 PostVerwG soll ersatzlos wegfallen.

Wenn der Vorstand der Auffassung ist, daß Beschlüsse des Aufsichtsrates wichtigen Interessen der Bundespost nicht gerecht werden, kann er dagegen Einspruch erheben. Beharrt der Aufsichtsrat mit 2/3 Mehrheit auf seiner Auffassung, so geht für einen Teil der Angelegenheiten die Entscheidungsbefugnis auf den zuständigen Minister über. Andernfalls ist der Einspruch zurückgewiesen (§ 18 Entwurf). Was aber gerade diese Materien betrifft, in denen der Einspruch des Vorstandes zurückgewiesen werden kann, so bestimmt § 20 Abs. 2 Entwurf, daß die darüber gefaßten Beschlüsse der Genehmigung des zuständigen Bundesministers bedürfen; die Genehmigung kann freilich außer aus Rechtsgründen nur versagt werden, wenn der Beschluß mit den Grundsätzen der Politik

bereiche aber die Gewähr dafür gegeben sei, daß die Unternehmensinteressen zur Geltung kommen; vgl. BTag-Drucks. VI/1385, S. 16 und 19.

[123] Vgl. BTag-Drucks. VI/1385, S. 24.

der Bundesregierung nicht in Einklang steht. Diese Grundsätze sind Aufsichtsrat und Vorstand, die ihnen Rechnung zu tragen haben, bekanntzugeben (§ 20 Abs. 1 Entwurf). Der zuständige Bundesminister, der die Deutsche Bundespost in der Bundesregierung sowie im Bundestag und Bundesrat vertritt (§ 23 Entwurf), ist im übrigen auf bloße Rechtsaufsicht beschränkt (§ 19 Entwurf).

Daß in allen Punkten der „Bundeswille" letztlich zum Tragen kommt, wie die Regierungsbegründung meint[124], ist angesichts der vom Gesetzentwurf selbst gewollten gesteigerten Unabhängigkeit der Organe der Deutschen Bundespost und der spezifisch gewollten Trennung von Aufsicht und Leitung noch weniger als nach dem bisher geltenden Recht wahrscheinlich. Jedenfalls zunächst wird ohne Eingriffsmöglichkeiten des Ministers verwaltet. Der Einfluß hierauf ist in Zweckmäßigkeitsfragen bewußt gering gehalten.

#### cb) Der CDU/CSU-Entwurf

Der CDU/CSU-Entwurf kritisiert die gerade zu wenig weitgehende Unabhängigkeitskonzeption des Regierungsentwurfs. Er hält demgegenüber an der bisherigen Organisationsform fest; der Vorstand sei nur eine zusätzliche Instanz, die einer höheren Effektivität der Deutschen Bundespost nicht zugute komme[125].

Nach dem Oppositionsentwurf hat der Bundesminister für das Post- und Fernmeldewesen ein Einspruchsrecht gegen die Beschlüsse des Aufsichtsrates[126]; bei einem mit 2/3 Mehrheit gefaßten Beharrungsbeschluß entscheidet die Bundesregierung kollegial. Wird durch diese Entscheidung die Wirtschaftsführung beeinträchtigt, so übernimmt der Bund den Ausgleich für die damit verbundenen Mehraufwendungen etc. Treten Meinungsverschiedenheiten darüber auf, in welcher Höhe ein Ausgleich zu gewähren ist, entscheidet auf Antrag des Bundesministers für Post- und Fernmeldewesen, des Bundesministers für Wirtschaft und Finanzen oder des Vorsitzenden des Aufsichtsrats eine Einigungsstelle. Sie besteht aus fünf Personen, von denen je zwei von den beteiligten Ministern bzw. dem Aufsichtsrat benannt werden. Ein unabhängiger[127] Wirtschaftssachverständiger wird im Einvernehmen aller Beteiligten berufen

---

[124] Ebenda, S. 17.

[125] Vgl. Begründung BTag-Drucks. VI/3027, S. 10.

[126] Der Aufsichtsrat, diese Bezeichnung wird charakteristischerweise aus dem Regierungsentwurf entnommen, soll 27 Mitglieder haben. Verstärkt werden soll die Zahl der Mitglieder aus der Wirtschaft (7) und aus dem Personal der Deutschen Bundespost (10).

[127] Offensichtlich bezieht sich die Festlegung der „Unabhängigkeit" hier auf die Nichtzugehörigkeit zur Sphäre der beiden Kontrahenten Bundesregierung und Aufsichtsrat. Damit soll gewiß nicht gesagt sein, daß die übrigen Mitglieder der Einigungsstelle weisungsgebunden seien. Dies ist schon nach dem Verfahren — Entscheidung nach Stimmenmehrheit — nicht anzunehmen.

(§ 13 E). Zweifelsfrei ist die mit Stimmenmehrheit entscheidende Einigungsstelle ministerialfrei. Damit ist zugleich in vielen Fragenbereichen ein zumindest faktischer Druck auf die Bundesregierung ausgeübt, die Beschlüsse des Aufsichtsrates hinzunehmen. So hat auch der Aufsichtsrat, dessen Mitglieder wie nach geltendem Recht und dem Regierungsentwurf von Weisungen und Aufträgen frei sind, eine Stellung, die ihn aus dem herkömmlichen Ministerialsystem heraushebt.

## IV. Ergänzende und zusammenfassende Bemerkungen

Ohne rechtliche Bewertung sollen am Ende dieser exemplarischen Aufzählung ministerialfreier Stellen im Bereich der unmittelbaren Staatsverwaltung einige Merkmale herausgestellt werden, die sich für den vergleichenden Betrachter bei einer Zusammenschau der angeführten Verwaltungsstellen ergeben:

### 1. Kollegialstruktur

Alle genannten ministerialfreien Räume sind kollegial strukturiert. Damit ist die schon oben behandelte tatsächliche, wenngleich keineswegs gebotene Verknüpfung der weisungsfreien Exekutivstelle mit dem Kollegialprinzip erhärtet[128].

### 2. Ressortzugehörigkeit

Die vorangestellte Übersicht zeigt, daß die unabhängigen Verwaltungsstellen nicht auf ein oder wenige Ressorts beschränkt sind. Allein durch die hier gegebenen Beispiele sind die Geschäftsbereiche des Bundesministers des Innern, der Finanzen, der Verteidigung, des Bundesministers für Wirtschaft, für Arbeit und Soziales, für Familie und Jugend, für Verkehr und für Post- und Fernmeldewesen tangiert.

### 3. Organisation

Die dargestellten weisungsunabhängigen Verwaltungsstellen sind in ganz verschiedener Weise organisiert[129]. Sie sind z. T. selbständige Verwaltungsbehörden (Bundesprüfstelle, Musterungsausschüsse, Prüfungsausschüsse für Kriegsdienstverweigerer, Anerkennungsausschüsse im Asylverfahren), teils interne Kollegialorgane (Bundespersonalausschuß),

---

[128] Vgl. oben § 4 II.

[129] Zum Folgenden vgl. *J. Eggers*, S. 143 ff., und *P. Dagtoglou*, Der Private, S. 118 ff.

teils nur Organteile (Beschlußkammern des Bundesaufsichtsamtes für das Versicherungswesen, Beschlußabteilungen des Bundeskartellamtes)[130]. Ohne daß hierauf weiter eingegangen werden kann, wird damit deutlich, daß organisatorisch dem ministerialfreien Raum von der Gesetzgebung kein bestimmter Platz zugewiesen ist.

### 4. Zusammensetzung

Die Zusammensetzung der Mitglieder dieser Kollegien differiert erheblich. Handelt es sich etwa beim Bundespersonalausschuß oder bei den Beschlußabteilungen des Bundeskartellamtes ausschließlich um Beamte, so setzen sich die Mitglieder der Musterungsausschüsse z. B. aus Beamten und Laien zusammen. Die Mitglieder des Asylanerkennungsausschusses können nur aus Laien bestehen. Insgesamt gesehen kommt dem Laienelement im Rahmen der ministerialfreien Verwaltung eine jedenfalls auffallend große Bedeutung zu[131].

Zumindest[132] der Vorsitzende der Kollegien muß häufig, nämlich[133] dann, wenn für die Entscheidungsfindung ein justizförmig geregeltes Verfahren vorgezeichnet ist, die Befähigung zum Richteramt oder zum höheren Verwaltungsdienst haben (Musterungsausschüsse und -kammern, Prüfungsausschüsse und -kammern für Kriegsdienstverweigerer, Anerkennungs- und Widerspruchsausschüsse im Asylverfahren). Verschiedentlich ist als Vorsitzer der die Unabhängigkeit par excellence verkörpernde Präsident des Bundesrechnungshofes bestimmt (Bundesschuldenausschuß, Bundespersonalausschuß).

Die Laien kommen in vielen Fällen aus gesellschaftlichen Gruppen und Interessenvertretungen (Bundesprüfstelle, Bundesbahn, Bundespost), denen dabei ein weitgehendes Vorschlags- bzw. Benennungsrecht zusteht. Bezüglich dieses Rechts ist insbesondere die Rolle der Spitzenverbände der Wirtschaft und der Gewerkschaften[134] von Interesse (Bundespersonalausschuß, Ausschüsse für Mindestarbeitsbedingungen, Bundesbahn, Bundespost). Hin und wieder kommt das genannte Recht auch politischen Gremien wie Bundestag und/oder Bundesrat zu (Bundesschuldenausschuß, Bundesbahn und Bundespost).

---

[130] Zu beachten bleibt dabei der oben im Text gegebene Hinweis bezüglich einer hier u. U. nicht gegebenen Ministerialfreiheit.

[131] Vgl. oben Anm. 128. Zur Laienbeteiligung allgemein vgl. *D. Schröder*, passim.

[132] Beim Bundeskartellamt müssen alle Mitglieder der Beschlußabteilungen diese Qualifikation erfüllen.

[133] Nicht aber z. B. bei der Bundesprüfstelle.

[134] Dazu allgemein vgl. *G. Drewes*, passim.

### 5. Abgestufte Ministerialfreiheit

Die gegebenen Beispiele lassen — von den Fällen einmal abgesehen, bei denen die Entscheidung über die Ministerialfreiheit zurückgestellt wurde — eine unterschiedlich weitgehende Herausnahme aus dem Ministerialsystem erkennen. Dies macht etwa ein Vergleich zwischen den Musterungsausschüssen und den Prüfungsausschüssen für Kriegsdienstverweigerer deutlich: im ersten Fall besteht eine Bindung an generelle Weisungen, im zweiten Fall nicht. Für die Frage der Ministerialfreiheit kommt es freilich nur auf die Freiheit von Einzelweisung entscheidend an[135]; die Konstellation, daß Bindung an Einzelweisung bei Fehlen der Bindung an Verwaltungsrichtlinien besteht, ist nicht gut vorstellbar. Auch davon abgesehen werden Unterschiede bei der Möglichkeit ministerieller Beeinflussung ergangener Entscheidungen deutlich. Selbst aber da, wo in einzelnen Sachfragen die parlamentarisch verantwortlichen Organe letztlich ihren Willen durchsetzen können, ergeben sich vom Parlament nicht kontrollierte Freiräume, worauf oben im Einzelfall hingewiesen wurde.

### 6. Klagebefugnis

Hervorhebung verdient, daß einige Male der parlamentarisch verantwortlichen Instanz bzw. von ihr weisungsabhängigen Organen die Möglichkeit eingeräumt ist, im Wege des Widerspruchs und der Klage gegen die Entscheidung der weisungsfreien Verwaltungsstellen vorzugehen (Musterungsausschüsse, Prüfungsausschüsse für Kriegsdienstverweigerer, Aylausschüsse).

### 7. Mögliche Einteilungskriterien

Die angeführten Beispiele ließen sich in Anlehnung an die Aufteilung *Peter Füßleins*[136] gliedern in ministerialfreie Stellen, welche bei der Erfüllung ihrer Aufgabe ausschließlich von rechtlichen Erwägungen oder auch von politischen (Zweckmäßigkeits-)Überlegungen ausgehen (z. B. Steuerausschüsse, Bundesprüfstelle einerseits, Bundesbahn, Bundespost andererseits). Mit *Carl Peter Fichtmüller*[137] könnte nach den Gründen der Ministerialfreiheit (verfassungsstrukturbedingte Ministerialfreiheit, Kontrollorgane der Verwaltung, Verwaltungsorgane mit Beurteilungsfunktion, Verwaltung von Sondervermögen, organschaftliche Selbstverwaltung, politisch neutralisierte Exekutive) differenziert werden. Gerade in diesem Fall zeigt sich aber, daß damit die aufgeworfene verfassungs-

---

135 s. o. § 4 I 4.
136 *P. Füßlein*, S. 155.
137 AöR 91 (1966), S. 308 ff.

rechtliche Problematik schon zu stark in eine bestimmte Richtung gedrängt ist. Empfehlenswert ist daher nur eine sich an den Grundformen staatlicher Verwaltung orientierende Einteilung weisungsfreier Verwaltungsstellen. Erst wenn die Verfassung im einzelnen auf das Problem eingehend befragt ist, mag dem einen oder anderen weitergehenden Einteilungskriterium ein heuristischer Wert zukommen.

#### 8. Unabhängigkeit von „Aufträgen"

Zuweilen statuiert das Gesetz neben der Weisungsfreiheit der Mitglieder der Verwaltungsstelle eine besondere Unabhängigkeit von Aufträgen. Da dies allerdings nicht immer, aber *nur* dann geschieht, wenn die Gefahr der Einflußnahme organisierter Interessen besteht, ist daraus der Schluß zu ziehen, daß damit die sachliche[138] Unabhängigkeit von solchen Interessenverbänden gemeint ist (z. B. Bundesbahn, Bundespost). Dabei ist natürlich fraglich, inwieweit derartige Bestimmungen nicht wirklichkeitsfremd sind; darüber hinaus erscheint es nicht sehr sinnvoll, einerseits Interessenvertreter zu Verwaltungsaufgaben heranzuziehen, sie andererseits aber wieder an der Artikulation der von ihnen vertretenen Interessen zu hindern. Die entsprechenden Vorschriften sind darum mit gewissem Recht als „rechtslogisch falsch und verwaltungspolitisch verfehlt" bezeichnet worden[139].

## § 8 Die mittelbare Staatsverwaltung und Ministerial-(Parlaments-)Freiheit

### I. Begriff

#### 1. Reichweite

Mittelbare Staatsverwaltung ist Verwaltung durch vom Staat verschiedene, rechtsfähige Träger[1]. Als solche rechtlich verselbständigten Verwaltungsträger sind die Körperschaften, die Anstalten und die Stiftungen des öffentlichen Rechts zu nennen. Diese juristischen Personen

---

[138] Um persönliche Unabhängigkeit kann es sich kaum handeln. Vgl. etwa § 62 Abs. 4 S. 2 Güterkraftverkehrsgesetz i. d. F. v. 22. 12. 1969 (BGBl. 1970 I, S. 2), wonach die Mitgliedschaft im Verwaltungsrat der „Bundesanstalt für den Güterfernverkehr" erlischt, wenn das Mitglied aus der Gruppe ausscheidet, die es vorgeschlagen hat; ebenso § 198 Arbeitsförderungsgesetz v. 25. 6. 1969 (BGBl. I S. 582).

[139] Vgl. *P. Dagtoglou*, Der Private, S. 51 ff., 55 m. w. N.

[1] Anders etwa ist die Terminologie in Österreich, wo unter mittelbarer Bundesverwaltung der Vollzug durch Landesbehörden verstanden wird, vgl. Art. 102 Abs. 1 B-VG.

des öffentlichen Rechts, auf die im einzelnen hier nicht eingegangen werden soll, haben die Gemeinsamkeit, daß ihnen bei ihrer (rechtswirksamen) Verwaltungstätigkeit die Schranken auferlegt sind, welche sich aus dem Zweck ihrer Errichtung ergeben. Sie unterscheiden sich neben ihrer Rechtsfähigkeit gerade in diesem Punkt von den Organen der unmittelbaren Staatsverwaltung[2]. Die ganz überwiegende Auffassung zählt auch den sog. „Beliehenen" zu den Trägern der mittelbaren Staatsverwaltung[3]. Um so weniger geklärt ist dafür, wann von einem „beliehenen Unternehmer" gesprochen werden kann. Die Überlegungen dazu sollen hier nicht im einzelnen nachgezeichnet werden[4]. Es erscheint jedoch richtig — nämlich um die Rechtsfigur der Beleihung von verwandten Instituten, namentlich der Indienstnahme Privater abgrenzen zu können —, von Beleihung nur dann zu sprechen, wenn staatliche Aufgaben von einem mit öffentlicher Gewalt ausgestatteten Subjekt des Privatrechts im eigenen Namen wahrgenommen werden[5]. In der Übertragung solcher Aufgaben auf Private liegt keine Ausgliederung aus dem staatlichen Aufgabenbereich, sondern lediglich der Verzicht auf die Erfüllung dieser Aufgaben durch eigene Behörden[6]. Ist die Tätigkeit des Beliehenen dann aber als materielle (Staats-)Verwaltung anzusprechen, so liegt seine Einstufung bei der mittelbaren Staatsverwaltung nahe. Daß er eine natürliche oder juristische Person des Privatrechts ist, unterscheidet ihn zwar von den übrigen Verwaltungsträgern, macht ihn vielleicht zum Sonderfall, berechtigt aber nicht, ihn aus dieser Kategorie herauszunehmen[7].

### 2. Mittelbare Staatsverwaltung und Selbstverwaltung

*Ernst Forsthoff* vertritt die Auffassung, daß die mittelbare Staatsverwaltung sich weitgehend mit der Selbstverwaltung deckt, die er nämlich als „Verwaltung durch rechtsfähige Verbände" definiert[8]. Man hat dem entgegengehalten, damit werde die Selbstverwaltung, die ja eine

---

[2] *E. Forsthoff*, Verwaltungsrecht, S. 448 f.

[3] Vgl. nur statt vieler *Th. Maunz*, in: Maunz - Dürig - Herzog, Art. 86 Rdn. 2; *U. Steiner*, Der „beliehene Unternehmer", JuS 1969, S. 69 ff. Einen neuen Ansatzpunkt sucht *F. Ossenbühl*, Die Erfüllung von Verwaltungsaufgaben durch Private, VVDStRL 29 (1971), S. 137 ff. (143).

[4] Dazu ausführlich *K. Vogel*, Öffentliche Wirtschaftseinheiten in privater Hand, 1959, S. 46 ff.

[5] So auch *U. Steiner*, JuS 1969, S. 70; *A. v. Mutius*, Anmerkung zum Urt. des BVerwG v. 26. 6. 1970, VerwArch. Bd. 62 (1971), S. 302. Vgl. auch *F. Ossenbühl*, VVDStRL 29 (1971), S. 140 f. FN 2 mit kritischen Bemerkungen zu *K. Vogel*, a. a. O.

[6] BVerfGE 17, 371 ff. (379), Beschl. v. 5. 5. 1964.

[7] So aber wohl *K. Lenhard*, Öffentlichrechtliche Beziehungen zwischen Trägern mittelbarer Staatsverwaltung, Diss. Mainz 1969, S. 71.

[8] *E. Forsthoff*, Verwaltungsrecht, S. 441, 444 f.; die sog. politische Selbstverwaltung ist dabei ausgeklammert.

gerade von der staatlichen abgesetzte Form öffentlicher Verwaltung sei, relativiert, sogar in ihrem Kern mißverstanden[9]. Hierauf beruht es auch, wenn *Ernst Rudolf Huber* den Begriff der mittelbaren Staatsverwaltung nur auf die Wahrnehmung von Auftragsangelegenheiten durch die verselbständigten Verwaltungsträger bezieht[10]. Noch weiter geht *Karl Linckelmann*, der in der Anwendung des staatsrechtlichen Lehrbegriffs der mittelbaren Staatsverwaltung auf Selbstverwaltungskörperschaften grundsätzlich einen Verstoß gegen Art. 1 und 2 GG bezüglich der dem Selbstverwaltungskörper zugehörigen Menschen sieht[11].

Alle diese Konzeptionen beruhen auf der Anschauung, es gebe einen ganz staatsunabhängigen, ursprünglichen Wirkungsbereich der verselbständigten Verwaltungsträger[12]. Mit einer etwas anderen Nuance hat vor einiger Zeit *Jürgen Salzwedel* diese Ansicht aufgegriffen und sie seiner Unterscheidung von mittelbarer Staatsverwaltung und gesellschaftlicher Selbstverwaltung zugrunde gelegt, um daraus Kriterien für eine Bestimmung des Staatsaufsichtsmaßstabs zu gewinnen[13]. Der entscheidende Einwand hiergegen ist von *Peter Badura* vorgetragen worden[14]: Die im Absolutismus erreichte Konzentration der Herrschaft in der Hand des Staates und die Unterwerfung intermediärer Gruppen unter diese Herrschaft wurde von den Demokraten späterer Zeit nicht nur akzeptiert, sondern war ihnen selbstverständlich, ließ sich doch andernfalls die umfassende Erfüllung der anfallenden Aufgaben nach dem demokratischen Prinzip nicht garantieren. Die im 19. Jahrhundert aufkommende liberale Auffassung, die die Selbstverwaltung als freie Verwaltung der staatlichen gegenüberstellte und damit an Gedankengänge der preußischen Reformer anschloß, geriet bald unter den Druck einer Entwicklung, an deren Ende nicht nur der Fachmann den interessierten Bürger ersetzte, sondern auch wegen der zunehmenden Kompliziertheit und Interdependenz der zu regelnden Fragen die Vorstellung eines „qualitativ eigenen und vom Staat distanzierten Aufgabenbereichs" revidiert werden mußte[15]. Damit ist der Begriff der Selbstverwaltung weder unnötig geworden, noch stößt er sich mit dem der mittelbaren Staatsverwaltung; denn dieser sagt selbst nichts über den jeweiligen Umfang etwa zuerkannter Selbstverwaltungsbefugnisse aus[16].

---

[9] *H. Peters*, Die Verwaltung als eigenständige Staatsgewalt, 1965, S. 26.

[10] *E. R. Huber*, Wirtschaftsverwaltungsrecht, Bd. I, 2. Aufl. 1953, S. 11.

[11] *K. Linckelmann*, Zum staatsrechtlichen Lehrbegriff der „mittelbaren Staatsverwaltung", DÖV 1959, S. 561 ff. (566).

[12] Dabei wird natürlich besonders auf die Gemeinden abgestellt.

[13] *J. Salzwedel*, Staatsaufsicht in der Verwaltung, VVDStRL 22 (1965), S. 206 ff. (222 ff.).

[14] Diskussionsbeitrag, VVDStRL 22 (1965), S. 350, 352.

[15] *E. Forsthoff*, Verwaltungsrecht, S. 442.

[16] *E. Forsthoff*, Verwaltungsrecht, S. 444 FN 3.

## II. Das Verhältnis der mittelbaren Staatsverwaltung zur verantwortlichen Regierung

### 1. Staatsaufsicht

Nachdem der Umfang dessen abgesteckt ist, was hier unter mittelbarer Staatsverwaltung verstanden wird, soll die Frage nach dem Band gestellt werden, das diese selbständigen Verwaltungsträger mit den Exekutivspitzen verbindet. Aus der Verselbständigung folgt die Ausgliederung der mittelbaren Staatsverwaltung aus dem Instanzenzug, in dem die Behörden der unmittelbaren Staatsverwaltung normalerweise ihren Platz finden. Die Eigenständigkeit hat weiter den Verlust der Leitungsfunktion durch eine übergeordnete Stelle zur Folge. Die Abhängigkeit vom Staat — und dies will ja der Begriff mittelbare Staatsverwaltung zum Ausdruck bringen — wird durch die Staatsaufsicht[17] realisiert, die man übereinstimmend als „das notwendige Korrelat zur Selbstverwaltung"[18] betrachtet. Die Ausgestaltung der Staatsaufsicht differiert fast in jedem einzelnen Fall, ist einmal — im Bereich der Gemeinden vor allem[19] — reine Rechtsaufsicht; bei den anderen Körperschaften weist die Staatsaufsicht eine sehr verschiedene Intensität auf, je nachdem um welche verwaltungspolitisch bedeutsame Körperschaft es sich handelt und wie sehr sie Gewalt dem einzelnen Bürger gegenüber ausübt[20].

Dasselbe gilt mutatis mutandis für die (selbständigen) Anstalten des öffentlichen Rechts: die Anstaltsaufsicht ist je nach der Eigenart der betreffenden Anstalt unterschiedlich organisiert[21]. Hin und wieder trifft man in diesem Bereich sogar auf gesetzliche Vorschriften, in denen eine über den allgemeinen Rahmen der Aufsicht hinausgehende Abhängig-

---

[17] Dazu auch schon oben § 4 I. 3.

[18] *H. Peters*, Grenzen der kommunalen Selbstverwaltung in Preußen, 1926, S. 216.

[19] Dazu vgl. *W. Weber*, Kommunalaufsicht als Verfassungsproblem, in: Aktuelle Probleme der Kommunalaufsicht, 1963, S. 17 ff.; *O. Gönnenwein*, Gedächtnisschrift W. Jellinek, S. 511 ff. Die Beschränkung auf Rechtsaufsicht tritt herkömmlicherweise nicht ein für den übertragenen Wirkungskreis; auch hier aber wird neuerdings grundsätzlich die Kontrolle zur Rechtskontrolle. Nach Art. 75 LV Bad.-Württ. soll es eine Ausnahme sein, wenn bei übertragenen staatlichen Aufgaben ein Weisungsrecht vorbehalten ist; hierzu besonders *O. Gönnenwein*, S. 516. *A. Meyer - König*, Sparkassenaufsicht, BaWüVBl. 1970, S. 152 ff. (153), vertritt die Auffassung, die kommunale Selbstverwaltung habe in Baden-Württemberg über Art. 28 GG hinaus eine anderen Bundesländern unbekannte Erweiterung erfahren.

[20] *L. Fröhler*, Die Staatsaufsicht über die Handwerkskammern, 1957, S. 18 ff.

[21] *H. Frick*, S. 63. Zur Sparkassenaufsicht außer dem genannten Werk noch neuestens *H. Haller*, Entwicklung und Wesen der Staatsaufsicht über die kommunalen Sparkassen unter besonderer Berücksichtigung der verfassungsrechtlichen Grenzen der Bundesaufsicht, Diss. Würzburg 1970, S. 46 ff.

keit sichtbar wird, die sich in Leitungsbefugnis einerseits, Weisungsbindung andererseits niederschlägt. Genannt sei hier zum Beleg die Einfuhr- und Vorratssstelle des Gesetzes über den Verkehr mit Getreide- und Futtermitteln vom 4. 11. 1950[22], in dessen § 7 Abs. 5 und 6 es heißt: „Die Einfuhr- und Vorratsstelle untersteht dem Bundesminister. Dieser kann ihr Weisungen erteilen". „Die Bundesregierung regelt den Aufbau der Einfuhr- und Vorratsstelle sowie die Bildung und Zuständigkeit ihrer Organe im einzelnen". Wörtlich übereinstimmende Vorschriften sind § 8 Abs. 5 und 6 des Gesetzes über den Verkehr mit Zucker vom 5. 1. 1951[23]. Man mag derartige selbständige Anstalten als bloß „technische" bezeichnen[24] — sie erlauben jedenfalls die Beweisführung dahin, daß Rechtsfähigkeit und Weisungsfreiheit nicht notwendig aufeinander bezogen sind[25]. Dabei ist es für unsere Untersuchung belanglos, ob da, wo die Eigenständigkeit der Anstalt bis zur formellen Rechtsfähigkeit geschrumpft ist, man von einer Ausdehnung der Staatsaufsicht bis hin zur Weisungsbefugnis bzw. -abhängigkeit sprechen soll oder ob es richtiger ist, dieses Weisungsrecht in der grundsätzlich bestehenden Abhängigkeit von Anstalten ihrem Muttergemeinwesen gegenüber beheimatet zu sehen[26]. Denn gleich welche Lösung man bevorzugt, man wird stets zum Ergebnis kommen, daß in solchen Fällen die Durchsetzung der Auffassung der parlamentarisch verantwortlichen Instanzen auch und gerade in Einzelfragen gesichert ist[27].

### 2. Der Begriff der Dezentralisation

An dieser Stelle erscheint es ratsam, den Begriff der Dezentralisation zur Diskussion zu stellen. Seine Bedeutung ist schillernd. *Ernst Forsthoff* etwa versteht darunter die Abgabe von Verwaltungsobliegenheiten an rechtlich verselbständigte Träger unter staatlicher Aufsicht[28], wobei

---

[22] BGBl. 1950, S. 721.

[23] BGBl. I S. 47.

[24] *A. Köttgen*, Wesen und Rechtsform der Gemeinden und Gemeindeverbände, in: Handbuch der kommunalen Wissenschaft und Praxis, Bd. 1, 1956, S. 185 ff. (219).

[25] *C. P. Fichtmüller*, AöR 91 (1966), S. 337. Es ist aber auch nicht richtig, wenn der BGH offenbar meint, Anstalten des öffentlichen Rechts unterlägen generell der Weisungsgewalt ihres Trägers, BGHZ 24, 83 ff. (88), Urt. v. 10. 4. 1957.

[26] So z. B. *H. Frick*, S. 59 f.

[27] *U. Steiner*, JuS 1969, S. 72, fordert daher grundsätzlich eine Staatsaufsicht über den Beliehenen, die sich auf die Recht- und Zweckmäßigkeit der Ausübung öffentlicher Gewalt bezieht. Vgl. aber auch *W. Brohm*, Strukturen der Wirtschaftsverwaltung, 1969, S. 221 ff., der der Ansicht ist, daß die Wahrnehmung von Hoheitskompetenzen noch nicht zu einer Einbeziehung in die staatliche Organisation führe und schon deshalb ein administratives Aufsichtsrecht gegeben sei. — Zur Stiftungsaufsicht vgl. *H. Frick*, S. 63.

[28] *E. Forsthoff*, Verwaltungsrecht, S. 427.

sich freilich Art und Umfang der Aufsicht aus der Dezentralisation als solcher noch nicht ergeben. Somit gibt es zwischen dem Bereich der mittelbaren Staatsverwaltung und dem, was unter Dezentralisation verstanden wird, keine sachliche Diskrepanz. Hingegen nennt *Hans J. Wolff* eine Organisation dann dezentralisiert, „wenn und soweit ihre (den Ministern nachgeordneten) Glieder bzw. Organe nicht einer totalen Zweckmäßigkeitsaufsicht, sondern nur einer Rechts- und allenfalls gesetzlich begrenzten Zweckmäßigkeitsaufsicht unterliegen"[29]. Bei dieser Definition wird an das Abhängigkeitsverhältnis zur Exekutivspitze angeknüpft. Folgerichtig müßte man — folgt man Wolff — dann z. B. in den oben genannten Einfuhr- und Vorratsstellen keine dezentralisierte Verwaltungsstellen sehen, wohl aber z. B. im Vorstand und Verwaltungsrat der Deutschen Bundesbahn. Nun ergeben sich zwar aus Definitionen i. d. R. noch keine Problemlösungen, in einer Untersuchung muß aber über die verwendeten Begriffe Klarheit herrschen. Der Gebrauch des Begriffs Dezentralisation im Forsthoffschen wie im Wolffschen Sinn erscheint indes unbefriedigend; denn einmal wird Dezentralisation in der Sache zum Synonym für mittelbare Staatsverwaltung, im anderen Fall beschreibt sie das Phänomen des ministerial-(parlaments-)freien Raums. Um dem Begriff eine eigenständige Bedeutung zu geben, soll er hier einerseits an die Träger der mittelbaren Staatsverwaltung angeknüpft werden, andererseits aber nur insoweit, als sie sich der personellen oder sachlichen Einflußnahme durch die parlamentarisch verantwortlichen Exekutivspitzen entziehen. In diesem Sinn sind weder die Einfuhr- und Vorratsstellen noch Vorstand und Verwaltungsrat der Bundesbahn dezentralisiert.

## III. Die dezentralisierten Verwaltungen als Problem des ministerialfreien Raumes

### 1. Bisherige Behandlung in der Literatur und eigene Ansicht

Die angestellten Erwägungen legen es jedenfalls nahe, auch die mittelbare Staatsverwaltung im Zusammenhang mit der hier erörterten Problematik zu sehen. Daher erstaunt die diesbezügliche Abstinenz in den bisher vorliegenden Arbeiten zu diesem Thema. Während *Carl Peter Fichtmüller*[30] sich ohne weiteres von Anfang an auf den Bereich der unmittelbaren Staatsverwaltung beschränkt, begründet *Hellmuth Loening*[31] diesen Schritt einfach mit dem Kurz-Schluß, für die bundesun-

---

[29] *H. J. Wolff*, Verwaltungsrecht II, § 77 I b).
[30] AöR 91 (1966), S. 297 ff.
[31] DVBl. 1954, S. 173.

mittelbaren Körperschaften und Anstalten bestehe lediglich staatliche Aufsicht und damit scheide das Problem der Ministerialfreiheit ganz aus. Nicht so undifferenziert nehmen *Machtolf Roller* und vor allem *Peter Füßlein* zu dieser Frage Stellung. Beide verkennen die Verwandtschaft der mittelbaren Staatsverwaltung mit den weisungsfreien Stellen in der unmittelbaren Staatsverwaltung nicht[32]. Die Ausklammerung der mittelbaren Staatsverwaltung aus ihren weiteren Erwägungen beruht aber darauf, daß nach ihrer Meinung das Grundgesetz neben dem Prinzip der parlamentarischen Kontrolle das Selbstverwaltungsprinzip als gleichwertig anerkannt habe. Gedanklich konsequent bezieht Füßlein die mittelbare Staatsverwaltung allerdings insoweit in seine Betrachtung ein, als im Einzelfall dort auch die bloße Staatsaufsicht entfällt[33].

Diesen Überlegungen soll hier nicht gefolgt werden[34]. Eine Herausnahme der mittelbaren Staatsverwaltung bzw. genauer der dezentralisierten Verwaltungsstellen im hier gebrauchten Sinn aus der verfassungsrechtlichen Problematik des parlamentsfreien Raums gleichsam a priori würde nur den Blick für die Bedeutung des hier behandelten Phänomens trüben. Vergessen würde auch, sieht man weisungsfreie Stellen in der unmittelbaren Staatsverwaltung als problematisch an, daß der Gesetzgeber sich diesem Dilemma jederzeit[35] dadurch entziehen könnte, daß er bestimmte Aufgaben nicht durch Behörden, sondern durch dafür gegründete juristische Personen des öffentlichen Rechts erfüllen läßt. Dies ist kein nur formales Argument, wie *Loening* meint, und man kann auch nicht sagen, daß in der Errichtung mittelbarer Verwaltungsstellen gegenüber der Errichtung etwa weisungsfreier Ausschüsse nicht nur ein aliud, sondern sogar ein minus liege[36], weil im ersten Fall doch jedenfalls noch eine Staatsaufsicht gegeben sei; denn sehen wir die Problematik des ministerialfreien Raums in der mangelnden Möglichkeit, das Gegenüber des Parlaments für ein Geschehen im Exekutivbereich verantwortlich zu machen, was mit dem Fehlen von Einzelweisungsbefugnis gegeben ist, so ist das Problem hier wie dort das gleiche. Selbst wenn sich aber herausstellen sollte, daß das Grundgesetz mit der Anerkennung der mittelbaren Staatsverwaltung (Art. 86, 87, 130 GG) ihre Einzelweisungsfreiheit sanktioniert hat, käme man nicht um die Frage herum, in welchen (quantitativen) Grenzen eine Ausglie-

---

[32] *M. Roller*, S. 18 f.; *P. Füßlein*, S. 98 ff.

[33] *P. Füßlein*, S. 101; gemeint sind Bundesbank und Rundfunkanstalten.

[34] Ähnlich, allerdings ohne Erörterung, *G. Vorbrugg*, passim. Vgl. auch *v. Mangoldt - Klein*, Vorbem. III Ziff. 2 vor Art. 83.

[35] BVerfG, Urt. v. 29. 7. 1959, DÖV 1959, S. 698 (699); *F. Rietdorf*, Zum staatsrechtlichen Lehrbegriff der „mittelbaren Staatsverwaltung", DÖV 1959, S. 671 ff. (672).

[36] *H. Loening*, DVBl. 1954, S. 177.

derung aus der unmittelbaren Staatsverwaltung möglich sein soll[37]. Damit wäre lediglich die Ausgangsfrage modifiziert, nicht aber das grundsätzliche Problem.

## 2. Sonderproblem: Religionsgesellschaften

Diese Problemsicht muß allerdings in einem Punkt eingeschränkt werden. Unter die obige Definition der dezentralisierten Verwaltungsstellen ließen sich auch die Kirchen bzw. Religionsgesellschaften subsumieren, die Körperschaften des öffentlichen Rechts sind (Art. 140 GG, Art. 137 Abs. 5 WV). Dabei aber würde man verkennen, daß historisch eine Betrachtung der Kirchen als mittelbare Staatsverwaltung zwar vielleicht zu rechtfertigen wäre, nicht aber unter dem geltenden Grundgesetz und auch schon nicht mehr unter der Weimarer Verfassung[38]. Aus *diesem* Grund fehlen besondere Kirchenhoheit und Einzelaufsichtsrechte des Staates. Ausgangspunkt der im Verhältnis zu anderen juristischen Personen des öffentlichen Rechts ganz unterschiedlichen Situation sind die Eigenständigkeit und Unabhängigkeit der Kirche vom Staat sowie ihre originäre Kirchengewalt, die durch die Zuerkennung eines öffentlich-rechtlichen Status bekräftigt werden. Damit findet jedoch keine Eingliederung der Religionsgesellschaft in den Staat statt[39]. Man kann daher hier durchaus von Körperschaften „besonderer Art"[40] sprechen,

---

[37] Aufschlußreich äußert sich *R. Bäumlein*, Verfassung und Verwaltung in der Schweiz, in: Verfassungsrecht und Verfassungswirklichkeit, FS für Hans Huber, 1961, S. 69 ff. (86 f.): „Kennzeichnend für die heutige Problemlage ist nun aber besonders, daß eine für die unmittelbare Bundesverwaltung unglaubwürdige Selbstverwaltungskonzeption in abgewandelter Gestalt zur Begründung tunlichster Ausgliederung von Verwaltungsaufgaben auf öffentliche Körperschaften oder Rechtssubjekte des Privatrechts herangezogen wird." Und: Art. 103 Abs. 2 Bundesverfassung lasse zwar die mittelbare Staatsverwaltung zu, aber „sicherlich nicht beliebig ausgestaltete mittelbare Bundesverwaltung". — Die Frage nach den Grenzen der Dezentralisierung werfen auch *W. Weber*, Staats- und Selbstverwaltung in der Gegenwart, 2. Aufl. 1967, S. 24 ff., *G.-Ch. v. Unruh*, Hemmung eines „despotisme administratif" durch verfassungskonforme Verwaltungsorganisation, DÖV 1970, S. 581 ff. (583), sowie *W. Leisner*, Mitbestimmung im öffentlichen Dienst, 1970, S. 48, auf.

[38] Vgl. *F. Poetzsch-Heffter*, Handkommentar der Reichsverfassung, 3. Aufl. 1928, Art. 137 Erl. 7: „Darüber, ob und inwieweit eine aus dem beibehaltenen Begriff der öffentlichen Körperschaft sich ergebende Staatsaufsicht mit Abs. 2, welcher den Religionsgesellschaften Verwaltungsfreiheit zuerkennt, verträglich ist, ist Klarheit nicht geschaffen worden"; vgl. aber auch *G. Anschütz*, Die Verfassung des Deutschen Reichs, 14. Aufl. 1932, Art. 137, Erl. 4 und 8, und *E. Forsthoff*, Die öffentliche Körperschaft im Bundesstaat, 1931, S. 111 ff.

[39] BVerfGE 18, 385 ff. (386 f.), Beschl. v. 17. 2. 1965; BVerfGE 19, 129 ff. (135 f.), Beschl. v. 4. 10. 1965, und BVerfGE 30, 415 ff. (428), Beschl. v. 31. 3. 1971. Allgemein zu diesem Problem *H. Weber*, Die Religionsgemeinschaften als Körperschaften des öffentlichen Rechts im System des Grundgesetzes, 1966, S. 59 ff.

[40] So *K. Obermayer*, BK, Art. 140 Rdn. 44, und BVerfGE 30, 112 ff. (119 f.), Beschl. v. 13. 1. 1971.

ohne übersehen zu müssen, daß die Loslösung der Korporationsqualität aus ihren Grundlagen es schwierig macht, sie für die Religionsgesellschaften in Anspruch zu nehmen[41]. Angesichts des Verfassungstextes bestehen aber an dieser Qualität als solcher keine Zweifel. Nur führen eben die hier geltenden Besonderheiten dazu, die Religionsgesellschaften, auch soweit sie Körperschaften des öffentlichen Rechts sind, aus der Problemstellung herauszunehmen.

## IV. Die Beteiligung Privater an Verwaltungsaufgaben

Bevor einige dezentralisierte Verwaltungsstellen paradigmatisch etwas näher beschrieben werden, soll noch ein über das Institut der Beleihung schon berührter Fragenkreis behandelt werden. Die außerordentliche Kompliziertheit der Materie schließt eine detaillierte Erörterung in diesem Rahmen aus. Ich muß mich darum auf nur einige wenige prinzipielle Bemerkungen beschränken.

*Fritz Ossenbühl* hat in seiner Untersuchung über „Die Erfüllung von Verwaltungsaufgaben durch Private" ein breites Spektrum von derartigen Erfüllungsmodalitäten ausgebreitet[42]; darauf soll hier nicht näher eingegangen sein. Zu Recht geht Ossenbühl dabei jedenfalls davon aus, daß die in diesen Erfüllungsmodalitäten bzw. Organisationsstrukturen zum Ausdruck kommende Verquickung staatlicher und privater Agenden die Folge einer „osmotischen Verbindung von Staat und Gesellschaft" ist[43]. So erklärt sich, daß sich der Staat immer tiefer in gesellschaftliche Bereiche vorschiebt — und vice versa. Hierfür und damit zugleich für die Auflösung der einstmals festen Frontlinie zwischen Staat und Gesellschaft gibt es nur eine Begründung: das Fehlen eines (anerkannten) Staatsaufgabenkatalogs. Die enormen sozialen und wirtschaftlichen Umwälzungen allein der letzten 50 Jahre hätten sich ja auch vernichtend auswirken müssen, wenn der Katalog staatlicher Aufgaben abgeschlossen definiert gewesen wäre. Doch „der potentielle Umfang staatlicher Aktivität ist notwendig offen"[44]. Eignet sich der Staat aus dem gesell-

---

[41] *K. Hesse*, Grundzüge, S. 191.

[42] VVDStRL 29 (1971), S. 145 ff. — Vgl. auch die neuerliche Diskussion über die „Partizipation Privater an Verwaltungsentscheidungen" auf dem Treffen der deutschen Staatsrechtslehrer in Salzburg 1972. Dazu auch der gleichnamige Aufsatz von *P. Dagtoglou*, DVBl. 1972, S. 712 ff., und *G. Kisker*, Gruppenmitbestimmung in der öffentlichen Verwaltung, DÖV 1972, S. 520 ff.

[43] VVDStRL 29 (1971), S. 150. Vgl. ferner *P. Dagtoglou*, Die Beteiligung Privater an Verwaltungsaufgaben, DÖV 1970, S. 532 ff. (537), und neuestens allgemein *E.-W. Böckenförde*, Die Bedeutung der Unterscheidung von Staat und Gesellschaft im demokratischen Sozialstaat der Gegenwart, aus politik und zeitgeschichte, B 49/71, S. 3 ff.

[44] *H. H. Klein*, Zum Begriff der öffentlichen Aufgabe, DÖV 1965, S. 755 ff. (758); auch *W. Brohm*, Wirtschaftsverwaltung, S. 157, und *Th. Ellwein*, Zur Entwicklung der öffentlichen Aufgaben, DÖV 1972, S. 13 ff.

schaftlichen Bereich Aufgaben zu — was er freilich schon wegen der Geltungskraft der Grundrechte nicht unbeschränkt kann —, schafft er also (zusätzliche) *staatliche* Aufgaben, so wird man davon ausgehen müssen, daß (auch) für deren Erfüllung die für den Staat i. ü. geltenden Organisations- und Verfassungsprinzipien, wozu u. a. die parlamentarische Kontrolle und Verantwortlichkeit gehören, gelten[45].

Handelt es sich hingegen um *öffentliche* Aufgaben, d. h. Aufgaben, die nicht vom Staat, sondern von der Gesellschaft erfüllt werden[46], so ist nicht ausgeschlossen, daß der Staat sich auch für deren Ausführung verantwortlich fühlt bzw. von Verfassungs wegen verantwortlich fühlen muß[47]. Dann wird er z. B. ihre Erfüllung beaufsichtigen. Dies ist aber nicht identisch mit der Inanspruchnahme der Erledigung einer Aufgabe durch den Staat[48]. Das in unserem Zusammenhang interessierende Problem ist dann nicht, ob die verantwortlichen Exekutivspitzen ihren Einfluß auf die Durchführung dieser Aufgaben so geltend machen können, daß die parlamentarische Kontrolle vermittelt wird, sondern ob die Staatsaufsicht weisungsgebunden erfolgt; denn nur mit den aufsichtsrechtlichen Maßnahmen selbst werden staatliche Aufgaben erfüllt.

Anders stellt sich wieder die Situation dar, wo staatliche Aufgaben auf Private überwälzt werden. Mit dieser Abbürdung verlieren die Aufgaben nicht ihren „staatlichen“ Charakter[49]. Dem kann weder die große Schwierigkeit im Auffinden einer brauchbaren Unterscheidung zwischen staatlichen und öffentlichen Aufgaben entgegengehalten werden, noch der Hinweis, daß der Evozierung von (öffentlichen) Aufgaben aus dem gesellschaftlichen in den staatlichen Bereich der umgekehrte Vorgang entsprechen müsse. Gegen eine solche Argumentation bestünden sowohl aus dem Gesichtspunkt des Sozialstaatsprinzips wie des Vertrauensschutzes Bedenken. Nicht befriedigend wäre aber auch eine Differenzierung dahin, daß bei der Abwälzung staatlicher (Verwaltungs-)Aufgaben auf Private ihre Rechtsqualität nur erhalten bleibt, wenn der Private zugleich Befugnisse verliehen bekommt, wonach er Rechtsver-

---

[45] Vgl. *E.-W. Böckenförde,* Organisationsgewalt, S. 97.

[46] *H. H. Klein,* a. a. O. Zur Schwierigkeit der Abgrenzung von staatlichen und öffentlichen Aufgaben vgl. *F. Ossenbühl,* VVDStRL 29 (1971), S. 158 f.

[47] Zum Sonderproblem der Veranstaltung von Rundfunksendungen, das wegen Art. 5 GG eine große Ähnlichkeit zur hier behandelten Problematik aufweist, vgl. unten § 12.

[48] *K. Vogel,* Wirtschaftseinheiten, S. 62 f.; *U. Steiner,* Öffentliche Verwaltung durch Private, DÖV 1970, S. 526 ff. (528 f.).

[49] *F. Ossenbühl,* VVDStRL (1971), S. 156 FN 85. Auch die Ausführungen von *H.-U. Gallwas,* Die Erfüllung von Verwaltungsaufgaben durch Private, VVDStRL 29 (1971), S. 211 ff. (221 ff.) über eine Garantenstellung des Gemeinwesens bezüglich der Aufgabenerfüllung weisen in diese Richtung. Vgl. auch BVerfGE 10, 302 ff. (327), Beschl. v. 10. 2. 1960. Zweifelnd *H. H. Klein* DÖV 1965, S. 756.

hältnisse einseitig zu gestalten vermag[50]. Die wachsende Bedeutung der Leistungsverwaltung und des Instituts des verwaltungsrechtlichen Vertrages lassen erkennen, daß es auf die Erscheinungsformen der Eingriffsverwaltung allein letztlich nicht ankommen kann[51].

Folgt man diesen Erwägungen, so ergibt sich bei Hinzunahme des Vorstehenden wie von selbst die Frage, ob es mit dem Prinzip der parlamentarischen Verantwortlichkeit übereinstimmt, wenn über die derart in Pflicht genommenen Privaten nur begrenzte Fach- oder gar nur Rechtsaufsicht besteht. Die Parallelität zur hier behandelten Problematik liegt jedenfalls auf der Hand[52].

## V. Beispiele dezentralisierter Verwaltungsstellen

### 1. Bundesanstalt für den Güterkraftverkehr

Als erstes Beispiel einer dezentralisierten Verwaltungsstelle sei die Bundesanstalt für den Güterfernverkehr angeführt. Sie wurde durch § 53 des Güterkraftverkehrsgesetzes[53] — GüKG — geschaffen, das dem Ziel dient, eine gewisse Beschränkung des freien Wettbewerbs auf den Straßen, vornehmlich zugunsten der Deutschen Bundesbahn, herbeizuführen. In die Durchführung der daraus resultierenden Aufgaben ist die Bundesanstalt maßgeblich eingeschaltet. Ihr obliegt nach § 54 GüKG die Sorge dafür, daß alle am Beförderungsvertrag Beteiligten die ihnen durch das Gesetz auferlegten Pflichten erfüllen, insbesondere daß der Güterfernverkehr nicht ohne die erforderliche Genehmigung und daß der Werkfernverkehr nicht ohne die gegebenenfalls notwendige Beförderungsbescheinigung, die gleichfalls von der Bundesanstalt erteilt wird, betrieben werden. § 55 verleiht der Anstalt gegenüber den an der Beförderung, ihrer Abrechnung und Prüfung Beteiligten weitgehende Befugnisse (Informations- und Kontrollrechte, Recht auf Betreten von Geschäftsräumen etc.), die sie gemäß den für die Durchsetzung von Verwaltungsmaßnahmen allgemein geltenden Bestimmungen erzwingen kann (§ 56 GüKG).

Die Organe der Bundesanstalt sind der Verwaltungsrat und der Leiter. Der Verwaltungsrat setzt sich aus 27 Mitgliedern zusammen, die

---

[50] So aber umschreibt *K. Vogel*, Wirtschaftseinheiten, S. 80 f., die Rechtsstellung des Beliehenen; vgl. demgegenüber oben in und bei Anm. 5.

[51] Ähnlich *A. v. Mutius*, VerwArch. Bd. 62 (1971), S. 302.

[52] Vgl. auch *F. Ossenbühl*, VVDStRL 29 (1971), S. 160 f.

[53] I. d. F. v. 22. 12. 1969 (BGBl. 1970 I S. 2). Als Motiv der Errichtung der Bundesanstalt gibt *G. Vorbrugg*, S. 191, an, daß die Überwachung der Wettbewerbsbeschränkung durch „rein“ staatliche Organe zu große Schwierigkeiten mache und unverhältnismäßigen Verwaltungsaufwand erfordere.

— mit Ausnahme von sechs auf Vorschlag des Bundesrates ernannten Vertretern der obersten Verkehrsbehörden — sämtlich den verschiedensten Interessengruppen, von denen sie auch vorgeschlagen werden, angehören (Bundesvorstand des Deutschen Güterfernverkehrs e. V., des Deutschen Güternahverkehrs e. V., Arbeitsgemeinschaft Möbeltransport Bundesverband e. V., Deutsche Bundesbahn, Zentralausschuß Deutsche Landwirtschaft, Zentralverband der Versicherungswirtschaft, Gewerkschaften). Die Mitgliedschaft ist an die Gruppenzugehörigkeit gebunden.

Der Verwaltungsrat beschließt u. a. (§ 63 GüKG) mit Stimmenmehrheit über seine Geschäftsordnung und die des Leiters, die Dienstbezüge des Leiters und der leitenden Angestellten, den Haushaltsplan[54] und die Aufnahme von Krediten sowie über die Richtlinien für die Zulassung von Frachtenprüfstellen nach § 59 GüKG. Er schlägt auch den Leiter dem Bundesminister für Verkehr zur Ernennung vor (§ 65 GüKG).

Der Leiter, der dabei vom Verwaltungsrat beraten wird, führt die Geschäfte der Bundesanstalt (§ 66 GüKG)[55]. Er sowie alle Angestellten der Bundesanstalt sind hauptberuflich, die Mitglieder des Verwaltungsrats sind ehrenamtlich tätig (§§ 65 Abs. 2, 64 Abs. 3 GüKG).

Die Verwaltungsratsmitglieder sind „an keinerlei Aufträge oder Weisungen gebunden"; sie müssen ihr Amt nach bestem Wissen und Gewissen ausüben (§ 63 Abs. 4 GüKG). Die weitgehende Unabhängigkeit des Leiters[56] ergibt sich aus § 76 GüKG, wonach die Bundesanstalt der Aufsicht des Bundesverkehrsministers unterliegt. Diese über den Umfang der Aufsicht wenig sagende Vorschrift wird dadurch ausgefüllt, daß der Minister zwar Auskunft und Einblick in alle Geschäftspapiere der Anstalt verlangen kann, den Leiter der Bundesanstalt aber nur dann abberufen kann, wenn er bei der Erfüllung seiner Aufgaben rechtswidrig oder „in erheblichem Umfang den Zwecken des Gesetzes zuwiderhandelt" (§ 76 Abs. 2 GüKG). Mag es schon manchesmal ohnehin schwierig sein, zwischen Rechtmäßigkeit und Zweckmäßigkeit klar zu unterscheiden, so wird mit der Formel „erhebliche Zuwiderhandlung" gegen den Gesetzeszweck diese Unterscheidung sicher weiter verunklart. Möchte man trotzdem nicht von reiner Rechtsaufsicht sprechen, so kann kein Zweifel sein, daß es in weiten Bereichen nicht möglich ist, bestimmte Vorstellungen des Bundesministers durchzusetzen[57].

---

[54] Hierbei ist allerdings die im Einvernehmen mit dem Bundesminister der Finanzen ergehende Genehmigung des Bundesministers für Verkehr erforderlich, § 71 GüKG.

[55] Somit nimmt der Leiter in Person die Zuständigkeiten der Bundesanstalt wahr.

[56] So auch *G. Vorbrugg*, S. 193.

[57] § 57 GüKG sieht in einer Spezialmaterie die Weisungsabhängigkeit der Anstalt vor.

### 2. Bundesanstalt für Arbeit

Die Bundesanstalt für Arbeit ist durch das Arbeitsförderungsgesetz (AFG)[58] an die Stelle der Bundesanstalt für Arbeitsvermittlung und Arbeitslosenversicherung[59] getreten, ohne daß sich dadurch in Fragen der Organisation viel geändert hätte. In § 189 AFG ist die Bundesanstalt als „rechtsfähige Körperschaft des öffentlichen Rechts mit Selbstverwaltung" bezeichnet; der Begriff Körperschaft ist hier im umfassenden Sinn eines Rechtsträgers der mittelbaren Staatsverwaltung gemeint[60]. Die Aufgaben der Bundesanstalt definiert § 3 AFG (z. B. Arbeitsvermittlung, Förderung beruflicher Bildung, Gewährung von Arbeitslosengeld). Ihre Organe sind der Verwaltungsrat, der Vorstand, die Verwaltungsausschüsse der Landesarbeitsämter sowie die Arbeitsämter (§ 190 AFG)[61].

Der Verwaltungsrat besteht aus 39, der Vorstand aus neun Mitgliedern; je ein Drittel sind Vertreter der Arbeitnehmer (vorschlagsberechtigt die Gewerkschaften), der Arbeitgeber (Arbeitgeberverbände) und der öffentlichen Körperschaften. Im letzten Fall sind vorschlagsberechtigt bezüglich des Verwaltungsrats die Bundesregierung und der Bundesrat für je fünf Mitglieder, die Spitzenvereinigungen der kommunalen Selbstverwaltungskörperschaften für drei Mitglieder; bezüglich des Vorstandes sind alle drei genannten Stellen für je ein Mitglied vorschlagsberechtigt (§§ 192, 195 AFG). An die Vorschläge, sogar an die festgelegte Reihenfolge ist der Bundesminister für Arbeit und Sozialordnung, der die Mitglieder beruft, gebunden (§ 197 Abs. 2 AFG). Die Abberufungsgründe sind enumerativ aufgezählt und geben wenig Spielraum (§ 198 AFG).

Der Bundesminister für Arbeit und Sozialordnung führt die Aufsicht, die bloße Rechtsaufsicht ist, über die Bundesanstalt; Weisungen können ihr nur in wenigen genau bezeichneten Fällen erteilt werden[62]. Bezeichnend ist, daß dem Minister oder dem von ihm besonders Beauftragten Gelegenheit zu geben ist, seine Ansicht in den Sitzungen von Vorstand und Verwaltungsrat darzulegen (§ 200 AFG).

### 3. Deutsche Bundesbank

In Ausführung[63] von Art. 88 GG erging das Gesetz über die Deutsche Bundesbank — BBankG — vom 26. Juli 1957[64]. Die Bundesbank erhielt

---

[58] Vom 25. 6. 1969 (BGBl. I S. 582).

[59] Vgl. §§ 1 ff. des Gesetzes über Arbeitsvermittlung und Arbeitslosenversicherung (AVAVG) i. d. F. v. 3. 4. 1957 (BGBl. I S. 322).

[60] Vgl. *Th. Maunz,* in: Maunz - Dürig - Herzog, Art. 87 Rdn. 38; *G. Vorbrugg,* S. 189 FN 15.

[61] Im folgenden wird auf diese Verwaltungsausschüsse nicht eingegangen. Sie sind übrigens an die Beschlüsse des Verwaltungsrats gebunden, § 201 Abs. 5 AFG.

[62] Vgl. §§ 224 und 19 Abs. 4 AFG.

wichtige währungspolitische Befugnisse (§§ 14 ff BBankG)[65], um die ihr durch das BBankG auferlegten Aufgaben erfüllen zu können: Sicherung der Währung durch Regelung des Geldumlaufs und der Kreditversorgung sowie die bankmäßige Abwicklung des Zahlungsverkehrs (§ 3 BBankG). Der Funktionsbereich der Bundesbank ist somit in deutlicher Weise Teil des staatlichen Wirtschaftsinterventionsrechts[66].

Nach § 12 S. 2 BBankG ist die Deutsche Bundesbank „bei der Ausübung der Befugnisse, die ihr nach diesem Gesetz zustehen, von Weisungen der Bundesregierung unabhängig“[67]. Eine Weisungsbindung besteht damit nur insoweit, als der Bundesbank zusätzliche Befugnisse durch andere Rechtsvorschriften eingeräumt sind[68].

Dieser funktionell-sachlichen Unabhängigkeit entspricht eine verhältnismäßig geringe Einflußnahme der Regierung auf die personelle Zusammensetzung der Organe der Bundesbank. Organe sind der Zentralbankrat, das Direktorium und die Vorstände der Landeszentralbanken (§ 5 BBankG).

Der Zentralbankrat, der die Währungs- und Kreditpolitik der Bundesbank bestimmt, besteht aus den Mitgliedern des Direktoriums sowie den Präsidenten der Landeszentralbanken (§ 6 Abs. 2 BBankG). Mitglieder des Direktoriums sind der Präsident und der Vizepräsident der Bundesbank sowie acht weitere Personen, die vom Bundespräsidenten auf Vorschlag der Bundesregierung ernannt werden, wobei die Bundesregierung den Zentralbankrat anzuhören hat (§ 7 BBankG). Präsident und Vizepräsident, die den Vorstand einer Landeszentralbank bilden[69], werden vom Bundespräsidenten auf Vorschlag des Bundesrates bestellt, der dazu gleichfalls — neben einer nach Landesrecht zuständigen Stelle — den Zentralbankrat zu hören hat (§ 8 BBankG). Inwieweit dieser sog. „Ernennungspluralismus“ die persönliche Unabhängigkeit der Organmitglieder wirklich sichert, wird in der Literatur verschieden beur-

---

[63] Mit dieser Formulierung soll zu dem rechtlichen Gehalt von Art. 88 GG noch nicht Stellung genommen werden; vgl. dazu unten § 11.

[64] BGBl. I S. 745.

[65] Dazu im einzelnen *H. Fögen*, Geld- und Währungsrecht, 1969, S. 73 ff.

[66] *G. Vorbrugg*, S. 137 m. w. N.

[67] Ob diese Formulierung gegenüber der von § 9 Abs. 4 des Regierungsentwurfs (BTag-Drucks. II/2781, S. 6), wonach die Bundesbank „nicht an Weisungen der Bundesregierung gebunden“ sei, eine wirkliche Verstärkung der Unabhängigkeit brachte, sei dahingestellt; so aber z. B. *K. Braun*, Die Stellung der Notenbank als währungspolitische Instanz. Diss. Tübingen 1969, S. 80 f., und *O. Lampe*, Die Unabhängigkeit der Deutschen Bundesbank, 2. Aufl. 1971, S. 50 FN 185.

[68] z. B. bei der Wahrnehmung von Befugnissen in internationalen Organisationen; vgl. *W. Hoffmann*, Rechtsfragen der Währungsparität, 1969, S. 215 f.; *K. Braun*, S. 83.

[69] Nach § 8 Abs. 3 BBankG ist die Bestellung von ein oder zwei weiteren Vorstandsmitgliedern möglich.

teilt[70]. Nimmt man aber hinzu, daß die Mitglieder des Direktoriums sowie der Vorstände der Landeszentralbanken auf acht Jahre und nur ausnahmsweise, d. h. also regelwidrig für kürzere Zeit, mindestens aber zwei Jahre bestellt werden, so ergibt sich hieraus eine durchaus gewichtige Unabhängigkeit von den jeweiligen politischen Machtkonstellationen auch über eine Legislaturperiode hinweg[71].

Die Koordinierung mit der Wirtschafts- und Finanzpolitik der Bundesregierung wird durch §§ 12 S. 1 und 13 BBankG ermöglicht. So ist die Deutsche Bundesbank verpflichtet, die allgemeine Wirtschaftspolitik der Regierung, freilich nur unter Wahrung ihrer Aufgabe, zu unterstützen. Einzelnen Projekten, etwa einer Kursstützung öffentlicher Anleihen[72], kann sie dagegen ihre Hilfe versagen. § 13 BBankG statuiert eine Beratungs- und Informationspflicht der Bundesbank gegenüber der Bundesregierung. Die Mitglieder der Bundesregierung haben das Recht, an den Sitzungen des Zentralbankrats ohne Stimmrecht teilzunehmen. Sie können dabei aber Anträge stellen. Eine Beschlußfassung kann auf ihr Verlangen bis zu zwei Wochen ausgesetzt werden[73]. Ein zweites (suspensiv wirkendes) Veto in derselben Angelegenheit ist nicht möglich, ebensowenig wie ein Vorgehen der Regierung gegen bereits gefaßte Beschlüsse[74].

Die Unabhängigkeit der Deutschen Bundesbank wurde vom Bundestags-Ausschuß für Geld und Kredit dahin definiert, „daß die Bank bei ihren währungspolitischen Entscheidungen nicht der parlamentarischen Kontrolle unterliegt, nicht an Weisungen der Bundesregierung gebunden ist und nicht unter Einfluß ‚potentieller Interessenten‘ an einer für die Sicherheit unserer manipulierten Währung gefährlichen Ausdehnung des Geldvolumens gerät“[75]. Man hat daher nicht nur jede Fach-, sondern auch die Rechtsaufsicht über die Bundesbank gestrichen[76]. Ob man die bestehenden Zustimmungsrechte der Bundesregierung (z. B. Satzung der Bundesbank, Personalstatut, Ausbildungs- und Laufbahn-

---

[70] Kritisch vor allem *O. Lampe*, S. 25 ff. Weniger skeptisch *D. Uhlenbruck*, Die verfassungsmäßige Unabhängigkeit der Deutschen Bundesbank und ihre Grenzen, 1968, S. 44 f.

[71] So auch *K. Braun*, S. 112 f., 115. Vgl. jetzt aber BVerwG, Urt. v. 29. 1. 1973, NJW 1973, S. 1338 f.

[72] *K. Braun*, S. 85.

[73] Der Regierungsentwurf aus der 1. Wahlperiode (§ 26) ging noch von einem Aussetzungsrecht auch gegenüber bereits gefaßten Beschlüssen aus; ausgenommen waren freilich Beschlüsse über die Änderung von Diskont-, Lombard- oder Mindestreservesätzen, vgl. BTag-Drucks. I/4020.

[74] *D. Uhlenbruck*, S. 66.

[75] BTag-Drucks. II/zu 3603, S. 5 (sog. Scharnberg-Bericht).

[76] An der Rechtsaufsicht halten fest *H. J. Wolff*, Verwaltungsrecht II, § 98 I b) 2., und *O. Lampe*, S. 76 f. Hiergegen jedoch zutreffend die h. M.: genannt seien *C.-Th. Samm*, Die Stellung der Deutschen Bundesbank im Verfassungsgefüge, 1967, S. 32; *G. Vorbrugg*, S. 143; ausführlich auch *H.-U. Voigt*, Die Währungsverwaltung der Deutschen Bundesbank, Diss. Göttingen, 1969,

vorschriften) oder ihre skizzierten Ernennungsvorschlagsrechte noch als „Rudimente einer Staatsaufsicht“[77] bezeichnen kann, bleibt demgegenüber — zumindest für unser Thema — belanglos.

Die völlige Freiheit von Staatsaufsicht und die deshalb[78] vom Gesetzgeber dem Zentralbankrat und dem Direktorium der Deutschen Bundesbank eingeräumte Stellung[79] von obersten Bundesbehörden (§ 29 Abs. 1 BBankG) haben zu der Folgerung geführt, daß die Bundesbank in den Rahmen der unmittelbaren Staatsverwaltung einzureihen sei, obwohl sie juristische Person des öffentlichen Rechts ist[80]. Diese Ansicht ist irrig, da sie die Aufsicht zum Begriffsmerkmal mittelbarer Staatsverwaltung macht, wo sie doch höchstens dazu dienen kann, die Verfassungsmäßigkeit der mittelbaren Staatsverwaltung zu begründen[81]. Die weit überwiegende Lehre geht deshalb — wie mir scheint zu Recht — von der Zugehörigkeit der Deutschen Bundesbank zur mittelbaren Staatsverwaltung aus. Da die Bundesbank zur Erfüllung bestimmter Zwecke geschaffen wurde, nicht aber mitgliedschaftlich organisiert ist, ist sie als Anstalt des öffentlichen Rechts zu begreifen[82].

Auch die verschiedentlich vertretene Auffassung, die Bundesbank sei ein Verfassungsorgan[83] — was sie aus unserer Betrachtung herausnehmen würde[84] — ist in der Literatur bereits sehr eindeutig widerlegt worden, wobei die Akzente verschieden gesetzt werden[85]. Dieses Ergebnis ist i. ü. ganz unabhängig davon, ob die Autoren die Stellung der Bundesbank in Art. 88 GG selbst verankert sehen, ein Punkt, von dem noch zu handeln sein wird[86]. Entscheidend ist jedenfalls, daß die Deutsche Bundesbank nicht — um mit *Klaus Stern*[87] zu sprechen — „unmittelbar am Verfassungsleben teilnimmt“.

---

77 So *H. Seeck* und *G. Steffens*, Die Deutsche Bundesbank, 1967, S. 15, und auch *G. Vorbrugg*, S. 144; kritisch *H. Fögen*, S. 103.

78 Vgl. Regierungsentwurf BTag-Drucks. II/2781, S. 42 zu § 26.

79 *O. Lampe*, S. 95 FN 116, schließt aus der Wendung „haben die Stellung“, daß die genannten Organe nicht wirklich oberste Bundesbehörden sind. Für diese Auffassung spricht viel; sicher ist auch die Freiheit von der Richtlinienkompetenz des Kanzlers auf den währungspolitischen Bereich beschränkt.

80 *C. P. Fichtmüller*, AöR 91 (1966), S. 315 FN 110, im Anschluß an *H. Jecht*, Die öffentliche Anstalt, 1963, S. 96.

81 Ähnlich *O. Lampe*, S. 37; *H.-U. Voigt*, S. 47 ff.

82 So die h. M.; außer den in Anm. 81 Genannten auch *H. Beck*, Gesetz über die Deutsche Bundesbank 1959, S. 139 f.; *C.-Th. Samm*, S. 144 ff.; *Hans Schneider*, Autonome Satzung und Rechtsverordnung, in: FS für Philipp Möhring, 1965, S. 521 ff. (526).

83 Vgl. z. B. *O.-E. Starke*, Das Gesetz über die Deutsche Bundesbank und seine wichtigsten öffentlich-rechtlichen Probleme DÖV 1957, S. 606 ff. (608 f.).

84 Vgl. oben § 5 I. 3. und 4.

85 z. B. *C. A. Gaugenrieder*, Die rechtliche Stellung der deutschen Zentralnotenbank im Staatsgefüge in Geschichte und Gegenwart, Diss. Würzburg 1960, S. 102 ff., 113; *H.-U. Voigt*, S. 66 ff. *C.-Th. Samm*, S. 138 f.; *D. Uhlenbruck*, S. 75 ff.

86 Siehe unten § 11.

87 Umstrittene Maßnahmen der Bundesbank, JuS 1963, S. 68 ff. (71).

Die Bundesbank dürfte — gemessen an ihren weitreichenden und einschneidenden Befugnissen — diejenige Verwaltungsstelle von allen hier vorgestellten sein, die der parlamentarischen Kontrolle am weitestgehenden entzogen ist. Ihre konträre Stellung zu den politisch verantwortlichen Instanzen ist gewollt[88]; der Konfliktsfall ist auch durchaus schon praktisch geworden[89]. In dem Umfang, in dem die Bundesbank tätig ist, entfällt die parlamentarische Verantwortlichkeit der Regierung bzw. ihrer Mitglieder[90].

Diese Feststellung gilt unbeschadet der Richtigkeit neuerer Erwägungen, nach denen die Bundesbank bei der politischen Zielsetzung an die Auffassung der Regierung gebunden ist, nicht jedoch bei der konkreten Aufgabenerfüllung; oder anders: die Autonomie der Bundesbank besteht nur im Bereich der Planzielverwirklichung, nicht in dem der Planzielbestimmung — es gibt also nur eine „planbeschränkte Autonomie" der Deutschen Bundesbank[91]. Freilich steht und fällt diese Autonomiebeschränkung mit der Geltungsdauer des Stabilitätsgesetzes[92], dessen § 13 Abs. 3 auch die Bundesbank an die Ziele des Gesetzes gebunden und so zugleich zu einer inhaltlichen Konkretisierung der Rechtspflicht der Bundesbank nach § 12 S. 1 BBankG geführt hat[93]. Doch selbst der autonome Bereich der Planzielverwirklichung ist noch stattlich genug. Seiner Legitimation nachzugehen fällt in den Rahmen dieser Arbeit.

---

[88] Vgl. *R. Wildenmann*, Die Rolle des Bundesverfassungsgerichts und der Deutschen Bundesbank in der politischen Willensbildung, 1969, S. 10 f.: „Der institutionelle Konflikt ist gewollt . . ."

[89] Vgl. die Exempel bei *K. Braun*, S. 85 f., und — für die Zeit der Reichsbank — *G. Vorbrugg*, S. 145 FN 41, sowie jetzt *H. Müller*, Die Zentralbank — eine Nebenregierung, Opladen 1973, S. 52 ff., 72 ff., 93 ff.

[90] Dies heißt nicht, daß die Bundesregierung bzw. die jeweiligen Fachminister von jeder Verantwortlichkeit für die Währungspolitik frei wären; dies schon deshalb nicht, weil die Bundesbank die Währungspolitik zwar weitgehend, doch nicht allein (monopolartig) bestimmt; vgl. nur § 12 S. 1 BBankG. Der im Regierungsentwurf (Anm. 66) enthaltene, freilich zu weit formulierte § 3 Abs. 2 S. 1 —" Die Verantwortung der Bundesregierung für die Sicherung der Währung bleibt unberührt" — wurde nur deshalb nicht Gesetz, weil das BBankG für diese Regelung nicht der richtige Platz sei; vgl. BTag-Drucks. II/zu 3603, S. 3.

[91] *H. Faber*, S. 27 ff.; *W. Hoffmann*, S. 216; vgl. auch *H.-J. Arndt*, Politik und Sachverstand im Kreditwährungswesen, 1963, S. 322 ff.

[92] Gesetz zur Förderung der Stabilität und des Wachstums der Wirtschaft v. 8. 6. 1967 (BGBl. I S. 582).

[93] So neben den in Anm. 91 Genannten auch A. Möller (Hrsg.), Gesetz zur Förderung der Stabilität und des Wachstums der Wirtschaft und Art. 109 Grundgesetz, 1968, § 13 Rdn. 5; *K. Stern* und *P. Münch*, Gesetz zur Förderung der Stabilität und des Wachstums der Wirtschaft, 1967, S. 150. — A. A. *O. Lampe*, S. 49 f., und *H. Fögen*, S. 69 FN 120. — Zu bedenken ist jedoch, daß § 13 StabG nur zur „Berücksichtigung" der genannten Ziele verpflichtet, was für die Bundesbank soviel heißen dürfte, daß für *sie* die Währungssicherung im Zweifel Vorrang hat; vgl. *v. Mangoldt - Klein*, Art. 88, Anm. III 6., ebd. auch zur Bedeutung von Art. 109 Abs. 2 GG für die Bundesbank —, sowie *W. Hoffmann*, S. 223.

# § 9 Parlamentarische Ersatzrechte

Die vorstehenden Beispiele ministerialfreier Stellen aus dem Bereich der unmittelbaren wie der mittelbaren Staatsverwaltung haben u. a. recht verschiedene Einflußmöglichkeiten des Parlaments auf Zusammensetzung und Arbeit dieser Verwaltungsstellen deutlich gemacht. Im folgenden soll geprüft werden, ob sie ein Äquivalent für den Verlust durchgängiger parlamentarischer Kontrolle sein können.

## I. Personelle Mitwirkung

In vielen der genannten Fälle ergab sich ein — abgestuftes — personelles Mitwirkungsrecht des Bundesrates. Kommt es uns hier aber auf eine mögliche Kompensation parlamentarischer Kontrolle an, so scheiden hierfür alle Fälle aus, in denen der *Bundesrat* allein durch Benennungs- und Vorschlagsrecht die Zusammensetzung der Verwaltungsgremien beeinflußt[1].

Eine Mitwirkung des *Bundestags* in personeller Hinsicht findet sich etwa bei dem Verwaltungsrat der Deutschen Bundespost; von den 24 Mitgliedern des Verwaltungsrats hat der Bundestag das Vorschlagsrecht für 5 Mitglieder, die auch aus den Reihen der Abgeordneten selbst kommen müssen[2]. Noch weiter ging das Recht des Bundestags nach dem Gesetz über den Personalgutachterausschuß für die Streitkräfte[3]. Die 30 - 40 Mitglieder des Ausschusses wurden vom Bundespräsidenten auf Vorschlag der Bundesregierung berufen. Dieser Vorschlag bedurfte jedoch — ohne daß freilich eine Aussprache stattfinden konnte — der Bestätigung durch den Deutschen Bundestag[4].

Man wird nicht bestreiten können, daß der Bundestag — derart in den Ernennungsvorgang eingeschaltet — über die Zusammensetzung der weisungsfreien Stellen auch deren sachliche Arbeit (möglicherweise) zu beeinflussen vermag. Auf der anderen Seite ist offenkundig, daß es sich

---

[1] Vgl. oben § 3 II. — Die Mitwirkung des Bundesrats reicht vom Vorschlagsrecht (Bundesaufsichtsamt für das Versicherungswesen, Bundesanstalt für Güterkraftverkehr) über das Benennungsrecht (Anerkennungsausschuß im Asylverfahren) zum Zustimmungsrecht zur Ernennung (Bundesschuldenverwaltung).

[2] §§ 5 und 6 PostVerwG.

[3] Vom 23. 7. 1955 (BGBl. I S. 451). Das Gesetz wurde durch Gesetz v. 4. 9. 1967 (BGBl. I S. 965) aufgehoben. Mit dem Personalgutachterausschuß-Gesetz sollte erreicht werden, daß unparteiisch über die Eignung von höheren Offizieren (ab Oberst), besonders bezüglich ihrer demokratischen Einstellung entschieden würde, vgl. BVerwGE 12, 20 ff. (28), Urt. v. 23. 1. 1961. § 3 des Gesetzes sah vor, daß der Ausschuß und seine Mitglieder an Weisungen nicht gebunden sind.

[4] § 2 Personalgutachterausschuß-Gesetz.

hierbei weder um parlamentarische Kontrolle „im spezifisch technischen Sinne“ handelt[5] noch um Befugnisse, die von ähnlicher Tragweite wären wie diese[6].

## II. Kontrollersatz durch Ausschußkontrolle?

In der Literatur taucht hin und wieder der Gedanke auf, die verschiedentlich den ministerialfreien Verwaltungen beigegebenen Kontrollausschüsse würden die parlamentarische Kontrolle ersetzen können[7]. Eine solche Überlegung setzt allerdings zumindest voraus, daß dieser Kontrollausschuß sowohl als parlamentarisches Organ zu betrachten ist als auch unabhängig vom Plenum und mit gleicher Autorität ausgestattet zu agieren vermag.

### 1. Kontrollausschüsse in der Verwaltung als Parlamentsorgane?

Beispielsweise hat man den Bundesschuldenausschuß als Parlamentsorgan zu qualifizieren versucht[8] und seine Tätigkeit als „besondere parlamentarische Kontrolle“[9]. An seiner organisatorischen Zugehörigkeit zum Parlament (Bundestag) bestehen aber schon darum Zweifel, weil er ja nicht nur mit Bundestagsabgeordneten besetzt ist, sondern auch mit der gleichen Anzahl von Mitgliedern des Bundesrats, und er zudem als Vorsitzenden den Präsidenten des Bundesrechnungshofs hat[10].

Die gleichen Bedenken gelten dem Versuch, analog dem Bundesschuldenausschuß auch den beim Bundesausgleichsamt gebildeten Kontrollausschuß[11] zu einem parlamentarischen Gremium hochzustilisieren[12]. Der Kontrollausschuß besteht aus 22 Mitgliedern, von denen aber nur 11 vom Bundestag und nicht einmal notwendig aus seiner Mitte[13] ge-

[5] *P. Dagtoglou*, Der Private, S. 157 f.

[6] Dies gilt auch hinsichtlich der fortbestehenden Etathoheit des Parlaments. Über das Budget kann das Parlament sicherlich Einfluß ausüben, aber dies ist ständig begleitender Kontrolle doch schwerlich vergleichbar; wohl anders *H. P. Ipsen*, Verhandlungen 40. DJT (1953), Bd. 2, C 5 ff. (19).

[7] Zum in diesem Zusammenhang oft gebrauchten Argument der Ineffektivität der parlamentarischen Kontrolle wird unten § 21 II. 3. Stellung genommen.

[8] *M. E. F. Kühnemann*, AöR 24 (1954), S. 43 ff.; *P. Füßlein*, S. 158.

[9] *G. Meyer* und *G. Anschütz*, S. 901.

[10] Richtiger wohl spricht *G. Vorbrugg*, S. 132, davon, daß der Ausschuß in die Nähe eines parlamentarischen Ausschusses gerückt ist.

[11] Gesetz über den Lastenausgleich — LAG v. 14. 8. 1952 (BGBl. I S. 446). Der Präsident des Bundesausgleichsamtes ist eine ministerialfreie Stelle; dazu eingehend *P. Füßlein*, S. 181 ff., und *C. P. Fichtmüller*, AöR 91 (1966), S. 312.

[12] So aber *P. Füßlein*, S. 185; daselbst FN 1 Nachweise anderer Meinungen.

[13] *R. Harmening*, *W. Schubert*, u. a., Lastenausgleich, Kommentar, Stand 1967, § 313 Rdn. 2a.

wählt werden; die anderen 11 — weisungsgebundenen — Mitglieder werden von den Landesregierungen ernannt[14].

Schließlich finden sich auch Äußerungen, die dem Verwaltungsrat der Deutschen Bundespost Parlamentsorgancharakter zuzuerkennen scheinen[15]. Vergegenwärtigt man sich aber die Tatsache, daß von seinen 24 Mitgliedern nur 5 Bundestagsabgeordnete sind, so ist jedenfalls in diesem Fall die Unhaltbarkeit einer solchen Meinung — sollte sie in der Tat bestehen — offenkundig.

### 2. Zum Verhältnis Ausschuß — Plenum

Geht man aber einmal davon aus, woran freilich, wie gezeigt, größte Zweifel bestehen, daß der Bundesschuldenausschuß und der Kontrollausschuß beim Bundesausgleichsamt parlamentarische Organe sind, so muß weiter gefragt werden, ob diese Organe unabhängig vom Parlamentsplenum Kontrollfunktionen wahrnehmen können und ob durch bloße Ausschußkontrolle nicht die parlamentarische Kontrolle denaturiert wird; m. a. W.: bedarf es des Plenums zur parlamentarischen Kontrolle?

*Ernst Friesenhahn* hat einmal gesagt, es sei nur eine „Frage der besten Arbeitstechnik", inwieweit die parlamentarische Arbeit — und dazu gehört ja wesentlich die Kontrolle — vom Plenum in die Ausschüsse verlagert werde[16]. Dem sind sofort *Karl Josef Partsch*[17] und *Ulrich Scheuner*[18] entgegengetreten, letzterer mit dem Hinweis, daß mit der Verlagerung strukturelle Veränderungen der Mehrheitsbildung und u. U. auch der Meinungsbildung Hand in Hand gingen; dies sei mehr als eine Verfahrensfrage.

Besieht man sich einmal das Verhältnis der Parlamentsausschüsse zum Plenum näher und generell, so läßt sich zwar sagen, daß zunächst[19] die Selbständigkeit der Ausschüsse auf Kosten des Plenums verhindert werden sollte, dem Trend zu ihrer Verselbständigung aber nicht zu widerstehen war, was schließlich in der Änderung der Geschäftsordnung des Bundestages durch die sog. kleine Parlamentsform[20] seinen sinnfälligen Ausdruck fand. § 60 Abs. 2 GeschOBTag sieht jetzt vor, daß die Ausschüsse nicht nur mehr die ihnen überwiesenen Vorlagen und Anträge

---

[14] Vgl. § 313 LAG.

[15] *F. Poetzsch-Heffter*, Reichsverfassung, Art. 88 Erl. 1, spricht vom Verwaltungsrat als dem „Parlament" der Reichspost; vgl. auch *H. Peters*, Postverwaltung und Demokratie, DÖV 1951, S. 225 ff. (229).

[16] *E. Friesenhahn*, VVDStRL 16 (1958), S. 32. Zum Problem allgemein *W. Berg*, Zur Übertragung von Aufgaben des Bundestages auf Ausschüsse, Der Staat Bd. 9 (1970), S. 21 ff.

[17] Parlament und Regierung, VVDStRL 16 (1958), S. 74 ff. (84).

[18] Diskussionsbeitrag, VVDStRL 16 (1958), S. 125.

[19] Dazu vgl. *S. J. Aschauer*, S. 76 ff.

[20] BGBl. 1969 I S. 776.

zu behandeln haben, sondern auch andere Fragen aus ihrem Geschäftsbereich beraten können. In der Kommentarliteratur wird diese Neuerung ausdrücklich dahin gewürdigt, daß die Ausschüsse dadurch befähigt werden sollen, ihren Kontrollpflichten gegenüber der Exekutive besser nachzukommen[21].

Wäre es aus diesen Gründen auch unrichtig, die sich verselbständigende Bedeutung der Parlamentsausschüsse bezogen auf die parlamentarische Kontrolle zu unterschätzen[22], so führt doch eine *nur* dem Ausschuß anvertraute, dem Plenum aber entzogene zu einer qualitativ veränderten Kontrolle. Auf einen Gesichtspunkt hat bereits *Scheuner* aufmerksam gemacht. Ein anderer ist, daß nicht die Ausschußberatungen, wohl aber (noch) die Plenardebatten den „Kommunikationsstrom zwischen Parlament und Staatsbürgern" ermöglichen[23], der für die Demokratie, auch die parlamentarische, repräsentative[24] unabdingbar ist. Überspitzt, im hier interessierenden Kern aber prägant hat dies *Wilhelm Hennis* so formuliert: „Das Parlament als Institution ist heute nur noch zu rechtfertigen aus dem, was es als Plenum tut"[25].

Überträgt man diese Erkenntnis aus dem Verhältnis der eigentlichen Parlamentsausschüsse zum Parlamentsplenum auf die „analoge" Be-

---

[21] *H. Lechner* und *K. Hülshoff*, S. 213.

[22] Dies verbietet bereits die für sich sprechende Häufigkeit der Sitzungen im Jahresdurchschnitt: Plenum: 50, Ausschüsse: 822. Die Zahlen sind zitiert nach *H. Wollmann*, S. 9. Vgl. auch *W. Kewenig*, Staatsrechtliche Probleme parlamentarischer Mitregierung am Beispiel der Arbeit der Bundestagsausschüsse, 1970, S. 12, sowie *H. Frost*, Die Parlamentsausschüsse, ihre Rechtsgestalt und ihre Funktionen, dargestellt an den Ausschüssen des Deutschen Bundestages, AöR 95 (1970), S. 38 ff. (83).

[23] *H. Wollmann*, S. 9.

[24] Hierzu, zur Bedeutung der öffentlichen Meinung und zur Beziehung Volk-Parlament vgl. unten §§ 19 und 23. Angemerkt sei aber schon hier dies: Die sog. Rückkoppelung der öffentlichen Meinung mit dem Parlament ist nötig, freilich nicht um eine fortlaufende demokratische Legitimation des Parlaments zu schaffen, sondern letzten Endes um den permanenten Prozeß der Meinungs- und Willensbildung des Volkes zu sichern, der „in den für die Willensbildung im Staat entscheidenden Akt der Parlamentswahlen" mündet, vgl. BVerfGE 20, 56 ff. (98 ff.), Urt. v. 19. 7. 1966. — A. A. mit mehr plebiszitärem Akzent *R. Dieterich*, Die Funktion der Öffentlichkeit der Parlamentsverhandlungen im Strukturwandel des Parlamentarismus, Diss. Tübingen 1970, S. 91, 98 ff., sowie *E. Stein*, Staatsrecht, S. 78 ff.

[25] *W. Hennis*, FS Arndt, S. 151; auch *D. Grimm*, Aktuelle Tendenzen in der Aufteilung gesetzgeberischer Funktionen zwischen Parlament und Regierung, ZfP 1970, S. 448 ff. (462). Kritisch: *E. Guilleaume*, Die Verwaltung Bd. 3 (1970), S. 1 ff. (12). — M. E. ist aus diesen Gründen auch die Verlagerung der parlamentarischen Kontrolle (unter Ausschaltung des Plenums) auf das Fünfer-Gremium nach Art. 1, § 9 Abs. 1 des Gesetzes zur Beschränkung des Brief-, Post- und Fernmeldegeheimnisses (G 10) v. 13. 8. 1968 (BGBl. I S. 949) ohne verfassungsrechtliche Absicherung nach dem Vorbild etwa der Art. 44 ff. GG bedenklich. Diese Absicherung in Art. 10 Abs. 2 S. 2 GG zu sehen, ist nur möglich, wenn man diese Vorschrift als eine doppelte Übertragung, nämlich von der 3. Gewalt auf die 1. Gewalt und vom Plenum auf das Hilfsorgan versteht, so wohl *W. Berg*, Der Staat Bd. 9 (1970), S. 32.

ziehung Bundesschuldenausschuß bzw. Kontrollausschuß zum Parlament, so folgt daraus, daß die Kontrolle dieser Ausschüsse eine wirklich parlamentarisch-politische, wie sie oben beschrieben wurde, nicht ist.

### 3. Die Regierung als Vermittler der Verwaltungskontrolle

Schließlich soll noch kurz daran erinnert sein, daß nach der hier vertretenen Konzeption parlamentarische Kontrolle sich nur durch die verantwortliche Regierung und nur ihr gegenüber verwirklichen kann. Ein unmittelbarer Kontroll-Durchgriff auf Verwaltungsstellen ist nicht möglich[26]. In diesem Aufeinanderangewiesensein vollzieht sich der von der Verfassung gewollte Dualismus von Parlament und Regierung, der freilich nicht nur Gegensatz, sondern zugleich Partnerschaft ist.

## III. Eingriff des Gesetzgebers

Als Verwaltungen sind die ministerialfreien Stellen an Gesetz und Recht gebunden (Art. 20 Abs. 3 GG). Sie sind daher — sollten dem nicht im Einzelfall Verfassungsbestimmungen entgegenstehen — dem gesetzlichen Zugriff offen. In diesem Zusammenhang ist erwogen worden, ob die in weiten Bereichen detaillierter werdende Gesetzgebung, die die Verwaltung in eben diesem Maße an den Willen des Parlaments bindet, nicht die Kontrolle — auch bei Ministerialfreiheit — durch „eine Art Vorwegbestimmung der Handlungen des Verwaltungsorgans“ lediglich vorwegnimmt[27]. Nun ist jedoch mit der Bindung an Gesetz und Recht die Kontrolle nicht überflüssig geworden; sie wäre sonst überhaupt in einem demokratischen Rechtsstaat weitgehend unnötig. Eine starke gesetzliche Einbindung braucht deshalb für unsere Betrachtung nicht unbeachtlich sein, nur ist sie nicht im Stande, einen Ersatz für parlamentarische Kontrolle zu bieten.

Am Beispiel der Deutschen Bundesbank soll noch die Frage erörtert werden, ob der im Falle eines Konfliktes zwischen ministerialfreier Stelle und Bundesregierung (oder auch sonst) mögliche Eingriff des Gesetzgebers dem Parlament nicht eine Einflußnahme beläßt, die seiner (nicht bestehenden) parlamentarischen Kontrolle adäquat ist. Für den Konfliktsfall zwischen Bundesbank und Regierung enthält der Ausschußbericht des Bundestags folgende Bemerkung: „Als letzter Ausweg bleibt nach Auffassung des Ausschusses nur die Entscheidung des Parlaments, das dann entweder generell über Beibehaltung oder Fortfall der Unabhängigkeit der Währungsbank oder speziell über die gesetzliche Rege-

[26] Dazu vgl. ausführlich oben § 3 II. und III.

[27] *P. Dagtoglou*, Der Private, S. 157; *P. Füßlein*, S. 315 f.

lung einer konkreten Einzelfrage beschließen muß[28]." Hält man diesen Weg für unbeschränkt gangbar, was dann nicht möglich ist, wenn man die Unabhängigkeit der Bundesbank verfassungskräftig verfestigt sieht[29], so würde sich zweifellos letztlich stets der parlamentarische Wille durchsetzen können. Gerade dieser Weg bedeutet aber den — vom Gesetzgeber selbst gewollten — Weg in die „Dramatisierung des Konflikts", was selbst wieder dazu führen wird, daß die Beteiligten versuchen werden, ihn mit allen Mitteln schon vorher beizulegen[30]. So wird diese — abstrakte — Möglichkeit parlamentarischer Einflußnahme durch den Gesetzgeber selbst neutralisiert. Im übrigen gilt auch hier, daß eine Dezision, die verbindliche Entscheidung eines Einzelfalles, nicht der stetigen, begleitenden Kontrolle verglichen werden kann. Die Abhängigkeit vom Gesetzgeber unterwirft die Bundesbank und andere ministerialfreie Stellen keineswegs der parlamentarischen oder einer ihrer vergleichbaren Kontrolle.

---

[28] Schriftlicher Bericht des Ausschusses für Geld und Kredit, BTag-Drucks. II/zu 3603, S. 5.

[29] So etwa *D. Uhlenbruck*, S. 35 ff., 70 ff.; im Ergebnis hält er das Parlament nicht für zuständig, Einzelfälle zu entscheiden. Die Konfliktlösung soll vielmehr nach Art. 93 Abs. 1 Ziff. 1 GG vorsichgehen.

[30] Siehe oben Anm. 28.

*Zweiter Teil*

# Grundgesetzliche Sonderbestimmungen

Wir wollen uns nun der Betrachtung von Grundgesetz-Bestimmungen zuwenden, aus denen nach in Literatur bzw. Rechtsprechung vertretener Auffassung die verfassungsrechtliche Zulässigkeit einzelner (schon genannter und nicht genannter) ministerialfreier Verwaltungsstellen folgern soll. U. U. sich hieraus ergebende prinzipielle Konsequenzen für unser Problem können erst am Schluß dieses 2. Teils gezogen werden. Dort wird auch die Frage nach dem Verhältnis grundgesetzlicher Sonderbestimmungen zu allgemeinen Verfassungsprinzipien aufzuwerfen sein[1].

## § 10 Art. 33 Abs. 5 GG und Bundespersonalausschuß

*Georg Vorbrugg* hat die These aufgestellt, Art. 33 Abs. 5 GG biete „eine Ermächtigung des Grundgesetzgebers zu marginaler Durchbrechung des Abhängigkeitsprinzips ..., wenn diese als effektiver Schutz des Berufsbeamtentums vor einer wesensfremden Gefährdung durch illegitime Einflüsse erforderlich erscheint“[2]. *Kurt Oppler* geht noch weiter: er folgert aus Art. 33 GG, daß es ein unabhängiges Gremium geben müsse, das die nach Art. 33 GG gebotenen Aufgaben in Unabhängigkeit erfüllen könne[3]. Beide Autoren gehen von den gleichen Voraussetzungen aus. Das in Art. 33 GG verankerte Leistungsprinzip, das als Schranke gegenüber unsachlichen Erwägungen bei der Personalpolitik aufgerichtet wurde, die Verpflichtung der Beamten auf das Wohl der Gesamtheit und nicht einer Partei[4] und die daraus sich ergebende Notwendigkeit einer Abschirmung gegen Interessengruppen aller Art verlangten bzw. ließen zumindest zu, daß eine geeignete — und das heiße eben unabhängige — Stelle über die Einhaltung dieser Ziele wache.

---

[1] Ist man entgegen der hier vertretenen Ansicht (s. oben § 5 I 1.) der Meinung, der Bundesrechnungshof unterfalle der hier behandelten Problematik, so wäre jedenfalls Art. 114 Abs. 2 GG als eine solche grundgesetzliche Sonderbestimmung anzusehen.

[2] *G. Vorbrugg*, S. 300.

[3] Diskussionsbeitrag zum Thema: Inwieweit läßt Art. 33 Abs. 5 des Grundgesetzes eine Reform des Beamtenrechtes zu?, Verhandlungen 39. DJT (1951), D. 133.

[4] Vgl. Art. 130 Abs. 1 WV, sowie BVerfGE 3, 58 ff. (137), Urt. v. 17. 12. 1953.

In der Kommentarliteratur haben diese Thesen keinen — freilich darum auch keinen ausgesprochen negativen — Widerhall gefunden. Bei der Ausgestaltung des Beamtenrechts hat der Gesetzgeber die hergebrachten Grundsätze des Berufsbeamtentums zu berücksichtigen (Art. 33 Abs. 5 GG). Nun sind zweifellos sowohl das Leistungsprinzip wie die Verpflichtung der Beamten auf das Wohl der Allgemeinheit solche hergebrachten Grundsätze. Ob es ihnen aber entspräche, daß in wichtigen personalpolitischen Fragen[5] — Fragen, die „im Zentrum der Exekutive" stehen[6] — Personen (mit-)entscheiden, für deren Tätigkeit parlamentarische Verantwortlichkeit nicht besteht, ist immerhin fraglich. Das Bundesverfassungsgericht hat allerdings die Formulierung „unter Berücksichtigung" dahin ausgelegt, daß Art. 33 Abs. 5 GG dem Gesetzgeber einen weiten Ermessensspielraum belassen habe, um in der Lage zu sein, das Beamtenrecht „den Erfordernissen des freiheitlichen demokratischen Staates und seiner fortschrittlichen Entwicklung" anzupassen[7]. Die Gefährdung einer sach- und leistungsbezogenen Personalpolitik dürfte heute aber kaum größer sein als früher. Man wird jedenfalls nicht der Meinung folgen können, die in einem unabhängigen Personalausschuß geradezu ein verfassungsrechtliches Gebot verwirklicht sieht.

Auf der anderen Seite sind wirkliche Anhaltspunkte dafür, daß Art. 33 GG der Einrichtung eines weisungsfreien Personalausschusses widerstrebe, nicht auszumachen[8]. Art. 33 GG verhält sich zu dieser Frage — wie ich meine — neutral. Dies ist auch bei näherer Überlegung nicht weiter verwunderlich. Der Regelungskomplex des Art. 33 GG befaßt sich zwar u. a. mit der Institution des Berufsbeamtentums und somit auch mit seinen Strukturprinzipien. Das Problem des Personalausschusses liegt aber nicht auf dieser Linie; systematisch gehört es in den Bereich der Organisation der Bundesexekutive und in den Bereich des Verhältnisses von Parlament und Regierung. Die hierfür allgemein geltenden Regeln müssen jedenfalls auch in concreto so lange anwendbar sein, als nicht eine verfassungsrechtliche Sonderregelung besteht, die sich als solche zu erkennen geben müßte. Art. 33 GG, der nur einige Grundprinzipien des Beamtenrechts gewährleisten soll, kann daher eine Her-

---

[5] Genannt sei hier nur die dem Bundespersonalausschuß eingeräumte Entscheidungsbefugnis über Ausnahmen von Laufbahnvorschriften und vom Verbot der Sprungbeförderung; im einzelnen vgl. oben § 7 II. 5.

[6] So *W. Grewe*, Verhandlungen 39. DJT (1951), D 152.

[7] BVerfGE 8, 1 ff. (16), Beschl. v. 11. 6. 1958; ähnlich *Th. Maunz* in: Maunz - Dürig - Herzog, Art. 33 Rdn. 80.

[8] Auch *W. Grewe*, Verhandlungen 39. DJT (1951), D 24 f. bezieht sich bei seiner Ablehnung eines unabhängigen Personalamtes — dem freilich zunächst eine sehr viel breitere Kompetenz zustehen sollte, als sie heute der Bundespersonalausschuß hat — auf die allgemeinen Verfassungsgrundsätze der parlamentarischen Demokratie, nicht auf Art. 33 GG unmittelbar; in BVerfGE 9, 268 ff. (286) wird aber neben das Argument der verfassungsmäßigen Ordnung im demokratischen Rechtsstaat auch Art. 33 Abs. 5 GG gesetzt.

ausnahme des Bundespersonalausschusses aus den allgemein geltenden Vorschriften nicht rechtfertigen[9].

## § 11 Art. 88 GG und Deutsche Bundesbank

Erst kürzlich wieder haben es zwei Autoren unternommen, die in § 12 BBankG festgelegte Weisungsunabhängigkeit der Deutschen Bundesbank unmittelbar aus Art. 88 GG zu rechtfertigen. Dort heißt es: „Der Bund errichtet eine Währungs- und Notenbank als Bundesbank".

*Carl-Theodor Samm*[1] und *Dirk Uhlenbruck*[2] sehen zunächst — und hierin ist ihnen zu folgen — in dem Ausdruck „Währungsbank" die verfassungsrechtlich gewollte Zuordnung der Aufgabe der Währungssicherung an die vom Bund zu errichtende Bundesbank[3]. Damit ist freilich nicht gesagt, daß die Bundesregierung keinerlei währungspolitische Aufgabe und Verantwortlichkeit hat[4] — hier belehren schon § 1 StabG und Art. 109 Abs. 2 GG eines Besseren. Bereits aus diesem Grund ist es zweifelhaft, wenn dem Terminus „Währungsbank" weiter entnommen wird, er gewährleiste auch die alleinige, eigenverantwortliche und darum notwendig von der Regierung unabhängige Führung der Währungspolitik durch die Bundesbank[5], die zur Erfüllung dieser Funktion unbedingt der ihr im BBankG eingeräumten Befugnisse bedürfe[6]. Auf den bescheidenen Wortlaut des Art. 88 GG kann sich eine so weitreichende Interpretation nicht stützen[7]: für sich genommen sagt er nur, daß eine Bundesbank — in beliebiger Rechtsform[8] — für die Währungspolitik

---

[9] Die Mehrzahl der einschlägigen Arbeiten bejaht die Verfassungsmäßigkeit des Bundespersonalausschusses unter Zugrundelegung der in BVerfGE 9, 268 ff. entwickelten Kriterien, z. B. *O. G. Fischbach*, Bundesbeamtengesetz I, § 95 Erl. 2, oder sieht einfach von den hier entwickelten grundsätzlichen Erwägungen zu parlamentarischer Kontrolle und Verantwortlichkeit ab, so z. B. *F. Deppisch*, Die Beschlüsse der Personalausschüsse, DÖV 1954, S. 241 ff. Die Verfassungsmäßigkeit lehnt ab *H. Loening*, DVBl. 1954, S. 173 ff. (177 f.).

[1] Stellung der Deutschen Bundesbank, S. 177 ff.

[2] Unabhängigkeit der Deutschen Bundesbank, S. 24 ff.

[3] Immerhin soll nicht verschwiegen werden, daß im Parlamentarischen Rat der Zusatz „und Notenbank" erst spät und nur darum hinzugefügt wurde, um alle Zweifel an der Berechtigung der Bank zur Notenausgabe auszuschließen; vgl. *K.-B. v. Doemming, R. W. Füßlein* und *W. Matz*, JöR Bd. 1 (1951), S. 652. Dies könnte auch Rückschlüsse auf die „Währungsbank" zulassen, die sich im Ergebnis nicht mit dem hier Gesagten decken; dann wäre allerdings die Auffassung von Samm und Uhlenbruck noch weniger zu halten.

[4] So gegen *C.-Th. Samm*, S. 180 f., auch *K. Braun*, S. 99.

[5] *C.-Th. Samm*, S. 180.

[6] *D. Uhlenbruck*, S. 26.

[7] So auch *v. Mangoldt - Klein*, Art. 88 Anm. IV, 3a) aa), jedoch nicht ganz widerspruchsfrei, vgl. auch Art. 88 IV 3a) cc). Vgl. jetzt auch BVerwG, NJW 1973, S. 1338 f.

[8] *K. Hesse*, Grundzüge, S. 101.

allgemein sowie auch besonders für die Notenausgabe zuständig sein soll; Zuständigkeitsbestimmungen allein geben in der Regel über die organisationsrechtliche Eingliederung der für zuständig erklärten Stelle noch keinen Aufschluß.

Man wird nicht fehlgehen, wenn man hinter diesen Versuchen, die verfassungsrechtliche Absicherung der Unabhängigkeit der Bundesbank zu erreichen, die Besorgnis vermutet, bei einer ministeriellen Weisungen unterworfenen Zentralbank bestehe zu leicht die Gefahr, daß aus tagespolitischen, wahlpolitischen Gründen der Währungsstabilität nicht die Bedeutung zuerkannt werde, die ihr wesensmäßig für das Wohl der Allgemeinheit zukommt. Auf die gerade hierin zum Ausdruck kommende allgemeine Tendenz und Problematik, wichtige politische Einzelaufgaben „der Parteien Haß und Gunst" zu entziehen, soll an anderer Stelle noch eingegangen werden[9]. Was die Bundesbank betrifft, mag jedoch darauf hingewiesen sein, daß es etliche Beispiele dafür gibt, daß unabhängige Zentralbanken schlechte, d. h. der Währungssicherung abträgliche, abhängige Zentralbanken dagegen gute Währungspolitik gemacht haben[10]. Damit wird auch eine Argumentation hinfällig, die zwischen Währungsstabilität und unabhängiger Zentralbank einen logischen Zusammenhang sieht; dieser Zusammenhang ist nicht verifizierbar. Schließlich sollte bedacht werden, daß geldwertgefährdende Weisungen der Regierung wegen der durch Art. 88 GG besonders unterstrichenen Bedeutung der Stabilität der Währung auch ohne Geltung des Stabilitätsgesetzes nicht ergehen dürften[11]. So ist als kritischer Punkt ohnehin nur der zu betrachten, daß Meinungsverschiedenheiten darüber bestehen, ob eine Weisung bzw. Maßnahme währungsgefährdend ist. Daß hier aber die „Natur der Sache"[12], etwa gar das Wesen der Aufgabe der Währungssicherung[13] verlangen, daß die Entscheidung eines solchen Streits allein der nicht verantwortlichen Bundesbank und nicht der verantwortlichen Regierung überlassen bleiben bzw. eine in den Bereich des Rechts gehobene Auseinandersetzung erst gar nicht mehr stattfinden soll, ist in einer parlamentarischen Demokratie nicht ohne weiteres einsichtig.

Die Begründungsversuche bezüglich einer in Art. 88 GG enthaltenen Unabhängigkeitsgarantie sind — wohl nicht umsonst! — an dieser Stelle noch nicht zu Ende. *Samm* hat vorgetragen, es sei von Bedeutung, daß

---

[9] s. unten § 21.

[10] Vgl. *C.-Th. Samm*, S. 99, 157; *H. Faber*, S. 33; a. A. ohne jede Begründung *D. Uhlenbruck*, S. 27.

[11] So im Ergebnis auch *C.-Th. Samm*, S. 157 ff., der — vor Ergehen des Stabilitätsgesetzes — schon aus dem Sozialstaatsprinzip die Berücksichtigung der Geldwertstabilität als verfassungsrechtliche Verpflichtung ableitet.

[12] Zur Argumentation hierzu vgl. *v. Mangoldt - Klein*, Art. 88 Anm. IV. 3a) cc), sowie *C.-Th. Samm*, S. 151 ff.

[13] So etwa *D. Uhlenbruck*, S. 28 f.

Art. 88 GG eine selbständige Regelung erfahren habe, obwohl er inhaltlich auch in Art. 87 GG hätte Aufnahme finden können; denn so fehle für die Materie des Art. 88 der in Art. 87 über den Begriff „bundeseigene Verwaltung“ enthaltene Verweis auf die in Art. 86 GG niedergelegten organisationsrechtlichen Vorschriften[14]. Das Fazit dieser systematischen Interpretation bliebt unklar. Art. 86 GG erfaßt ja nicht nur die — in seiner Terminologie — bundeseigene Verwaltung, sondern auch die mittelbare, d. h. die durch bundesunmittelbare Körperschaften etc. wahrgenommene Staatsverwaltung. Die Entstehungsgeschichte zeigt überdies, daß der Hauptausschuß des Parlamentarischen Rates erst in 3. Lesung auf Vorschlag des Redaktionsausschusses (!) und des Fünferausschusses den Abs. 4 (jetzt Art. 88 GG) des Art. 116 von seinen Absätzen 1 - 3 (jetzt Art. 87 GG) getrennt und ihn dann als selbständigen Art. 116 a geführt hat; dies geschah ohne weitere Diskussion[15]. Das alles deutet darauf hin, daß aus der Verselbständigung des Art. 88 GG keine rechtlichen Schlüsse gezogen werden können.

Viele Verfechter einer verfassungsrechtlich geforderten[16] (oder zumindest zugelassenen[17]) Bundesbankautonomie stützen sich auf ein vom Grundgesetzgeber angeblich vorgefundenes und von ihm mangels contrarius actus auch akzeptiertes Bild einer unabhängigen Zentralbank. Ein derartiger „seit Jahrzehnten ungeschriebener Verfassungsgrundsatz“[18] ist allerdings in der deutschen Verfassungstradition nicht nachweisbar.

Von 1875 - 1922 war die Reichsbank weisungsabhängig (vom Reichskanzler); der erst seit 1922 (verstärkt seit 1924) bestehenden Unabhängigkeit der Reichsbank lag keine souveräne deutsche Entscheidung zugrunde, sondern sie ergab sich als Folge der Akzeptierung des Dawes-Planes und damit mittelbar des Versailler Friedensvertrages. Insofern lag es nur in der Konsequenz der Ereignisse, daß mit dem nationalsozialistischen Machtantritt diese Entwicklung bis hin zur völligen Beseitigung der Unabhängigkeit der Reichsbank revidiert wurde[19]. Auch die kurze Phase des Bestehens des Landeszentralbanksystems — vor Schaffung des Grundgesetzes — mit der Bank deutscher Länder, die zudem Anordnungen und der Aufsicht der Militärregierungen unterworfen war,

---

[14] *C.-Th. Samm*, S. 180 f.

[15] *v. Doemming - Füßlein - Matz*, JöR NF Bd. 1 (1951), S. 644 ff., 652 f.

[16] Genannt seien hier *H. Beck*, S. 111; *C. A. Gaugenrieder*, S. 98; *G. Rinck*, Rdn. 514; auch die Begründung zum Regierungsentwurf des BBankG, BTag-Drucks. II/2781, S. 25.

[17] *Th. Maunz*, in: Maunz - Dürig - Herzog, Art. 88 Rdn. 22; *Hamann - Lenz*, GG, 3. Aufl. 1970, Art. 88 Erl. 2 f.; *G. Püttner*, Die öffentlichen Unternehmen, 1969, S. 197 FN 23 und S. 309.

[18] *G. Rinck*, a. a. O.

[19] Gesetze v. 27. 10. 1933 (RGBl. II S. 827) und v. 10. 2. 1937, (RGBl. II S. 47). Zur Geschichte der Reichsbank vgl. *C.-Th. Samm*, S. 163 ff. m. w. N.

läßt nicht den Schluß zu, daß sich damals etwas verfestigt haben könnte, was den Vätern des Grundgesetzes greifbar vor Augen gestanden hätte[20].

Ist darum nach allem jedenfalls der Meinung die Gefolgschaft zu versagen, die den Gesetzgeber aus Art. 88 GG verpflichtet sehen möchte, die Unabhängigkeit der Bundesbank unangetastet zu lassen[21], ist noch kurz die Ansicht zu prüfen, die in Art. 88 GG wenigstens die Möglichkeit angelegt sieht, die Bundesbank von Weisungen der Regierungen freizustellen. Interessanterweise berufen sich gerade auch die Vertreter dieser Auffassung entweder auf das angebliche „vorrechtliche Gesamtbild" der Notenbankautonomie[22] — was schon in sich bedenklich ist, weil dann nicht einsehbar ist, daß das Grundgesetz nicht die Verwirklichung der ihm zugrundeliegenden Vorstellung fordern sollte — oder darauf, daß sich die Unabhängigkeit bewährt habe, selbst wenn sie nur kurze Zeit bestanden hat[23] — was dann eigentlich gar keine juristische Begründung mehr ist. Wollte Art. 88 GG tatsächlich selber schon die Bundesbankautonomie rechtfertigen, müßte er — insofern gilt das oben zu Art. 33 GG Gesagte entsprechend — klarer von den allgemeinen verfassungsrechtlichen Prinzipien dispensieren. Damit steht die Deutsche Bundesbank weiterhin im Mittelpunkt der Auseinandersetzung um den ministerial- bzw. parlamentsfreien Raum.

## § 12 Art. 5 Abs. 1 S. 2 GG und Rundfunkfreiheit

Das Bundesverfassungsgericht hat in dem bekannten Fernsehurteil vom 28. Februar 1961[1] aus seiner Interpretation des Art. 5 Abs. 1 S. 2 GG insbesondere auch Konsequenzen für die Organisation der Rundfunkveranstaltungen[2] gezogen. Diese muß danach so beschaffen sein, daß der Rundfunk „weder dem Staat noch *einer* gesellschaftlichen Gruppe ausgeliefert wird. Die Veranstalter von Rundfunkdarbietungen müssen also so organisiert werden, daß alle in Betracht kommenden Kräfte in ihren Organen Einfluß haben und im Gesamtprogramm zu Wort kommen kön-

---

[20] A. A. wohl *G. Püttner*, S. 197, 309. — Die Entstehungsgeschichte des Art. 88 GG gibt zu dieser Frage gar nichts her.

[21] Verschiedentlich wird die Unabhängigkeit der Bundesbank aus ihrem angeblichen Charakter als Verfassungsorgan zu begründen versucht, dazu vgl. schon oben § 8 V. 3., sowie *v. Mangoldt - Klein*, Art. 88, Anm. IV. 3a) dd).

[22] *Th. Maunz*, in: Maunz - Dürig - Herzog, Art. 88 Rdn. 22.

[23] *G. Püttner*, S. 197, 309.

[1] BVerfGE 12, 205 ff. (259 ff.).

[2] Über den gegenwärtigen Rechtszustand unterrichtet *K. P. Jank*, Die Rundfunkanstalten der Länder und des Bundes, 1967; *ders.*, Die Verfassung der deutschen Rundfunkanstalten, DVBl. 1963, S. 44 ff.

nen, und daß für den Inhalt des Gesamtprogramms Leitgrundsätze verbindlich sind, die ein Mindestmaß von inhaltlicher Ausgewogenheit, Sachlichkeit und gegenseitiger Achtung gewährleisten"[3].

Für die Realisierung dieses Zieles hält das Bundesverfassungsgericht die den derzeit bestehenden[4] Rundfunkanstalten regelmäßig gegebene Rechtsform einer Anstalt des öffentlichen Rechts, die staatlichem Einfluß entzogen oder doch nur einer beschränkten staatlichen Rechtsaufsicht unterworfen ist, für geeignet, ohne dabei jedoch die Rechtsform etwa einer rechtsfähigen Gesellschaft des privaten Rechts für die beschriebenen Zwecke für grundsätzlich unzulässig zu halten[5].

Diese Auffassungen hat das Bundesverfassungsgericht in einer neueren Entscheidung bekräftigt[6]. Die in diesem Zusammenhang aufgestellte Behauptung, diesen Rundfunkanstalten sei eine Aufgabe der öffentlichen Verwaltung übertragen worden, die sie in öffentlicher Verantwortung zu erfüllen hätten[7], hat drei Richter veranlaßt zu dissentieren[8]. Sie wenden sich gegen die Ansicht, die öffentliche Aufgabe, der die öffentlich-rechtlichen Rundfunkanstalten dienen müßten, werde in ihrer Hand zu einer öffentlich-rechtlichen Aufgabe und damit zu einem Stück mittelbarer Staatsverwaltung — gerade das verbiete Art. 5 GG.

Diese Meinung ist deshalb hier von Interesse, weil sie in den Kern des zu erörternden Problems führt. Sie markiert zugleich die extreme Gegenposition zur Lehre *Karl August Bettermanns*, der — das Fernsehurteil kritisierend — die These aufgestellt hat, gerade und vor allem die „Verstaatlichung" des Rundfunks sei zur Neutralisierung der widerstreitenden Interessengruppen aus dem staatlichen wie dem gesellschaftlichen Bereich geeignet. Rundfunkunabhängigkeit könne allenfalls Unabhängigkeit von Parlament und Regierung, nicht aber Unabhängigkeit vom Staat schlechthin bedeuten[9].

Der gemeinsame Ausgangspunkt für die Richter des Bundesverfassungsgerichts ist, daß die durch die Rundfunksendungen aller Art sich vollziehende Meinungsbildung entsprechend Art. 5 Abs. 1 S. 2 GG von

---

[3] BVerfGE 12, 262 f. Hervorhebung im Original.

[4] Auf die Frage der Monopolisierung bzw. Oligopolisierung des Rundfunks soll hier nicht weiter eingegangen werden; vgl. dazu neuestens *P. Lerche*, Rundfunkmonopol, Zur Zulassung privater Fernsehveranstaltungen, 1970, und BVerwG, Urt. v. 10. 12. 1971, DÖV 1972, S. 489 ff.

[5] BVerfGE 12, 261 f.

[6] Urt. v. 27. 7. 1971, JZ 1971, S. 582 ff. (584).

[7] So freilich schon im Fernsehurteil, BVerfGE 12, 246.

[8] Die Richter *Geiger*, *Rinck* und *Wand*, JZ 1971, S. 586 f. Zu diesem Einwand aber treffend *R. Herzog*, in: Maunz - Dürig - Herzog, Art. 5 Rdn. 213: es komme nicht auf die Staatsmittelbarkeit an, sondern auf die Staatsunabhängigkeit.

[9] *K. A. Bettermann*, Rundfunkfreiheit und Rundfunkorganisation, DVBl. 1963, S. 41 ff. (43).

staatlicher Ingerenz, jedenfalls soweit sie stärker als die anderer relevanter Kräfte ist, frei sein soll, daß ferner diese Garantie im Grundgesetz institutionell verankert ist[10]. Das zitierte Minderheitsvotum verkennt jedoch — und hier erhalten die Ausführungen *Bettermanns* ihr Gewicht — daß Art. 5 GG nicht eine totale Selbstentäußerung dieser Aufgabe durch den Staat — freilich auch nicht ihre „Verstaatlichung" — fordert. Beides sind theoretische Möglichkeiten, um Art. 5 GG gerecht zu werden, aber nicht der jeweils einzig gangbare Weg. Gegen die „Verstaatlichungsthese" sprechen sogar erhebliche praktische Bedenken. Auch einer an Gesetz und Recht gebundenen Verwaltung bzw. ihren Beamten würde kaum das Vertrauenskapital entgegengebracht, das notwendig wäre, um ihnen die mit dem Rundfunk verbundene Macht unkontrolliert — denn die Abhängigkeit von Regierung und Parlament will ja auch Bettermann nicht — zu übergeben[11].

Unbeschadet jedenfalls der im Einzelfall gewählten Rechtsform verbietet Art. 5 GG dem Staat, den Rundfunk in Weisungsabhängigkeit zu organisieren[12]. Dies bedeutet damit auch das Verbot einer Fachaufsicht[13]. Man muß sich sogar weitergehend die Frage stellen, ob Art. 5 GG nicht einer bloßen Rechtsaufsicht entgegensteht. Hier aber wird wichtig, daß das Bundesverfassungsgericht entsprechend der deutschen Rechtstradition die Veranstaltung von Rundfunksendungen zu Recht

[10] Hiergegen wendet sich *K. A. Bettermann*, DVBl. 1963, S. 42, mit dem Argument, wenn Art. 5 GG ein Funktionsverbot für den Staat enthalte, müßte auch Art. 14 GG als Eigentumserwerbsverbot für den Staat begriffen werden. Dabei wird jedoch die inhaltliche Verschiedenheit der garantierten Rechte zu wenig beachtet. Wenn der Staat Eigentum erwirbt, so wird dadurch in aller Regel der Eigentumserwerb der Privaten quantitativ und qualitativ nicht beeinträchtigt. Hat aber der Staat beherrschenden Einfluß auf die Rundfunkveranstaltungen, so wird die Gefahr bestehen, so jedenfalls die erkennbar liberale Tendenz des GG in diesem Punkt, daß der Informationserwerb für den einzelnen in der erwünschten Breiten- und Tiefenwirkung verhindert wird. Hierbei wird noch ein anderes deutlich. Die liberale Komponente des GG wird durch die Grundrechte gesetzt. Sind sie tangiert, so regt sich sozusagen automatisch das Mißtrauen gegen den „Leviathan" Staat. Dies ist anders im organisatorischen Bereich. Hier ist das Vertrauen in den demokratisch-parlamentarisch legitimierten Staat zum verfassungsrechtlichen Prinzip erhoben. Diese zweigleisige Haltung des GG verkennt *Bettermann*, ebenda, S. 43, wenn er in bezug auf Art. 5 GG sagt: „Auch der parteien-parlamentarisch regierte Staat hat weder die Pflicht noch die Fähigkeit zur Neutralisierung der rivalisierenden Machtgruppen, zur Neutralität ihnen gegenüber und zur Orientierung am Gemeinwohl verloren, wenn anders er nicht seine Legitimität und Souveränität eingebüßt hat."

[11] Dazu vgl. *H.-U. Evers*, Der Staat Bd. 3 (1964), S. 54 f., sowie *Ch. Starck*, Rundfunkräte und Rundfunkfreiheit, ZRP 1970, S. 217 ff. (219).

[12] So im Anschluß an das Fernsehurteil die durchaus h. L.: *R. Herzog*, in: Maunz - Dürig - Herzog, Art. 5 Rdn. 220 ff.; *K. Hesse*, Grundzüge S. 160 f.; *E. Stein*, Staatsrecht, S. 137 f. Kritisch aber *E.-W. Böckenförde*, Organisationsgewalt, S. 252 FN 35.

[13] Vgl. OVG Berlin, Urt. v. 23. 1. 1969, DVBl. 1969, S. 881 ff., mit Anm. v. *K. P. Jank*, ebd., S. 883 f. Nicht ganz klar BVerfGE 12, 205 ff. (262).

eine staatliche Aufgabe nennt[14], die nach der hier vertretenen Auffassung auch eine solche bliebe, wenn sie privatrechtlich organisierten Trägern überlassen würde[15]. Da dem Staat trotz Vorliegens einer staatlichen Aufgabe — prinzipiell regelwidrig — aber kein Weisungsrecht gegeben ist, kann aus dieser Qualifizierung höchstens, aber auch mindestens seine Verantwortung dafür folgen, daß die Rundfunkorgane sich den sich aus Art. 5 GG ergebenden Zielen verpflichtet fühlen und dememtsprechend tätig werden. Diese der Exekutive zugewiesene „Garantenstellung" verlangt somit nach einer Rechtsaufsicht, deren Mittel freilich wieder so bemessen sind, daß sie auch im Einzelfall nicht doch zu einer inhaltlichen Beeinflussung der Rundfunkveranstaltung führen können[16].

Als Ergebnis ist sonach festzuhalten, daß Art. 5 Abs. 1 S. 2 GG eine echte verfassungsrechtliche Sonderbestimmung ist, die — was den Rundfunk betrifft — von der hier erörterten Problematik dispensiert[17].

## § 13 Art. 5 Abs. 3 GG und Hochschulautonomie

Die Universitäten und Hochschulen sind traditionell juristische Personen des öffentlichen Rechts[1]; heute werden sie überwiegend als Körperschaften begriffen[2]. Sie unterstehen in der Regel lediglich einer Rechtsaufsicht des Kultusministeriums; nur in einzelnen aufgeführten

---

[14] BVerfGE 12, 246 und *Hans Schneider*, Die Heranziehung des Bayerischen Rundfunks zur Finanzierung des „Zweiten Deutschen Fernsehens", in: Verfassungs- und verwaltungsrechtliche Probleme des Staatsvertrages über die Errichtung der Anstalt des öffentlichen Rechts „Zweites Deutsches Fernsehen", 1963, S. 6. A. A. ist *E. Wufka*, Die verfassungsrechtlich-dogmatischen Grundlagen der Rundfunkfreiheit, 1971, S. 115 ff., der dann folgerichtig zum Ausschluß jeglicher Staatsaufsicht über den Sachbereich Rundfunk kommt und nur die sachaufgabenunabhängige Tätigkeit der Rundfunkanstalt einer Staatsaufsicht unterwerfen will, die wegen der Nähe der Rundfunkfreiheit nur als Rechtsaufsicht zu verstehen sei.

[15] Vgl. oben § 8 IV. zu Anm. 49.

[16] Es wird sich also um eine „beschränkte" Rechtsaufsicht handeln müssen, vgl. auch *K. P. Jank*, DVBl. 1969, S. 884. Auf das Problem des Verlustes der Rechtsaufsicht, die immer nur jeweils einem Vertragspartner zusteht, durch den Staatsvertrag zum Zweiten Deutschen Fernsehen im Zusammenhang mit dem kooperativen Föderalismus weist *G. Kisker*, Zwischenländer-Gemeinschaftseinrichtungen — Verfassungsmäßigkeit der Anstalt „Zweites Deutsches Fernsehen" und ihrer Finazierung — BVerwGE 22, 299, JuS 1969, S. 466 ff. (471 f.) hin.

[17] So auch *G. Vorbrugg*, S. 302 ff.; *P. Füßlein*, S. 340.

[1] *A. Köttgen*, Die Freiheit der Wissenschaft und die Selbstverwaltung der Universität, in: Die Grundrechte, hrsg. v. F. L. Neumann und H. C. Nipperdey und U. Scheuner, 2. Bd. 1954, S. 291 ff. (323).

[2] Vgl. z. B. § 10 Hochschulgesetz Baden-Württemberg i. d. F. v. 27. 7. 1973 (GBl. S. 246).

Punkten besteht Fachaufsicht[3]. Auch hier stellt sich daher die Frage nach der Rechtfertigung dieser Zurückhaltung staatlicher Einflußnahme.

Art. 5 Abs. 3 GG garantiert die Freiheit von Wissenschaft, Forschung und Lehre[4]. Es liegt nahe, daß von dieser *auch* als institutioneller Garantie der auf der Hochschule betriebenen freien Wissenschaft[5] verstandenen Vorschrift — ähnlich wie bei Art. 5 Abs. 1 S. 2 GG — organisationsrechtliche Direktiven ausgehen, welche die Ausgestaltung der Selbstverwaltung und Autonomie der Universitäten als „Stätte der Wissenschaft"[6] bestimmen. Dieser nahezu ausschließlich vertretenen Konzeption ist in neuerer Zeit *Gerd Roellecke* entgegengetreten[7]. Roellecke ist der Meinung, Art. 5 Abs. 3 GG habe allein die Aufgabe, den in der Kultusverwaltung Tätigen die individuell-persönliche Meinungsfreiheit zu gewährleisten; von diesem Ausgangspunkt her bestreitet er, daß Art. 5 Abs. 3 GG die Grundlage einer institutionellen Umhegung der Wissenschaftsfreiheit sein könne, weil dies ohne ersichtlichen Grund die Angehörigen dieser Institution privilegieren würde[8]. Roellecke ist in der literarischen Diskussion hierbei heftig und — wie mir scheint — zu Recht widersprochen worden. Abgesehen von dem daraus zu folgernden, immerhin reichlich gewagten Ergebnis, daß nämlich die bisherige Organisation des universitären Wissenschaftsbetriebes vom Grundgesetz nicht gedeckt wäre, verkennt Roellecke, daß mit der staatlichen Garantie der Freiheit der Wissenschaft untrennbar organisatorische Konsequenzen verbunden sein müssen, wenn es zugleich der Staat ist, der über weite Strecken hinweg das (faktische) Monopol wissenschaftlicher Ausbildung und Lehre hat — andernfalls bestünde die Gefahr des Leerlaufens dieser Garantie. Folgerichtig wird die Garantie der Freiheit der Wissenschaft auch zur Garantie ihrer institutionellen Umhegung[9]. Aber auch schon die Ausgangsthese Roelleckes ist nicht haltbar. Indem er Wissenschafts- und Meinungsfreiheit identifiziert, verkennt er, daß damit die Wissenschaft zu einer politischen Kategorie wird oder zumindest zu werden droht[10];

[3] z. B. § 86 Hochschulgesetz Baden-Württemberg.

[4] Auf die landesverfassungsrechtlichen Garantien der Selbstverwaltung der Hochschulen soll hier nicht eingegangen werden.

[5] Dieses Verständnis als institutionelle Garantie war seit *R. Smends* Auslegung des Art. 142 WV so gut wie unbestritten: Das Recht der freien Meinungsäußerung, VVDStRL 4 (1928), S. 44 ff. (57 ff.).

[6] *A. Köttgen*, Grundrechte, S. 320, und jetzt auch BVerfG, Urt v. 29. 5. 1973, DVBl. 1973, S. 536 ff. (539).

[7] Auf ihrer Ablehnung beruht offensichtlich auch die Argumentation des Landes Hessen im Verfassungsbeschwerdeverfahren von Hochschullehrern gegen das hessische Gesetz über die Universitäten v. 12. 5. 1970 (GVBl. S. 324).

[8] *G. Roellecke*, Wissenschaftsfreiheit als institutionelle Garantie?, JZ 1969, S. 726 ff. (730 ff.).

[9] *F.-L. Knemeyer*, Garantie der Wissenschaftsfreiheit und Hochschulreform, JZ 1969, S. 780 ff. (783).

[10] *H. H. Rupp*, Die Universität zwischen Wissenschaftsfreiheit und Demokratisierung, JZ 1970, S. 165 ff. (166).

dies aber ist die Wissenschaft schon qua Definition nicht[11]. Wenn dem aber so ist, kann zwar nicht geleugnet werden, daß Art. 5 Abs. 3 GG eine Privilegierung enthält; sie bedarf jedoch schon darum keiner weiteren Rechtfertigung, weil sie sachadäquat ist, d. h. nicht auf willkürlich angenommenen Prämissen beruht[12].

Ist somit davon auszugehen, daß Art. 5 Abs. 3 GG organisationsrechtliche Folgewirkungen hat, ist nur noch zu prüfen, ob die tradierte Form der universitären Selbstverwaltung diesem Anspruch gerecht wird. Dies ist zu bejahen, da Weisungen im wissenschaftlichen Bereich gerade die eben dargestellte Garantie leerlaufen ließen. Die Selbstverwaltung und mit ihr die damit verbundene Regelungskompetenz kann sich freilich nur für den genannten Bereich aus Art. 5 Abs. 3 GG ergeben[13]. Erstreckt man die Regelungskompetenz der Hochschule (Satzungsgewalt) auf andere Gebiete, z. B. die studentische Krankenversorgung, dann wird man sich hierfür jedenfalls nicht mehr auf Art. 5 Abs. 3 GG berufen können[14]. Dies gilt in noch höherem Maße für die Aufstellung eines numerus clausus. Hier sind zwar Hochschulangelegenheiten berührt, in erster Linie aber geht es um die Zulassung *außerhalb* der Hochschule stehender Bewerber. Da es dem staatlichen Gesetzgeber obliegt, Berufsausbildung und -zulassung zu regeln, ist er auch für Maßnahmen wie die des numerus clausus zuständig. Dieser Aufgabe kann er sich jedenfalls nicht durch Berufung auf Art. 5 Abs. 3 GG entziehen[15].

Abgesehen werden darf auch nicht von einer Aufsicht, die die Gesetzmäßigkeit der hochschuleigenen Verwaltung sicherstellt. Hier kann auf das oben zur Rechtsaufsicht über die Rundfunkanstalten Gesagte verwiesen werden[16].

---

[11] *G. Roellecke*, JZ 1969, S. 730, bestreitet die Möglichkeit einer Definition von Wissenschaft. Dem ist nur insoweit zu folgen, als eine materiale Definition in Frage steht: Art. 5 Abs. 3 GG verbietet, vom Inhaltlichen her Wissenschaft zu definieren. Nicht geleugnet werden können hingegen die Möglichkeit und Notwendigkeit einer an formalen Kriterien (Ziel, Methode) ausgerichteten Bestimmung des Wissenschaftsbegriffs. Wie anders sollte Art. 5 Abs. 3 GG im Streitfall auch justiziabel sein?

[12] *F.-L. Knemeyer*, JZ 1969, S. 783.

[13] BVerfGE 15, 256 ff. (264), Beschl. v. 16. 1. 1963; VGH Bad.-Württ., Urt. v. 24. 11. 1971, DÖV 1972, S. 283 f.

[14] Auch das BVerwG, Urt. v. 4. 7. 1969, JZ 1970, S. 23, das diesen Fall entschieden hat, stützt sich wohl nicht auf Art. 5 Abs. 3 GG zur Begründung der entsprechenden Satzungsgewalt; vgl. die kritische Anm. von *H.-U. Gallwas*, JZ 1970, S. 25.

[15] So zu Recht der BayVGH, Beschl. v. 24. 11. 1969, VerwRspr. 21, Nr. 68, und jetzt auch das BVerfG, Urt. v. 18. 7. 1972, DÖV 1972, S. 606 ff. (610).

[16] Vgl. dazu Hess. VGH, Urt. v. 3. 12. 1969, DÖV 1970, S. 197 f., wo aus der Rechtsaufsicht zutreffend auch die Befugnis des Staates abgeleitet wird, einen Staatsbeauftragten als Rektor einer Universität einzusetzen, wenn anders die Universität nicht funktionsfähig ist.

## § 14 Art. 28 Abs. 2, 86, 87 GG und dezentralisierte Verwaltungsstellen

### I. Die Selbstverwaltung kommunaler Körperschaften

Art. 28 Abs. 2 GG garantiert nach ganz unbestrittener Auffassung, daß die von den Gemeinden ausgeübte Verwaltung Selbstverwaltung ist, d. h. Verwaltung im eigenen Namen, in eigener Verantwortung und durch eigene gewählte Organe[1]. Die Legaldefinition der Selbstverwaltung findet sich in Art. 28 Abs. 2 S. 1 GG; danach ist das Recht zur Selbstverwaltung beschränkt auf „alle Angelegenheiten der örtlichen Gemeinschaft", die „im Rahmen der Gesetze[2] in eigener Verantwortung zu regeln" sind.

Es besteht ferner weitgehend Einigkeit darüber, daß die über die Gemeinden bezüglich ihrer „eigenen" Angelegenheiten bestehende (Kommunal)-Aufsicht nur eine Rechtsaufsicht, keine Zweckmäßigkeitskontrolle sein kann[3]. Dabei ist die in unserem Zusammenhang interessierende Fragestellung nicht die übliche, aus der Kollision von Gesetzesvorbehalt und institutioneller Garantie resultierende, nämlich ob irgendwelche Aufsichtsmaßnahmen das Selbstverwaltungsrecht der Gemeinden oder Gemeindeverbände verletzen, sondern ob — umgekehrt — die in den Landesverfassungen und Gemeindeordnungen vorgenommene Beschränkung der Staatsaufsicht auf bloße Rechtsaufsicht verfassungsmäßig ist.

Diese Frage ist indes mit der schon erwähnten h. M. zu bejahen. Art. 28 Abs. 2 GG muß als bundesverfassungsrechtliche Ermächtigung an den Landesgesetzgeber („im Rahmen der Gesetze") verstanden werden, in dem angegebenen Umfang nur von der Rechtsaufsicht Gebrauch zu machen. Die Ermächtigung ist — zunächst jedenfalls — sachlich begrenzt durch die „Angelegenheiten der örtlichen Gemeinschaft", einen historisch gewachsenen Begriff, der von daher auch seine Auslegung erfahren muß[4]. Daraus folgt aber gleichzeitig, daß eine Verflüchtigung der Rechtsaufsicht nicht statthaft wäre, da die vom Grundgesetz in diesem Fall selbst in Bezug genommene historische Entwicklung eine (kommu-

---

[1] BVerfGE 6, 104 ff. (117), Urt. v. 23. 1. 1957.

[2] Darunter fallen nach BVerfGE 26, 228 ff., Beschl. v. 24. 6. 1969, auch Rechtsverordnungen, die den Anforderungen des Art. 80 GG genügen.

[3] A. A. O. *Gönnenwein*, Gedächtnisschrift W. Jellinek, S. 511 ff. (525). Wie hier statt vieler *K. Stern*, BK, Art. 28 Rdn. 135; daselbst Rdn. 137 zur Problematik der Genehmigungs- und Bestätigungsvorbehalte.

[4] So das BVerfG in st. Rspr. Nachweise bei *Schmidt - Bleibtreu/Klein*, Art. 28 Rdn. 8 ff.; *Th. Maunz*, in: Maunz - Dürig - Herzog, Art. 28 Rdn. 30. Kritischer zu diesem methodischen Ausgangspunkt dagegen *K. Stern*, BK, Art. 28, Rdn. 87; *H.-P. Conrady*, „Angelegenheiten der örtlichen Gemeinschaft" nach Art. 28 Abs. II Satz 1 GG?, DVBl. 1970, S. 408 ff., *G.-Ch. v. Unruh*, DÖV 1970, S. 582.

nale) Selbstverwaltung ohne Rechtsaufsicht nicht kennt. *Werner Weber* hat zutreffend darüber hinaus die Pflicht des Landes zur Rechtsaufsicht aus seiner Pflicht zum bundesfreundlichen Verhalten deduziert[5]; die rechtliche Situation, wie sie durch die geplante Abstimmung über die atomare Bewaffnung der Bundeswehr in hessischen Gemeinden entstanden war[6], macht die Notwendigkeit einer Eingriffsmöglichkeit in anschaulicher Weise deutlich, soll nicht gerade an den Wurzeln der Staatlichkeit dem Recht zuwidergehandelt werden können. Weber[7] hat aber auch auf die Entscheidung des Bundesverfassungsgerichts vom 27. April 1959 (BVerfGE 9, 268 ff.) aufmerksam gemacht, die es für unzulässig erachtet, wenn wesentliche Bereiche der öffentlichen Ordnung der Verantwortung der Regierung entzogen werden. In diesem Sinne wesentlich sei sicher der kommunale Verwaltungsbereich, für dessen Integrität die Landesregierung von Staats wegen eine Mitverantwortung trage. Schließt man sich der Meinung des Bundesverfassungsgerichts an, so dürfte gegen den von Weber gezogenen Schluß nichts einzuwenden sein[8].

Werden die kommunalen Körperschaften allerdings außerhalb des Bereichs, der mit „Angelegenheiten der örtlichen Gemeinschaft" umschrieben ist, tätig, ist weit weniger klar, ob Art. 28 GG eine Grundlage für eine Beschränkung der Aufsicht auf bloße Rechtmäßigkeitskontrolle bietet. Eine solche Beschränkung findet sich etwa in Art. 75 LV Baden-Württemberg. Während Art. 71 LV in herkömmlicher Weise zwischen „eigenem" und „übertragenem" Wirkungsfeld unterscheidet[9], wird in Art. 75 Abs. 1 LV die Kommunalaufsicht auf eine Rechtsaufsicht reduziert. Ersichtlich als Ausnahme gedacht ist Art. 75 Abs. 2 LV, wonach bei der Übertragung staatlicher Aufgaben sich das Land ein Weisungsrecht nach näherer gesetzlicher Vorschrift vorbehalten *kann*[10]. Da dies ein Satz des Landes*verfassungs*rechts ist, wird (nur) die Frage aufgeworfen, ob diese Regelung mit Bundesrecht in Einklang steht. Geht man davon aus, daß das Kommunalrecht Ländersache ist, wird es allein darauf ankommen, ob das Homogenitätsgebot des Art. 28 Abs. 1 GG der Beschränkung der Aufsicht auf Rechtsaufsicht auch im übertragenen Wirkungsbereich entgegensteht. Nun könnte man meinen, daß die Beantwortung dieser Frage den Abschluß der vorliegenden Untersuchung

---

[5] *W. Weber*, Kommunalaufsicht, S. 17.

[6] Vgl. BVerfGE 8, 122 ff., Urt. v. 30. 7. 1958.

[7] Kommunalaufsicht, S. 18.

[8] *K. Stern*, BK, Art. 28, Rdn. 131, läßt die Frage offen. — Zu BVerfGE 9, 268 ff. siehe noch ausführlich unten passim.

[9] *O. Bachof* hat in einem Diskussionsbeitrag, VVDStRL 22 (1965), S. 336 f., darauf hingewiesen, daß man in Anlehnung an den sog. Weinheimer Entwurf nicht mehr zwischen Weisungs- und weisungsfreien Aufgaben unterscheidet, sondern zwischen freiwilligen und Pflichtaufgaben, bei denen aber nur nach punktueller gesetzlicher Regelung Weisungsrechte gegeben sind.

[10] Vgl. *O. Gönnenwein*, Gedächtnisschrift W. Jellinek, S. 516.

voraussetzt[11]. Tatsächlich kann aber darauf verzichtet werden. Denn selbst wenn man für den Bund zur Unzulässigkeit weisungsfreier Verwaltungsstellen käme, ließe sich ein analoges Ergebnis für die Gemeinden aus dem Homogenitätsgebot nicht folgern. Art. 28 Abs. 1 GG fordert keine völlige Gleichheit der organisatorischen Struktur, sondern lediglich eine Homogenität in den politischen Grundentscheidungen[12]. Als solche kommt das parlamentarische Regierungssystem in Betracht[13]. Dem aber ist mutatis mutandis dadurch entsprochen, daß die Gemeinde mit dem Gemeinderat ein Vertretungsorgan besitzt, das parlamentarisch agiert und kontrolliert und das selbst demokratisch legitimiert ist[14]. Die Rückkoppelung an Landesregierung bzw. Landesparlament erscheint aus diesem Grunde hier nicht im gleichen Maße notwendig wie in anderen Fällen. Gegen Art. 75 bad.-württ. LV ist daher rechtlich nichts zu erinnern[15].

## II. Die Selbstverwaltung im übrigen

Die häufig anzutreffende bloße Rechtsaufsicht über die Träger mittelbarer Staatsverwaltung hat man — von Art. 28 Abs. 2 GG abgesehen — unmittelbar aus Art. 86, 87 Abs. 2 GG zu rechtfertigen gesucht. Paradigmatisch hierfür sind die Ausführungen bei *Theodor Maunz,* wonach das Grundgesetz mit der Anerkennung der mittelbaren Staatsverwaltung[16] auch alle mit diesem Begriff bisher verbundenen Vorstellungen sanktioniert habe, daß also einerseits Fachaufsicht nicht ausgeschlossen, die Beschränkung auf bloße Rechtsaufsicht aber nicht unzulässig sei[17].

Sicher ist zunächst, daß für diese Ansicht das Schweigen des Art. 86 GG zur Frage des Einzelweisungsrechts nicht herangezogen werden kann; denn zutreffend nimmt man allgemein an, daß damit kein Ver-

---

[11] Das heißt also, daß eine Klärung der Rechtslage im Bund zunächst zu erfolgen hätte.

[12] *Schmidt - Bleibtreu/Klein,* Art. 28 Rdn. 1.

[13] Dazu vgl. BVerfGE 27, 44 ff., Beschl. v. 22. 7. 1969, DVBl. 1969, S. 735 ff. Vgl. aber auch *K. J. Partsch,* JZ 1960, S. 23, und BVerfGE 9, 268 ff. (281).

[14] *G. Vorbrugg,* S. 280.

[15] Vgl. *Th. Maunz,* in: Maunz - Dürig - Herzog, Art. 28 Rdn. 31, und *v. Mangoldt - Klein,* Art. 28 Anm. IV 1. g), wonach der einfache Gesetzgeber den Bereich der Selbstverwaltung erweitern und die Rechtsstellung der Selbstverwaltungskörper verstärken kann. Entsprechend meint *A. Meyer - König,* BaWüVBl. 1970, S. 153, daß die Gewährleistung der kommunalen Selbstverwaltung in Baden-Württemberg über die Normativbestimmung von Art. 28 GG hinaus eine wesentliche Erweiterung erfahren habe, wie sie andere Bundesländer nicht kennen.

[16] Die Begriffe „Körperschaften oder Anstalten des öffentlichen Rechts" in Art. 86 GG bzw. nur „Körperschaften des öffentlichen Rechts" in Art. 87 Abs. 2 GG sind umfassend im Sinne der mittelbaren Staatsverwaltung zu begreifen, vgl. *v. Mangoldt - Klein,* Art. 86 Anm. III. 2. d).

[17] *Th. Maunz,* in: Maunz - Dürig - Herzog, Art. 87 Rdn. 39; ferner: *v. Mangoldt - Klein,* Art. 86 Anm. V. 4; *A. Köttgen,* JöR NF Bd. 3 (1954), S. 104, 112; *P. Füßlein,* S. 100, der sich zudem auf Art. 130 Abs. 3 GG stützt.

bot des hierarchischen Weisungsrechts gemeint, vielmehr von seiner stillschweigenden Anerkennung und Beibehaltung auszugehen ist[18]. Für die Praxis wird dies durch die schon erwähnten Einfuhr- und Vorratsstellen bestätigt[19]. Auch der Gesetzesvorbehalt in Art. 86 betrifft nicht die hier interessierende Frage des Verhältnisses von Exekutivspitze zur dezentralisierten Verwaltungsstelle[20].

Bezieht man sich aber allein auf die Tatsache, daß das Grundgesetz die mittelbare Staatsverwaltung anerkannt hat und zieht man daraus den von *Maunz* und anderen gezogenen Schluß, so wäre es möglich, mit verfassungsrechtlicher Billigung alle Aufgaben, die nicht ausdrücklich in bundeseigener Verwaltung[21] zu führen sind (z. B. Art. 87 Abs. 1, Art. 65 a i. V. m. Art. 87 a, 87 b GG), auf Träger mittelbarer Staatsverwaltung zu übertragen und diese nur einer Rechtsaufsicht zu unterstellen. Ein derartiger Schluß — allein auf Art. 86 und 87 GG gestützt — wäre jedoch zu gewagt. Es wäre unverständlich, wenn in diesen Bestimmungen unversehens eine so weitreichende Weichenstellung erfolgen würde, ohne daß dies ausdrücklich gesagt wäre; auch bei der kommunalen Selbstverwaltung, obwohl die Frage hier am wenigsten umstritten ist, wußte der Verfassungsgeber seine Meinung deutlich zu machen. Viel näher liegt es, daß diese Frage nach allgemeinen Gesichtspunkten zu beantworten ist, Art. 86, 87 GG sich insoweit also indifferent verhalten. Diejenigen Vorschriften des GG, die für ihren sachlichen Geltungsbereich die mittelbare Staatsverwaltung ausdrücklich ausschließen, verlieren dadurch nicht ihren Sinn; denn auch sie sagen als solche über Vorhandensein oder Fehlen eines Weisungsrechts der ministeriellen Spitze nichts aus[22].

Damit ist noch nichts dazu gesagt, daß weitere Prüfung in der Tat ergeben kann, daß eine Beschränkung auf die Rechtsaufsicht zulässig ist. Vorstehend sollte nur dargetan werden, daß es nicht angeht, aus Art. 86, 87 GG selbst die Zulässigkeit der Dezentralisierung[23] bzw. ihre Grenzen zu ermitteln. Vielmehr ist hierfür wie nicht anders für die Bereiche der unmittelbaren Staatsverwaltung auf die noch darzulegende allgemeine Lösung zurückzugreifen.

Auch Art. 28 Abs. 2 GG gibt für die Rechtfertigung anderer Bereiche der Selbstverwaltung (z. B. der wirtschaftlichen) nichts her. *Winfried*

---

[18] *Th. Maunz,* in: Maunz - Dürig - Herzog, Art. 86 Rdn. 13; *v. Mangoldt - Klein,* a. a. O.

[19] Zu diesen weisungsgebundenen Anstalten s. oben § 8 II. 1.; *O. Lampe,* S. 75 f., bezeichnet diese Erscheinungen als dogmatisch überholt; ob sie sie für unzulässig hält, wird nicht gesagt.

[20] Vgl. *v. Mangoldt - Klein,* Art. 86 Anm. VI. 5. Art. 130 Abs. 3 GG ist ebenfalls nichts hinsichtlich der Reichweite der dort erwähnten Aufsicht zu entnehmen.

[21] Zur Bedeutung dieses Begriffs *Th. Maunz,* in: Maunz - Dürig - Herzog, Art. 87 Rdn. 20.

[22] *Th. Maunz,* in: Maunz - Dürig - Herzog, Art. 87 Rdn. 20.

[23] Zum Begriff vgl. oben § 8 II. 2.

*Brohm* hat die hier bestehenden Unterschiede, die einen Analogieschluß verbieten, klar gekennzeichnet[24]: Anders als die Organisationen der wirtschaftlichen Selbstverwaltung haben die Gemeinden als Gebietskörperschaften einen universalen Wirkungskreis und sind nicht wie jene auf bestimmte Sachaufgaben festgelegt. Mit dieser räumlichen Dimension wird die Gemeinde zu einem (universalen) Ausschnitt aus dem Staatsganzen, ihre Struktur entspricht weitgehend der des staatlichen Gesamtverbandes. Die sich selbstverwaltenden Organisationen der Wirtschaft hingegen sind nach ständischen oder paritätischen Gesichtspunkten gegliedert. Hier fehlt die strukturelle Verwandtschaft zur kommunalen Selbstverwaltung[25, 26].

## § 15 Art. 87 Abs. 3 S. 1 GG und die „selbständigen" Bundesoberbehörden

Da einige der weisungsfrei gestellten Verwaltungen Bundesoberbehörden sind (z. B. Bundesschuldenverwaltung, Bundesprüfstelle), ist schließlich noch der Frage nachzugehen, ob dem Merkmal der „Selbständigkeit", das den nach Art. 87 Abs. 3 S. 1 GG errichteten Bundesoberbehörden beigegeben ist, zumindest die Möglichkeit einer Weisungsunabhängigkeit von der ministeriellen Spitze zu entnehmen ist. Diese Auffassung haben etwa *Becker - Seidel* bezüglich der Unabhängigkeit der Bundesprüfstelle (§ 10 GjS) geäußert[1]. Sie wird auch in den Kommentaren zum Grundgesetz erörtert.

Man hat sich jedoch zu Recht nicht entschließen können, dieser These zu folgen. Mit dem Beiwort „selbständig" sollte vielmehr einerseits die behördliche Selbständigkeit der Bundesoberbehörden im Gegensatz zur Stellung bloß dislozierter Abteilungen eines Ministeriums bestimmt, zum andern das Auf-sich-allein-Gestelltsein i. S. des mangelnden Bedürfnisses nach eigenem Verwaltungsunterbau verdeutlicht werden[2]. Daß die „Selbständigkeit" nur so zu verstehen ist, ergibt sich aus dem Regelungsgehalt des ganzen Art. 87 GG, auch also seiner Abs. 1 und 2,

---

[24] Wirtschaftsverwaltung, S. 249.

[25] Zur wirtschaftlichen Selbstverwaltung vgl. *M. Bullinger*, Staatsaufsicht in der Wirtschaft, VVDStRL 22 (1965), S. 264 ff., sowie aus österreichischer Sicht *K. Korinek*, Wirtschaftliche Selbstverwaltung, 1970.

[26] Soweit in diesem Zusamenhang auch das Subsidiaritätsprinzip bemüht wird, sei verwiesen auf unten § 19 II. 3.

[1] *W. Becker* und *H. Seidel*, Gesetz über die Verbreitung jugendgefährdender Schriften, 1953, § 8, Anm. 1. d).

[2] So *A. Ball*, Die Errichtung von Bundesoberbehörden, Diss. Mainz 1964, S. 38 ff.; *A. Köttgen*, JöR NF Bd 11 (1962), S. 269; *Th. Maunz*, in: Maunz - Dürig - Herzog, Art. 87 Rdn. 52; *v. Mangoldt - Klein*, Art. 87 Anm. VI. 5. b), Vgl. auch BVerfGE 14, 197 ff. (210 f.), Urt. v. 24. 7. 1962.

an die Abs. 3 mit dem Wort „außerdem" inhaltlich ausschließt. Art. 87 GG hat die Aufgabe, die Verwaltungskompetenzen des Bundes — im Verhältnis zu den Ländern — näher zu umschreiben. Er ist daher Bestandteil unserer föderativen Verfassung, keine eigentliche Organisationsnorm. Soweit sich organisationsrechtliche Elemente in Art. 87 Abs. 3 S. 1 GG finden, haben sie den Sinn, die dort dem Bund eingeräumten Verwaltungskompetenzen zu beschränken und Sicherungen gegen eine zu große Ausweitung der Bundesverwaltung zu bilden[3]. Ob und inwieweit dagegen die Bundesoberbehörde der Leitung des zuständigen Ressortministers unterstellt bzw. davon abgesehen werden kann, sollte in Art. 87 Abs. 3 GG jedenfalls nicht geregelt werden[4].

## § 16 Folgerungen

### I. Die Anknüpfung an Grundrechte

Der vorstehende Überblick hat gezeigt, daß nur wenige Grundgesetzbestimmungen von der Problematik des ministerialfreien Raumes dispensieren. Es sind dies — klammert man Art. 114 GG aus[1] — Art. 5 Abs. 1 S. 2, 5 Abs. 3 und 28 Abs. 2, alle bemerkenswerterweise Vorschriften mit Grundrechtscharakter[2]. Dies könnte die Frage aufwerfen, ob nicht in noch größerem Umfang als gezeigt aus der Grundrechtsinterpretation Anhaltspunkte für eine ministerialfreie Verwaltungsorganisation gewonnen werden könnten. Soweit man von der liberalen rechtsstaatlichen Funktion der Grundrechte ausgeht, ist dies — wie ich meine — zu verneinen. Übergriffen des Staates in die (private) Grundrechtssphäre kann bereits mit Hilfe der Gerichte adäquat begegnet werden[3, 4].

---

[3] *A. Ball*, S. 84.

[4] Vgl. *E. Niermann*, Die Errichtung selbständiger Bundesoberbehörden und ihr Verhältnis zu Landesbehörden nach Art. 87 Abs. III S. 1 des Grundgesetzes, Diss. Münster 1961, S. 39, der diese Frage allein dem Bundesgesetzgeber vorbehalten wissen will.

[1] s. oben 2. Teil Anm. 1.

[2] Dies gilt nicht im technischen, wohl aber in einem weiteren Sinn auch für Art. 28 Abs. 2 GG, wie sich etwa aus Art. 93 Abs. 1 Ziff. 4b GG i. V. m. § 91 BVerfGG ergibt; vgl. dazu *K. Stern*, BK, Art. 28 Rdn. 68 ff.

[3] Ähnlich *H. Loening*, DVBl. 1954, S. 180, unter Hinweis auf Art. 19 Abs. 4 GG. *N. Luhmann*, Grundrechte als Institution, 1965, S. 119 f., erörtert — mit negativem Ausgang — die grundrechtlichen Aspekte der Zentralbankautonomie. Vgl. auch *F. Ossenbühl*, VVDStRL 29 (1971), S. 185 ff., wo die Rolle der Grundrechte bezüglich eines Anspruchs auf Übertragung bzw. eines Schutzes vor dem Entzug staatlicher Aufgaben diskutiert wird.

[4] Zu dem sich ausbreitenden „demokratischen Grundrechtsverständnis" kann hier nicht Stellung genommen werden; vgl. aber dazu kritisch *H. H. Klein*, Die Grundrechte im demokratischen Staat, 1972, passim.

## II. Notwendigkeit ministerialfreier Verwaltung

Als weiteres Resultat kann festgehalten werden, daß die erwähnten grundgesetzlichen Vorschriften (Art. 5 Abs. 1 S. 2, 5 Abs. 3, 28 Abs. 2) eine ministerialfreie Verwaltungsorganisation nicht nur zulassen, sondern erforderlich machen. Den anderen diskutierten Grundgesetzbestimmungen (Art. 33 Abs. 5, 88, 86, 87 Abs. 3) ist zur behandelten Frage überhaupt nichts — weder im positiven noch im negativen Sinn — zu entnehmen, da sie nicht zum Regelungsinhalt gehört. Zur Lösung des Problems ist man daher auf die allgemeinen Grundsätze verwiesen.

## III. Sondernormcharakter

Die Eindeutigkeit[5], mit der Art. 5 und 28 GG die Ministerialfreiheit von Rundfunk, universitärem Wissenschaftsbetrieb und Gemeindeverwaltung anordnen, macht es unmöglich, diese Bestimmungen als Ausdruck eines allgemeinen Prinzips aufzufassen oder auch nur — auf sie gestützt — eine Theorie des ministerialfreien Raums zu entwickeln[6]. In ihrer Eindeutigkeit tritt nämlich zugleich ihr Sonder(norm-)charakter zutage, der zudem durch die systematische Stellung der genannten Artikel unterstrichen wird: Der 1. und 2. Abschnitt des Grundgesetzes dürften kaum der Platz sein, die generelle Möglichkeit zu normieren, Ausnahmen von der parlamentarischen Verantwortlichkeit der Regierung bzw. ihrer Spitzenstellung im Verwaltungsaufbau zu schaffen.

## IV. Stoßrichtung

Man sollte sich noch die Frage stellen, ob die vom Grundgesetz geforderten ministerialfreien Räume (Rundfunk-, Universitäts-, Gemeindeverwaltung) sich als Barriere gegen die Legislative oder die Exekutive erweisen sollen. Ihre Stoßrichtung der Exekutive gegenüber ist evident. Sie haben aber auch einen antilegislativen Effekt, was bezüglich Art. 5 Abs. 1 und 3 GG schon aus Art. 1 GG folgt, aber auch für die Garantie der gemeindlichen Selbstverwaltung gilt; hier allerdings in abgeschwächtem Maß („im Rahmen der Gesetze"). Daß auch für den Gesetzgeber nämlich zumindest ein „Kernbereich" kommunaler Selbstverwaltung unantastbar ist, ist allgemein anerkannt[7]. So läßt sich jedenfalls

---

[5] Dies ist gemeint im Verhältnis zu den übrigen oben erwähnten GG-Artikeln.

[6] Dies aber unterlassen zu haben, wird der noch darzustellenden Rechtsprechung des BVerfG im Kommentar *v. Mangoldt - Klein,* vor Art. 83 Anm. III. 2., mit freilich nicht überzeugender und widersprüchlicher Begründung vorgeworfen.

[7] Statt aller *K. Stern,* BK, Art. 28 Rdn. 120.

das Fazit ziehen, daß, soweit das Grundgesetz selbst ausdrücklich Verwaltungsagenden von parlamentarischer Verantwortlichkeit und Kontrolle herausnimmt, dies mit Blickrichtung auf 1. und 2. Gewalt gemeinsam geschehen ist. Das damit zum Ausdruck kommende Mißtrauen gegen „zuviel Staat" paßt zur Ansiedlung dieser ministerialfreien Räume im Grundrechtsbereich[8] und ist ein konsequentes Fortführen alten liberalen Gedankenguts[9].

---

[8] Bezüglich des Art. 28 Abs. 2 GG vgl. oben Anm. 2.

[9] Erst in unserem Jahrhundert freilich ist auch der Gesetzgeber als Adressat von Grundrechten erkannt worden.

*Dritter Teil*

# Lösungsversuche in Rechtsprechung und Literatur

## *Vorbemerkung*

In diesem Abschnitt wird eine Auseinandersetzung mit den bisher zur Problematik des ministerialfreien Raumes vertretenen Meinungen versucht werden. Soll hierbei die Übersicht gewahrt bleiben, kann dies nur dadurch geschehen, daß die wesentlichen Argumentationsbasen, die die Diskussion zutage gefördert hat, einzeln auf ihre Tragfähigkeit pro und contra untersucht werden. Die Systematisierung wird deshalb erheblich erschwert, weil die gegebenen Begründungen sich ebenso häufig überschneiden wie widersprechen, ohne daß im Ergebnis oft eine allzu große Divergenz aufträte. Viele, die sich zum Problem geäußert haben, haben dies bei der Erörterung eines ganz bestimmten ministerialfreien Raumes getan, so daß die Verallgemeinerungsfähigkeit ihrer Argumentation fraglich ist. Vorwiegend in das Blickfeld gerückt werden daher die Autoren, die sich dem Problem insgesamt zugewandt, eine generelle Lösung erstrebt haben[1].

Der in § 17 vorangestellte Meinungsüberblick kann so auch nur eine Skizze sein, die keinen Anspruch auf Vollständigkeit erhebt[2]. Er ist aber von Nutzen, weil er die Argumentationslinien aufdeckt, denen weiter unten schwerpunktmäßig gefolgt wird. Schon hier wird sich zeigen, daß eine klare Trennung von Befürwortern und Gegnern des ministerialfreien Raumes nicht möglich ist; denn selbst z. B. *Hellmuth Loening*, Verfechter der Lückenlosigkeit des Ressortprinzips, läßt im Wege der Problemausklammerung ministerialfreie Raume zu[3], während andererseits etwa *C. P. Fichtmüller* der Schaffung ministerialfreier Räume durchaus Grenzen zieht, ohne damit freilich sich genötigt zu sehen, auch nur bei einem der z. Z. existenten ministerialfreien Räumen in der BRD verfassungsrechtliche Zweifel zu hegen[4]. Entziehen sich daher die Be-

---

[1] Nicht vernachlässigt werden darf selbstverständlich die Rechtsprechung, die naturgemäß vom Einzelfall ausgeht.

[2] Aufgenommen werden auch zunächst nur Äußerungen, die ihrer Argumentation das GG zugrunde legen. Soweit das Problem schon vor 1949 behandelt wurde, wird hierauf in § 18 eingegangen.

[3] *H. Loening*, DVBl. 1954, S. 173 ff.

[4] *C. P. Fichtmüller*, AöR 91 (1966), S. 297 ff.

gründungen einer klaren Einteilung in Für und Wider, so läßt sich doch wenigstens ein gemeinsamer größter Nenner aller Auffassungen dahin finden, daß eine schrankenlose Ausdehnung ministerialfreier Räume unstatthaft wäre[5].

Wenn in diesem 3. Teil eine Darstellung der „Verzichtstheorie" unterbleibt, so deshalb, weil sie zwar bislang hie und da im Gespräch war, aber weder bei Annahme noch Ablehnung auch nur einmal eine intensivere Würdigung erfahren hat. Als Grundlage des eigenen Lösungsversuchs wird sie daher erst im 4. Teil behandelt.

## § 17 Meinungsstand — Ein Überblick

Seitdem sich das Bundesverfassungsgericht im Jahr 1959 aus Anlaß eines vom bremischen Senat erhobenen Normenkontrollantrags mit der Frage des ministerialfreien Raumes befaßt hat, werden seine diesbezüglichen Ausführungen immer wieder in den Mittelpunkt einschlägiger Erörterung gestellt. Es soll daher diese Rechtsprechung dargestellt und anschließend die Haltung der Literatur hierzu skizziert werden.

### I. Die Rechtsprechung des Bundesverfassungsgerichts

In der genannten Entscheidung des *Bundesverfassungsgerichts*[1] ging es um die Vereinbarkeit mehrerer Bestimmungen des bremischen Personalvertretungsgesetzes vom 3. 12. 1957[2] mit Bundes(verfassungs-)recht. Hierbei kam das Gericht zu dem Ergebnis, ein ministerialfreier Raum auf dem Gebiet der Verwaltung sei nicht schlechthin unzulässig[3]. Die Errichtung von der Regierung unabhängiger Ausschüsse in der Verwaltung verstößt nach der Ansicht des Verfassungsgerichts grundsätzlich nicht gegen das Prinzip der Gewaltenteilung, da ja nicht Macht von einer Gewalt auf eine andere übertragen werde. Die demokratische und rechtsstaatliche Herrschaftsordnung des Grundgesetzes (Art. 28 Abs. 1) erfordere aber, daß der Regierung als dem obersten Organ der vollziehenden Gewalt diejenigen Befugnisse erhalten bleiben müßten, die notwendig seien, damit sie — die Regierung — „selbständig und in eigener Verantwortung gegenüber Volk und Parlament ihre ‚Regierungs'-Funktion erfüllen" könne[4]. Daraus folge jedenfalls das Verbot, Regie-

---

[5] Vgl. P. *Füßlein*, S. 281.
[1] Urt. v. 27. 4. 1959, BVerfGE 9, 268 ff.
[2] GBl. S. 161.
[3] BVerfGE 9, 268 ff. (282).
[4] Ebenda, S. 281.

rungsaufgaben von „politischer Tragweite“ generell der Regierungsverantwortung zu entziehen und auf Stellen zu übertragen, die unabhängig von Regierung und Parlament sind. „Andernfalls würde es der Regierung unmöglich gemacht, die von ihr geforderte Verantwortung zu tragen“[5]. Im konkreten Fall sah das Bundesverfassungsgericht in der Personalhoheit über Beamte einen solchen wesentlichen Teil der Regierungsgewalt und erklärte daher die Vorschriften des Gesetzes, die im Fall eines Zwistes zwischen Personalrat und Leiter der Dienststelle eine weisungsfreie Einigungsstelle mit der endgültigen Entscheidung betrauten, für verfassungswidrig. Dagegen hielt das Bundesverfassungsgericht die Entscheidung über die personellen Angelegenheiten der Angestellten und Arbeiter sowie über die sozialen Angelegenheiten aller öffentlich Bediensteten für nicht dem wesensmäßig politischen Bereich zugehörig, der der Regierung vorbehalten bleiben müsse[6].

In einem Beschluß aus dem Jahr 1967 bekannte sich das Bundesverfassungsgericht erneut zu diesen Grundsätzen[7]. Dort ging es um die Zulässigkeit weisungsfreier Steuerausschüsse[8], deren Entscheidungen über Steuereinsprüche — so sagte das Gericht — nicht zu dem Bereich der politischen Gestaltung gehören, der stets der Regierungsverantwortung überlassen bleiben muß.

Die Ausführungen des Bundesverfassungsgerichts bleiben — abgesehen von der Unbestimmtheit des Begriffs der „politischen Tragweite“ — deshalb unbefriedigend, weil sie ohne hinlängliche Begründung dem Grundsatz umfassender Regierungsverantwortlichkeit im demokratischen Rechtsstaat die Zulässigkeit des ministerialfreien Raumes in Angelegenheiten von nicht politischer Tragweite gegenüberstellen. Mag das Ergebnis auch praxisnah sein, das Erfordernis einer dogmatischen Erklärung entfällt darum noch nicht.

## II. Vom Bundesverfassungsgericht beeinflußte Literatur und Rechtsprechung

Das Kriterium der „politischen Tragweite“ oder ähnliche Termini sind wiederholt von Literatur und Rechtsprechung zur Bestimmung der Verfassungsmäßigkeit oder Verfassungswidrigkeit ministerialfreier Räume aufgegriffen worden. Die dabei gegebenen Begründungen sind aber sehr verschieden und haben damit auch unterschiedliche Ergebnisse zur Folge, wenn es gilt, diesen Maßstab der politischen Tragweite in concreto anzulegen.

---

5 Ebenda, S. 282.
6 Ebenda, S. 285 - 291.
7 Beschl. v. 20. 6. 1967, DVBl. 1968, S. 175 ff.
8 s. oben § 7 II. 10.

Schon die Kritiker der Bundesverfassungsgerichtsentscheidung von 1959, *Karl Josef Partsch* und *Klaus Vogel* bestreiten zwar einerseits die These des Gerichts, dem Gewaltenteilungsprinzip komme in Verbindung mit dem Verantwortlichkeitsgrundsatz keine Bedeutung zu, sie übernehmen aber das Kriterium der politischen Tragweite, wobei sie freilich auch die Personalentscheidungen bezüglich der Angestellten und Arbeiter des öffentlichen Dienstes dieser Kategorie unterfallen lassen[9].

Die bereits hier zum Ausdruck kommende Schwierigkeit, mit dem Begriff der politischen Tragweite zu arbeiten[10], hat zu Versuchen geführt, diesen Maßstab zu verfeinern. *Hans-Ulrich Evers* spricht so vom Verbot, „politisch nicht hervorstechende(n) Aufgaben" auf weisungsfreie Ausschüsse zu übertragen, welche ferner „insgesamt die Ausnahme bleiben" müßten[11]. *Machtolf Roller,* der sich hingegen mit der Terminologie des Bundesverfassungsgerichts wieder ganz identifiziert, will nur darauf abstellen, ob die dem weisungsfreien Ausschuß überlassenen Aufgaben regelmäßig politische Bedeutung haben, nicht darauf, ob eine Ausschußentscheidung im Einzelfall politisches Gewicht hat[12]. Von daher unterfallen seinem Verdikt nur die Personalausschüsse nach den Bundes- und Länderbeamtengesetzen sowie der — nicht mehr existente — Personalgutachterausschuß[13]. Die Zulässigkeit der übrigen ministerialfreien Räume wird damit erklärt, daß es weisungsfreie (Beschluß-)Ausschüsse schon lange gegeben habe[14] und die parlamentarische Kontrolle sowieso nicht mehr effektiv sei, was immerhin in begrenztem Umfang durch weisungsfreie Ausschüsse ausgeglichen werde, die einerseits zu einer Machtminderung des jeweiligen Ministers, andererseits aber nicht zu einem weiteren Funktionsverlust des Parlaments (als ohnehin) führen würden[15]. Außerhalb des Bereichs der politischen Tragweite bestehe in vollem Umfang die Organisationsgewalt des Parlaments[16].

Ähnlich dem Bundesverfassungsgericht lehnt es auch *Georg Vorbrugg* ab, aus dem Gewaltenteilungsprinzip Konsequenzen für bzw. gegen die

---

9 *K. J. Partsch,* JZ 1960, S. 23 f.; *K. Vogel,* MDR 1959, S. 894 ff. (895 f.).

10 Besonders kritisch *M. Seebode,* DVBl. 1968, S. 177 f., und *W. Grabendorff,* Die Entscheidung des Bundesverfassungsgerichts zum Bremischen Personalvertretungsgesetz, ZBR 1959, S. 169 ff. (171 f.).

11 *H.-U. Evers,* Der Staat, Bd. 3 (1964), S. 41 ff. (52). Vgl. auch *R. Herzog,* Staatslehre, S. 226: „Entscheidend ist, daß jedenfalls in den bedrängendsten Fragen der Gestaltung von Gegenwart und Zukunft eine zentrale Lenkung möglich bleibt"; a. a. O., S. 211, zur Bedeutung der Personalpolitik.

12 M. Roller, S. 138.

13 Ebenda, S. 139. — Zum Personalgutachterausschuß s. oben § 9 Anm. 3.

14 M. Roller, S. 108 ff., 118. Ähnlich *O. Bachof,* Wehrpflichtgesetz, S. 48 FN 47, und *E. Friesenhahn,* VVDStRL 16 (1958), S. 40 FN 75.

15 *M. Roller,* S. 122 f.

16 Ebenda, S. 123 und 137.

Zulässigkeit des ministerialfreien Raumes zu ziehen[17]. Dem Grundsatz der parlamentarischen Verantwortlichkeit der Bundesminister lasse sich gleichfalls nichts hierzu entnehmen, da diese Verantwortlichkeit nur soweit reiche, als ministerielle Einflußmöglichkeiten bestünden[18]. Vorbrugg folgert jedoch aus der Zuständigkeit der Bundesregierung zur Staatsleitung das Verbot, von ihr unabhängige Verwaltungsorgane mit Zuständigkeiten von einiger politischer Tragweite zu errichten. Ein Zugriffsrecht des Parlaments bestehe nur innerhalb dieses Rahmens[19]. Als zweite Argumentationsbasis dient das Demokratiegebot des Grundgesetzes: aus der Notwendigkeit demokratischer Legitimation für die Verwaltungsorgane folge deren Abhängigkeit von der Exekutivspitze; denn diese könne eine aktuelle demokratische Legitimation nur dadurch der Verwaltung übermitteln, daß sie diese in ihrer Abhängigkeit behalte[20]. Freilich habe die demokratische Funktion nur dort Sinn, wo Gestaltungsfreiheit besteht: gegen die Bundesprüfstelle nach dem GjS sowie die Musterungs- und Prüfungsausschüsse nach dem WPflG bestünden als rein beurteilende Verwaltungen daher keine Bedenken[21]. Hingegen wird in der Ausgestaltung der Bundesbank nach dem BBankG ein Verstoß gegen das Nebenregierungsverbot und das Demokratiegebot gesehen[22].

Nur in den Exekutivbereichen, in denen wesensmäßig politische Entscheidungen getroffen werden, sieht *Carl Peter Fichtmüller* Raum und Notwendigkeit parlamentarischer Kontrolle[23]. Ihre Lückenlosigkeit würde voraussetzen, daß das Parlament den übrigen Verfassungsorganen übergeordnet sei. Gerade aber auch eine Machtballung beim Parlament müsse vermieden werden[24]. Hinzu komme, daß sich über die vom Grundgesetz anerkannte[25] Einschränkung der exekutivischen Leitungsbefugnisse bei der körperschaftlichen Selbstverwaltung automatisch eine Einschränkung der Kontrollmöglichkeit des Parlaments ergebe. Gleiches müsse aber für die organschaftliche Selbstverwaltung im Rahmen der staatlichen Behördenhierarchie gelten — beide Selbstverwaltungsarten seien Ausdrucksformen demokratischer Verwaltung[26].

---

17 *G. Vorbrugg*, S. 233 ff.; aber vgl. auch ebd. S. 241 f.

18 Ebenda, S. 243 ff.

19 Ebenda, S. 256 f. In der Betonung der Staatsleitungsfunktion der Regierung liegt der Unterschied zur Argumentation des BVerfG, das mehr auf die Ministerverantwortlichkeit abstellt.

20 Ebenda, S. 275 ff. Das Problem der demokratischen Legitimation stellt besonders *H. Faber*, S. 63 ff., in den Vordergrund.

21 *G. Vorbrugg*, S. 306.

22 Ebenda, S. 297 ff.

23 *C. P. Fichtmüller*, AöR 91 (1966), S. 297 ff. (344).

24 Ebenda, S. 332 f.

25 Dazu vgl. oben § 14 II.

26 *C. P. Fichtmüller*, S. 334 ff.

Schließlich kommt *Fichtmüller* auch über das Rechtsstaatsargument zu einer Einschränkung der parlamentarischen Kontrolle: Auf dem Gebiet der Gesetzmäßigkeit und Sachgerechtigkeit der Verwaltung sei die parlamentarische Kontrolle nicht stets die bestmögliche Sicherung, gerade hier sei das Aktionsfeld verwaltungsinterner Kontrolle. Gleiches gelte, wo das Parlament durch Fragen, die besonderen Sachverstand erforderten, überfordert sei[27].

Aber selbst im Bereich der politischen Grundentscheidungen muß die parlamentarische Kontrolle — so *Fichtmüller* — nicht völlig lückenlos sein. Ausnahmen[28] bestünden z. B. dort, wo mangelhafte politische Führung durch die weisungsberechtigte Exekutivspitze zur Selbstzerstörung führen könne. *Fichtmüller* hält daher die „Neutralisierung“ einzelner[29] politisch geprägter Exekutivaufgaben für zulässig, wenn die Grundlinien, nach denen sie auszuüben sind, durch einen festen Gesetzesauftrag umrissen sind; dies soll für die Bundesbank in § 3 BBankG geschehen sein[30].

Weniger Bedeutung als *Vorbrugg* mißt *Fichtmüller* in diesem Zusammenhang der Staatsleitungsfunktion der Regierung zu, auf die mannigfache Zugriffe des Parlaments anerkannt seien[31]. Die Rechtsstellung der Regierung setze der Errichtung ministerialfreier Räume lediglich dort Grenzen, wo die Leitungsfunktion durch die Regierung nicht mehr wahrnehmbar sei. Diese Funktion werde jedoch auf der unteren Ebene der Verwaltung ohnehin nie tangiert; wo wirklich politische Verwaltungsaufgaben zu erfüllen seien, sei die Leitungsfunktion gleichfalls dann nicht wesentlich berührt, wenn nur einzelne Schranken aufgerichtet würden und nicht ein Sachbereich insgesamt der Leitung der Regierung entzogen werde[32].

Auch in der Rechtsprechung anderer Gerichte haben die zitierten Erkenntnisse des Bundesverfassungsgerichts ihren Niederschlag gefunden. Bereits 1958 hat das *Bundesverwaltungsgericht* freilich die Musterungs- und Prüfungsausschüsse des WPflG[33] mit dem knappen Hinweis für mit dem Grundgesetz vereinbar gehalten, daß durch Art. 65 S. 2 GG lediglich die Verantwortung der Minister gegenüber Bundeskanzler und Gesamtregierung abgegrenzt, nicht aber die Schaffung weisungsfreier Gremien im Ministerialbereich verhindert werde[34]. Spätere Entscheidungen neh-

---

[27] Ebenda, S. 340 ff.

[28] Als vom GG zwingend geforderte Ausnahme wird Art. 5 Abs. 1 (Rundfunk und Fernsehen) genannt; ebenda, S. 346.

[29] Dagegen sei die Neutralisierung ganzer Exekutivbereiche unzulässig, ebenda, S. 349.

[30] Ebenda, S. 347 ff.

[31] Ebenda, S. 350 ff.

[32] Ebenda, S. 353 f.

[33] Dazu s. oben § 7 II. 6. und 7.

[34] BVerwGE 7, S. 66 ff. (73), Urt. v. 23. 5. 1958.

men auf BVerfGE 9, 268 ff. ausdrücklich Bezug. Der Personalgutachterausschuß[35] habe nicht die generelle Entscheidungsgewalt in Personalfragen übertragen erhalten, und allein das sei nach den vom Bundesverfassungsgericht aufgestellten Richtlinien untersagt. Der Gesetzgeber habe vielmehr nur eine zeitlich und sachlich beschränkte Regelung getroffen, die mit der einmaligen Aufgabe, der Schaffung der Bundeswehr, zusammenhänge[36]. In einer neueren Entscheidung wird nur in einem Klammersatz darauf hingewiesen, daß gegen die bestehende Ausgestaltung des Bundespersonalausschusses nach den vom Bundesverfassungsgericht entwickelten Grundsätzen keine durchgreifenden Bedenken bestehen[37].

Ganz auf die Darlegungen des Bundesverfassungsgerichts greift auch der *Verfassungsgerichtshof Nordrhein-Westfalen* zurück, wenn er Bestimmungen des Schulverwaltungsgesetzes für nichtig erklärt, die vorsahen, daß die Anstellungsbehörde (Landesbehörde) Vorschläge des Schulträgers (Gemeinde) nur ablehnen durfte, wenn erhebliche Bedenken gegen die berufliche oder charakterliche Eignung des Vorgeschlagenen bestanden. Dies lasse — so der Verfassungsgerichtshof — der Landesregierung nicht mehr den entscheidenden Einfluß auf die Auslese der Lehrer. Gerade die Personalhoheit über die Beamten sei aber ein wesentlicher Teil der Regierungsgewalt[38].

Die gleiche Auffassung findet sich im Minderheitsvotum zu einer Entscheidung des *Bremer Staatsgerichtshofs*, dem die gleichen Vorschriften des bremischen Personalvertretungsgesetzes wie später in BVerfGE 9, 268 ff. zur Prüfung unterbreitet waren[39]. Die Landesverfassung, die dem parlamentarischen Regierungssystem verpflichtet sei, lasse nicht zu, daß wesentliche Entscheidungen der staatlichen Exekutive in einen verantwortungsfreien Raum fielen[40]. Anders als das Mehrheitsvotum hielten die überstimmten Richter die betreffenden Gesetzesbestimmungen daher für verfassungswidrig[41].

---

[35] s. oben Anm. 13.

[36] BVerwGE 12, 20 ff. (28 f.), Urt. v. 23. 1. 1961.

[37] BVerwGE 26, 31 ff. (42), Urt. v. 19. 1. 1967. Auf die Unabhängigkeit von Prüfungsaufschüssen geht BVerwGE 12, 359 ff. (362 f.), Urt. v. 14. 7. 1961, ein: „gewohnheitsrechtlich anerkannter Grundsatz". Vgl. jetzt auch BVerwG, Beschl. v. 10. 1. 1973, NJW 1973, S. 865: „Die alleinige und uneingeschränkte Weisungsbefugnis der Bundesminister gegenüber allen Angehörigen ihres Ressorts ist ein zwingendes Gebot rechtsstaatlicher Verfassung" (Leitsatz) sowie BVerwG, NJW 1973, S. 1338, zur Bundesbank.

[38] VerfGH Nordrhein-Westfalen OVGE 18, 316 ff., Urt. v. 23. 2. 1963.

[39] Entscheidungen des Staatsgerichtshofes der Freien Hansestadt Bremen 1950 - 1969, S. 96 ff. (111 ff.), Entscheidung v. 3. 5. 1957.

[40] Ebenda, S. 114. Auch das Demokratiegebot wird zur Begründung angeführt, S. 113.

[41] *Hans Schneider*, Anmerkung zur Entscheidung des StGH Bremen v. 3. 5. 1957, ZBR 1957, S. 239 ff., pflichtet dem Minderheitsvotum bei: Die Ent-

## III. Andere Auffassungen

*Hellmuth Loening*, der die Diskussion um den ministerialfreien Raum nach dem Krieg erst eigentlich in Gang gebracht hat, sieht in Art. 65 S. 2 GG den Grundsatz des Ministerialsystems formuliert — von Ausnahmen in der Verfassung abgesehen bedeutet dies, daß die gesamte Staatsverwaltung von den Ressortministern geleitet werde und daß ebenfalls für die gesamte Staatsverwaltung ein Minister dem Parlament gegenüber die Verantwortung trage. Der daraus zu folgernden Lückenlosigkeit des Ministerialsystems stehe auch nicht ein parlamentarisches Zugriffsrecht entgegen, da sonst in die eigenständigen Rechte der Regierung, die ja kein bloßer Parlamentsausschuß sei, eingegriffen werde[42]. Sein Ergebnis ist daher, daß ministerialfreie Räume in der unmittelbaren Staatsverwaltung schlechthin unzulässig sind[43]. Von diesem Verdikt ausgenommen sind lediglich die Eigenverwaltungen der obersten Staatsorgane sowie Prüfungsausschüsse („Natur der Sache")[44]. Ausgeklammert ist bei Loening freilich der gesamte Bereich der mittelbaren Staatsverwaltung, der „wesensgemäß nicht ministerieller Leitung, sondern in der Regel nur einer begrenzten staatlichen Aufsicht unterliegen" könne[45].

Einen ähnlich kompromißlosen Standpunkt scheint *Klaus Obermayer* zu vertreten: wegen Verletzung des Gewaltenteilungsprinzips sei der Einbau unabhängiger Ausschüsse in die Verwaltungsorganisation jedenfalls dann verfassungswidrig, wenn ihre Beschlüsse nicht mehr die Abänderung durch ein übergeordnetes Organ des gleichen Verwaltungsträgers unterlägen[46].

In enger Anlehnung an *Loening* stellt auch *Ernst-Wolfgang Böckenförde* fest, es dürfe „keinen Bereich staatlicher Verwaltungstätigkeit und keine organisatorische Einheit der Exekutive geben, die nicht von einem ministeriellen Ressort erfaßt" würden[47]. Böckenförde erkennt freilich der Legislative eine im demokratischen Staat grundsätzlich gerechtfer-

---

scheidung in Personalangelegenheiten gehöre zum wesentlichen Kern der politischen Regierungsgewalt und sei daher zu den Essentialen einer verantwortlichen Regierung zu rechnen (S. 241). Nicht ganz klar *W. Grewe*, Inwieweit läßt Art. 33 Abs. 5 GG eine Reform des Beamtenrechts zu?, Verhandlungen 39. DJT (1951), D 3 ff.: Während er zunächst (D 24) eher grundsätzlich die verantwortungsfreie Ausübung von Exekutivaufgaben für unzulässig hält, gibt er später (D 152) bezüglich des konkret behandelten Personalamts zu bedenken, man stehe dabei „im Zentrum der Exekutive".

[42] *H. Loening*, DVBl. 1954, S. 173 ff. (175 f.).

[43] Ebenda, S. 179.

[44] Ebenda, S. 174 f.

[45] Ebenda, S. 173.

[46] *K. Obermayer*, S. 68 FN 204. Vgl. auch *W. Leisner*, Mitbestimmung, S. 46 f.

[47] *E.-W. Böckenförde*, Organisationsgewalt, S. 197 f. Ausnahmen werden gemacht für die Verwaltungsstellen der anderen obersten Verfassungsorgane und die Bundesbank „vermöge ihrer singulären, wenngleich verfassungsrechtlich höchst anfechtbaren Stellung", S. 198. — Vgl. jetzt auch *H. G. Dahl*-

tigte funktionelle Überlegenheit zu. Im Rahmen der gewaltengliedernden Ordnung des Grundgesetzes zieht er aber dem legislativen Zugriffsrecht drei Schranken: Die Legislative könne nicht in Ausübung des Zugriffsrechts neue präventive Gesetzesvorbehalte statuieren, sondern nur von Fall zu Fall konkrete Organisationsregelungen treffen. Das Zugriffsrecht sei ferner an die Verfassungsstruktur gebunden, die es nicht etwa durch Aushöhlung der Ressortgewalt des Ministers unterlaufen dürfe. Schließlich erstrecke sich das Zugriffsrecht nicht auf den Kernbereich der Exekutivkompetenzen[48]. Das an *dieser* Stelle stehende Zitat BVerfGE 9, 228 ff. (280) besagt nicht, daß Böckenförde sich das Kriterium der „politischen Tragweite" zueigen macht. Er hält es vielmehr für verfassungswidrig, „wenn die eigenzuständige Wahrnehmung öffentlicher, auf die Allgemeinheit bezogener Aufgaben im Bereich der öffentlichen Verwaltung nicht mehr dem Vorbehalt der Letztentscheidung, zumindest aber der (Ober-)Aufsicht durch einen parlamentarisch verantwortlichen Minister bzw. ein von diesem weisungsabhängiges Organ unterliegt"[49].

Welchen Umfang diese „Ober-Aufsicht" haben soll, bleibt offen[50]. Deutlicher wird hier *Diether Haas*, der der Auffassung ist, daß mindestens die Gesetzmäßigkeit der Verwaltung durch die Regierung verantwortet werden müsse, ihr deshalb auch die entsprechenden Einwirkungsmöglichkeiten verbleiben müßten[51]. Die Grenze der Ausgliederung wird somit bei der Rechtsaufsicht angenommen.

*Peter Füßlein* verwirft alle diskutierten Ansätze[52]. Für ihn folgt das Ministerialsystem allein aus der Staatsleitungsbefugnis der Regierung. Die Frage, inwieweit die Regierung sich ihre Staatsleitungsbefugnisse im Verhältnis zum Parlament beschränken lassen müsse (Kernbereich), sei irrelevant, da sich daraus keine Abgrenzungen innerhalb des Exekutivbereichs selbst ergäben. Im Verhältnis zu den Verwaltungsstellen sei die Regierung nicht auf einen „Kernbereich" beschränkt[53].

Wo weisungsfreie Verwaltungen jedoch rechtlich völlig gebunden seien[54], genüge die gerichtliche Kontrolle, um die Gesetzesbindung

*grün*, Parlamentarische Kontrolle und autonome Verwaltungsbereiche, in: Demokratie und Verwaltung, 1972, S. 317 ff. (320), wo Bundesprüfstelle und Bundespersonalausschuß für verfassungsrechtlich bedenklich erklärt werden.

48 Organisationsgewalt, S. 103 ff. und 286 ff.

49 Ebenda, S. 251.

50 Ebenso undeutlich *A. Arndt*, Archiv PF 1970, S. 3 ff. (7).

51 *D. Haas*, VerwArch. Bd. 49 (1958), S. 14 ff. (22 f.).

52 *P. Füßlein*, S. 293 ff. Auf seine Ablehnung des parlamentarischen Regierungssystems als Ansatzpunkt für die Erörterung wurde schon oben § 1 hingewiesen.

53 Ebenda, S. 323 ff.

54 Nach *P. Füßlein* z. B. die Bundesschuldenverwaltung, das Bundesaufsichtsamt für das Versicherungs- und Bausparwesen, die Ausschüsse des Ausländer- und Wehrpflichtgesetzes, Prüfungskommissionen und Steuerausschüsse, ebenda, S. 326 ff.

durchzusetzen; hier sei die Weisungsbefugnis der Regierung entbehrlich. Freilich müsse der Regierung dann ein Aufsichtsrecht oder doch wenigstens eine der Klagemöglichkeit des u. U. belasteten Bürgers gleichwertige Klagebefugnis zur Verfügung stehen[55]. Die gleichen Grundsätze seien anwendbar, wo zwar nicht Rechtsnormen, wohl aber andere ebenso objektive und politischer Einwirkung unzugängliche Maßstäbe das Verwaltungshandeln bestimmten, wie es etwa bei Prüfungsentscheidungen der Fall sei („sachnormgebundene“ Verwaltung)[56]. Solche Verwaltungsstellen müßten jedoch allseits unabhängig sein, also auch von Interessengruppen[57].

Bewußt im Gegensatz zum Bundesverfassungsgericht will *Friedrich Klein*[58] das Kriterium der „politischen Tragweite“ nicht zum Maßstab der Zulässigkeit ministerialfreier Räume machen. Der Gesetzgeber dürfe vielmehr ministerialfreie Verwaltung vorsehen, wenn „gewichtige sachliche Gründe“ dafür sprächen und wenn dies insgesamt die Ausnahme bleibe. Als Beispiele werden genannt die Notwendigkeit zur politischen Neutralisierung von Verwaltungstätigkeiten, die Einführung von der Rechtsprechung ähnlichen Kontrollverfahren[59] oder Prüfungsentscheidungen. Der Vorteil dieses Ausgangspunktes wird ausdrücklich darin gesehen, daß so auch politisch bedeutsame Angelegenheiten der Ministerialfreiheit überantwortet werden könnten[60, 61].

## § 18 Die verfassungshistorische Problemsicht

### I. Die Argumentation

In der Diskussion über Zulässigkeit oder Unzulässigkeit des ministerialfreien Raumes wird häufig auf die verfassungs- und verwaltungsgeschichtliche Entwicklung verwiesen. Hierbei geht es einmal um den

---

[55] Ebenda, S. 328. So auch schon *D. Haas*, DÖV 1952, S. 135 ff., 170 ff.

[56] *P. Füßlein*, S. 328 ff.

[57] Interessenvertreter als Mitglieder weisungsfreier Ausschüsse werden nur insoweit für zulässig gehalten, als sie nicht die Mehrheit haben oder sich wenigstens — etwa durch die Repräsentation kontroverser Interessen — gegenseitig neutralisieren, S. 330. Keinesfalls dürfe aber eine Bindung der Interessenvertreter an die Weisungen der von ihnen repräsentierten Gruppen bestehen; dies wird dem Rechtsstaatsprinzip entnommen, S. 333.

[58] *v. Mangoldt - Klein*, Vorb. III. 3. vor Art. 83.

[59] Dabei wird auf § 10 GjS verwiesen.

[60] a. a. O. Als Beispiel wird die Rundfunkorganisation genannt.

[61] Der Ansicht von F. Klein scheint sich *F. Ossenbühl* zu nähern, der zunächst ganz auf BVerfGE 9, 268 ff. abstellte — Verwaltungsvorschriften, S. 477 —, neuerdings jedoch — VVDStRL 29 (1971), S. 161 — meint, daß „von der Sache her ... u. U. trotz Demokratiegebot und Ministerverantwortlichkeit

Versuch, die Unabhängigkeit einzelner Institutionen als durch die Geschichte dem Grundgesetzgeber vorgegeben zu begründen[1]. Genannt sei beispielhaft die Bundesbank[2]. Gelegentlich wird dieser Ansatzpunkt jedoch auch generalisiert: Die verschiedentlichen, seit langem in Deutschland bestehenden weisungsfreien Ausschüsse erlaubten den Schluß auf eine „Wertvorstellung von unmittelbarer Beteiligung des Volkes an der Verwaltung"; diese Wertvorstellung müsse „als vorparlamentarisches Prinzip der Vorstellung von einem nur mittelbaren Kontrollrecht des Volkes durch die parlamentarische Verantwortlichkeit der Minister vorangehen"[3].

## II. Die Unergiebigkeit dieser Argumentation

Befaßt man sich mit dieser Argumentation näher, so ergibt sich indes bald, daß sie wenig für eine Aufhellung der heutigen Verfassungsrechtslage hergibt.

### 1. Die „Tradition" des Kollegialprinzips

Zunächst kann der immer wieder anzutreffende Hinweis auf die kollegiale Zusammensetzung der behandelten Ausschüsse als spezifisches Merkmal ihrer Unabhängigkeit jedenfalls nicht mit dem schon früherer Zeit bekannten Kollegialprinzip verfassungshistorisch abgesichert werden. Das Kollegialprinzip wurde nämlich im Laufe der Zeit zu ganz verschiedenen Zwecken in Anspruch genommen[4]. So erlebte es in der neueren deutschen Verfassungsgeschichte seinen ersten Höhepunkt im Zeitalter des Absolutismus, als die Notwendigkeit der Bewältigung neuer an den Fürsten herangetretener Aufgaben ihn zwangen, seinen Beraterstab zu institutionalisieren. Fehlende systematische Zuständigkeiten sowie Mißtrauen des Monarchen gegen seine Berater ließen ihn das Kollegialprinzip bevorzugen, das somit seine Feuerprobe in einer Zeit der Zentralisierung und der Verwirklichung der Einheit der Staatsgewalt bestand[5]. Nachdem es zu Beginn des 19. Jahrhunderts zugunsten

---

sogar völlige Weisungsfreiheit des externen Verwaltungshelfers geboten sein" könne. Ob die Argumentation „von der Sache her" eine solche „von der Verfassung her" ist, wird sich weisen.

[1] Mit diesem Hinweis auf das „vorrechtliche Gesamtbild" wird die verfassungsaktuelle Relevanz dieses verfassungshistorischen Rückblicks deutlich.

[2] Vgl. dazu oben § 11 in und bei Anm. 16 und 17.

[3] *M. Roller*, S. 111, im Anschluß an *O. Bachof*, Wehrpflichtgesetz, S. 48, und Diskussionsbeitrag, Verhandlungen 39. DJT (1951), D 136. Ähnlich wohl auch *C. P. Fichtmüller*, AöR 91 (1966), S. 301 ff.

[4] Zum folgenden *J. Eggers*, S. 96 ff., und *P. Dagtoglou*, Kollegialorgane, S. 16 ff.

[5] Vgl. *L. v. Stein*, Verwaltungslehre, Bd. 1, Die vollziehende Gewalt, 2. Aufl. 1868, S. 258 f.

der monokratischen Ausrichtung der Verwaltung in den Hintergrund getreten war[6], wurden seit dem letzten Drittel des vorigen Jahrhunderts zunehmend Ausschüsse geschaffen, die das Ziel hatten, den Rechtsschutz des Bürgers im Verwaltungsverfahren zu stärken, die Gesellschaft in den Staat zu integrieren sowie sonst brachliegenden Sachverstand fruchtbar zu machen. Seit 1945 schließlich sind in zunehmendem Maß Vorstellungen von der Demokratisierung der Verwaltung für die Errichtung kollegial organisierter Stellen wesentlich geworden[7]. Diese so fast beliebig mögliche Aufladung eines Prinzips mit ganz unterschiedlichen Motiven und Ideologien verbietet es, das Kollegialprinzip selbst als Argument für oder gegen die Weisungsfreiheit zu gebrauchen.

### 2. Das 19. Jahrhundert (Konstitutionalismus)

Auch ein Blick auf die Entwicklung der Verwaltungsorganisation in den letzten 200 Jahren im Allgemeinen ist für unser Problem sehr wenig ergiebig. Der große staatliche Neuaufbau in Deutschland, der mit den Regierungs- und Verwaltungsreformen zu Beginn des 19. Jahrhunderts einsetzte, war zunächst geprägt durch die Notwendigkeit der Zusammenfassung aller Kräfte, der Vergrößerung der Staatsmacht, der Versachlichung und Leistungssteigerung[8]. Hierzu bot sich das unter *Napoleons* Führung als äußerst effektiv erweisende ganz zentralistisch ausgerichtete Ministerialsystem als passendes Organisationsprinzip wie von selbst an. Es wurde freilich in den wenigsten deutschen Staaten, zumal nicht in Preußen, bruchlos durchgeführt, obgleich gerade dort unter dem Einfluß *Hardenbergs* solche Bestrebungen durchaus ihren Ausdruck fanden[9]. Im wesentlichen einig war man sich jedoch darüber, daß an einen Abbau hierarchischer Strukturen nicht zu denken war[10]. Weithin ging es sogar um eine Verstärkung der Beziehungen des Herrschers zu seinen Behörden; der unmittelbare Bezug war durch den um den Fürsten aufgebauten Kreis der Kabinettsräte unterbrochen worden, deren Beseitigung und Ersetzung durch dem Monarchen unmittelbar verantwortliche Minister, die zugleich Leiter ihrer Ressorts sein sollten, zu den dringlichsten Forderungen der Reformer gehörten[11]. Andererseits bestand

---

[6] Dazu *F.-L. Knemeyer*, Regierungs- und Verwaltungsreformen in Deutschland zu Beginn des 19. Jahrhunderts, 1970, S. 315 ff.

[7] *H. Thierfelder*, Mitwirkung von Ausschüssen in der staatlichen Verwaltung, VerwArch. Bd. 49 (1958), S. 249 ff. (261).

[8] *F.-L. Knemeyer*, Regierungs- und Verwaltungsreformen, S. 181, 322.

[9] Dazu *F.-L. Knemeyer*, Politisches Kabinett und Verwaltungskabinett in Deutschland zu Beginn des 19. Jahrhunderts, Die Verwaltung Bd. 2 (1969), S. 411 ff. (422). In der Forschung ist die Bedeutung des französischen Einflusses auf die preußischen Reformer umstritten; vgl. etwa *F. Hartung*, Deutsche Verfassungsgeschichte, 8. Aufl. 1964, S. 239.

[10] *F.-L. Knemeyer*, Regierungs- und Verwaltungsreformen, S. 290.

[11] Ebenda, S. 293 f.; 303 f.

auch über die Notwendigkeit Einigkeit, die Bevölkerung an der Verwaltung teilnehmen zu lassen, wozu sich freilich in größerem Umfang nur der kommunale Bereich eignete. Mit der Städteordnung von 1808 wurde zwar die Selbstverwaltung zum anerkannten Prinzip, sie verlor aber zugleich ihren Charakter als eigenes ursprüngliches Recht der Gemeinden, das als solches die Einheit der Staatsgewalt erneut in Frage gestellt hätte[12]. Dem entsprach auch die Kompetenzbeschränkung der Gemeinden; die Aufgaben der Rechtsprechung und Polizei wechselten damals in die Hände des Staates über und blieben — was die polizeilichen Befugnisse anging — den Kommunen höchstens im Namen des Königs überlassen[13]. Von diesen gerade auf der kommunalen Ebene in Erscheinung tretenden Selbstverwaltungsgedanken war später auch die Kreisreform in Preußen 1872 geprägt[14]; die so häufig exemplarisch herangezogenen Beschlußausschüsse in Preußen und anderswo weisen gleichfalls diesen kommunalen Bezug auf, da ihre Mitglieder von den kommunalen Vertretungskörperschaften gewählt waren[15].

Freilich gab es noch weitere Behörden, die jedenfalls teilweise aus der Unterstellung unter einem Minister herausgenommen waren. *Carl Peter Fichtmüller*[16] verweist insofern zu Recht auf die preußische Staatsschuldenverwaltung[17] sowie die Schuldenverwaltung des Reiches[18] und die Verwaltung des Invalidenfonds[19, 20].

Diese Beispiele werfen die Frage nach der Vergleichbarkeit ministerialfreier Räume im konstitutionellen und im parlamentarischen Regierungssystem auf. Man hat geglaubt, gerade damals habe sowohl die in fürstlicher Abhängigkeit stehende Zentralverwaltung als auch das Parlament wegen des zwischen ihnen bestehenden Spannungsverhältnisses ein Interesse an weisungsfreien Verwaltungsstellen gehabt[21]. Mag diese These auch durch die nicht zu leugnende Existenz solcher Stellen

---

[12] Ebenda, S. 107.

[13] *F. Hartung*, Verfassungsgeschichte, S. 243 f.

[14] *E. Forsthoff*, Verwaltungsrecht, S. 542; *L. v. Rönne* und *Ph. Zorn*, Das Staatsrecht der Preußischen Monarchie, 2. Bd., 5. Aufl. 1906, S. 343.

[15] Vgl. *E.-W. Böckenförde*, Organisationsgewalt, S. 252 FN 34; da die Beschlußausschüsse demokratisch legitimiert seien, bildeten sie kein Gegenbeispiel zu den — unzulässigen — Bereichen der öffentlichen Verwaltung, die nicht zumindest der Oberaufsicht des Ministers unterliegen. Vgl. auch *M. Knaut*, Geschichte der Verwaltungsorganisation, 1961, S. 35.

[16] *C. P. Fichtmüller*, AöR 91 (1966), S. 305.

[17] Gesetz v. 24. 2. 1850 (PrGBl. 1850, S. 57), § 6.

[18] Vgl. Gesetz v. 31. 5. 1891 (RGBl. S. 321), § 22, sowie Gesetz vom 19. 3. 1900 (RGBl. S. 129), § 10.

[19] Gesetz vom 23. 5. 1873 (RGBl. S. 117), §§ 11, 12. Die fortlaufende Kontrolle wurde der Reichsschulden-Kommission übertragen: § 13.

[20] Unrichtig ist der Hinweis *C. P. Fichtmüllers*, AöR 91 (1966), S. 305, auf die preußische Staatsbank; dazu *G. Vorbrugg*, S. 102 ff.; *C.-Th. Samm*, S. 168.

[21] *H. Peters*, Zentralisation und Dezentralisation, 1928, S. 37; *G. Vorbrugg*, S. 85 f.

scheinbar gestützt werden, so beruht sie in Wahrheit doch auf einer Verkennung der rechtlichen Grundlagen des Konstitutionalismus. Wie auch immer die Verwaltungsstellen nämlich organisiert waren, der Unterordnung unter den Monarchen waren sie nicht zu entziehen. Dies lassen sogar die Gesetze selbst, die solche „unabhängigen" Stellen schufen, hinreichend deutlich erkennen. Durchweg ist in ihnen von der „eigenen", „unbedingten Verantwortlichkeit" der Mitglieder dieser Stellen die Rede[22], die mangels parlamentarischer Verantwortlichkeit nur die Verantwortlichkeit dem König (Kaiser) gegenüber sein konnte. Ganz klar wird dies im preußischen Gesetz v. 27. März 1872 betr. die Einrichtung und die Befugnisse der Ober-Rechnungskammer[23] — wobei hervorzuheben ist, daß die Rechnungshöfe schon immer die Paradebeispiele unabhängiger Verwaltung waren[24] —, dessen § 1 sagte: „Die Ober-Rechnungskammer ist eine dem Könige unmittelbar untergeordnete, den Ministern gegenüber selbständige Behörde ...". Im eigentlichen Interesse des Parlamentes mußte es daher liegen, alle Bereiche der Ministerialverwaltung einzugliedern; denn nur so konnte es über das Institut der Verantwortlichkeit des Reichskanzlers (Ministerpräsidenten) eine — wenn auch bis zum Gesetz vom 28. Oktober 1918[25] beschränkte — Kontrolle ausüben und die monarchische Gewalt in Grenzen zu halten hoffen. Stärkung der Ministerialverwaltung bedeutete daher zugleich Schwächung der Exekutive durch zunehmende Kontrolle. Daß sich die parlamentarischen Körperschaften dieser Problematik zumindest manchmal bewußt waren, ist erwiesen[26]. Es ist daher wegen der ganz anderen Ausgangslage verfehlt, die moderne Tendenz des Gesetzgebers zur Ausgliederung aus dem hierarchischen System mit den damals vorhandenen ministerialfreien Räumen rechtfertigen zu wollen.

In diesem Zusammenhang wird auch immer wieder[27] eine Untersuchung *Georg Jellineks* aufgegriffen, in der er nachgewiesen hat, daß das

---

[22] Vgl. z. B. § 12 Reichsinvalidenfondsgesetz (Anm. 19) und § 22 des Gesetzes über die Reichsschuldenverwaltung von 1891 (Anm. 18).

[23] PrGBl. S. 278. Dazu auch *L. v. Rönne* und *Ph. Zorn*, Staatsrecht, 2. Bd., S. 446, und 3. Bd., 5. Aufl. 1915, S. 145.

[24] Vgl. *C. P. Fichtmüller*, AöR 91 (1966), S. 305.

[25] RGBl. 1918 S. 1274.

[26] Vgl. etwa die Rede des Abgeordneten *O. v. Bismarck-Schönhausen* v. 20. 3. 1851 vor der 2. Preußischen Kammer, H. Kohl (Hrsg.), Die politischen Reden des Fürsten Bismarck, 1. Bd. (1847 - 1852), 1852, S. 379 ff.: Die Rede und der beigegebene schriftliche Bericht führten dazu, daß der als bisheriger Chef der Bank fungierende königliche Kommissar durch den Minister für Handel, Gewerbe und öffentliche Arbeit abgelöst wurde. — Ein weiteres Beispiel bildet der erfolgreiche Widerstand des Reichstages gegen den Plan Bismarcks, einen deutschen Volkswirtschaftsrat zu schaffen, von dem das Parlament befürchtete, er werde sich zum Nebenparlament entwickeln; hierzu — freilich kritisch — *E. R. Huber*, Deutsche Verfassungsgeschichte, Bd. IV, S. 1035 ff.

[27] *C. P. Fichtmüller*, AöR 91 (1966), S. 304; *G. Vorbrugg*, S. 85 f.; *P. Füßlein*, S. 313 f.

hierarchische Prinzip (Ministerialsystem) und die konstitutionelle bzw. parlamentarische Verantwortlichkeit sich keineswegs von Beginn an bedingt, daß sie sich vielmehr unabhängig voneinander entwickelt haben und erst später aufeinander bezogen wurden[28]. Offensichtlich sollen damit — z. T. wenigstens — Durchbrechungen des hierarchischen Prinzips für die Frage der Ministerverantwortlichkeit für irrelevant erklärt werden. Auch dies ist jedoch keine schlüssige Argumentation. Aus dem unterschiedlichen Entstehungsgrund der beiden Grundsätze kann nämlich für ihre spätere Beziehung zueinander nichts gefolgert werden. Mochte die Einführung des Ministerialsystems zunächst auf reinen Zweckmäßigkeitserwägungen (Stärke der Regierung) beruht haben, so bildete es später das geeignete Vehikel der im Konstitutionalismus entwickelten Ministerverantwortlichkeit und wurde damit zum verfassungsrechtlichen Prinzip[29]. Das Ministerialsystem war um eine neue, ganz andere Dimension angereichert worden, von der es nicht mehr zu trennen war. Jede Durchbrechung des Ministerialsystems erhielt somit zugleich unmittelbare Bedeutung für das Verantwortlichkeitsprinzip. Es war daher nur konsequent, wenn Staatsrechtler wie *Lorenz v. Stein*[30] und *Hermann Schulze*[31] gerade auch um der Ministerverantwortlichkeit willen für eine umfassende Eingliederung der Verwaltungsstellen in das Ministerialsystem plädierten[32].

### 3. Weimarer Republik

Nach dem Zusammenbruch des Kaiserreiches wurden zunächst durch § 8 des Gesetzes über die vorläufige Reichsgewalt vom 10. Februar 1919[33] *sämtliche* Reichsbehörden sowie die Oberste Heeresleitung einem Reichsministerium unterstellt; die Minister bedurften des Vertrauens der Nationalversammlung und waren für die Führung ihrer Geschäfte der Nationalversammlung verantwortlich (§ 9 a. a. O.). Diese Vorschrift verbot zweifellos jeden ministerialfreien Raum[34]. Eine derartige strenge Formulierung, wie sie etwa auch das aus der gleichen Zeit stammende österreichische Bundes-Verfassungsgesetz[35] kennt, wurde in die Weimarer Reichsverfassung allerdings nicht übernommen. Hieraus irgendwelche Schlüsse zu ziehen, scheint indes gewagt; in dieser Zeit wird

---

[28] *G. Jellinek*, Die Entwicklung des Ministeriums in der konstitutionellen Monarchie, in: Ausgewählte Schriften und Reden, 2. Bd., 1911, S. 89 ff. (104 ff.).

[29] *L. v. Stein*, S. 273.

[30] S. 250 ff., 260, 265 und öfter. Freilich war es zugleich L. v. Stein, der die (kommunale) Selbstverwaltung dogmatisch in die Verwaltungslehre einbaute.

[31] *H. Schulze*, Lehrbuch des Deutschen Staatsrechts, 1. Buch, 1881, S. 298, 303.

[32] A. A. z. B. wohl *E. Loening*, Lehrbuch des Deutschen Verwaltungsrechts, 1884, S. 55.

[33] RGBl. 1919, S. 169.

[34] So auch *C. P. Fichtmüller*, AöR 91 (1966), S. 332.

[35] Art. 20 Abs. 1 B-VG. S. unten § 22 Anm. 32.

nämlich unser Problem nur wenig erörtert. *Fritz Marschall von Bieberstein* ging wohl davon aus, daß sich die Weimarer Verfassung insoweit vom Gesetz vom 10. 2. 1919 nicht unterscheide[36]. Die in der Tat von den Ministern unabhängigen Zentralbehörden[37] wie der Rechnungshof des Deutschen Reiches[38], die Reichsschuldenverwaltung und der Reichsschuldenausschuß[39] sowie der Reichssparkommissar[40] wurden in einer freilich nicht ganz einsichtigen Weise zu verfassungsrechtlich vorgesehenen Ausnahmen deklariert[41]. Recht unkompliziert wurden auch die Einrichtungen der mittelbaren Staatsverwaltung hingenommen, wenngleich *Ottmar Bühler* in seiner Übersicht über die reichsunmittelbaren Anstalten und Körperschaften die Frage aufwarf, wie weit Ausstattung mit eigener Rechtspersönlichkeit und Behördencharakter derselben Anstalt miteinander vereinbar seien[42]. Herausgekommen sei — z. B. bei der Reichspost — „eine eigentümliche Regelung, zu der das Streben einer

---

[36] HdbDStR, Bd. 1, S. 525 f.: „Der sachliche Umkreis der einer Ministerverantwortlichkeit unterworfenen Angelegenheiten ist zunächst allgemein bestimmt durch den Grundsatz, daß ausnahmslos die gesamte Tätigkeit der Exekutive dieser Verantwortlichkeit unterfallen und nirgends ein Reservatgebiet unverantwortlicher Herrschaftsübung im Staat geduldet sein soll. Organisatorisch bedeutet dies zugleich die Forderung, alle Angelegenheiten staatlicher Tätigkeit und alle zur Ausübung solcher Tätigkeit berufenen Behörden unter streng zentralisierte Hauptverwaltungszweige restlos aufzuteilen und jedem Fachminister ein Hineinleuchten bis in die letzten Schlupfwinkel seines Ressorts zu ermöglichen. Mit der Einschränkung, die durch die bundesstaatliche Ordnung bei uns gegeben ist, ist dieses Postulat im Reiche tatsächlich durchgeführt ...“

[37] Vgl. *O. Bühler*, Übersicht über die Behördenorganisation des Reiches, HdbDStR, Bd. 1, S. 586 ff. (592).

[38] §§ 118 ff. RHO.

[39] §§ 24 ff., 31 ff. RSO.

[40] Der Reichssparkommissar beruhte auf einem Organisationsakt der Exekutive. Richtlinien seiner Tätigkeit wurden im RMinBl. v. 6. 5. 1927 (Nr. 20) veröffentlicht. Eigentlich nur auf die Erstattung von Gutachten und Vorschlägen beschränkt, war der Sparkommissar weder als „Aktionskommissar“ noch als „Aufsichtskommissar“ einzustufen. „De facto betrachtet, ist der Sparkommissar in mancher Beziehung Aufsichtskommissar und es mag auch wohl vorkommen, daß sein Gutachten tatsächlich wie eine Entscheidung und so als Aktion wirkt“, *K. Bilfinger*, Der Reichssparkommissar, 1928, S. 41. Ebd. S. 47 zur Frage der parlamentarischen Verantwortlichkeit des Finanzministers, dessen Lage „im Blick auf den Sparkommissar der Abhängigkeit des Ministers von den Beschlüssen der Gesamtregierung, deren Berater der Sparkommissar ist (vgl. dazu Art. 56, 58 RV)“, entspreche. Beide zitierten Sätze wollen schlecht zusammen passen. M. E. war hier wie heute beim Sachverständigenrat (s. oben § 6 I.) die Grenze von der bloßen Beratung zur juristisch faßbaren Einflußnahme überschritten. Vgl. auch unten § 26 I.

[41] *F. Frh. Marschall v. Bieberstein*, HdbDStR Bd. 1, S. 526 FN 26.

[42] Übersicht über die reichsunmittelbaren Anstalten und Körperschaften, HdbDStR, Bd. 1, S. 594 ff. Zur Errichtung von juristischen Personen des öffentlichen Rechts während und nach der Zeit des Konstitutionalismus vgl. die instruktiven Ausführungen von *M. Drath*, Die Gewaltenteilung im heutigen deutschen Staatsrecht, in: Zur heutigen Problematik der Gewaltentrennung, 1969, S. 21 ff. (71).

Zurückdrängung und doch wieder nicht gänzlichen Ausschaltung der parlamentarischen Einflüsse ... geführt hat“[43].

Auch die Rechtsprechung dieser Zeit hatte keinen Anlaß, sich des Problems in besonderer Weise anzunehmen. Immerhin gibt es die Entscheidung des Vorläufigen Staatsgerichtshofs für das Deutsche Reich vom 14. Juni 1922, der sich wie der Bremer Staatsgerichtshof[44] und das Bundesverfassungsgericht[45] damit befassen mußte, ob es zulässig sei, bei Meinungsverschiedenheiten zwischen dem Senat und dem Beamtenausschuß über die Anstellung und Entlassung von Beamten die Entscheidung hierüber durch einfaches Gesetz dem nach der Bremer Verfassung zuständigen Senat zu entziehen und einem Ausschuß der Bürgerschaft oder einem Schiedsgericht zu überweisen[46]. Ohne über den Fall hinausgehende grundsätzliche Erörterungen anzustellen, verneinte der Vorläufige Staatsgerichtshof die Frage im wesentlichen mit der Begründung, daß das Ernennungs- und Entlassungsrecht der Beamten das Korrelat der Verantwortlichkeit der Regierungsbehörden für die Verwaltung sei[47].

#### 4. Ergebnis

Das Ergebnis diese Rückblickes ist, daß Verweise auf die Zeit vor 1918 wegen der verschiedenen Ausgangssituation für die Lösung des hier behandelten Problems unter dem Grundgesetz nichts hergeben. Was die Periode der Weimarer Verfassung angeht, so ist dort das Problem zwar teilweise gesehen, weitgehend aber — wie es scheint — unreflektiert übergangen worden. Ansatzpunkte für eine dogmatische Bewältigung lassen sich jedenfalls dieser Zeit nicht entnehmen.

## § 19 Das Demokratiegebot des Grundgesetzes

### I. Die Argumentation

Das Demokratiegebot bei der Erörterung der Zulässigkeit des ministerialfreien Raums zu berücksichtigen, ist — wie sich zeigen wird — unerläßlich, aber gefahrvoll. Dies machen schon die konträren Ergebnisse deutlich, die für unseren Fall auf seiner Basis erzielt werden. Das Erfor-

---

[43] *O. Bühler*, HdbDStR, Bd. 1, S. 599.

[44] Entscheidungen des Staatsgerichtshofs der Freien Hansestadt Bremen 1950 - 1969, S. 96 ff.

[45] BVerfGE 9, 268 ff.

[46] *H. H. Lammers* und *W. Simons*, Die Rechtsprechung des Staatsgerichtshofs für das Deutsche Reich, Bd. IV (1930/31), S. 288 ff.

[47] Ebenda, S. 292.

dernis einer — zumindest indirekten — demokratischen Legitimation der Verwaltung, die nur oder zumindest auch durch die Abhängigkeit von einer verantwortlichen Regierung herzustellen sei, wird häufig als eines der schwierigsten Hindernisse für die Bildung ministerialfreier Räume betrachtet[1]. Daneben steht die Ansicht, welche Demokratie als ständige Aufgabe zur Minimierung staatlicher Herrschaft begreift — sie sieht in der Demokratisierung der Verwaltung und der damit verbundenen Herausnahme aus dem hierarchischen System eine Erfüllung des verfassungsrechtlichen Gebots[2]; dem Demokratiegebot wird so eine verwaltungsdesintegrierende Tendenz entnommen[3]. Geht man nicht so weit, werden oft über die (vorgebliche) Verbindung von Demokratie und Selbstverwaltung — wobei diese Verbindung teilweise unterschiedslos auf kommunale, körperschaftliche oder organschaftliche (politische) Selbstverwaltung erstreckt wird — weite Bereiche weisungsfreier Verwaltung für gerechtfertigt erklärt[4]. Hie und da wird freilich auch dem Demokratiegebot jede Relevanz für unser Thema abgesprochen[5].

## II. Bedeutung des Demokratiegebots

### 1. Demokratie und Parlament

#### *a) Die parlamentarische Demokratie*

Es hätte wenig Zweck, allgemeine Überlegungen zur Staatsform Demokratie anzustellen[6]. Sinnvoll ist im vorliegenden Zusammenhang nur, sich über Demokratie im Rahmen der konkreten Verfassungsordnung Gedanken zu machen. Dabei lassen sich zwei für uns wichtige Charakteristika des demokratischen Prinzips ausmachen. Zuerst ist die Demokratie des Grundgesetzes gezeichnet durch eine ihr zuteil gewordene

---

[1] Vgl. etwa bei G. *Vorbrugg*, S. 275 ff.; *H. Faber*, S. 63 ff. Für Österreich stark pointiert z. B. *W. Barfuß*, ÖJZ 1970, S. 59.

[2] Vgl. den Hinweis bei *H. Thierfelder*, VerwArch. Bd. 4 (1958), S. 261.

[3] Dazu *F. Kopp*, VVDStRL 29 (1971), S. 119 (Diskussion); auch die Bemerkung bei *R. Bäumlin*, FS H. Huber, S. 86 ff. Dazu ferner der BayVerfGH, Entscheidung v. 19. 3. 1970, VerwRspr. 21, Nr. 162: „Die Forderung nach einer ‚Demokratisierung' der öffentlichen Verwaltung —, und zwar auch der Schulverwaltungen — in dem Sinn, daß bei den Verfügungen der Behördenleiter oder der ihnen unterstellten zuständigen Beamten auch andere Personen oder Gremien mitzubefinden hätten, läßt sich aus dem Art. 2 BV nicht ableiten."

[4] Vgl. etwa *C. P. Fichtmüller*, AöR 91 (1966), S. 334 ff.; *M. Roller*, S. 110 ff.

[5] *P. Füßlein*, S. 305 ff., mit der Begründung, die verfassungsrechtliche Problematik könne nicht bei der kaum faßbaren Machtminderung der Wählerschaft (sic!) liegen, a. a. O., S. 307.

[6] Vgl. dazu neben den Darstellungen der Allgemeinen Staatslehre auch die Referate von *W. v. Simson* und *M. Kriele*, Das demokratische Prinzip im Grundgesetz, VVDStRL 29 (1971), S. 3 ff., 46 ff.

rechtsstaatliche Bändigung[7]; auf diesen Aspekt soll weiter unten noch eingegangen werden[8]. Zum andern hat die demokratische Konzeption des Grundgesetzes eine streng repräsentative Ausprägung erfahren. Diese vom Parlamentarischen Rat bewußt getroffene Entscheidung wird heute weithin unbestritten auch als solche der Verfassung anerkannt[9]. Wo sich Zweifel regen, sind sie verfassungspolitischer Natur[10]. Demokratie unter dem Grundgesetz ist mittelbare Demokratie. Plebiszitäre Elemente außer dem die repräsentative Demokratie konstituierenden Wahlakt der Aktivbürgerschaft[11] fehlen fast ganz; nur in wenigen, gezielten Fällen hat sie das Grundgesetz zugelassen[12].

Wir haben daher davon auszugehen, daß das Demokratiegebot des Grundgesetzes sich — abgesehen vom Wahlakt — zunächst in der parlamentarischen[13] Repräsentation[14] des Volkes verwirklicht. Das hat eine weitere Konsequenz. Geht alle Staatsgewalt vom Volke aus (Art. 20 Abs. 2 S. 1 GG), sind der Verfassung aber plebiszitäre Elemente so gut wie unbekannt, so muß sich alle Ausübung staatlicher Gewalt auf das eigentliche Repräsentationsorgan des Volkes, das Parlament, zurückführen lassen[15]. Eine solche „Rückkoppelung"[16] in ganzer Breite ist nur durch

---

[7] *R. Marcic*, VVDStRL 29 (1971), S. 101 (Diskussion), sprach von der „rechtsbeschränkten Demokratie".

[8] Unten § 22.

[9] Statt vieler *U. Scheuner*, Das repräsentative Prinzip in der modernen Demokratie, FS für H. Huber, S. 222 ff. (225), sowie *W. Weber*, Mittelbare und unmittelbare Demokratie, FS für Karl Gottfried Hugelmann, Bd. 2, 1959, S. 765 ff. (769). — Zur Diskussion im Parlamentarischen Rat vgl. *Hans Schneider*, Volksabstimmungen in der rechtsstaatlichen Demokratie, Gedächtnisschrift W. Jellinek, S. 155 f.; *K. Fell*, Plebiszitäre Einrichtungen im gegenwärtigen deutschen Staatsrecht, Diss. Bonn, 1964, S. 163 ff.; *F. K. Fromme*, Der Demokratiebegriff des Grundgesetzgebers, DÖV 1970, S. 518 ff. (522).

[10] So bei *R. Herzog*, Staatslehre, S. 208: „Der völlige Ausschluß unmittelbarer Demokratie ... ist sicherlich übertrieben". Auch *P. Häberle*, VVDStRL 29 (1971), S. 99 (Diskussion), und *W. Thieme*, Für eine Totalrevision des Grundgesetzes, ZRP 1969, S. 32 f.

[11] Wegen dieser großen Bedeutung des Wahlvorgangs scheint es mir richtig, von einer Wahlpflicht zu sprechen, deren Versäumung freilich in der BRD sanktionslos bleibt. Vgl. auch Art. 26 Abs. 3 LV Baden-Württemberg.

[12] Hierzu *K. Fell*, S. 51 ff. Damit scheidet auch die bloß informative Volksbefragung aus; ebenso *M. Kriele*, VVDStRL 29 (1971), S. 61. In BVerfGE 8, 104 ff. (121 f.), Urt. v. 30. 7. 1958, ist die Frage offen gelassen. Sehr bedenklich ist das Urt. des VG Ansbach v. 12. 11. 1970, BayVBl. 1971, S. 194 f. zur Zulässigkeit gemeindlicher Volksbefragungen.

[13] Wegen der bundesstaatlichen Struktur der BRD stehen neben dem Bundestag die Landesparlamente.

[14] Zum Begriff, insbesondere unter dem Aspekt des Parteienstaates, vgl. unten § 23 II.

[15] Es ist zwar richtig, daß in einer Demokratie nicht allein das Parlament als Repräsentationsorgan anzusprechen ist; ihm kommt aber, da es sich auf unmittelbare Volkswahl berufen kann, die Stellung des obersten Repräsentanten des Staatsvolkes zu; vgl. *R. Herzog*, Staatslehre, S. 216, 243, 247 f. — Eine Volkswahl des Bundespräsidenten würde diese Konzeption nicht unerheblich beeinträchtigen.

[16] Zum Begriff *E. Stein*, Staatsrecht, S. 75 ff.

Wahl (Bundeskanzler) oder durch Kontrolle verantwortlicher Stellen möglich. Damit wird der — jedenfalls argumentative — Zusammenhang von demokratischer Legitimation und parlamentarischer Kontrolle bzw. Verantwortlichkeit evident[17]. Anschaulich hat man Demokratie darum auch als „Verantwortungszusammenhang" kennzeichnen können[18].

Dieser Zusammenhang wird freilich nicht nur geleugnet von denen, die dem Grundsatz der „Volksherrschaft" (Art. 20 Abs. 2 GG) für die vorliegende Problematik einen Erkenntniswert absprechen[19], sondern verschiedentlich auch von solchen, die der Frage der demokratischen Legitimation die allergrößte Wichtigkeit beimessen. Dies geschieht etwa wie bei *Georg Vorbrugg* dadurch, daß — ganz unlogisch — die Bedeutung des parlamentarischen Systems, obwohl es als Konsequenz der Volkssouveränität erkannt wird, allein auf die Feststellung reduziert wird, Verantwortlichkeit bestehe nur für zurechenbares Handeln[20]. Die Frage, inwieweit Handeln zurechenbar sein muß, wird gar nicht aufgeworfen. Sie erscheint — allerdings ganz versteckt — erst bei der Erörterung der Notwendigkeit demokratischer Legitimation der Verwaltung, wenn Vorbrugg sagt, für eine Einschränkung der Demokratie bestehe bei den ministerialfreien Räumen grundsätzlich kein rechtsstaatlicher Anlaß, daß vielmehr „zur Rechtsstaatlichkeit auch die Rechenschaftspflicht staatlicher Organe (Verantwortlichkeit)" gehöre[21]. Eine solche Argumentation verkennt die parlamentarische Ausprägung, die das Grundgesetz der Demokratie gegeben hat[22].

Demselben Fehler verfällt *Heiko Faber*, wenn er mangels einer — nach ihm auch nicht erforderlichen — parlamentarischen Kontrolle der Bundesbank bei der Suche nach ihrer demokratischen Legitimation auf die „Zustimmung der Beherrschten", nämlich die vom Staat organisierte Gemeinschaft als Legitimationsbasis zurückgreift[23]. Dieser Rückgriff — an sich durchaus berechtigt — ist nur deshalb verfehlt, weil er den Weg am Parlament vorbei zuläßt[24]. Das Parlament als Repräsentant des Volkes kann aus dem Prozeß der demokratischen Rückkoppelung nicht aus-

---

[17] *F. Ossenbühl*, VVDStRL 29 (1971), S. 160 f.; *P. Badura*, VVDStRL 29 (1971), S. 97 (Diskussion).

[18] *R. Bäumlin*, Demokratie, EvStL, 1966, Sp. 278 ff. (279); ähnlich *K. Hesse*, Grundzüge, S. 57, und *W. Hennis*, Amtsgedanke und Demokratiebegriff, Festgabe für R. Smend, 1962, S. 51 ff. (58).

[19] Vgl. *P. Füßlein*, S. 305 ff. und *C. P. Fichtmüller*, AöR 91 (1966), S. 334 ff., die freilich argumentativ trennen zwischen dem Grundsatz der Volksherrschaft und der Selbstverwaltung als demokratischer Verwaltung.

[20] *G. Vorbrugg*, S. 243 ff. (249).

[21] Ebenda, S. 276.

[22] Den Zusammenhang von Demokratie und Parlament unterstreicht auch *R. Bäumlin*, EvStL, Sp. 280.

[23] *H. Faber*, S. 67 ff. Ähnlich *W. Brohm*, Wirtschaftsverwaltung, S. 247 FN 27.

[24] So deutlich *H. Faber*, S. 64 und 70.

geschlossen werden, gerade hierin liegt ja seine Funktion, aus der sich alle seine Aufgaben im einzelnen ergeben.

Von diesem Verständnis her, das — unter dem Grundgesetz! — Demokratie und Parlamentarismus in klarer Zusammenschau begreift, ist die nicht abzustreitende Tatsache, daß die Verwaltung nicht mehr bloß über das Parlament, sondern über Fachleute und Interessenvertreter mit dem „Volk" in Verbindung kommt[25], kein ersthafter Einwand. Gegen eine Erweiterung der Kenntnisse in der Verwaltung durch Inanspruchnahme anderer als dem Parlament zugehöriger Kanäle ist grundsätzlich nichts vorzubringen. Damit wird insbesondere nicht eine juristisch relevante Rückkoppelung vorgenommen, die das Parlament insoweit entbehrlich werden ließe. Wo das „Volk" — wie auch immer (z. B. durch Interessenvertreter usw.) — unmittelbar, d. h. ohne Zwischenschaltung des Parlaments und außerhalb der verfassungsrechtlich vorgesehenen Fälle den „besonderen Organen" des Art. 20 Abs. 2 S. 2 GG gegenübertritt, kann es selbst als juristisch relevante Größe nicht anerkannt werden[26]. Das System der parlamentarischen Demokratie ist geschlossen[27].

### b) *Die öffentliche Meinung*

Es ist an dieser Stelle angezeigt, der Funktion der „öffentlichen Meinung"[28] zu gedenken, die verschiedentlich neben der parlamentarischen Kontrolle als politische Kontrolle bezeichnet wird[29]. In seiner Untersuchung über die Stellung der Bundesbank hat *Carl-Theodor Samm* die öffentliche Meinung als den „primären Kontroll- und Legitimationsfaktor" der Bank gegenüber bezeichnet[30]. Auch der sog. Scharnberg-Be-

---

[25] Dazu *P. Dagtoglou*, Der Private, S. 148 f.

[26] A. A. *C. Schmitt*, Verfassungslehre, 3. Aufl. 1928 (Neudruck 1957), S. 242, wonach „das Volk als unmittelbar anwesende ... wirkliche Größe" vorhanden bleibt.

[27] Diesem Ergebnis widerspricht auch nicht BVerfGE 9, 268 ff. (281), wo gesagt ist, die Regierung müsse „selbständig und unter eigener Verantwortung gegenüber *Volk* und Parlament ihre ‚Regierungs'-Funktion erfüllen" können (Hervorhebung von mir). Diese Formulierung bezeichnet das Volk nicht als selbständige, neben dem Parlament stehende Größe, sondern bezieht sich auf das periodisch wiederkehrende Votum der Aktivbürgerschaft im Wahlakt; vgl. auch *W. Brohm*, Wirtschaftsverwaltung, S. 247.

[28] Zu dem der „öffentlichen Meinung" zugrunde liegenden Glauben an die Rationalität der öffentlichen Diskussion vgl. *R. Herzog*, Staatslehre, S. 56; *R. Zippelius*, Allgemeine Staatslehre, 2. Aufl. 1970, S. 106 ff., und *J. H. Kaiser*, Die Repräsentation organisierter Interessen, 1956, S. 211 ff.

[29] Vgl. etwa *H. J. Wolff*, Verwaltungsrecht III, § 166.

[30] *C.-Th. Samm*, S. 190; ebd., S. 189, wird der öffentlichen Meinung unmittelbarer Einfluß auf die staatliche Ordnung zugeschrieben: „durch sie ist das Volk hic et nunc Staatsgewalt und (auch) legitimierende Instanz". — Es darf jedoch nicht vergessen werden, daß Samm die eigentliche Rechtfertigung der Stellung der Bundesbank in Art. 88 GG selbst sieht, so daß nicht ganz klar wird, welcher Stellenwert der Legitimation durch die öffentliche Meinung zukommt.

richt[31] bezog sich ausdrücklich auf die öffentliche Meinung, unter deren Kontrolle ein etwaiger Konflikt zwischen Bundesregierung und Bundesbank auszutragen wäre: dies freilich in der ausgesprochenen Hoffnung, daß gerade diese damit entstehende „Dramatisierung“ des Konflikts am ehesten geeignet wäre, die Entstehung eines Konfliktes überhaupt zu vermeiden.

Demgegenüber gibt es allerdings auch Stimmen, die — gerade für Deutschland — die öffentliche Meinung als artikulierte Meinung der Öffentlichkeit sehr gering bewerten — es fehle ihr die Kontinuität, der lange Atem[32]. Aber selbst wo sie als politische Macht eher Anerkennung findet als bei uns, wird ihr von anderer Seite bescheinigt, daß sie erstaunlich wenig Einfluß auf die Bildung des politischen Bewußtseins der Bevölkerung ausübe[33].

Der entscheidende — juristische — Einwand gegen die Gleichstellung der Kontrolle durch die öffentliche Meinung mit der durch das Parlament ist jedoch ein anderer, oben schon angedeuteter. Die plebiszitäre Komponente unseres GG kann sich unmittelbar rechtlich nur in Wahlen auswirken, i. ü. allein mittelbar über die Repräsentanten der Öffentlichkeit, die Abgeordneten. Ihre Entmachtung zugunsten einer nicht organisierten, rechtlich als Phänomen der sozialen Wirklichkeit kaum faßbaren öffentlichen Meinung wäre ein fundamentaler Verstoß gegen die Grundsätze unserer parlamentarischen Demokratie.

Hiermit in voller Übereinstimmung befindet sich auch das Bundesverfassungsgericht, das die öffentliche Meinung dem gesellschaftlich-politischen und nicht dem staatsorganschaftlichen Bereich zuweist und darum zu dem Schluß kommt: „Öffentliche Meinung und politische Willensbildung des Volkes kann aber nicht identifiziert werden mit staatlicher Willensbildung, d. h. der Äußerung der Meinung oder des Willens eines Staatsorgans in amtlicher Form“[34]. Es besteht somit ein qualitativer Unterschied zwischen der Kontrolle des Parlaments und der öffentlichen Meinung; ihre Funktion kann davon nicht unberührt bleiben[35].

Damit werden Notwendigkeit und Bedeutung einer kritischen Öffentlichkeit keineswegs geleugnet. In vielen Bereichen sollte die Kritikfähigkeit sogar durchaus gesteigert werden. Dies gilt um so mehr, als offenkundig ist, daß von der öffentlichen Meinung aufgegriffene Mißstände

---

[31] BTag-Drucks. II/zu 3603, S. 5.

[32] So z. B. *E. Forsthoff*, Strukturwandlungen der modernen Demokratie, 1964, S. 14; ähnlich skeptisch schon *R. Smend*, Zum Problem des Öffentlichen und der Öffentlichkeit, Gedächtnisschrift W. Jellinek, S. 11 ff. (19).

[33] Vgl. *G. A. Ritter*, Festgabe E. Fraenkel, S. 332.

[34] BVerfGE 8, 104 ff. (112 f.); zustimmend etwa *W. Weber*, FS Hugelmann, Bd. 2, S. 772 ff.

[35] Ähnlich *W. Schönbohm*, Reale Utopien, S. 105; auch *H. Faber*, S. 65.

dann auch im Parlament zur Sprache kommen können, öffentliche Meinung so zum „promoter" parlamentarischer Kontrolle werden kann[36]. Entscheidend ist aber, daß die öffentliche Meinung erst über den Umweg über das Parlament (verfassungs-)rechtliche Relevanz erhält[37].

Kritischer öffentlicher Meinung entspricht ein Öffentlichkeitsgebot der Verwaltung. Es besteht freilich nicht nur in bezug auf die öffentliche Meinung, sondern auch zur Begünstigung der parlamentarischen Kontrolle und stellt so eine sehr wesentliche Dimension der Demokratie dar. Dies braucht aber hier nicht näher ausgeführt zu werden[38].

### *c) Ergebnis*

Läßt sich somit feststellen, daß durch das Demokratiegebot der Rechts- (sowie gegebenenfalls Pflichten-)Kreis des Parlaments unmittelbar in bezug genommen ist, so muß ohne Rücksicht darauf, ob die interne Ausgestaltung der Verwaltungsorganisation in der einen oder anderen Richtung einem idealtypischen Demokratiebegriff besser entsprechen mag, dieser Rechts- bzw. Pflichtenkreis des Parlaments näher hinterfragt werden, bevor eine echte Lösung des uns interessierenden Problems erwartet werden kann. Die Position des Parlaments wird dabei nur durch Erörterung seines Verhältnisses zur Exekutive, eines machthemmenden Verhältnisses, sichtbar werden können.

## 2. Demokratie und Selbstverwaltung

Der Einwand liegt nahe, die ausschließlich parlamentarische Interpretation des Demokratiegebotes des Grundgesetzes lasse die Verbindung von Demokratie, „wie sie wirklich funktioniert", mit der politischen Idee der Selbstverwaltung außer Acht[39]. In der Tat entspricht die Anerkennung dieser Beziehung einem breiten Demokratieverständnis[40]. Ihm ist allerdings nur mit wesentlichen Abstrichen beizupflichten.

---

[36] Das gleiche gilt übrigens von der Petition, von *H. J. Wolff*, Verwaltungsrecht III, § 166 III, auch als politisches Kontrollmittel gesehen.

[37] Nicht ganz unbedenklich ist daher die Entscheidung des BayVerfGH v. 28. 10. 1971, BayVBl. 1972, S. 210, wo die öffentliche Meinung jedenfalls in den Bereich rechtlicher Beeinflussung gerückt ist; freilich ist die gegenüber dem GG ausgeprägtere plebiszitäre Komponente der bayerischen Verfassung zu bedenken.

[38] Nur hingewiesen sei daher auf *R. Marcic*, Die Öffentlichkeit als Prinzip der Demokratie, FS für A. Arndt, 1969, S. 267 ff.; *R. Herzog*, Staatslehre, S. 354 ff.; *H. Hämmerlein*, Öffentlichkeit und Verwaltung, 1966, S. 54 ff.; *F. Kopp*, Verfassungsrecht und Verwaltungsverfahrensrecht, 1971, S. 191 ff.; *W. Leisner*, Öffentlichkeitsarbeit der Regierung im Rechtsstaat, 1966, S. 82 ff.

[39] Vgl. *P. Badura*, VVDStRL 29 (1971), S. 97 f.

[40] Statt vieler: *Th. Maunz*, in: Maunz - Dürig - Herzog, Art. 20 Rdn. 42 f., und *v. Mangoldt - Klein*, Art. 20 Anm. V. 1., wo freilich die Selbstverwaltung unter der Rubrik „charakteristische Merkmale der idealen Demokratie" erscheint.

### *a) Ausgangspunkt*

Zunächst kann es nicht darauf ankommen, ob im Rahmen der Selbstverwaltung eine besondere Gewähr für die Normerzeugung durch die Normunterworfenen gegeben ist[41]. Mag dabei vielleicht auch eine weitgehende Annäherung an einen idealen Demokratiebegriff erreicht sein — er ist nicht notwendig der des Grundgesetzes.

### *b) Kommunale Selbstverwaltung*

Die Frage, wie sich die kommunale Selbstverwaltung zum Demokratiegebot verhält, kann für unser Problem schon wegen Art. 28 Abs. 2 GG beiseitegelassen werden, der ja insoweit von weiterer verfassungsrechtlicher Untersuchung dispensiert. Wollte man i. ü. von dem konstitutiven Charakter dieser Vorschrift absehen und sähe die kommunale Selbstverwaltung im Demokratiegebot des Grundgesetzes selbst angelegt[42], so ließen sich doch analoge Schlüsse für andere Selbstverwaltungen wegen der Einzigartigkeit der ersteren nicht ziehen.

### *c) Selbstverwaltung im übrigen*

Wie schon weiter oben gezeigt, können solche anderen Formen der Selbstverwaltung sich nicht generell auf besondere Verfassungsbestimmungen stützen[43]. Diese wären aber als Nachweise notwendig, wenn die Selbstverwaltung als „ein Stück nur von einem Teil des Volkes legitimierter öffentlicher Gewalt, als echte Autonomie" begriffen werden müßte, weil sie so eine Durchbrechung des vom Grundgesetz ausgesprochenen Demokratiegebots darstellte[44]. Ist Selbstverwaltung dagegen — wie es zu Recht gesagt wurde — „ein Stück vom Staat delegierter öffentlicher Gewalt"[45], dann geht der Weg zur Schaffung von Selbstverwaltungen über das Parlament; ob es hierzu rechtlich in der Lage ist, ist unser Problem. Seine Lösung ergibt sich aber jedenfalls nicht aus der

---

[41] *G. Vorbrugg*, S. 279, unter Berufung auf H. Kelsen.

[42] Was zweifelhaft ist, aber dann von Bedeutung wäre, wenn Art. 28 Abs. 2 GG gestrichen werden sollte (Art. 79 Abs. 3 GG!). Im Herrenchiemsee-Entwurf gab es eine Vorschrift über die kommunale Selbstverwaltung nicht; *v. Doemming - Füßlein - Matz*, JöR NF Bd. 1 (1951), S. 253.

[43] Vgl. oben § 14 II.

[44] Es handelt sich eben um eine parlamentarische Demokratie.

[45] Beide Zitate von *H. H. Klein*, VVDStRL 29 (1971), S. 121 (Diskussion); auch neuestens *ders.*, Demokratie und Selbstverwaltung, FS für E. Forsthoff, 1972, S. 165 ff. (177), und *F. Mayer*, Selbstverwaltung und demokratischer Staat, in: Demokratie und Verwaltung, 1972, S. 327 ff. Vgl. ferner jetzt BVerfG, Beschl. v. 9. 5. 1972, DVBl. 1972, S. 917 ff., zur berufsständischen Selbstverwaltung (Facharztentscheidung) und dazu *P. Häberle*, Berufs„ständische" Satzungsautonomie und staatliche Gesetzgebung, DVBl. 1972, S. 909 ff.

— unterschiedslosen — Einbeziehung von körperschaftlicher und organschaftlicher Selbstverwaltung in den Demokratiebegriff. Der Auffassung *Machtolf Rollers*, die parlamentarische Verantwortlichkeit stehe „als Institut von *vornherein* unter dem Vorbehalt der unmittelbaren Mitwirkung des Volkes an der Verwaltung, d. h. der Selbstverwaltung in jeder Form“[46], ist daher entschieden zu widersprechen.

### d) Insbesondere: Die „politische Selbstverwaltung“

Wir müssen uns jedoch an dieser Stelle noch etwas näher mit dem Phänomen der organschaftlichen oder politischen Selbstverwaltung befassen. Darunter versteht man die Erledigung von Verwaltungsaufgaben durch ehrenamtlich tätige Personen (Laien)[47]. Dieser Selbstverwaltung im tatsächlich-politischen Sinne wird weithin eine demokratische Legitimationsfunktion gegeben[48]; sie wird zugleich neben der parlamentarischen als politische Kontrolle verstanden[49].

Die politische Selbstverwaltung reicht mit ihren Wurzeln tief in das 19. Jahrhundert zurück. Die preußischen Reformer sahen in der Heranführung des Bürgers an die Verwaltung das geeignete Mittel, ihn für die Belange des Staates zu interessieren und ihn somit zur aktiven Mithilfe am Wiederaufbau des in Trümmer geschlagenen Staates zu bewegen[50]. In der zweiten Hälfte des vorigen Jahrhunderts erhielt dem allgemeinen politischen Trend entsprechend die Laienbeteiligung an der Verwaltung eine deutlich liberale Komponente, die insbesondere von *Rudolf v. Gneist*, der freilich dabei eine strenge Beschränkung auf die kommunale Selbstverwaltung vornahm, unter — verfehlter[51] — Berufung auf die englische selfgovernment-Konzeption vertreten wurde[52].

Obgleich der *Gneistsche* Begriff der Selbstverwaltung schon bald durch den Gang der Ereignisse überholt war und in der Theorie der körperschaftlichen Verbandsverwaltung keinen ausschlaggebenden Platz be-

---

[46] *M. Roller*, S. 111 f. — Hervorhebung von mir.

[47] Vgl. *H. J. Wolff*, Verwaltungsrecht II, § 84 IV. a); *K. E. v. Turegg* und *E. Kraus*, Verwaltungsrecht, S. 248. — Die Terminologie ist nicht unbestritten; *E. Forsthoff*, Verwaltungsrecht, S. 441, bezieht Selbstverwaltung nur auf die Verwaltung durch rechtsfähige Verbände.

[48] So insbesondere *P. Dagtoglou*, Der Private, S. 125 m. w. N.

[49] *H. J. Wolff*, Verwaltungsrecht III, § 166 IV; *E. Keller*, Politische Selbstverwaltung, DÖV 1950, S. 385 ff.; *M. Drath*, Gewaltenteilung, S. 70; *H. Peters*, Gewaltentrennung, S. 104 ff.

[50] Dazu *D. Schröder*, S. 8 f.

[51] Vgl. *F. Darmstaedter*, Ist das englische selfgovernment als Grundlage der deutschen Selbstverwaltung anzusehen?, Gedächtnisschrift W. Jellinek, S. 535 ff.

[52] *R. v. Gneist*, Selfgovernment, Communalverfassung und Verwaltungsgerichte in England, 3. Aufl. 1871. — Dazu auch *P. Dagtoglou*, Der Private, S. 122.

haupten konnte[53], wurde doch der ehrenamtlichen Heranziehung von Bürgern zu Verwaltungsgeschäften und damit zugleich der Nutzbarmachung privaten Sachwissens und Sachverstandes der Boden nicht entzogen. Dabei konnte es sich allerdings in zunehmenden Maße nicht mehr um den Bürger von Besitz und Bildung[54], sondern um den Fachmann und Interessenvertreter[55] als den herangezogenen Laien (im obigen Sinn) handeln. Für seine Zuziehung bestand — und besteht — freilich auch ein immer größer werdendes Bedürfnis. Es beruht auf der Notwendigkeit der sachrichtigen Entscheidung[56], die zu finden bei den kaum mehr überschaubaren Interdependenzen des modernen Staates immer schwieriger wird und die nicht nur die Verwaltung zur Kooperation mit dem Fachwissen und den beteiligten Interessengruppen zwingt[57], sondern die auch zu einem Problem für den Spielraum und die Effektivität der parlamentarischen Kontrolle geworden ist[58].

Gerade mit dieser Feststellung wird aber die für uns wesentliche Frage aufgeworfen, ob das Parlament überhaupt noch in der Lage ist, in dem gegebenen Kräfte- und Interessenpluralismus das Gesamt zu repräsentieren oder ob diese Aufgabe nicht besser von den Interessenverbänden zu bewältigen ist[59]. Die wachsende Bedeutung der Interessengruppen hat in den letzten Jahren die ihr gebührende Achtung erhalten und eine große Anzahl wichtiger Untersuchungen hervorgebracht[60]. Den für die Beantwortung unserer Frage entscheidenden Gesichtspunkt hat dabei *Joseph H. Kaiser* hervorgehoben[61]: Der organisierten Interessenwahrnehmung ist zwar eine Art Repräsentation, die Kaiser „représentation de fait“ nennt, nicht abzusprechen. Sie beruht aber auf der Ungleichheit, die dem Interessenpluralismus selbstverständlich ist, während die parlamentarische Repräsentation auf der staatsbürgerlichen Gleichheit gründet. „Volkssouveränität und Gruppenherrschaft sind darum nicht identisch und grundsätzlich auch nicht miteinander verein-

---

[53] *E. Forsthoff*, Verwaltungsrecht, S. 439 f.

[54] Die Anknüpfung an den Bürger von Besitz und Bildung — auch bezüglich des Wahlrechts — ist im älteren Liberalismus wegen des Zweifels an der Fähigkeit der Masse, eine vernünftige Mitwirkung am politischen Leben zu entfalten, erfolgt; dazu *U. Scheuner*, FS H. Huber, S. 223.

[55] Zur Abgrenzung des Sachverständigen vom Interessenvertreter vgl. *G. Leibholz*, Der Einfluß der Fachleute auf politische Entscheidungen, in: Die politische Verantwortung der Nichtpolitiker, 1964, S. 81 ff. (87 f.).

[56] Vgl. *E. Forsthoff*, Strukturwandlungen, S. 16.

[57] *K. v. Beyme*, Die Verwaltung, Bd. 2 (1969), S. 292 f.

[58] *G. Leibholz*, Kontrollfunktion, S. 72 f.; s. auch unten § 21 II. 3.

[59] Diese Fragestellung findet sich etwa bei *U. Scheuner*, FS H. Huber, S. 224; *ders.*, Politische Repräsentation und Interessenvertretung, DÖV 1965, S. 577 ff.

[60] Genannt seien hier die Referate von *G. Leibholz* und *G. Winkler*, Staat und Verbände, VVDStRL 24 (1966), S. 5 ff., 34 ff., sowie *K. v. Beyme*, Interessengruppen in der Demokratie, 1969.

[61] Repräsentation, S. 354 ff.

bar. Darum gibt es keinen Ersatz der parlamentarischen Demokratie durch einen Ständestaat, auch nicht auf Teilgebieten, es sei denn durch einen Umsturz der Verfassung[62]."

Diese Ersatzlosigkeit parlamentarischer Demokratie gilt entsprechend da, wo zur Rechtfertigung weisungsfreier Verwaltungsstellen auf den reinen Sachverstand abgehoben wird[63]. *Heiko Faber* sagt in diesem Zusammenhang anschaulich, daß die Anerkennung des Sachverstandes als Legitimationsfaktor dem Demokratiegebot des Grundgesetzes einen „Aristokratievorbehalt" unterstellen würde[64].

Unser Ergebnis ist daher auch hier, daß es nur einen „mediatisierten Regreß auf das Volk"[65] geben kann; dieser „Überwälzungsprozeß" findet im und durch das Parlament statt. Auch die sog. politische Selbstverwaltung vermag daher eine Rechtfertigung für ministerialfreie Räume nicht zu bieten.

### 3. Demokratie und Subsidiaritätsprinzip

Insbesondere zugunsten der kommunalen Selbstverwaltung, aber auch weit darüber hinausgehend, wird häufig auf das sog. Subsidiaritätsprinzip als ein allgemeines Zuständigkeits- und Ordnungsprinzip zurückgegriffen[66]. Das Prinzip entstammt der katholischen Soziallehre und hat seine einprägsamste Formulierung in der päpstlichen Enzyklika Quadragesimo anno von 1931 gefunden[67]: „Wie dasjenige, was der Einzelmensch aus eigener Initiative und mit seinen eigenen Kräften leisten kann, ihm nicht entzogen und der Gesellschaftstätigkeit zugewiesen werden darf, so verstößt es gegen die Gerechtigkeit, das, was die kleineren und untergeordneten Gemeinwesen leisten und zum guten Ende führen können, für die weitere und übergeordnete Gemeinschaft in Anspruch zu nehmen." Gelänge der Beweis der verfassungsrechtlichen Rezeption einer solchen Zuständigkeitsstaffelung, so ließen sich u. U. viele ministerialfreien Räume, vor allem aber die Selbstverwaltungen rechtfertigen. Ein solches Verfassungsprinzip würde auch manche Parallelen zu einem weitverbreiteten (hier allerdings abgelehnten) Demokratiever-

---

[62] *J. H. Kaiser*, Repräsentation, S. 360; dort vgl. besonders auch FN 48. — Ähnlich wie Kaiser auch *U. Scheuner*, FS H. Huber, S. 241 ff.; *F. Kopp*, Verfassungsrecht, S. 196 f.; *P. Badura*, VVDStRL 22 (1965), S. 350.

[63] Gedacht ist etwa an die Bundesbank, die Bundesschuldenverwaltung, den Sachverständigenrat; vgl. auch *C. P. Fichtmüller*, AöR 91 (1966), S. 343 f.

[64] *H. Faber*, S. 65 f.

[65] *K. Eichenberger*, FS H. Huber, S. 123.

[66] Vgl. etwa *C.-Th. Samm*, S. 94 ff. m. w. N. Ferner *H.-W. Korte*, Die Aufgabenverteilung zwischen Gemeinde und Staat unter besonderer Berücksichtigung des Subsidiaritätsprinzips, Diss. Würzburg 1968, S. 23.

[67] Das Zitat findet sich bei *C. Cordes*, Subsidiaritätsprinzip, EvStL, Sp. 2264.

ständnis aufweisen[68], weshalb an dieser Stelle kurz darauf eingegangen werden soll.

Der Streit um die Anerkennung des Subsidiaritätsgrundsatzes als verfassungsrechtliches Prinzip ist sehr eingehend geführt worden und ist hier nicht im einzelnen nachzuzeichnen[69]. Als Fazit kann festgehalten werden, daß es den Verfechtern dieser Anerkennung nicht gelungen ist, sich in Literatur und Rechtsprechung[70] durchzusetzen. Das wesentliche, auf der Souveränität des modernen Staates beruhende Gegenargument ist, daß der Subsidiaritätsgrundsatz, der ausdrückliche Verfassungsbestimmungen nicht für sich reklamieren kann[71], sondern höchstens als dem Staat vorgegeben der Verfassung zugrunde läge, den Staat in seiner Aufgabenwahl beeinträchtigen[72] und ihn damit seiner Staatlichkeit weitgehend entkleiden würde; die (auch) auf die Souveränität des Staates hinkonzipierte Verfassung würde in einen nicht auflösbaren Widerspruch zu sich selbst treten[73].

Wenn man so will, dann kann man mit *Rüdiger Zuck* das Subsidiaritätsprinzip als zusammenfassenden Begriff der von den Grundrechten gegen den Staat[74] ausgehenden Wirkungen betrachten[75]. Besonderer heuristischer Wert kommt ihm dann freilich nicht zu, weil es nach wie vor nötig bleibt, die Abgrenzung von Freiheitssphäre und staatlichem Eingriff (oder Unterlassen) im konkreten Fall bezogen auf jedes einzelne Grundrecht zu ermitteln[76].

---

[68] Zu diesem Verhältnis eingehend *R. Zuck*, Subsidiaritätsprinzip und Grundgesetz, 1968, S. 102 ff.; *J. Isensee*, Subsidiaritätsprinzip und Verfassungsrecht, 1968, S. 264 ff.; beide m. w. N.

[69] Insoweit kann auf die angezeigten Monographien von J. Isensee und R. Zuck verwiesen werden.

[70] Eindeutige Ablehnung findet sich in der Rechtsprechung des BVerwG, Urt. v. 25. 2. 1966, BVerwGE 23, 304 ff. (306), sowie Urt. v. 22. 2. 1972, BaWüVBl. 1972, S. 105 ff. (107). Nicht eindeutig das BVerfG im Urt. v. 29. 7. 1959, BVerfGE 10, 59 ff. (83), offen gelassen im Urt. v. 18. 7. 1967, BVerfGE 22, 180 ff. Der StGH Baden-Württemberg, Urt. v. 6. 5. 1967, BaWüVBl. 1968, S. 9 ff. (10), hält das Subsidiaritätsprinzip für einen Verfassungsgrundsatz (Art. 70 Abs. 1 S. 2 LV), was das Gericht aber nicht davon abhält, die Übertragung „öffentliche(r) Aufgaben, die ihrer Natur nach Selbstverwaltungsaufgaben sein könnten", auf andere Stellen zuzulassen.

[71] Bestr.- Nachweise bei *R. Zuck*, S. 77 ff.

[72] Der Kreis staatlicher Aufgaben ist nicht nur offen — dazu vgl. oben § 8 IV. —, der Staat selbst muß auch die Kompetenz haben, darüber zu entscheiden, welche Aufgaben er erfüllen will.

[73] Dazu vgl. *H. Krüger*, Staatslehre, S. 775; *R. Herzog*, Subsidiaritätsprinzip, EvStL, Sp. 2266 ff. (2269). Ferner *U. Heering*, Die zulässige staatliche Einflußnahme auf die Erledigung von Aufgaben durch die Gemeinde, Diss. Hamburg 1969, S. 120 f.; *P. Lerche*, S. 66 f.

[74] Darunter wären auch die — sollte es sie geben — sozialen Grundrechte zu rechnen.

[75] *R. Zuck*, S. 133. Zustimmend die Besprechung von *W. Reuß*, DVBl. 1968, S. 927.

[76] Gegen die weitergehende Konzeption *J. Isensees*, S. 313, wonach der Subsidiaritätsgrundsatz in den Grundrechten normative Wirkung erlangt, zutreffend *H.-U. Evers*, Buchbesprechung, DVBl. 1969, S. 758 f.

#### 4. Zusammenfassung

Mit der vorgenommenen Akzentuierung des Demokratiebegriffes des Grundgesetzes als parlamentarische Demokratie kann eine abschließende Aussage über Zulässigkeit oder Unzulässigkeit des ministerialfreien Raumes noch nicht getroffen werden. Zugleich ist damit aber der Weg versperrt, dem Demokratiegebot die Rechtfertigung ministerialfreier Räume — generell oder im Einzelfall — zu entnehmen, ohne daß zuvor dem Rechtskreis des Parlaments nähere Aufmerksamkeit geschenkt würde. Umgekehrt ist es jedoch gleichfalls nicht möglich, die Zulässigkeit ministerialfreier Räume an fehlender demokratischer Legitimation scheitern zu lassen, ohne zuvor die Verbindung Demokratie—Parlament erkannt und diskutiert zu haben.

## § 20 Gewaltenteilung und Grundgesetz

### I. Die Argumentation

Nicht anders als das Demokratiegebot wird der Grundsatz der Gewaltenteilung als Argument für und gegen die Verfassungsmäßigkeit der ministerialfreien Räume gebraucht. So plädiert *Klaus Obermayer* deshalb für ihre Unzulässigkeit, weil die uneingeschränkte Leitungsbefugnis der Exekutive ebenso wie die sachliche und persönliche Unabhängigkeit des Richters unverzichtbares Mindesterfordernis des Gewaltenteilungsprinzips sei[1]. Das Bundesverfassungsgericht hingegen mißt in diesem Zusammenhang dem Gewaltenteilungsgrundsatz keine Bedeutung zu, da mit der Schaffung ministerialfreier Bereiche nicht Macht von einer Gewalt auf eine andere übertragen werde; auch der ministerialfreie Raum sei der Exekutive zugehörig[2]. *Georg Vorbrugg* stimmt dieser Auffassung im wesentlichen zu, hält sie jedoch für insoweit zu eng, als er einen Verstoß gegen die Gewaltenteilung dann bejaht, wenn die Exekutive durch die Errichtung weisungsfreier Stellen so geschwächt würde, daß sie nur noch als „Rumpfexekutive" der Legislative gegenüberstünde[3]. *Carl Peter Fichtmüller* geht darüber noch hinaus: Lückenlose parlamentarische Kontrolle würde dem Parlament geradezu

---

[1] *K. Obermayer*, S. 69.

[2] BVerfGE 9, 268 ff. (279 ff.).

[3] *G. Vorbrugg*, S. 241. Dort wird auch wegen Verletzung des Kernbereichs der Exekutive die Errichtung eines „parlamentseigenen Ministeriums" als 2. Fall eines Verstoßes gegen das Gewaltenteilungsprinzip verstanden. Dies verbietet sich freilich bereits aus Art. 65 GG, der den (personellen) Umfang der Verantwortlichkeitsbeziehungen zwischen Legislative und Exekutive abschließend regelt; dazu vgl. oben § 3 Anm. 109.

eine dem Gewaltenteilungsschema widersprechende überragende Stellung gegenüber den anderen Verfassungsorganen, insbesondere der Regierung, einräumen[4].

## II. Gewaltenteilung im Grundgesetz

### 1. Neue Strömungen

Die Zahl der Abhandlungen über den Grundsatz der Gewaltenteilung im allgemeinen und im Grundgesetz ist Legion. Resümiert man die darüber geführte Diskussion, so läßt sich festhalten, daß die Erkenntnis vorherrscht, daß die klassische Gewaltenteilung den Bedingungen des modernen Staates nicht mehr entspricht. Dies läßt das Grundgesetz selbst deutlich werden. Obwohl es die Dreiteilung der Gewalten in Art. 20 Abs. 2 und 3 hervorhebt, weist es eine Fülle anderer Bestimmungen auf, die einer wirklichen Gewalten*teilung* widersprechen[5]. Einer der wichtigsten Faktoren, die das alte Gewaltenteilungsschema in Frage stellten, war die Rezeption des parlamentarischen Regierungssystems in die deutsche Verfassung[6]. Während sich bereits in seinen — konstitutionellen — Anfängen abzeichnete, daß sich aus dem Gegensatz von Parlament und Regierung über die von beiden eifersüchtig gehüteten Kompetenzen hinweg eine Zusammenarbeit, ein Miteinander entwickeln würde und müßte, ist heute aus diesem Trend zur Gewaltenverbindung eine „Gewaltenverfilzung“[7] geworden, die im wesentlichen auf der Personenidentität von führenden Parlamentariern und Regierungsmitgliedern beruht[8].

Es nimmt daher nicht wunder, daß ausgehend von diesem Befund die Stimmen an Gewicht zugenommen haben, die, um drohenden Machtmißbrauch zu verhindern, den Gewaltenteilungsgrundsatz von seiner ausschließlichen Verknüpfung mit drei voneinander unabhängigen Gruppen von Staatsorganen zu lösen und ihn in einem weiteren Bereich zur Geltung zu bringen suchen[9]. In Verfolgung dieses Konzepts werden für die Gewaltenteilung reklamiert die Parteien und Verbände, die Länder, kommunale, berufliche, soziale und wirtschaftliche Selbstverwaltung, die Mitwirkung von Laien, die Aufspaltung in Fachverwal-

---

[4] *C. P. Fichtmüller*, AöR 91 (1966), S. 319 f., 332 f.

[5] Nachweise bei *H. Peters*, Gewaltentrennung, S. 85 ff.

[6] *H. Peters*, ebenda; *R. Herzog*, Staatslehre, S. 235.

[7] *R. Herzog*, ebenda; vgl. auch *W. Weber*, Spannungen und Kräfte, S. 160 f.

[8] Ob diese Entwicklung zur Ablösung des Dualismus Parlament-Regierung geführt hat, so daß der hier gewählte Ausgangspunkt in Frage gestellt wäre, muß noch geprüft werden; vgl. dazu unten § 24 I.

[9] Dazu *K.-H. Böckstiegel*, Neue Aspekte der Gewaltenteilung seit Inkrafttreten des Grundgesetzes, NJW 1970, S. 1712 ff. (1717 f.); *H. Peters*, Gewaltentrennung, S. 101 ff.; *W. Weber*, Spannungen und Kräfte, S. 165 f.

tung und Politik[10]. Ist diese Auffassung richtig, so könnte sich von hier aus in der Tat die Zulässigkeit einer ganzen Anzahl ministerialfreier Räume ergeben.

### 2. Der eigene Ansatz: Gewaltenteilung — Demokratie — Freiheit

Alle Interpreten des Gewaltenteilungsprinzips dürften sich darin einig sein, daß es zu begreifen ist als System der „checks and balances". Davon weicht auch das Bundesverfassungsgericht nicht ab, wenn es die Gewaltenteilung im Begriff der „freiheitlichen demokratischen Grundordnung" verankert[11]. Hieraus folgen die beiden Komponenten, die der Gewaltenteilung im Grundgesetz eigen sind, mit aller Klarheit:

#### *a) Gewaltenteilung und Demokratie*

Gewaltenteilung wird zunächst in engen Konnex gebracht mit dem Demokratiebegriff, d. h. aber — wie dargestellt — mit der parlamentarischen Demokratie. Kennzeichen des parlamentarischen Systems ist jedoch, wie ebenfalls schon erwähnt, die Gewaltenverbindung oder eine sogar darüber hinausgehende Verzahnung[12]. Bei dieser Sachlage kann man das Gewaltenteilungsprinzip auf dieser Ebene nicht kurzerhand zur Abdankung zwingen; ihm ist vielmehr der Gedanke der Aufhellung und Verklarung, ja der optimalen Aktualisierung von Verantwortlichkeit zu entnehmen[13].

Diese Aufgabe ist auf zweifachem Wege erfüllbar. Einmal, indem die Gewaltenteilung als „formales Organisationsprinzip"[14] betrachtet wird.

---

[10] Zu den eben Erwähnten sei noch *N. Gehrig*, Gewaltenteilung zwischen Regierung und parlamentarischer Opposition, DVBl. 1971, S. 633 ff., und *ders.*, Parlament — Regierung — Opposition, 1969, S. 65 ff., 103 ff., genannt, der die „vitale Gewaltenteilung" ausschließlich an die Parteien knüpft.

[11] BVerfGE 2, 1 ff. (13), Urt. v. 23. 10. 1952 (SRP). Im gleichen Zusammenhang wird dort auch die Verantwortlichkeit der Regierung genannt.

[12] Vgl. *R. Redslob*, Die parlamentarische Regierung in ihrer wahren und ihrer unechten Form, 1918, S. 7, wo es heißt: „Das parlamentarische Regime ist also nicht eine Trennung, sondern vielmehr eine Bindung der Gewalten."

[13] Ähnlich *O. Küster*, Das Gewaltenproblem im modernen Staat, in: Zur heutigen Problematik der Gewaltentrennung, S. 1 ff. (9); *W. Kägi*, Von der klassischen Dreiteilung zur umfassenden Gewaltenteilung, ebd. S. 286 ff. (301); *R. Bäumlin*, Die Kontrolle des Parlaments über Regierung und Verwaltung, ZSchwR N. F. Bd. 85 (1966), 2. Halbbd. S. 165 ff. (227 f.). A. A. wohl *F. Glum*, Das parlamentarische Regierungssystem in Deutschland, Großbritannien und Frankreich, 2. Aufl. 1965, S. 381.

[14] So z. B. *E. Benda*, Bulletin des Presse- und Informationsamtes der Bundesregierung Nr. 89 (1969), S. 761 f. — Ob die Verteilung der Aufgaben auf die Organe nach qualitativen oder quantitativen Merkmalen vorzunehmen und welche Folgerungen für die Ermittlung eines Verstoßes gegen den Grundsatz der Gewaltenteilung zu ziehen sind, vgl. unten § 25 II.

Hiermit stimmen auch diejenigen überein, die eine — oben skizzierte — Ausdehnung des Gewaltenteilungsprinzips befürworten[15]. Der zweite Weg besteht in der Anerkennung und Aktualisierung des Kontrollmechanismus, der dem Parlament zur Verfügung steht, wozu unabdingbar die Ministerverantwortlichkeit gehört. Schon daraus wird ihre gewaltenteilende Funktion deutlich, was von allen verkannt wird, die Gewaltenteilung und Ministerverantwortlichkeit einer getrennten Betrachtung unterwerfen. Auf dieses Fehlverständnis haben insbesondere *Karl Josef Partsch*[16] und *Klaus Vogel*[17] in ihren kritischen Bemerkungen zu BVerfGE 9, 268 ff. hingewiesen. Beide verstehen den Gewaltenteilungsgrundsatz auch als materielles Gestaltungsprinzip, dem sie spezielle Konstitutions- oder Strukturprinzipien der verschiedenen Gewalten entnehmen — für die vollziehende Gewalt die monokratische oder besser: die hierarchische Struktur[18]. Diese Deduktion ist zunächst nicht ganz einsichtig. Sie wird aber überzeugend, wenn man sie dahin versteht, daß — es handelt sich nur um das Verhältnis Parlament zu Exekutive[19] — die Struktur der vollziehenden Gewalt so beschaffen sein muß, daß sie die parlamentarische Kontrolle ermöglicht bzw. die parlamentarische Verantwortlichkeit aktualisiert werden kann. Die „funktionsgerechte Organstruktur"[20] ist daher eng mit dem Fragenkreis der Gewaltenteilung verbunden[21].

Die Einbeziehung der Gewaltenteilung in das parlamentarische Regierungssystem[22] weist somit vor allem auf die Ermöglichung einer umfassenden parlamentarischen Kontrolle hin. Der Vorwurf der dadurch heraufbeschworenen Parlamentssuprematie verfängt nicht. Die Effektuierung von Kontrolle ist keine Rangfrage[23]. Im System der checks and balances bestätigt die gegenseitige Kontrolle höchstens die Gleichrangigkeit. Auch das Parlament ist ja nicht frei und unkontrolliert. Es ist an die Verfassung gebunden, in vieler Hinsicht an den Bundesrat, an den Bundespräsidenten (Prüfungsrecht), über Personenidentität auch an die Regierung. Insbesondere unterliegen seine Akte der Nachprüfung durch das Bundesverfassungsgericht, ohne daß diesem dadurch eine dem Parlament übergeordnete Stellung verschafft würde.

---

[15] *H. Peters*, Gewaltentrennung, S. 100.
[16] JZ 1960, S. 23 f.
[17] MDR 1959, S. 894 ff.
[18] Vgl. dazu *M. Frenkel*, Nr. 65.
[19] Die Rechtsprechung kann hier ausgeklammert bleiben.
[20] *O. Küster*, Gewaltenproblem, S. 9.
[21] A. A. etwa *C. P. Fichtmüller*, AöR 91 (1966), S. 319.
[22] Vgl. *E.-W. Böckenförde*, Organisationsgewalt, S. 289; a. A. *C. P. Fichtmüller*, AöR 91 (1966), S. 333.
[23] Unrichtig daher auch *F. Glum*, S. 381.

### b) *Gewaltenteilung und individuelle Freiheit*

Eine Korrektur des bisherigen Resultats ließe sich vielleicht erzielen durch die Hinzunahme der zweiten Komponente der Gewaltenteilung: es ist der Aspekt der Freiheit[24]. Gewaltenteilung durch Verteilung, Hemmung und Mäßigung der Macht soll der Freiheit des Menschen, der Entfaltung seiner schöpferischen Kraft zugute kommen[25]. Despotie soll verhindert werden[26]. Der Zerkleinerung der Macht könnten die vielfältigen Ausgliederungen, Subdivisionen[27] dienen, die gerade in der Exekutive, aber auch in den anderen Gewalten stark vertreten sind. Die Durchsetzung echter Personalmitbestimmung im staatlichen Bereich, die Schaffung von Autonomie und weisungsfreien Stellen in der unmittelbaren Staatsverwaltung, die Anerkennung der Verwaltung als „eigenständige Staatsgewalt“[28] — all das könnte im beschriebenen Sinn der Zerkleinerung von Macht zum Schutze der individuellen Freiheit dienlich sein.

*Walter Leisner* ist diesem Problem der „Gewaltenteilung innerhalb der Gewalten“ in einer gleichnamigen grundlegenden Abhandlung nachgegangen[29]. Das Ergebnis seiner Forschung läßt unüberwindbare Zweifel an der Richtigkeit des notwendigen Zusammenhanges von Machtabbau und Freiheit aufkommen.

Der Gewaltenteilung kann es gerade im modernen Staat, von dem immer mehr gefordert wird, nicht um Machtabbau schlechthin gehen — ein machtloser Staat wäre gerade kein Garant der Freiheit, weder nach innen noch nach außen —, sondern um Verhinderung von Machtkonzentration durch Verteilung der Macht; d. h. nicht Verlagerung von Macht außerhalb des Staates[30], sondern Aufteilung auf verschiedene staatliche Organe. So verstandene „quantitative Gewaltschwächung“ ist ein gemeinsamer Zug der im Grundgesetz unmittelbar angesprochenen Gewaltenteilung sowie der sich in der Exekutive vollziehenden Machtteilung[31]. Die angestrebte Verteilung der Macht erfüllt ihren Sinn aber nur,

---

[24] Vgl. *O. Küster*, Gewaltenproblem, S. 9; auch *W. Kägi*, Gewaltenteilung, S. 300: „Die Idee der Gewaltenteilung als Ordnungsidee der freien Gemeinschaft freier Menschen ...“

[25] Auf den Zusammenhang von Gewaltenteilung und Menschenrechten weist schon Art. 16 der „Déclaration des droits de l'homme et du citoyen“ von 1789 hin; dazu *W. Weber*, Spannungen und Kräfte, S. 152.

[26] *H. Peters*, Gewaltentrennung, S. 100.

[27] Der Ausdruck findet sich bei *W. Leisner*, Gewaltenteilung innerhalb der Gewalten, Festgabe Th. Maunz, S. 267 ff.

[28] Vgl. die Schrift von *H. Peters*, Die Verwaltung als eigenständige Staatsgewalt, S. 30, wo Peters dafür eintritt, die Verwaltung selbst einer Gewaltenteilung zu unterwerfen. Dazu weiter im Text.

[29] s. oben Anm. 27.

[30] Also nicht in den gesellschaftlichen Raum hinein; zur Übertragung von Hoheitsrechten auf zwischenstaatliche Einrichtungen vgl. Art. 24 GG.

[31] *W. Leisner*, Festgabe Th. Maunz, S. 277 f.

wo sie gleichgewichtig vorgenommen wird. Die Gleichgewichtigkeit ergibt sich zwischen den Gewalten durch die vielfältigen Verschränkungen und möglichen Übergriffe — m. a. W.: es geht um kontrollierte Machtverteilung, „Kontakt in Trennung“[32]. Teilung der Gewalt innerhalb einer Gewalt durch Ausgliederung aber bedeutet stets Kontrollabbau, Herausnahme aus dem komplizierten System der auf die drei Gewalten zugeschnittenen checks and balances. „Was durch Machtatomisierung — angeblich — gewonnen wird, geht durch Kontrollabbau verloren. Hierarchische Strukturen können nicht blindwütig „abgebaut“, es muß für ihre Kontrolle gesorgt werden“[33]. Der mit der Kontrollreduzierung Schritt haltende Machtverfall des Staates bedroht aber die menschliche Freiheit im Kern. Die „Subdivision“ der Exekutive über das in der Verfassung selbst vorgeschriebene Maß hinaus kann daher das Gewaltenteilungsprinzip auch über den ihm zugehörigen Aspekt der individuellen Freiheit nicht für sich in Anspruch nehmen.

### *c) Folgerung*

Umgekehrt ist damit gegen die Zulässigkeit ministerialfreien Raums noch nichts Endgültiges ausgesagt. Die Grenze, wo der Verstoß gegen das der Verfassung zugrunde liegende Prinzip zum Verfassungsverstoß selbst führt, muß erst noch ermittelt werden. Die Rolle, die auch in diesem Zusammenhang die Kontrolle des Parlaments spielt, trat freilich auch hier wieder deutlich zutage.

# § 21 Neutralisierung und Entpolitisierung von Verwaltungsbereichen

## I. Die Argumentation

Die Frage, ob der Sachverstand eine legitimierende Rolle — am Parlament vorbei — haben kann, wurde schon oben negativ beantwortet[1]. Im Zusammenhang damit steht das Problem der Neutralisierung oder Entpolitisierung von Verwaltungsaufgaben; es hat aber eine über die Sachverstandsfrage hinausgehende Dimension.

In der Literatur ist die Bedeutung solcher Neutralisierung vor allem am Beispiel der Deutschen Bundesbank demonstriert worden[2]. Insbeson-

---

[32] Ebenda, S. 278.

[33] Ebenda, S. 281.

[1] Vgl. § 19 II. 2 d).

[2] Ein weiteres Exempel wäre der Personalgutachterausschuß, s. o. § 9 Anm. 3.

dere *Carl Peter Fichtmüller* hat darin die Rechtfertigung ihrer Unabhängigkeit gesehen[3]. Die verfassungsrechtliche Grundlage sieht er darin, daß das Grundgesetz deutlich zum Ausdruck gebracht habe, die Erhaltung einer leistungsfähigen Demokratie habe den Vorrang vor der konsequenten Einhaltung der Verfassungsprinzipien[4]. Wo daher die Gefahr der Selbstzerstörung bestehe, wie bei mangelhafter politischer Führung, komme der Selbstschutzgedanke zum Zuge. Die parlamentarische Kontrolle sei nur ein Faktor im System der Maßregeln zum Schutz der Demokratie und stehe überdies in Spannung zum Gewaltenteilungsgrundsatz; die Neutralisierung sei aber selbst eine Form des Machtausgleichs[5]. Im übrigen seien Parlament und Regierung mannigfache personelle Einflußnahmen eröffnet, und das Parlament könne ja auch durch contrarius actus die Neutralisierung rückgängig machen. Wichtig sei freilich, daß die Aufgaben der neutralisierten — vereinzelten[6] — Verwaltungen vom Gesetzgeber fest umrissen seien[7].

Diese Auffassung hat sich auch der Kommentar von *v. Mangoldt-Klein* zu eigen gemacht. Bei seinem von BVerfGE 9, 268 ff. abweichenden Ausgangspunkt[8] sieht er in der ausnahmsweisen politischen Neutralisierung, wenn sonst die Gefahr der Verfehlung des verfassungsrechtlichen Auftrags bestünde, einen „gewichtigen sachlichen Grund", der als solcher schon eine ministerialfreie Verwaltung rechtfertige[9].

## II. Eigene Ansicht

Wie steht es nun wirklich mit der Auffassung, daß es „in der Demokratie Zonen (gibt), die grundsätzlich überparteilich bleiben müssen, wenn der Mehrparteienstaat als funktionsfähige Einheit erhalten bleiben soll"[10]?

### 1. Ablehnung der These Fichtmüllers

Wenden wir uns zunächst der *Fichtmüller*schen Argumentation im einzelnen zu. Schon *Carl-Theodor Samm* hat deutlich gemacht, daß der angeblich in § 3 BBankG klar umrissene Auftrag an die Bundesbank

---

[3] AöR 91 (1966), S. 345 ff. Ähnlich *H.-U. Voigt*, S. 64.
[4] AöR 91 (1966), S. 347.
[5] Ebenda, S. 348.
[6] Ebenda, S. 345 und 349.
[7] Ebenda, S. 349.
[8] Vgl. oben § 17 III.
[9] *v. Mangoldt - Klein*, Vorbem. III. 3. vor Art. 83 und Art. 88 Anm. IV. 3. b).
[10] So *W. Kägi*, zitiert nach *Hans Schneider*, Betrachtungen zum Gesetz über das Bundesverfassungsgericht, NJW 1953, S. 802 (803). Bei Kägi ist diese Bemerkung allerdings deutlich bezogen auf die Justiz (Richterwahl).

alles andere als diese Charakterisierung zuläßt[11]. Allerdings ist dies kein das Problem als solches treffender Einwand. Es kommt aber ein weiterer hinzu: Wäre es von Fichtmüllers Standpunkt aus nicht konsequent, die Neutralisierung etwa der Bundesbank zwingend zu fordern, wenn man einmal erkannt hat, daß andernfalls die „Gefahr der Selbstzerstörung" droht? Dann wäre freilich auch der gesetzgeberische Akt in der Sache nicht mehr revozierbar[12]. Ferner: Fichtmüllers These leidet entscheidend daran, daß sie von einem Gegensatz von parlamentarischer Kontrolle und Gewaltenteilungsprinzip ausgeht, der unter dem Grundgesetz nicht existiert[13]. Das braucht hier nicht nochmals ausgeführt zu werden. Auch die übrig gebliebenen Einflußmöglichkeiten von Regierung und Parlament wurden an anderer Stelle schon behandelt[14].

### 2. Grundsätzliche Bemerkungen

Wenn wir das Phänomen der politischen Neutralisierung etwas grundsätzlicher angehen, so steht am Anfang die Entdeckung, daß es eine sichtbare Tendenz hin zum „Gutachter-Staat"[15] gibt, wo die Sachentscheidungen von den politischen Instanzen weg auf unabhängige, politisch neutralisierte Sachverständigengremien verlagert werden[16]. Dahinter steht die Kenntnis von dem Prozeß der Verwissenschaftlichung der Politik, die Überzeugung von der Notwendigkeit an der Sache selbst ausgerichteter Entscheidungen, die (partei-)politischem Zugriff zu entziehen seien, und schließlich der Unglaube an die Fähigkeit der Politiker.

Gerade der letzte Gesichtspunkt weist darauf hin, daß der These von der politischen Neutralisierung eine spezifische Geringschätzung der Politiker, der Parteien und der parlamentarisch-repräsentativen Institutionen immanent ist[17]. Man sollte sich aber auch über ein anderes nicht täuschen: Der Gedanke, entpolitisieren zu können, ist utopisch. *Carl Schmitt* hat zu Recht darauf hingewiesen, daß sog. Entpolitisierung doch nur die Entscheidung für eine bestimmte Politik ist[18]. Die Theorie der Neutralisierung kann schon von daher nicht leisten, was sie soll.

---

[11] Vgl. einerseits *C. P. Fichtmüller*, AöR 91 (1966), S. 349, andererseits *C.-Th. Samm*, S. 97 f., und *H. Faber*, S. 62 FN 216.

[12] Vgl. dazu auch *C. Schmitt*, Das Problem der innerpolitischen Neutralität des Staates, in: Verfassungsrechtliche Aufsätze, 1958, S. 41 ff. (52), wo diese Frage bezüglich des Reichsbahngesetzes in der Weimarer Republik erörtert wird.

[13] Dazu ausführlich oben § 20 II. 2.

[14] Vgl. oben § 4 I. 5. e) und § 9.

[15] *C. Schmitt*, Innerpolitische Neutralität, S. 49.

[16] *E. Forsthoff*, Rechtsstaat im Wandel, 1964, S. 201.

[17] Vgl. *R. Wildenmann*, Die Rolle des Bundesverfassungsgerichts und der Deutschen Bundesbank, S. 5 f.

[18] Innerpolitische Neutralität, S. 56.

Sieht man von diesem Denkfehler aber ab, so weisen Neutralisierungen — wie manche andere Erscheinungen auch — Züge einer ständestaatlichen Entwicklung auf: „Die Flucht aus der Politik ist die Flucht aus dem Staat“[19], und dadurch werden neue Machtzentren geschaffen, die nicht demokratisch kontrolliert sind; Herrschaft wird weiter ausgeübt, nun aber illegitim[20].

Handelt es sich aber wirklich um Politik bei den die Sachkunde erfordernden Entscheidungen, müßte man weiter fragen. Ohne uns auf den Boden der Diskussion um das Wesen des Politischen begeben zu müssen, kann kein Zweifel sein, daß — um beim Beispiel zu bleiben — die Tätigkeiten der Bundesbank in einem eminent politischen Bereich angesiedelt sind. Das Gleiche traf zu etwa für die Aufgabe, die der Personalgutachterausschuß in den Zeiten des Aufbaus der Bundeswehr zu bewältigen hatte[21].

Wir kommen also zu dem Ergebnis, daß politische Neutralisierung — aus mehreren Gründen — keine tragfähige Grundlage für die Rechtfertigung ministerial- bzw. parlamentsfreier Räume bietet. Dies gilt auch und gerade dann, wenn vom Fachwissen die letzte Entscheidung beansprucht wird. Das Politische ist nicht auf den reinen Sachverstand reduzierbar[22]; nötig ist darum nicht Entpolitisierung, sondern sachlich-informierte Politik.

### 3. Effektivität parlamentarischer Kontrolle

Damit ist freilich ein Punkt angesprochen, der gleichfalls immer wieder zur Rechtfertigung eines parlamentarischen Kontrollverlustes herangezogen wird. Das Parlament — so heißt es — sei ohnehin nicht mehr in der Lage, die Exekutive umfassend zu kontrollieren; der Verlust wiege somit nicht besonders schwer[23]. Diese Auffassung verkennt die Rechtslage. Geht es doch bei der (parlamentarischen) Kontrolle nicht um die Notwendigkeit andauernder Detailkritik, sondern um die Möglichkeit, punktuell Kritik zu üben und zur Verantwortung zu ziehen. Dem steht auch nicht entgegen, daß man heute den Schwerpunkt der Parlamentsarbeit zunehmend in der Grundsatzdebatte, im Plenum sieht[24]. Schon die rechtliche Ermöglichung der Kontrolle hat Kontrolleffekt.

---

[19] *C. Schmitt*, Innerpolitische Neutralität, S. 57.

[20] Dazu *W. Damkowski*, Die Verwaltung, Bd. 3 (1970), S. 324 f.

[21] Im übrigen ergab sich gerade hier — entgegen *Fichtmüller*, AöR 91 (1966), S. 349 — der Auftrag dieses Ausschusses nicht klar aus dem Gesetz; vom Ziel seiner Errichtung auf seine Aufgabe zu schließen, dürfte kaum genügen.

[22] So *G. Leibholz*, Der Einfluß der Fachleute, S. 92.

[23] Vgl. etwa *M. Roller*, S. 122 f.; ähnlich *P. Dagtoglou*, Der Private, S. 158, und *C.-Th. Samm*, S. 91 f.

Nun ist zuzugeben, daß vielen Abgeordneten das Fachwissen fehlt, was eine fundierte Sachkritik ausschließt. Hierin liegt zweifellos ein Problem des Parlamentarismus[25]. Man kann das System aber nicht durch seine „Überwindung" retten. Zudem scheint dieser Fragenkreis weitgehend aufgebauscht zu sein. Auf den nicht eliminierbaren echt politischen Kern einer jeden Entscheidung wurde schon hingewiesen. Erst kürzlich auch hat *Walter Leisner* „die heute so beliebte Technisierung und Technologisierung der politischen Dezision" eine „gefährliche Illusion" genannt[26]. Am Problem der Verwissenschaftlichung der Politik ist zwar nicht vorbeizugehen; es besteht aber kein Anlaß, daraus ein goldenes Kalb zu machen. Es ist jedenfalls nicht zu erwarten, daß hier die wirklichen Gefahren für das parlamentarische Regierungssystem liegen; sie lauern woanders.

# § 22 Kontrolle und Rechtsstaat

## I. Rechtsstaat und Demokratie

Auf den Gesichtspunkt der rechtsstaatlichen Bändigung der (parlamentarischen) Demokratie wurde bereits aufmerksam gemacht[1]. Dabei lassen sich mit *Konrad Hesse* insbesondere drei Aspekte hervorheben[2]: Der Staat wird durch eine Verteilung von begrenzten Zuständigkeiten in Maß und Form gebracht. Mit Hilfe des Gesetzes wird eine Ordnung geschaffen, die für die Existenz des einzelnen ebenso unentbehrlich ist wie für das Zusammenleben aller. Drittens gilt der Primat des Rechts, den alle Staatsgewalt zu respektieren hat; durch den Vorrang der Verfassung ist auch dem Parlament eine unüberschreitbare Grenze gezogen (Art. 79 Abs. 3 GG). Die Sicherung der Unverbrüchlichkeit des Rechts ist als Funktion der rechtsprechenden Gewalt anvertraut, die darum konsequent selbst an Gesetz und Recht gebunden ist (Art. 20 Abs. 3 GG). Etwas enger sagt es *Ekkehart Stein*: Das Rechtsstaatsprinzip „umfaßt Garantien für die Bindung der gesamten Staatsgewalt an das von der

---

[24] Dazu *E. Friesenhahn*, VVDStRL 16 (1958), S. 31 f.; *W. Hennis*, FS A. Arndt, S. 151; *D. Grimm*, ZfP, Bd. 1 (1970), S. 462. — A. A. wohl *E. Guilleaume*, Die Verwaltung, Bd. 3 (1970), S. 12.

[25] Vgl. etwa *C. Arndt*, Parlament und Ministerialbürokratie, Die Verwaltung, Bd. 2 (1969), S. 265 ff.

[26] *W. Leisner*, Parteienvielfalt bei gleichem Parteiprogramm, DÖV 1971, S. 649 ff. (653); vgl. auch *ders.*, Mitbestimmung, S. 48.

[1] Vgl. oben § 19 II. 1.

[2] *K. Hesse*, Der Rechtsstaat im Verfassungssystem des Grundgesetzes, in: Festgabe für R. Smend, 1962, S. 71 ff. (73 ff.). Hier werden auch die Querverbindungen, die zwischen Demokratie-Gewaltenteilung-Rechtsstaat bestehen, besonders deutlich.

Volksvertretung (oder von den durch sie ermächtigten Staatsorganen) gesetzte Recht, insbesondere die rechtliche Kontrolle der Exekutive durch unabhängige Gerichte"[3].

## II. (Verwaltungs-)Gerichtliche und parlamentarische Kontrolle

### 1. Ausgangspunkt

Greift man diesen Punkt der gerichtlichen Exekutivkontrolle heraus, so könnte vielleicht unter rechtsstaatlichen Erwägungen der Gedanke bestechend wirken, daß die verwaltungsgerichtliche Kontrolle als Ersatz der parlamentarischen zu fungieren vermöchte[4]. Entsprechend hat *Helmut Ridder* die weisungsfreien Ausschüsse als „Ansatzpunkte für die Entwicklung vortrefflicher Rechtsschutzinstitutionen innerhalb der Exekutive" gewürdigt[5]. *Hans Peter Bull* sieht in den Ausschüssen und Beiräten, die nach § 73 Abs. 2 VwGO errichtet werden, durch das Erfordernis eines umfassenden Rechtsschutzes gerechtfertigte Ausnahmen vom Verbot der ministerialfreien Verwaltung[6]. Damit in Übereinstimmung befindet sich *von der Groeben*, der Bedenken immer dann zurückstellen will, wenn die gerichtliche Kontrolle der Ausschußentscheidung nicht nur auf Veranlassung des betroffenen Bürgers, sondern auch der Verwaltung selbst gewährleistet ist[7]. Inwieweit sind solche Überlegungen überzeugend?

### 2. Die Charakterisierung als „Quasi-Gerichte"

Zunächst wäre auf der Grundlage der Rechtsschutzargumentation daran zu denken, die Aufgaben der betreffenden Ausschüsse (z. B. Widerspruchsausschüsse, allgemeine Prüfungskommissionen, Prüfungsausschüsse für Kriegsdienstverweigerer usw.) als quasi-judiziell zu charakterisieren[8] und daraus die Notwendigkeit ihrer Unabhängigkeit herzu-

---

[3] *E. Stein*, Staatsrecht, S. 166 f.

[4] Ob die Gerichtskontrolle einen Ausgleich für demokratische Unterbilanz liefern kann, ist z. B. auch eine bezüglich der Europäischen Gemeinschaften immer wieder erörterte Frage. Vgl. etwa zum Problem die Referate von *J. H. Kaiser* und *P. Badura*, Bewahrung und Veränderung demokratischer und rechtsstaatlicher Verfassungsstruktur in den internationalen Gemeinschaften, VVDStRL 23 (1966), S. 1 ff.; 34 ff.

[5] *H. Ridder*, DÖV 1957, S. 511.

[6] *H. P. Bull*, DVBl. 1970, S. 249.

[7] *v. d. Groeben*, VerwArch. Bd. 49 (1958), S. 238; weitere Nachweise bei *H. Faber*, S. 67 FN 242.

[8] Wie dies verschiedentlich von den Parallelerscheinungen der ministerialfreien Räume in den USA, den sog. „independent agencies" behauptet wird; vgl. dazu Humphrey's executor v. U. S., 295 U. S. 602 (1935), und *G. Albert*, Stellung, Funktion und verfassungsrechtliche Problematik der Independent Regulatory Commissions in den Vereinigten Staaten von Amerika, 1971, S. 131 ff., 207. Vgl. aber auch oben § 7 Anm. 38.

leiten. Eine rechtlich abgesicherte Folgerung wäre das freilich nicht. Das Grundgesetz kennt — gerade aus rechtsstaatlichen Gründen — eine strikte Unterscheidung zwischen Gerichten und Nichtgerichten. Zwischenorgane gibt es nicht, eine entsprechende Bezeichnung bliebe im rechtlich irrelevanten, rein terminologischen Bereich stecken[9].

### 3. Der Unterschied des Maßstabs

Der entscheidende Einwand gegen eine freie Austauschbarkeit von gerichtlicher und parlamentarischer Kontrolle liegt in den unterschiedlichen Maßstäben, die beiden Kontrollformen das Gepräge geben. Die verwaltungsgerichtliche Kontrolle ist Rechtskontrolle: nicht die Zweckmäßigkeit des Verwaltungshandelns, nur seine Rechtmäßigkeit kann von den Verwaltungsgerichten überprüft werden[10]. Im Gegensatz dazu ist die parlamentarische Kontrolle vorwiegend Zweckmäßigkeitskontrolle, auch wenn die Möglichkeit besteht, daß das Parlament sich der Klärung von Rechtsfragen annimmt. Es will nicht recht deutlich werden, wie bei einer solchen Konstellation die Ausschaltung der parlamentarischen Kontrolle zugunsten einer reinen Rechtskontrolle als rechtsstaatlicher Gewinn verbucht werden kann. Das mit dem Rechtsschutzprinzip verbundene gerichtliche Kontrollverfahren ist als repressive Kontrolle ausgestaltet. Es erlaubt die Aufdeckung von Rechtsfehlern und ermöglicht sodann auch rechtsfehlerfreies Handeln. Es gebietet aber nicht, den Wert des Rechtsschutzes schon im Stadium der Verwaltungsentscheidung zu verabsolutieren, dies um so weniger, wenn man mit dem Bundesverfassungsgericht auch dem Rechtsstaatsgedanken die Notwendigkeit einer verantwortlichen Regierung entnimmt[11]. Aus dem Rechtsstaatsprinzip kann daher die Geeignetheit der verwaltungsgerichtlichen Kontrolle als Äquivalent der parlamentarisch-politischen Kontrolle nicht begründet werden[12].

---

[9] Dazu vgl. die Stellungnahme der wissenschaftlichen Abteilung des Deutschen Bundestags vom 12. 3. 1957, Anlage zum Urteil des Niedersächsischen StGH vom 19. 12. 1957, AöR 83 (1958), S. 423 ff. (451 f.): „Die Deklarierung eines Ausschusses als eines „Quasi-Gerichts" schließlich ist eine irrelevante Qualifizierung. Das Grundgesetz kennt einen eigenständigen Bereich der „Dritten Gewalt", der rechtsprechenden Gewalt, deren funktionelle Ausübung aber von Verfassungs wegen ausschließlich an eigene Organe, die durch besondere Merkmale gekennzeichneten Gerichte, gebunden ist. Diese besonderen Merkmale sind lediglich den Gerichten selbst eigen. Die durch das Grundgesetz gezogene scharfe Trennungslinie zwischen vollziehender und rechtsprechender Gewalt läßt für „Quasi-Gerichte" keinen Raum mehr. Deshalb ist mit der Kennzeichnung irgendeiner Institution als „Quasi-Gericht" rechtlich nach keiner Richtung hin etwas gewonnen."

[10] Vgl. etwa *C. H. Ule*, Der Verwaltungsrechtsschutz in den europäischen Staaten und die deutsche Verwaltungsgerichtsbarkeit, DVBl. 1970, S. 225 ff. (226); *F. Kopp*, Verfassungsrecht S. 198. A. A. wohl nur *A. Görlitz*, Politische Vierteljahresschrift 1970, S. 268 ff.

[11] BVerfGE 9, 268 ff. (281). Hierzu kritisch *K. Vogel*, MDR 1959, S. 895.

[12] Vgl. auch *R. Bäumlin*, ZSchwR NF Bd. 85 (1966), 2. Halbbd., S. 240 f,

Das Bundesverfassungsgericht hat sich freilich einmal in anderem Zusammenhang und gerade umgekehrt mit der Möglichkeit des Austauschs von gerichtlicher Kontrolle einerseits mit der Kontrolle durch parlamentarische Gremien und durch vom Parlament bestellte unabhängige Institutionen innerhalb des Funktionsbereichs der Exekutive andererseits befaßt. Im sog. Abhörurteil hat das Gericht die Ersetzung des Rechtswegs durch die Kontrolle eines aus fünf Bundestagsabgeordneten bestehenden Gremiums und einer vom Bundestag bestellten Kommission, deren drei Mitglieder weisungsfrei sind, zugelassen, da ein zwingender, sachlich einleuchtender Grund dies erfordere und der der rechtsprechenden Gewalt vorbehaltene Kernbereich nicht berührt werde[13]. *Karl August Bettermann* hat zu Recht darauf aufmerksam gemacht, daß damit der Weg von einer rein richterlichen Kontrolle[14] über eine parlamentarisch-politische Kontrolle[15] hin zu einer rechtlichen und quasirichterlichen Kontrolle geführt hatte[16]. Das Urteil hat dabei gerade in der Frage der Austauschbarkeit der Kontrolle starke Kritik erfahren[17]. Wir brauchen dies jedoch nicht näher auszuloten. Die Besonderheit des Falles liegt nämlich darin, daß das Grundgesetz nach seiner 17. Änderung[18] selbst vorsieht, daß an die Stelle des Rechtswegs die Nachprüfung durch von der Volksvertretung bestellte Organe und Hilfsorgane treten kann (Art. 10 Abs. 2 S. 2, 19 Abs. 4 S. 3 GG). Eine Verallgemeinerung dieses Gedankens oder gar einen Umkehrschluß aus dieser offenbar problembehafteten Entscheidung des verfassungsändernden Gesetzgebers zu ziehen, ist jedenfalls nicht möglich.

#### 4. Insichprozeß

Ein weiteres Bedenken ist weniger gravierend. Da das verwaltungsgerichtliche Verfahren im wesentlichen auf dem individuellen Rechtsschutz basiert, besteht nur dann die Gewähr, eine der Verwaltung ungünstige (rechtswidrige) Entscheidung weisungsfreier Stellen korrigie-

---

[13] BVerfGE 30, 1 ff. (27 f.), Urt. v. 15. 12. 1970.

[14] Der in der 4. Legislaturperiode vorgelegte Entwurf sah noch die richterliche Anordnung vor, BTag-Drucks. IV/2634.

[15] Die „politische Lösung" zog man darum der „Richterlösung" vor, weil die Verantwortung für eine derartige Entscheidung aus Gründen einer klaren Trennung der Gewalten bei der parlamentarisch verantwortlichen Exekutive bleiben sollte; vgl. BTag-Drucks. V/1880 (Begründung).

[16] *K. A. Bettermann*, Die Rechtsweggarantie des Art. 19 Abs. 4 GG in der Rechtsprechung des Bundesverfassungsgerichts, AöR 96 (1971), S. 528 ff. (563).

[17] Vgl. das Minderheitsvotum der Richter *Geller*, *v. Schlabrendorff* und *Rupp*, BVerfGE 30, 33 ff.; ferner zuvor schon die lesenswerte Kritik von *H.-U. Evers*, Zur Unantastbarkeit des Prinzips möglichst lückenlosen Rechtsschutzes, Art. 19 IV, 79 III GG, Rechtsgutachten in: G. Dürig - H.-U.Evers, Zur verfassungsändernden Beschränkung des Post-, Telefon- und Fernmeldegeheimnisses 1969, S. 29 ff. (75 ff.).

[18] Gesetz v. 24. 6. 1968 (BGBl. I S. 709).

ren zu lassen, wenn die Möglichkeit des sog. Insichprozesses gegeben ist. Hierauf wurde oben schon eingegangen[19]. Selbst wenn man diese Möglichkeit aber bejaht, wird damit der eben diskutierte Einwand der Verschiedenheit der Maßstäbe nicht ausgeräumt.

### 5. Rechtlich gebundene Verwaltung

*Hans Schneider* hat in seiner Kritik des Erkenntnisses des Bremer Staatsgerichtshofs hervorgehoben, daß die dort eine Rolle spielende weisungsfreie Einigungsstelle anders als Richter in der Bindung an Gesetz und Recht keinen festen Halt finde, da sie nicht Rechtsstreitigkeiten, sondern Ermessensfälle nach Zweckmäßigkeit entscheide[20]. Es ist zu überlegen, ob dort, wo Verwaltungsstellen ein Ermessen nicht eingeräumt, ihr Handeln vielmehr strikt gebunden ist, der parlamentarischen Kontrolle überhaupt Bedeutung zukommen kann.

#### *a) Parlamentarische Zweckmäßigkeitskontrolle*

Diese Frage ist, soweit sich die parlamentarische Kontrolle als Zweckmäßigkeits-, als echt politische Kontrolle darstellt, zu verneinen. Da das Parlament in Ausübung seiner Kontrollfunktion an das selbst geschaffene Recht gebunden ist, hat es keine Möglichkeit, eine vielleicht unzweckmäßige, aber mit dem Gesetz in Einklang stehende Verwaltungsmaßnahme zu kritisieren. Für eine politische Kontrolle der Tätigkeit der früheren Steuerausschüsse etwa, die ihre Entscheidungen ausschließlich an gesetzlich determinierten Tatbestandsmerkmalen zu orientieren hatten, bestand somit kein Raum[21]. Anders ist hingegen bezüglich der sog. Widerspruchsausschüsse nach § 73 Abs. 2 VwGO zu befinden, da diesen Kollegialorganen auch die Zweckmäßigkeitsprüfung der Entscheidung der erstinstanzlich zuständigen Verwaltungsbehörde obliegt (§ 68 Abs. 1 VwGO).

Die Frage stellt sich — und sie soll am Beispiel der Bundesprüfstelle erörtert werden —, wie eine Verwaltungstätigkeit politisch kontrollierbar ist, die gesetzlich durch das Vorliegen unbestimmter Rechtsbegriffe determiniert ist. Die Bundesprüfstelle hat Schriften in eine Liste aufzunehmen, „die geeignet sind, Kinder oder Jugendliche sittlich zu gefährden" (§ 1 GjS). In einem neueren Urteil ist das Bundesverwaltungs-

---

19 s. oben § 4 I. 5. d).

20 ZBR 1957, S. 239 ff. (240).

21 Reine Rechtskontrolle ist auch die Tätigkeit der Bundesschuldenverwaltung; vgl. dazu aber *Th. Maunz*, in: Maunz - Dürig - Herzog, Art. 115 Rdn. 3, der auf das Problem der rechtlichen Fehlentscheidung aufmerksam macht. Eine Korrekturmöglichkeit muß daher gegeben sein, es sei denn, daß andere Rechtfertigungsgründe als die bisher erörterten eingreifen.

gericht von seiner bisherigen Rechtsprechung abgerückt, einem unbestimmten Rechtsbegriff lasse sich nur eine einzige richtige Entscheidung zuordnen; von der Sache her seien mehrere Lösungen denkbar. Der Bundesprüfstelle stehe ein Beurteilungsspielraum zu, der gerichtlich nur darauf überprüfbar sei, ob vom zutreffenden und vollständig ermittelten Sachverhalt ausgegangen wurde und ob die Grenzen des Beurteilungsspielraumes eingehalten und die richtigen Wertmaßstäbe angewendet wurden[22]. Hält man diese Auffassung für richtig, ist also die tatsächlich getroffene Entscheidung nicht die einzige, die Rechtmäßigkeit für sich in Anspruch nehmen kann, dann ist — von dieser Theorie her — eine in den Bereich der Zweckmäßigkeit fallende Erwägung erforderlich, welcher der beiden rechtmäßigen Entscheidungen der Vorzug zu geben ist. Strikt normgebundene Verwaltung läge also hier nicht vor.

*Fritz Ossenbühl* hat jedoch an dieser These zu Recht Kritik geübt[23]. Es widerspricht aller vernünftigen Überlegung, eine Schrift sowohl für jugendgefährdend als auch für nicht jugendgefährdend halten zu können — sie ist entweder das eine oder das andere, und beides kann nicht gleichzeitig rechtmäßig sein. Von diesem richtigen Verständnis des unbestimmten Gesetzesbegriffs her besteht darum eine ebenso starke gesetzliche Einbindung und Festlegung der Tätigkeit von Verwaltungsorganen wie bei bestimmten Rechtsbegriffen.

Freilich kommt hier ein weiteres hinzu. Es ist die in diesen Fällen erforderliche „Voraussage für die Zukunft", die in der Entscheidung zum Ausdruck kommt und die in ihrem Kern unvertretbar ist[24]. Sie kann darum von keiner anderen Instanz erneut und vielleicht anders getroffen werden. Damit ist freilich nicht nur eine politische, sondern auch eine verwaltungsgerichtliche Überprüfung unmöglich geworden[25]. An dieser Stelle nun wird das Rechtsstaatsprinzip für unsere Überlegungen relevant. Gerade der Gesichtspunkt der fehlenden gerichtlichen Überprüfung nämlich muß aus Gründen des individuellen Rechtsschutzes zu einer Struktur der entscheidenden Verwaltungsstelle führen, die politische Opportunität ausschaltet, die m. a. W. die Unabhängigkeit die-

---

[22] BVerwG, Urt. v. 16. 12. 1971, DÖV 1972, S. 419 ff. (420), mit zust. Anmerkung von *O. Bachof*, JZ 1972, S. 208 ff. Vgl. jetzt auch VG Berlin, DÖV 1973, S. 317 ff.

[23] *F. Ossenbühl*, Zur Renaissance der administrativen Beurteilungsermächtigung, DÖV 1972, S. 401 ff. (402).

[24] So das BVerwG, DÖV 1972, S. 420, unter Berufung auf *C. H. Ule*, Zur Anwendung unbestimmter Rechtsbegriffe im Verwaltungsrecht, Gedächtnisschrift W. Jellinek, S. 309 ff.

[25] Der verbleibende überprüfbare Bereich wird vom BVerwG, DÖV 1972, S. 421, und *F. Ossenbühl*, DÖV 1972, S. 405, dargestellt. Beide sehen in der personellen Zusammensetzung der Bundesprüfstelle Fachkenntnisse und Elemente gesellschaftlicher Repräsentanz gegeben, die die Verwaltung eher als die Gerichte zur Auffindung einer sachgerechten Entscheidung befähigten. Vgl. dazu jetzt allgemein *G. Kisker*, DÖV 1972, S. 520 ff.

ser Stelle garantiert[26]. Die Weisungsfreiheit der Bundesprüfstelle wie nicht anders der allgemeinen Prüfungskommission, der Musterungsausschüsse und -kammern, der Prüfungsausschüsse und -kammern für Kriegsdienstverweigerer findet ihre Rechtfertigung somit in dem Rechtsstaatsgebot[27].

Fassen wir zusammen: Die Einzelweisungsfreiheit von Verwaltungsstellen verliert dort ihre verfassungsrechtliche Problematik, wo die politische parlamentarische Kontrolle schon deshalb nicht aktualisiert werden kann, weil der Verwaltungsstelle eine Aufgabe übertragen ist, die eine an Zweckmäßigkeitserwägungen orientierte Entscheidung ausschließt. Politische Kontrolle des Parlaments geht hier ebensowenig verloren, wie ein Weisungsrecht der Regierung, weil beide insofern gar nicht von Rechts wegen möglich sind. Dasselbe gilt, wo wegen der zu treffenden höchstpersönlichen, unvertretbaren Verwaltungsentscheidung eine gerichtliche Kontrolle ausscheidet bzw. nur in engem Rahmen möglich ist. Die Unabhängigkeit der Verwaltungsstelle wird hier zum rechtsstaatlichen Gebot.

### *b) Parlamentarische Rechtskontrolle*

Wir müssen freilich noch bedenken, daß parlamentarische Kontrolle auch Rechtskontrolle sein kann, daß sie aber bei Fehlen auch einer Rechtsaufsicht oder sonstiger auf die Rechtmäßigkeit des Verwaltungshandelns abstellender Einwirkungsmöglichkeit der Exekutivspitze ins Leere geht. Wo gerichtliche Kontrolle möglich ist, ist parlamentarische Rechtskontrolle ebenso grundsätzlich möglich: ihr Nichtvorliegen in concreto mit dem Rechtsstaatsprinzip erklären zu wollen, wäre wenig sinnvoll, da ihm gewiß nicht ein Weniger an Rechtskontrolle zu entnehmen ist.

Im Fall der Ausschüsse und Kammern des Wehrpflichtgesetzes ist jeweils von dem selbst weisungsabhängigen Kreiswehrersatzamt die Einlegung eines Widerspruchs und damit das In-Gang-Bringen eines

---

[26] Aus dem Rechtsstaatsgebot folgt zugleich die Notwendigkeit eines geordneten Verfahrens. — Zur österreichischen Parallele s. u. III.

[27] Vgl. BVerwGE 14, 31 ff. (34), Beschl. v. 23. 2. 1962, wo auf den engen Zusammenhang von Unabhängigkeit des Prüfers und Art. 3 GG hingewiesen ist. — Die allgemeinen Prüfungskommissionen werden häufig aus dem kritischen Bereich des ministerialfreien Raums mit verschiedenen Begründungen herausgenommen; „gewohnheitsrechtlich anerkannter Grundsatz“: BVerwGE 12, 359 ff. (362 f.), Beschl. v. 18. 7. 1961; „Natur der Sache“: *H. Loening*, DVBl. 1954, S. 175; wie richterliche Entscheidungen: *P. Becker*, Prüfungsordnungen und Rechtsstaatsgebot, DÖV 1970, S. 730 ff. (735), und *P. Krause*, Hochschulprüfungen und ihre Kontrolle als Rechtsproblem, WissR, Bd. 3 (1970), S. 118 ff. (121). — Vgl. auch *G. Vorbrugg*, S. 285 ff., zu der von ihm sog. „beurteilenden“ Verwaltung, sowie *P. Füßlein*, S. 328 ff.

verwaltungsgerichtlichen Verfahrens möglich, falls der Widerspruch zurückgewiesen wird[28]. Man wird auch annehmen müssen, daß die allgemeinen Prüfungskommissionen unter Beachtung ihres Beurteilungsspielraums der Rechtsbeaufsichtigung durch die vorgesetzte Behörde unterliegen[29]. In diesen Fällen ist die parlamentarische Kontrolle darüber, ob die Exekutivspitze bzw. die von ihr abhängigen Behörden ihre Einflußmöglichkeiten wahrgenommen haben, gewährleistet. Anders ist es freilich z. B. bei der Bundesprüfstelle. Fällt sie eine Entscheidung etwa unter Mißachtung des Gebots der vollständigen Sachverhaltsermittlung, so ist dies eine der gerichtlichen Nachprüfung zweifellos offene Frage. Die parlamentarische Rechtskontrolle ist aber unmöglich, weil der Verwaltungsspitze die Möglichkeit fehlt, ihre Rechtsvorstellungen in einer die Bundesprüfstelle verpflichtenden Weise zur Geltung oder nur ein verwaltungsgerichtliches Verfahren in Gang zu bringen[30]. Eine Rechtfertigung hierfür kann das Rechtsstaatsprinzip ebenso wenig bieten, wie die zuvor erwähnten Lösungsvorschläge.

## III. Exkurs: Die kollegialen Verwaltungsbehörden mit richterlichem Einschlag in Österreich

Der zunächst vielleicht überraschende Zusammenhang von fehlender verwaltungsgerichtlicher Überprüfung und notwendiger Weisungsfreiheit des Verwaltungsorgans, auf den wir oben hingewiesen haben, findet eine erstaunliche Parallele im österreichischen Verfassungsrecht. Art. 133 Ziff. 4 des Bundes-Verfassungsgesetzes (B-VG) bestimmt: „Ausgeschlossen von der Zuständigkeit des Verwaltungsgerichtshofs sind ... 4. die Angelegenheiten, über die in oberster Instanz die Entscheidung einer Kollegialbehörde zusteht, wenn nach dem die Einrichtung dieser Behörde regelnden Bundes- oder Landesgesetz unter den Mitgliedern sich wenigstens ein Richter befindet, auch die übrigen Mitglieder in Ausübung dieses Amtes an keine Weisungen gebunden sind, die Bescheide der Behörde nicht der Aufhebung oder Abänderung im Verwaltungsweg unterliegen und nicht, ungeachtet des Zutreffens dieser Bedingungen, die Anrufung des Verwaltungsgerichtshofes ausdrücklich für zulässig erklärt ist."

Nicht vorhandene verwaltungsgerichtliche Kompetenz und Weisungsfreiheit des (kollegialen) Verwaltungsorgans sind damit in einer ganz spezifischen Weise aufeinander bezogen. Der Unterschied zum

28 Vgl. oben § 7 II. 6. und 7.

29 *G. Mampe*, Rechtsprobleme im Schulwesen, 1965, S. 196 f.

30 Zur bestr. Frage, ob nicht doch die nach § 11 Abs. 2 GjS antragsberechtigten Stellen eine Klagebefugnis haben, sowie zur Reichweite der Dienstaufsicht des Bundesministers für Familie und Jugend über die Bundesprüfstelle s. o. § 7 in und bei Anm. 41.

deutschen Recht liegt aber darin, daß nicht aus dem Fehlen der gerichtlichen Kontrolle auf Weisungsfreiheit, sondern umgekehrt aus der Weisungsfreiheit eines ganz speziell strukturierten Verwaltungsorgans auf seine Herausnahme aus der verwaltungsgerichtlichen Überprüfung geschlossen wird[31].

Art. 133 Ziff. 4 B-VG hat jedoch noch eine weitergehende Bedeutung. Er wird von der h. L. als Organisationsnorm aufgefaßt, die es erlaubt, entgegen Art. 20 Abs. 1 B-VG[32] Verwaltungsbereiche den Weisungen vorgesetzter Organe zu entziehen, also ministerialfrei zu organisieren[33]. Wie oft der (einfache) Gesetzgeber hiervon Gebrauch macht, ist ihm überlassen[34]. Wichtig ist nur, daß er die in Art. 133 Ziff. 4 B-VG erwähnten Strukturelemente (wenigstens ein Richter, Weisungsfreiheit, verwaltungsinterne Unabänderlichkeit der Entscheidung, ihre Unanfechtbarkeit) berücksichtigt. Damit sind, anders als unter dem Grundgesetz, recht klare, wenngleich auch hier nicht ganz unbestrittene verfassungsrechtliche Richtlinien über die Schaffung ministerialfreier Räume vorhanden.

---

[31] *F. Ossenbühl*, DÖV 1972, S. 404, stellt demgegenüber die Sache auf den Kopf, wenn von einem weisungsunabhängigen Fachgremium der Verwaltung auf die Beschränkung der richterlichen Kontrolle geschlossen wird — dies wäre die fast vollständige Parallele zur österreichischen Rechtslage.

[32] Art. 20 Abs. 1 S. 1 und 2 lauten: „Unter der Leitung der obersten Organe des Bundes und der Länder führen nach den Bestimmungen der Gesetze auf Zeit gewählte Organe oder ernannte berufsmäßige Organe die Verwaltung. Sie sind, soweit nicht verfassungsgesetzlich anderes bestimmt wird, an die Weisungen der ihnen vorgesetzten Organe gebunden und diesen für ihre amtliche Tätigkeit verantwortlich."

[33] Vgl. *L. Werner*, Kollegiale Verwaltungsbehörden mit richterlichem Einschlag, JBl. 1958, S. 217 ff.; *F. Ermacora*, Die Organisationsgewalt, VVDStRL 16 (1958), S. 191 ff. (212); *K. Marschall*, Zur Errichtung von Bundesbehörden nach Art. 102 Abs. 4 B-VG, ÖJZ 1971, S. 477 ff. (481 f.); *R. Walter*, Österreichisches Bundesverfassungsrecht, 1972, S. 498 ff. — A. A. *W. Barfuß*, ÖJZ 1970, S. 61.

[34] Der Gesetzgeber hat von dieser Möglichkeit bisher keineswegs extensiven Gebrauch gemacht; Nachweise bei *R. Walter*, Bundesverfassungsrecht, S. 499. Aus der Rechtsprechung vgl. VerfGH Slg. Nr. 2907, Erk. v. 7. 12. 1955 —, und Slg. Nr. 5684, Erk. v. 19. 3. 1968.

*Vierter Teil*

# Die eigene Lösung

## § 23 Die Verzichtstheorie

Nach den bisherigen Erörterungen ist zu resümieren, daß nur in wenigen Teilbereichen[1] der mit der Bildung ministerialfreier Stellen einhergehende Kontrollverlust des Parlaments rechtlich befriedigend erklärt werden konnte. Das ist aber nicht das einzige Ergebnis. Zwar ist mit der einfachen Berufung auf Demokratiegebot, Gewaltenteilung, Neutralisierung und Rechtsstaat nicht weiterzukommen. Die Diskussion der damit verbundenen Auffassungen hat aber wiederholt gerade das Parlament und seine Kontrollfunktion in das Blickfeld gerückt, so daß es naheliegt, von der Stellung des Parlaments aus eine Lösung unseres Problems zu versuchen. Es soll darum im folgenden geprüft werden, ob nicht der Verzicht des Parlaments auf sein Kontrollrecht als Weg aus dem Dilemma angesehen werden kann.

### I. Befürworter und Gegner

Die Möglichkeit eines Kontrollverzichts wurde bislang nur beiläufig und ohne weitergehende Begründung befürwortet[2]. Bei *Diether Haas* wird der Verzicht bis zur Grenze der Rechtsaufsicht zugelassen[3]. *Winfried Brohm* entnimmt dem Rechtsgedanken der Art. 80 Abs. 1 S. 2, 81 Abs. 3 GG eine Grenze des Verzichts derart, daß das Parlament sich nicht seiner politischen Gesamtverantwortung entziehen dürfe und darum auch nicht Aufgaben von größerer politischer Tragweite weisungsunabhängigen Stellen überlassen könne[4]. *Alfons Witting* schließlich hält einen Verzicht dann für möglich, wenn sachliche staatspolitische Gründe dies rechtfertigen[5].

---

[1] Vgl. die Ausführungen in § 22 II.

[2] Vgl. *G. Fischbach*, Der Bundespersonalausschuß, seine rechtliche Stellung und seine Aufgaben, ZBR 1954, S. 233 ff. (236); *H. Mestern*, Verhandlungen 39. DJT (1951), D 130 ff. (Diskussion); *H. P. Ipsen*, Verhandlungen 40. DJT (1953), Bd. 2, C 19; nicht ganz klar *K. Schumacher*, Zum Aufbau der Dritten Gewalt, DRiZ 1953, S. 17 ff. (18).

[3] VerwArch. Bd. 49 (1958), S. 22 f.

[4] Wirtschaftsverwaltung, S. 220; *ders.*, FS E. Forsthoff, S. 68.

[5] Die Rechtsstellung der Personalräte innerhalb der Staats- und Kommunalverwaltung, Diss. Münster 1961, S. 116.

Die Liste der Gegner ist nicht nur länger, sondern hier findet sich auch eine ernstzunehmende, die Möglichkeit eines Kontrollverzichts schlechthin verwerfende, freilich nicht stark ausgebaute Argumentation, die systematisch in drei Gedankengängen zusammengefaßt werden kann. Zunächst wird die Preisgabe von Staatsfunktionen generell für der Verfassung widersprechend erklärt; das Parlament könne sich nicht selbst aus der Verantwortung entlassen[6]. Der zweite Einwand geht dahin, daß ein solcher Verzicht notwendig einen Eingriff in die der Regierung zu eigenem Recht zugehörige oberste Leitungsfunktion darstelle[7]. Der dritte, von *Heiko Faber* formulierte Einwand lautet, daß heute die Legalität keine ausreichende Legitimation mehr sei: „Demokratische Verwaltung bedeutet mehr als gesetzmäßige Verwaltung[8]."

Mit diesen Überlegungen wird man sich im folgenden näher auseinanderzusetzen haben. Zur Argumentation *Fabers* kann dabei freilich auf die obigen Ausführungen zum Demokratiegebot des Grundgesetzes verwiesen werden[9]. Zugrunde liegt ihr das Fehlverständnis, daß demokratische Legitimation am Parlament vorbei möglich (und nötig) sei. Die durch den Gesetzgeber bzw. seine Akte vermittelte (demokratische) Legitimation wäre aber nur dann nicht ausreichend, wenn sich herausstellen sollte, daß der Kontrollverzicht als solcher unzulässig ist bzw. die Legalität würde nur soweit legitimieren können als der Kontrollverzicht möglich ist. Von diesem auf das Parlament bezogenen Demokratieverständnis her erhält das Argument Fabers den Charakter einer schlichten, nicht durch sich allein beweiskräftigen Gegenbehauptung.

## II. Dogmatische Begründung der Verzichtstheorie

### 1. Der Verzicht — eine anerkannte Rechtsfigur

Ein Rechtsverzicht ist an sich nichts Ungewöhnliches und der juristischen Dogmatik durchaus geläufig. Dies gilt nicht nur für den Zivilrechtsbereich; auch im öffentlichen Recht ist der Verzicht eine anerkannte Rechtsfigur[10].

---

[6] So *H. Loening*, DVBl. 1954, S. 176; *Chr. Heinze*, Der Staat, Bd. 6 (1967), S. 440; *C. P. Fichtmüller*, AöR 91 (1966), S. 329; *C.-Th. Samm*, S. 149 f., der damit zugleich den Vorwurf von der Restauration der Allmacht des Gesetzgebers verbindet; *P. Füßlein*, S. 294; *Th. Maunz*, in: Maunz - Dürig - Herzog, Art. 20, Rdn. 82; Brem. StGH (Minderheitsvotum), Urt. v. 3. 5. 1957, Entscheidungen des Staatsgerichtshofes der Freien Hansestadt Bremen 1950 bis 1969, S. 114.

[7] Vgl. *H. Loening* und *P. Füßlein*, a. a. O.; ferner *H. G. Dahlgrün*, Parlamentarische Kontrolle, S. 320.

[8] *H. Faber*, S. 66 f.

[9] Vgl. oben § 19 II. 1.

[10] Dazu *W. Schoenborn*, Studien zur Lehre vom Verzicht im öffentlichen Recht, 1908. Weitere Nachweise finden sich bei *K. Friess*, Der Verzicht auf

### 2. Die Problematik im einzelnen — „fremdnütziger“ Charakter des Kontrollrechts

#### *a) Recht und Pflicht*

Die Schwierigkeit, für den vorliegenden Fall einen Verzicht begründen zu können, liegt darin, daß im Kontrollrecht des Parlaments nicht nur ein der Volksvertretung zustehendes Recht, sondern eine von der Verfassung zwingend zugewiesene Pflicht gesehen wird, deren sich das Parlament nicht entledigen könne. Dieser Schluß ist zwar unter der Geltung des Grundgesetzes, wonach die gesetzgebende Gewalt an die Verfassung gebunden ist (Art. 20 Abs. 3), durchaus folgerichtig[11]. Die Kritik hat aber einen Schritt früher einzusetzen. Es ist nämlich zu fragen, ob das Kontroll„recht“ des Parlaments ganz generell und uneingeschränkt tatsächlich als Pflicht aufzufassen ist. Akzeptiert man den Satz — und daran soll auch hier nicht gerüttelt werden —, daß ein Pflichtverzicht unzulässig[12], ein Rechtsverzicht hingegen grundsätzlich zulässig ist, so muß es auf den Unterschied zwischen Recht und Pflicht ganz wesentlich ankommen. Worin liegt er begründet?

Beide, Rechte und Pflichten, umschreiben Rechtspositionen, aus denen sich die Stellung ihrer Träger zur (rechtlichen, sozialen usw.) Umwelt ergibt. Während aber ein Recht zuvorderst auf seinen Träger bezogen ist, weist eine Pflicht zunächst auf den dadurch Begünstigten (Berechtigten) hin; es ist dieser Aspekt der Fremdnützigkeit, der eine juristisch faßbare Position als Pflicht charakterisiert. Wenn nun also zwar ein Rechtsverzicht zulässig ist, nicht aber eine freie Disponibilität von Pflichten, so muß der Grund dafür in diesem über den eigenen Rechtskreis hinausweisenden Bezug, der Fremdnützigkeit liegen[13].

Damit stellt sich die Frage nach der Fremdnützigkeit des parlamentarischen Kontrollrechts. Als Begünstigter im hier genannten Sinn, als über die Position des Parlaments hinausweisender Bezugspunkt kommt

---

Grundrechte, Diss. Würzburg 1968. Vgl. auch das Urt. des BVerwG v. 8. 6. 1971, DÖV 1972, S. 56 f.

[11] Die Lehre, wie sie z. Z. der alten RV und der WV herrschend war, nämlich daß „die gesamte im Staate geltende Rechtsordnung von Rechts wegen zur Disposition des Staatsorgans oder der Staatsorgane gestellt ist, denen die Verfassungsurkunde die gesetzgebende Gewalt überträgt“, so *R. Thoma,* Grundbegriffe und Grundsätze, HdbDStR, Bd. 2, 1932, S. 108 ff. (140), hat unter dem GG keine Geltung mehr. Vgl. auch *P. Laband,* Das Staatsrecht des Deutschen Reiches, 2. Bd., 5. Aufl. 1911, S. 39 f.

[12] Vgl. etwa *K. H. Friauf,* Zur Problematik des verfassungsrechtlichen Vertrages, AöR 88 (1963), S. 257 ff. (290 f.).

[13] Eine Andeutung dieses Gedankengangs findet sich bei *G. Kisker,* JuS 1969, S. 470. — Uns geht es zunächst nur um das grundsätzliche Problem, ob die parlamentarische Kontrolle als Recht oder Pflicht zu begreifen ist. Auf die Frage, ob nicht auch dem Rechts-Verzicht Grenzen gezogen sind, wird unten (§ 25) eingegangen.

nur das Volk in Betracht. Es ist daher unerläßlich, sich nun mit dem zwischen Parlament und Volk bestehenden Verhältnis zu beschäftigen, das seit langem mit dem Begriff der Repräsentation umschrieben wird[14].

### *b) Die Leibholzsche Repräsentationslehre und ihre Kritik*

In neuerer Zeit hat vor allem *Gerhard Leibholz* dem Phänomen der Repräsentation nähere Aufmerksamkeit geschenkt. Im Anschluß an *Carl Schmitt*[15] beschreibt er das Wesen der Repräsentation damit, daß etwas nicht Präsentes gegenwärtig gemacht wird. Die Dialektik, etwas zugleich als abwesend und doch präsent zu deuten, wird als spezifische Eigentümlichkeit der Repräsentation angesehen[16].

Aus dieser Dialektik von Abwesenheit und Präsenz folgt für *Leibholz* die „Duplizität der personellen Existenz" und damit die Ablehnung auch einer nur vergeistigten Identität von Repräsentant und Repräsentiertem[17]. So heißt es auch ganz klar: „Das repräsentierende Parlament ‚ist' nicht das Volk[18]."

Das repräsentative Prinzip erhält über diese Überlegungen hinaus einen ungemein praktischen, konstitutiven Wert. Mit seiner Hilfe wird nämlich die Vielfalt von Individualwillen zu einem Einzelwillen zusammengeschlossen, das Verhalten des Repräsentanten wird dem Repräsentierten zurechenbar und somit „die Herrschaft des Volkes als Einheit über das Volk als Vielheit sichergestellt"[19]. Diese Funktion wird ermöglicht durch die Unabhängigkeit, die Entschließungsfreiheit des Repräsentanten[20]. Das „freie Mandat" im Gegensatz zum imperativen Mandat wird so zum Schlüsselbegriff für das repräsentative System.

*Gerhard Leibholz* ist hierbei nicht stehengeblieben. Nach ihm ist mit der Demokratisierung des gesamten politischen und gesellschaftlichen Lebens, insbesondere der Demokratisierung der Volkswahl ein schwerwiegender Strukturwandel der modernen Demokratie[21] in Gang gekommen, der das Repräsentativsystem in eine — wie er wohl meint: irre-

---

[14] Darstellungen der verschiedenen Ansichten finden sich etwa bei *K. Kind*, Die rechtliche Stellung des Volkes in der Demokratie, Diss. Frankfurt a. M. 1955, S. 37 ff., und bei *K.-H. Mattern*, Grundlinien des Parlaments, 1969, S. 17 ff. Vgl. auch neuerdings *K. Zwyssig*, Repräsentation, 1971, sowie *A. Schmid*, Das Repräsentativsystem als Verfassungsprinzip, Diss. Regensburg 1971.

[15] Verfassungslehre, S. 209.

[16] *G. Leibholz*, Das Wesen der Repräsentation und der Gestaltwandel der Demokratie im 20. Jahrhundert, 2. Aufl. 1960, S. 26.

[17] Ebenda, S. 28.

[18] Ebenda, S. 28.

[19] *G. Leibholz*, Repräsentation, EvStL, 1966, Sp. 1859 ff. (1860).

[20] *G. Leibholz*, Wesen der Repräsentation, S. 82, 100.

[21] Vgl. *G. Leibholz*, Der Strukturwandel der modernen Demokratie, 1952.

versible — Krise gestürzt hat[22]. Im Zuge dieser Entwicklung sind einerseits die Parteien zum Sprachrohr des Volkes geworden, andererseits — und dies hängt zusammen — ist der einzelne Abgeordnete in eine so weitgehende Abhängigkeit von seiner Partei gekommen, daß das Parlament „zu einer Stätte wird, an der sich gebundene Parteibeauftragte treffen, um anderweitig (in Ausschüssen oder Parteikonferenzen) bereits getroffene Entscheidungen registrieren zu lassen“[23]. Da es für Leibholz keinen Unterschied macht, „ob die Aktivbürgerschaft selbst ... oder eine unmittelbar von der Wählerschaft oder den Parteiorganisationen abhängige Volksvertretung die maßgeblichen politischen Entscheidungen trifft“, wird der Parteienstaat für ihn zwangsläufig zu einer Abart der plebiszitären Demokratie[24]. Ihr Strukturmerkmal aber ist die Identität, d.h. der Volks- und Staatswille ist identisch mit dem Willen der Parteienmehrheit in Regierung und Parlament[25]. Konsequent verliert das Parlament damit seinen repräsentativen Charakter und wird zu einem plebiszitären Hilfsorgan, in dem die Parteien (Fraktionen) um die Durchsetzung ihres Willens kämpfen[26].

Stellen wir an dieser Stelle nun die Frage nach dem Verhältnis von Volk und Parlament, so ergibt sich auf der Basis der *Leibholz*schen Repräsentationslehre ein Auseinanderfallen beider (Duplizität). Auf Grund der gleichfalls von Leibholz begründeten Lehre vom Parteienstaat ist das Parlament als Partner eines Verhältnisses ausgeschieden; dafür besteht Identität zwischen Parteienmehrheit und Gemeinwille. Es erübrigt sich jedoch, hieraus Konsequenzen für unser Problem (Fremdnützigkeit des Kontrollrechts?) zu ziehen, da beide, sowohl die Parteienstaatslehre als auch die Repräsentationslehre Leibholzscher Prägung einer Kritik nicht standhalten können.

Der von *Leibholz*[27] akzentuiert hervorgehobene innere Widerspruch der Art. 21 (moderner Parteienstaat) und 38 Abs. 1 GG (repräsentative parlamentarische Demokratie) besteht nicht. Gerade wenn man die Be-

[22] *G. Leibholz,* Das Wesen der Repräsentation, S. 98 ff.; *ders.*, Repräsentation, EvStL, Sp 1863; *ders.*, Volksvertretung, EvStL, Sp 2454 ff. (2455).

[23] *G. Leibholz,* Strukturwandel, S. 17.

[24] *G. Leibholz,* Wesen der Repräsentation, S. 118 f.

[25] Ebenda, und EvStL, Sp. 1863. Dazu etwa auch zustimmend *I. Krbek,* Repräsentation nach der Doktrin der Volkssouveränität, in: FS für Leibholz, Bd. 2, 1966, S. 69 ff. (85 ff.).

[26] *G. Leibholz,* EvStL, Sp. 2455.

[27] Strukturwandel, S. 27 ff., sowie *ders.*, Parteienstaat und Repräsentative Demokratie, DVBl. 1951, S. 1 ff. — Das BVerfG hat sich diese Auffassung zu eigen gemacht, vgl. BVerfGE 2, 1 ff. (72), Urt. v. 23. 10. 1952; 4, 144 ff. (149), Urt. v. 16. 3. 1955; 5, 85 ff. (233), Urt. v. 17. 8. 1956; 11, 266 ff. (273), Beschl. v. 12. 7. 1960. Im Beschl. v. 21. 10. 1971, JZ 1972, S. 49 ff., ist das BVerfG über die bisherige Rechtsprechung, obwohl es sich darauf gerade beruft, ohne Not erheblich hinausgegangen: „Im Zuge der Entwicklung von der liberalen parlamentarisch-repräsentativen Demokratie zu (einer) mehr radikal-egalitären parteienstaatlichen Demokratie ...“, a. a. O., S. 49. Vgl. dazu die treffenden

deutung der Parteien für das politische Leben eines Staates erkennt, erhält das freie Mandat eine neue, die innerparteiliche Demokratie sichernde Dimension[28], ohne daß es seine alte Stoßrichtung, nämlich den Wählern gegenüber, aufgeben müßte[29]. Mit der Anerkennung der Parteien ist auch nicht der antiplebiszitäre Grundzug des Grundgesetzes modifiziert worden[30]. *Martin Kriele* hat vielmehr zu Recht hervorgehoben, daß die organisierten Parteien aus Gründen des praktischen Funktionierens der gesamten politischen Abläufe notwendig wurden[31]; denn nur die Parteien sind in der Lage, eine Vorfiltrierung der pluralistischen Meinungen und Interessen vorzunehmen, ohne die die Bildung eines Staatswillens auf unüberwindliche Hindernisse stoßen müßte.

Schließlich überschätzt *Leibholz* die plebiszitäre Funktion der Wahl für das System. Kein Zweifel, daß die Wahl insoweit „plebiszitär" ist, als das Volk (Aktivbürgerschaft) selbst eine Entscheidung trifft. Diese Entscheidung hat aber keine unmittelbare Relevanz auf der Staatswillensebene[32]. Darin unterscheidet sich die Wahl gerade von der Abstimmung. Der Staatswille ist auch durch die Wahl nicht in tatsächlicher Hinsicht so vorprogrammiert, daß das System als de facto-plebiszitär anzusprechen wäre. Es mag zwar sein, daß bei der Wahl die Sachprogramme der Parteien neben den Parteiführern und ihrer Mannschaft in den Vordergrund rücken. Es ist aber jedem Betrachter der politischen Szene geläufig, daß Parteiprogramme, die dem Volk vorgelegt werden, nur in sehr beschränktem Umfang zur Verwirklichung anstehen. Die Gewählten sind nicht die Vollstrecker eines empirischen Volkswillens, sondern sie bilden den Staatswillen auf Grund eigener Vorstellungen[33].

---

Bemerkungen von *G. Küchenhoff*, Eine neue Art von Demokratie?, NJW 1972, S. 618 f.; ferner auch *H.-J. Toews*, Die Regierungskrise in Niedersachsen (1969/70), AöR 96 (1971), S. 354 ff. (361 ff.).

[28] So vor allem *E. Friesenhahn*, VVDStRL 16 (1958), S. 22 f.; *K. Hesse*, Grundzüge, S. 238 ff. — Zum Problemkreis vgl. auch *Chr. Müller*, Das imperative und freie Mandat, 1966, der die Unabhängigkeit von Beschließenden als Organisationsprinzip überall dort begreift, wo eben beschlossen und nicht obstruiert werden soll. Sein Zugeständnis an den Parteienstaat liegt darin, daß er die Fraktionen („fast") als die Destinatäre des freien Mandats begreift, da nur sie in der Lage seien, die rechtlichen Chancen der Instruktionsfreiheit politisch zu realisieren, a. a. O., S. 220; dazu auch *F. Koja*, Das freie Mandat des Abgeordneten, 1971, S. 26 ff.

[29] *P. Badura*, BK, Art. 38, Rdn. 48 ff. (52). Vgl. auch *Hans Schneider*, DVBl. 1953, S. 440: „In der Tat muß die parlamentarische Demokratie an dem Gedanken, daß der Abgeordnete nicht nur seine Wähler, nicht seinen Wahlkreis und erst recht nicht seine Partei vertritt, sondern für das ganze Volk handelt, wie an einem Glaubenssatz festhalten."

[30] *U. Scheuner*, Das Grundgesetz in der Entwicklung zweier Jahrzehnte, AöR 95 (1970), S. 353 ff. (369 f.).

[31] *M. Kriele*, VVDStRL 29 (1971), S. 69 f.

[32] Zur Trennung von Volkswillen und Staatswillen vgl. BVerfGE 8, 104 ff. (112 f.), Urt. v. 30. 7. 1958, und BVerfGE 20, 56 ff. (98), Urt. v. 19. 7. 1966, sowie *P. Badura*, BK, Art. 38, Rdn. 35. A. A. *U. Scheuner*, AöR 95 (1970), S. 375.

[33] So *H. Lang*, Das repräsentative Prinzip im Parteienstaat, Diss. Würzburg 1971, S. 50 ff. Nach *U. Scheuner*, FS A. Arndt, S. 394, wird die Sachent-

Aber auch die *Leibholz*sche Lehre von der Repräsentation kann nicht unbesehen hingenommen werden. Sie ist zu einseitig auf den Liberalismus zugeschnitten, was durch ihre spezifische Verhaftung in der Wertsphäre begründet ist[34]. Die daraus gewonnene Abgrenzung von „repräsentativ" und „plebiszitär" hat zur Folge, daß die repräsentative Vorstellung im Zuge der Demokratisierung des politischen Prozesses konsequent auf der Strecke bleibt. Was dies bedeutet, hat *Peter Badura* sehr deutlich ausgesprochen: „Die Staatsidee der Demokratie wird auf eine jakobinische Utopie des herrschaftslosen Staates verkürzt, wenn man ihr nur eine plebiszitäre Wirklichkeit zubilligt ...[35]."

Schließlich vermag *Leibholz* von seinem wertbezogenen Repräsentationsbegriff her die Wahl in ihrer Bedeutung für die Legitimierung der Repräsentanten nicht zu erkennen[36]. Sie hängt für ihn, da das natürliche Staatsvolk nicht handlungsfähig ist, gleichsam in der Luft. Ein solcher Repräsentationsbegriff ist jedoch zu ausschließlich.

### c) *Die Lehre G. Jellineks*

Einen anderen Weg als Leibholz hatte *Georg Jellinek* eingeschlagen. Er versteht unter Repräsentation „das Verhältnis einer Person zu einer oder mehreren anderen, kraft dessen der Wille der ersteren unmittelbar als Wille der letzteren angesehen wird, so daß beide rechtlich als eine Person zu betrachten sind"[37].

*Jellinek* geht davon aus, daß das Volk in der unmittelbaren sowohl wie in der mittelbaren Demokratie selbst Staatsorgan ist. Den Unterschied sieht Jellinek darin, daß der Organwille im einen Fall durch das Volk in seiner Gesamtheit, im anderen Fall durch ein besonderes Willensorgan des Volkes gebildet wird. Daraus wird die juristische Einheit von Volk und Volksvertretung deduziert[38]. Das Volk wird dabei als primäres, die Volksvertretung als sekundäres Organ, als Organ eines Organs angesehen[39]. Ihr Verhältnis zueinander wird als Organverhältnis, „das seiner Natur nach nur ein Rechtsverhältnis sein kann", charakterisiert[40].

---

scheidung des Wählers überschätzt. Mehr differenzierend *P. Badura,* BK, Art. 38 Rdn. 39 f.

[34] Vgl. *G. Leibholz,* Repräsentation, EvStL, Sp. 1859; dazu *P. Badura,* BK, Art. 38, Rdn. 27.

[35] BK, Art. 38 Rdn. 29.

[36] *P. Badura,* BK, Art. 38 Rdn. 29.

[37] *G. Jellinek,* Staatslehre, S. 566.

[38] Ebenda, S. 582 f.

[39] Ebenda, S. 584 f.

[40] Ebenda, S. 585. — Im Anschluß an G. Jellinek argumentieren *R. Hammer,* Regierung, Parlament, politische Partei und ihre Wechselbeziehungen, Diss. Erlangen 1929, S. 21, sowie heute, wenngleich nicht so klar, *E. Stein,* Staatsrecht, S. 75.

### *d) Kritik der Thesen Jellineks; die Lehre Baduras; die eigene Meinung*

*Peter Badura* greift *Jellinek* mit dem Hinweis an, seine These sei ein „begriffsscholastischer Versuch", mit dem die Idee der Volkssouveränität gerettet und mit der Idee der Nationalrepräsentation in Einklang gebracht werden solle[41]. Kritischer Ansatzpunkt muß jedenfalls sein, daß Jellinek dem Volk selbst zu Unrecht Staatsorgancharakter zugewiesen hat. Staatsorgan ist — im Verhältnis zum Volk — allein das Parlament, und diese Stellung kommt ihm kraft Verfassungsrecht zu, nachdem ihm die Bildung des Staatswillens aufgegeben ist. Ganz richtig wird darum von Badura die Wahl als Akt angesehen, der lediglich eine Voraussetzung für die Willensbildung des Staates darstellt[42]. Juristisch ist daher auch der Wille des Parlaments nur dem Staat zuzurechnen, nur politisch-ideologisch dem Volk[43].

Freilich ist damit über das Verhältnis Parlament—Volk noch nichts Endgültiges ausgesagt. Eine Einengung des Problems wird man mit *Badura* jedoch insoweit vornehmen können, als ein Rechtsverhältnis, wie es *Jellinek* postuliert, darum nicht möglich ist, weil das Volk als solches keine Rechte und Pflichten hat und darum auch nicht Subjekt (Partner) eines Rechtsverhältnisses sein kann[44].

Obgleich das Volk, wie wir gesehen haben, kein Staatsorgan ist, *ist* es doch im Staat. „Es handelt nicht der Staat durch das Volk, das seinerseits durch ein Staatsorgan handelte, sondern es handelt das Volk durch den Staat nach den Regeln der parlamentarischen Repräsentation[45]." Dies kann aber nichts anderes heißen, als daß *im Staat* das Volk als Parlament handelt. Hierzu paßt, daß der Bundestag — anders als die Justiz — nicht „im Namen des Volkes" agiert[46], sondern „als Bundestag" beschließt. Damit ergibt sich zwar keine reale, aber doch eine *fiktive* Einheit von Volk und Parlament. Sie ist bloß fiktiv, weil nicht übersehen wird, daß der Volkswille (als Nicht-Staatswille) und Parlamentswille (als Staatswille) auseinanderfallen können und auch oft tatsächlich auseinanderfallen[47]. Daß man diese Diskrepanz in der Weimarer Verfassung vermeiden wollte, ist mit für den Untergang der Republik entscheidend geworden[48].

---

[41] *P. Badura*, BK, Art. 38 Rdn. 32.
[42] Vgl. oben in und bei Anm. 32.
[43] *P. Badura*, BK, Art. 38, Rdn. 33.
[44] Ebenda, Rdn. 31 f.
[45] Ebenda, Rdn. 32.
[46] Dies tut freilich auch die Regierung nicht. Anders als die Justiz steht sie aber in einer viel größeren Abhängigkeit vom Parlament als jene.
[47] Da das Parlament als Staatsorgan nur Staatswillen bilden kann, kann rechtlich seine Beziehung zum Volk nur auf dieser Staatsebene erfaßt werden; auf dieser Ebene aber besteht die fiktive Einheit.
[48] Vgl. *E. Fraenkel*, Die repräsentative und die plebiszitäre Komponente im demokratischen Verfassungsstaat, 1958, S. 52 ff.

Die Einheit ist aber nicht nur fiktiv, die Fiktion ist auch der Zeit nach beschränkt. Sie besteht nur während der Legislaturperiode und auch da nicht durchgehend. Am Wahltag nämlich[49] und zwischen den Wahlperioden kommt die dem Repräsentationsvorgang an sich zugrunde liegende „Duplizität der personellen Existenz" wieder zum Vorschein. Der bislang Repräsentierte erhebt sich bei Wegfall des Repräsentanten bzw. kraft Anordnung der Verfassung zu eigener Größe, oder — juristischer ausgedrückt — die Ebene des Staatswillens, die bislang entscheidend war, ist es jetzt nicht mehr oder doch nicht mehr nur allein, und es kommt nun und nur jetzt darauf an, eine Zwischenbilanz des permanenten Prozesses der Meinungsbildung des Volkes herbeizuführen, m. a. W. eine Wahl zu veranstalten[50]. Mit Ausnahme des Wahlvorgangs bleibt freilich selbst zwischen zwei Legislaturperioden die genannte Duplizität im Dunkeln, da insoweit der sog. Ständige Ausschuß, ohne Parlament, d. h. Repräsentativorgan zu sein, die Geschäfte des Bundestages — begrenzt — weiterführt[51].

Wenn man so will, mag man auch mit *Georg Jellinek* von einer juristischen Einheit von Volk und Parlament sprechen, weil die Fiktion nicht nur allgemeine Staatslehre ist, sondern sich aus dem positiven Verfassungsrecht herleiten läßt. Dem aus seinem Bezug gelösten Satz: „Das Volk ist durch das Parlament im Rechtssinne organisiert[52]" ist daher zuzustimmen. Von hier aus ergibt sich auch die Begründung dafür, daß es repräsentationswidrig ist, wenn das Parlament — oder ein anderes Staatsorgan — seine Entschließung, seine Willensbildung an Meinungsumfragen[53] ausrichtet. Der diesbezüglichen Argumentation *Herbert Krügers*[54], damit werde der „Prozeß der Selbstverbesserung einer Nation" verfehlt, kann hingegen nicht gefolgt werden[55]. Das Repräsentationsprinzip ist kein Wertprinzip.

Die hier entwickelte Konzeption entgeht schließlich auch dem an sich durchaus berechtigten Vorwurf, daß Einheits-, Identitätsvorstellungen

[49] Der Wahltag fällt gewöhnlich in das letzte Vierteljahr der Wahlperiode; anders ist es nur bei einer Auflösung des Bundestags, Art. 39 Abs. 1 GG.

[50] Vgl. dazu *G. Jellinek*, Staatslehre, S. 590, der von seiner Theorie aus zum Schluß kommt: „Wenn der deutsche Reichstag aufgelöst ist oder neu gewählt wird, so fehlt in der Zeit vom Schluß der Session bis zu den vollzogenen Neuwahlen dem Reiche keineswegs das Organ des Volkes ...; das Volk als primäres Organ ist stets da, um die ihm zukommende Organtätigkeit auszuüben ... Das Deutsche Reich ist in keinem Augenblick ein absoluter Staat; das sekundäre Organ des Volkes ist intermittierend, das primäre aber perennierend."

[51] Vgl. Art. 39, 45 GG und dazu auch unten § 26 Anm. 6.

[52] *G. Jellinek*, Staatslehre, S. 583.

[53] Allgemein zum Problem der Demoskopie und ihrer Einschätzung in der parlamentarischen Demokratie *W. Hennis*, Meinungsforschung und repräsentative Demokratie, 1957.

[54] Staatslehre, S. 242 f.

[55] Dagegen auch *K. Hesse*, Grundzüge, S. 238.

totalitäre Züge tragen[56]. Denn unser auf die — für uns freilich entscheidende — Staatswillensebene beschränktes Konzept leugnet im übrigen das potentielle Auseinanderfallen von Volkswillen und Staatswillen nicht und betont gerade die Bedeutung der Wahl als legitimierende Voraussetzung der Repräsentation[57].

Rechtliches Gewicht haben demgegenüber auch nicht Hinweise darauf, daß der Abgeordnete seinen Wählern gegenüber Verantwortung trage[58]. Dieser Gesichtspunkt ist nur insoweit juristisch zutreffend, als damit zum Ausdruck gebracht werden soll, daß der Abgeordnete sich wieder zur Wahl stellen muß[59]. Der von *Ulrich Scheuner*[60] immer wieder hervorgehobene „trust"-Gedanke, durch den die Abgeordneten mit ihren Wählern verbunden sind, liegt auf einer anderen, durchweg politischen Ebene. Als solcher kommt ihm eminente Bedeutung zu. Wo die Entscheidungen des Parlaments nicht mehr akzeptiert werden, das von ihm gesetzte Recht in weitem Umfang nicht mehr respektiert wird, führt dies zum Untergang des Systems (Verfassungsumwälzung, Revolution)[61]. Diese Erkenntnis hat aber keine Rückwirkung auf die Interpretation des Systems selbst.

### *e) Ergebnis*

Wir kommen daher zu dem Ergebnis, daß Parlament und Volk fiktiv eine Einheit bilden[62]. Das Volk kann darum kein außerhalb des Rechtskreises des Parlaments liegender Bezugspunkt sein. Das Kontrollrecht des Parlaments ist von daher frei von fremdnütziger Eigenschaft — das Parlament hat keine fremdnützige Funktionärsstellung[63]. Das Kontroll-

---

[56] So *R. Bäumlin*, ZSchwR NF 85 (1966), 2. Halbbd., S. 212; *W. Hennis*, Festgabe R. Smend, S. 58, 65. A. A. *H. Grebing*, Volksrepräsentation und identitäre Demokratie, Politische Vierteljahresschrift 1972, S. 162 ff. (165).

[57] Vgl. schon oben § 19 Anm. 11.

[58] So wiederholt *U. Scheuner*, vgl. nur FS Gebh. Müller, S. 394 f.

[59] Auf den Wahlgesichtspunkt weist *U. Scheuner*, a. a. O., selbst hin.

[60] FS H. Huber, S. 232; FS A. Arndt, S. 396.

[61] Die Volkssouveränität *nach* der Verfassung besteht nur *in* der Verfassung. Das Volk ist daher souverän nur im und durch den von der Verfassung verfaßten Staat.

[62] Den Gedanken der fiktiven Einheit hat schon *K. Rieker*, Die rechtliche Natur der modernen Volksvertretung, 1893, S. 53, vertreten. Er sieht freilich das Parlament nicht als Staatsorgan, sondern als „Ausdruck der verschiedenen in der Gesellschaft wirkenden Kräfte" an, ebenda, S. 59. Auch im übrigen ist seine sehr lesenswerte Darstellung stark zeitverhaftet und geht ganz vom monarchischen Prinzip aus, so daß seine Meinung kaum als Beleg der hier entwickelten Überlegungen dienen kann.

[63] Aus der Einheitsthese heraus liegt nahe, eine ablehnende Stellungnahme zur Frage des legislativen Unrechts — dazu ausführlich *P. Dagtoglou*, BK, Art. 34 Rdn. 426 ff. — zu formulieren. In dieselbe Richtung weist das Urt. des BVerfG v. 25. 6. 1968, BVerfGE 24, 33 ff. (49 ff.), das — sehr problematisch — die Legislative nicht als „öffentliche Gewalt" i. S. des Art. 19 Abs. 4 GG anerkennt. Dabei übersieht man jedoch die Wirkung der Grundrechte, die

recht ist somit als echtes Recht charakterisiert, dessen Verzicht grundsätzlich möglich ist[64, 65].

## § 24 Kontrollverzicht und Opposition

### I. Zum Dualismus Parlament — Regierung

Die bisherigen Ausführungen haben das Parlament als Gesamtheit im Auge gehabt, die der Regierung als Kontrollinstanz gegenübersteht. Ist dieses „Block"denken aber heute noch berechtigt und ergeben sich daraus vielleicht Folgerungen für unser Problem?

Auf die Erscheinung des modernen Parteienstaates wurde schon in anderer Hinsicht aufmerksam gemacht. Als eines seiner charakteristischsten Merkmale wird das Entstehen eines neuen dualistischen Systems

---

Individuen zustehen und deren Stoßrichtung gerade auch — heute unbestritten — gegen den Gesetzgeber gerichtet ist; daß die Grundrechte mannigfachen Gemeinschaftsvorbehalten unterworfen sind, kann daran nichts ändern.

[64] Wenn man die Zustimmung nach Art. 59 Abs. 2 GG, wie es *H.-W. Bayer*, Aufhebung völkerrechtlicher Verträge, S. 161 ff., zu Recht tut, als Teilstück der parlamentarischen Kontrolle ansieht, so kann § 46 Abs. 1 des Deutschen Auslieferungsgesetzes v. 23. 12. 1929 (RGBl. I S. 239) — DAG — nur als Kontrollverzicht aufgefaßt werden. Seine Fortgeltung ist freilich umstritten. Für außer Kraft gesetzt (Art. 123 Abs. 1 GG) halten ihn etwa *G. H. Reichel*, Die auswärtige Gewalt nach dem Grundgesetz für die Bundesrepublik Deutschland vom 23. Mai 1949, 1967, S. 120, und *R. Schiedermair*, Ausländerrecht, S. 403. Dagegen gehen *W. Mettgenberg* und *K. Doerner*, Deutsches Auslieferungsgesetz, 2. Aufl. 1953, S. 506 ff., von seinem Fortbestand aus. Sie weisen dabei auf die Debatten im Reichstag hin, wo die Problematik des § 46 DAG im Verhältnis zu Art. 45 Abs. 3 WV durchaus gesehen und im Sinne des Nichtverstoßes entschieden wurde. Aus der Praxis unter dem GG ist auf den in BGBl. 1967 II S. 1743 ff. veröffentlichten Notenwechsel hinzuweisen, durch den zwischen der BRD und Ghana ein vorläufiges Abkommen zur Auslieferung flüchtiger Rechtsbrecher abgeschlossen wurde, das bis zum Abschluß eines Auslieferungsvertrages gelten soll. Der Bundestag hat hierbei nicht mitgewirkt; um ein Regierungs-(Verwaltungs-)abkommen kann es sich nicht handeln, da gewiß „Gegenstände der Bundesgesetzgebung" berührt sind (Art. 59 Abs. 2 S. 1 GG). Dies spricht dafür, daß in der Praxis vom Fortbestand des § 46 Abs. 1 DAG ausgegangen wird. — Zur ähnlichen Problematik der Parallelabkommen, die nach h. L. nicht zu den zustimmungsbedürftigen Verträgen nach Art. 59 Abs. 2 GG zählen, vgl. *Th. Maunz*, in: Maunz - Dürig - Herzog, Art. 59 Rdn. 44 ff., einerseits und *H.-W. Bayer*, a. a. O., S. 177 f., andererseits, jetzt auch den Zwischenbericht der Enquêtekommission für Fragen der Verfassungsreform, BTag-Drucks. VI/3829, S. 42.

[65] Der Überlegung, es handle sich vielleicht nicht um Verzicht, sondern um Delegation (bzw. um eine Analogie hierzu), kann deshalb nicht gefolgt werden, weil Delegation die Übertragung von Zuständigkeiten bedeutet. Hier wird die Kontrollkompetenz aber nicht auf ein anderes Organ übertragen, sondern sie kann schlicht überhaupt nicht mehr wahrgenommen werden. Ein solcher Vorgang ist nur durch die Annahme eines Verzichtes erklärbar.

bezeichnet, das nicht mehr geprägt ist durch die klassische Frontstellung Regierung—Parlament, sondern durch das Auseinanderfallen des Parlaments in die regierungstragende Parlamentsmehrheit und die mit der Regierung kämpfende Parlamentsminderheit (Opposition). An dieser Feststellung besteht für weite Kreise der Staatsrechtslehre sowie der Politikwissenschaft kein Zweifel mehr[1]. Man geht sogar wegen der Verbindung der Mehrheit mit der Regierung so weit, das Parlament zum „gouvernementablen Arbeitsorgan" herabzustufen[2].

Betrachtet man die politische und rechtliche Wirklichkeit, so läßt sich dieses Bild nicht mit gleichen Strichen nachzeichnen. Häufig wird selbst von Vertretern der genannten Ansicht darauf hingewiesen, daß in vielen Fällen die von der Regierung eingebrachten Gesetzentwürfe im Parlament einschneidenden Veränderungen unterzogen werden[3]. Das Bundesverfassungsgericht hat sich in seinem Redezeiturteil die These des neuen Dualismus gleichfalls nicht voll zu eigen gemacht[4]. Schließlich sollte das Selbstverständnis der Parlamentarier bei der Beurteilung dieser Frage nicht unberücksichtigt bleiben. Es finden sich hier eindeutige Äußerungen, die das Parlament als Ganzes der Regierung gegenüberstellen[5, 6].

Es erscheint mir richtig, in dieser Frage eine Mittelstellung einzunehmen. Das „demokratische Unbehagen", in einem Parlament nur eine zahlenmäßig unbedeutende Opposition sitzen zu sehen, zeigt an, daß heute tatsächlich weitgehend die Opposition die Rolle des Kontrolleurs der Regierung übernommen hat. Es bestehen aber auch, wie *Ulrich Scheuner* zu Recht gesagt hat, zwischen Regierung und Parlamentsmehrheit strukturelle Unterschiede und zuweilen Gegensätze[7]. Wer dies

---

[1] Vgl. dazu etwa *N. Gehrig*, Parlament — Regierung — Opposition, S. 94 ff., 126 f.; *E. Stein*, Staatsrecht, S. 29 ff.; *H. Wollmann*, S. 13 f. und passim; *M. Hereth*, Die Reform des Deutschen Bundestages, 1971, S. 30 ff.; *E. Menzel*, Parteienstaat und Beamtentum, DÖV 1970, S. 433 ff. (436 f.).

[2] So *E. Guilleaume*, Die Verwaltung Bd. 3 (1970), S. 12.

[3] *M. Hereth*, S. 38; *K. J. Partsch*, VVDStRL 16 (1958), S. 104.

[4] BVerfGE 10, 4 ff. (17), Urt. v. 14. 7. 1959.

[5] Der Abg. *Rasner* sagte in der Debatte um die vom BVerfG beurteilte Redezeitbeschränkung zur SPD gewandt: „Sie gehen ... von dem fundamentalen Irrtum aus zu glauben, das Pendant der Regierung sei die Opposition. Das Pendant zum Verfassungsorgan Regierung ist der Bundestag", Sten.-Prot. BTag III/S. 1116 D, 21. Sitzung v. 25. 3. 1958. Vgl. ferner die Bemerkungen der Abg. *Krone* und *Rasner*, Sten.Prot. III/S. 31 B, 4. Sitzung v. 5. 11. 1957, sowie Sten.Prot. V/S. 2321 B, 47. Sitzung v. 16. 6. 1966.

[6] Die Bestimmungen des GG, die zur Kanzlerneuwahl bzw. zur Auflösung des Parlaments führen (Art. 67, 68 GG), gehen ja — wenn auch nur in einer Übergangsphase — deutlich von einer Frontstellung aus, die zwischen Regierung und Parlaments*mehrheit* besteht. Auch das Problem der Minderheitsregierung zeigt, daß das Schema Parlaments*mehrheit* plus Regierung gegen Parlamentsminderheit jedenfalls in dieser Schärfe nicht besteht.

[7] FS G. Müller, S. 397; auch *H. Peters*, Die Opposition in der parlamentarischen Demokratie, ÖZöffR NF Bd. X (1959/1960), S. 424 ff. (434).

übersieht, verkennt, daß gerade in den großen Massenparteien der westlichen Demokratien oft starke Spannungen (z. B. rechter und linker Flügel) bestehen, die im Griff zu halten ohnehin sehr schwierig ist. Dies wird aber noch problematischer, wenn wegen der Notwendigkeit einer Regierungskoalition die Parteiextreme Abstriche an ihrem Programm vornehmen müssen. Eine solche Situation kann im Ergebnis zu echten Konfrontationen zwischen der Parlamentsmehrheit und der Regierung oder besser: innerhalb der Parlamentsmehrheit führen. Die radikale Scheidung zwischen Mehrheit und Minderheit beruht auf einer fehlerhaften Betrachtung der Parteien als monolithische Blöcke.

In Anschluß an *Ernst Friesenhahn* bin ich daher der Ansicht, daß zwar die Kontrollmittel des Parlaments heute weitgehend solche der Opposition geworden sind, daß aber auch die Spannung zwischen Parlament und Regierung fortbesteht[8]. Anders als er meine ich freilich, daß dies gerade in der Alltagsarbeit des Parlaments deutlich und praktisch wird, während in den Angelegenheiten von höchster Wichtigkeit die dabei zwangsläufig eintretende Polarisierung eher zu Loyalität und Fraktions-(Partei-)zusammenhalt führt[9].

Der „alte" Dualismus ist daher auch heute noch nicht tot. Darüber wird nicht die gewachsene Bedeutung der Opposition vergessen. Sie nimmt zwar die parlamentarische Kontrolle nicht ausschließlich wahr, aber sie kann mit Fug als „Hort und Schützer" des Kontrollrechts bezeichnet werden[10]. Die Auswirkung eines Kontrollverzichtes auf die Rolle der Opposition muß uns daher noch etwas näher beschäftigen.

## II. Opposition und Kontrollverzicht

Vor einiger Zeit erst hat man der Oppositon in Österreich ein „institutionelles Defizit im parlamentarischen Raum" bescheinigt[11], und dies trifft gleichermaßen für die BRD zu[12, 13]. Sicher stimmt dieser Befund nicht mit der grundlegenden Wichtigkeit überein, die der Opposition

---

8 *E. Friesenhahn*, VVDStRL 16 (1958), S. 26 f.

9 Vgl. *E. Friesenhahn*, VVDStRL 16 (1958), S. 36.

10 *H. Peters*, ÖZöffR NF Bd. X (1959/1960), S. 433.

11 *M. Welan*, Die Lehre von der Gewaltentrennung und das B-VG, ÖJZ 1970, S. 449 ff. (453).

12 Anders ist die Situation etwa in Großbritannien, vgl. dazu *G. A. Ritter*, Festgabe E. Fraenkel, S. 294 ff.

13 Die Frage der sog. „außerparlamentarischen Opposition" ist hier irrelevant. Angemerkt sei, daß sie nur als Grundrechtsinanspruchnahme zu verstehen ist, woraus sich auch zugleich die Begrenzung ihrer Agitation und Argumentation ergibt. Demokratische Legitimation hat sie nach dem hier vertretenen Demokratieverständnis nicht. Vgl. dazu auch die interessanten Ausführungen von *W. Hamel*, Deutsches Staatsrecht, I. Grundbegriffe, 1971, S. 68.

in einem freiheitlichen System zukommt[14]. Das Grundgesetz und die meisten Landesverfassungen erwähnen die Opposition nicht ausdrücklich. Die einzige Ausnahme bildet die Verfassung der Freien und Hansestadt Hamburg, deren Art. 23 a lautet: „(1) Die Opposition ist ein wesentlicher Bestandteil der parlamentarischen Demokratie. (2) Sie hat die ständige Aufgabe, die Kritik am Regierungsprogramm im Grundsatz und im Einzelfall öffentlich zu vertreten. Sie ist die politische Alternative zur Regierungsmehrheit[15]."

Dennoch kann kein Zweifel daran bestehen, daß auch unter dem Grundgesetz die Opposition eine anerkannte Rolle spielt. Das Bundesverfassungsgericht hat dies mehrfach betont, zunächst in den SRP- und KPD-Verbotsurteilen, in denen das „Recht auf verfassungsmäßige Bildung und Ausübung einer Opposition" zu den grundlegenden, in dem Begriff der „freiheitlichen demokratischen Grundordnung" zusammengefaßten Prinzipien gezählt wird[16]. Auch aus einer Vielzahl weiterer Entscheidungen des Bundesverfassungsgerichts läßt sich die rechtliche Anerkennung, welche die Opposition als „politische Alternative" gefunden hat, deduzieren[17]. §§ 88 Abs. 1, 92 Abs. 2 Ziff. 3 StGB stellen das Recht auf Bildung und Ausübung einer parlamentarischen Opposition unter strafrechtlichen Schutz[18].

---

[14] Vgl. *U. Scheuner*, FS A. Arndt, S. 400 f.

[15] GVBl. 1971, S. 21. — Die Formulierung ist nicht unproblematisch, scheint sie doch die Opposition zur condicio sine qua non der parlamentarischen Demokratie und damit eine Allparteienregierung bereits rechtlich unmöglich zu machen. — I. ü. hatte schon die Verfassung des Landes Baden v. 22. 5. 1947 (RegBl. S. 129) in Art. 120 eine die obigen Bedenken vermeidende, sonst freilich allzu optimistische Regelung getroffen: „Parteien müssen sich als mitverantwortlich für die Gestaltung des politischen Lebens und für die Lenkung des Staates fühlen, gleichgültig, ob sie an der Bildung der Landesregierung mitbeteiligt sind oder zu ihr in Opposition stehen. Haben sie sich an der Bildung der Regierung beteiligt, so ist es ihre Pflicht, das Interesse des Landes über das Interesse der Partei zu stellen. — Stehen sie in Opposition zur Regierung, so obliegt es ihnen, die Tätigkeit der Regierung und der an der Regierung beteiligten Parteien zu verfolgen und nötigenfalls Kritik zu üben. Ihre Kritik muß sachlich, fördernd und aufbauend sein. Sie müssen bereit sein, gegebenenfalls die Mitverantwortung in der Regierung zu übernehmen."

[16] BVerfGE 2, 1 ff. (13), Urt. v. 23. 10. 1952, und BVerfGE 5, 85 ff. (140), Urt. v. 17. 8. 1956. Ähnlich auch BVerwGE 1, 184 ff. (190), Urt. v. 16. 7. 1954.

[17] BVerfGE 2, 143 ff. (170 ff.), Urt. v. 7. 3. 1953; 3, 58 ff. (118), Urt. v. 17. 12. 1953; 10, 4 ff. (17, 19), Urt. v. 14. 7. 1959; 14, 121 ff. (135), Urt. v. 30. Mai 1962. Verschiedentlich wird unmittelbar eine Linie von der Meinungsfreiheit zum Recht auf Opposition gezogen, vgl. BVerfGE 5, 85 ff. (199): „Die mannigfach gesicherte politische Meinungs- und Diskussionsfreiheit und die Vereinigungsfreiheit führen zum Mehrparteiensystem und zum Recht auf organisierte politische Opposition."

[18] Andere einfachgesetzliche Berücksichtigungen der Opposition nennt *K. D. Grube*, Die Stellung der Opposition im Strukturwandel des Parlamentarismus, Diss. Köln 1965, S. 67.

### 1. Die Stellung der Opposition unter dem Grundgesetz

Die wichtige Aufgabe der Opposition, zu kontrollieren, zu kritisieren und sich selbst zur Übernahme der Mehrheits„verantwortlichkeit“ bereit zu halten und aus ihrem Führungspersonal die Regierung zu bilden, erfährt eine wichtige Einschränkung dadurch, daß sie auf dem Boden der Verfassung betrieben werden muß[19]. In diesem Sinn gibt es nur systemimmanente Opposition. Innerhalb dieses Bereiches freilich sollte man der politischen Minderheit die Rechte einräumen, die sie zur Erfüllung ihrer Aufgabe bedarf. Dies ist ein in der Diskussion zunehmend aufgegriffenes Anliegen[20]. Wir befinden uns damit im Zentrum unserer Frage, inwieweit die Mehrheit von ihrer zahlenmäßigen Überlegenheit Gebrauch machen darf, um die Kontrolle der Minderheit (zusammen mit derjenigen der Mehrheit!) auszuschließen.

### 2. Das Mehrheitsprinzip

Bezüglich des Parlaments steht man wie überall sonst bei Kollegialorganen vor der Frage, wie eine Entscheidung letztlich zustande kommen soll. Als idealer Fall denkbar ist die Übereinstimmung aller zur Entscheidung Berufenen[21], die freilich nicht allzuhäufig in einem System gegeben sein wird, das die freie Meinungsäußerung als für sich konstituierend begreift[22]. Aus dieser grundsätzlichen Einstellung heraus wird man aber das Ringen um einen möglichst viele befriedigenden Kompromiß für eine wichtige Aufgabe der parlamentarischen Beratung halten dürfen[23].

Art. 42 Abs. 2 GG schreibt für das Zustandekommen eines Beschlusses des Bundestags prinzipiell die Mehrheit der abgegebenen Stimmen vor. Das Bundesverfassungsgericht hat diese Bestimmung als Regel des objektiven Verfassungsrechts interpretiert, die der Mehrheit des Bundestags kein eigenes Recht darauf verleihe, den Willen des Bundestags zu bilden. Mehrheits- und Minderheitsansicht gingen in dem Prozeß der Willensbildung ununterscheidbar in den einheitlichen Beschluß des Parlaments als solchen ein[24]. Obwohl danach der Wille der Mehrheit nicht der des Parlaments ist, ist es doch so, daß die in der Abstimmung hervortretende konkrete Zahlenkonstellation die Entscheidung bringt. Dies wirft die Frage nach der Berechtigung des Mehrheitsprinzips auf.

---

[19] Vgl. BVerfGE 5, 85 ff. Ebenso W. *Steffani*, Stichwort: Opposition, Handbuch des deutschen Parlamentarismus, 1970, S. 314 ff. (319).

[20] z. B. *H. Wollmann*, passim.

[21] Einen Zwang zur Opposition kann es schon daher nicht geben; vgl. auch *W. Hamel*, S. 67.

[22] BVerfGE 7, 198 ff. (208), Urt. v. 15. 1. 1958.

[23] BVerfGE 5, 85 ff. (198); *W. Hamel*, S. 67.

[24] BVerfGE 2, 143 ff. (161 ff.); BVerfGE 5, 85 ff. (199).

Der Streit um die innere Rechtfertigung der Mehrheitsregel wird im Anschluß an weit zurückreichende Theorien[25] noch heute fortgeführt. Erst vor kurzem ist sie wieder als „bestmögliche Annäherung an den Gesamtwillen des Volkes" verstanden worden[26]. *Herbert Krüger*, der von dem Verbesserungsgedanken der Repräsentation ausgeht, sieht die Rechtfertigung des Mehrheitsprinzips folgerichtig darin, „daß die Entscheidung der Mehrheit auch der Sache nach ... eine relativ richtigere Entscheidung sein wird"[27]. Dieser Auffassung kann nicht zugestimmt werden. Zwar ist möglich, daß durch breitgefächerte Diskussion alle wesentlichen Gesichtspunkte erörtert werden, doch können bei solchem Verfahren ebenso sachfremde Argumente eingebracht werden, die schließlich sogar das Ergebnis bestimmen[28]. Von der Richtigkeitstheorie her wäre ein Kompromiß eigentlich nicht mehr vertretbar. Von ihr her müßte die Minderheit als minderwertig, weil nicht im Besitz der Wahrheit, erscheinen; diese Theorie ließe es nicht zu, die Minderheit ernstzunehmen, sie „als einen integralen Teil des Ganzen aufzufassen"[29]. Die Wahrheit ist aber keine Kategorie des Politischen. Sie ist darum ungeeignet, die politische (Mehrheits-)Entscheidung zu begründen.

Der richtige Ansatz liegt in der Erkenntnis des Zusammenhangs von Gleichheit und Demokratie. Wo schon Einstimmigkeit nicht herzustellen ist, kann nur ein Prinzip akzeptabel sein, das einerseits wenigstens die Mehrheit nach ihren eigenen Gesetzen leben läßt und ihr nichts aufzwingt[30], das andererseits allen die Chance gibt, sich im Meinungswiderstreit durchzusetzen[31]. Daß die Minderheit sich der Mehrheit fügt, kann nur erwartet werden, wenn durch die Mehrheitsentscheidungen die gemeinsame Basis (Verfassung) nicht verlassen wird und neben diesem grundsätzlich nötigen Konsens gewährleistet ist, daß sich eine andere Mehrheit bilden kann[32]. An dieser Stelle wird erneut die Bedeu-

---

[25] Zur Geschichte vgl. *H. Höpker*, Grundlagen, Entwicklung und Problematik des Mehrheitsprinzips und seine Stellung in der Demokratie, Diss. Köln 1957, S. 26 ff., sowie *W. Kendall*, John Locke and the Doctrine of Majority-Rule, University of Illinois Press, 1965.

[26] *P. Feuchte*, Das demokratische Prinzip und die Rechtsprechung in Verfassungssachen, DÖV 1964, S. 433 ff. (436).

[27] Staatslehre, S. 284. Ähnlich in der Diskussion der 29. Staatsrechtslehrertagung *R. Marcic*, VVDStRL 29 (1971), S. 101, und *M. Kriele*, ebd., S. 107. Unklar *W. Hamel*, S. 64 f.

[28] Vgl. *M. Hättich*, Demokratie als Herrschaftsordnung, 1967, S. 130.

[29] *H. Wollmann*, S. 4.

[30] *K. Hesse*, Grundzüge, S. 58. Vgl. *R. Walter*, VVDStRL 29 (1971), S. 91 (Diskussion). Die Zahl allein wird zum rationalen Kriterium, wo wegen des demokratischen Gleichheitsgebots qualitative Unterscheidungen unzulässig sind. Zum Verhältnis Demokratie-Gleichheit vgl. neuerdings *W. Geiger*, Das Demokratieverständnis des Grundgesetzes, in: Demokratie und Verwaltung, 1972, S. 229 ff. (238).

[31] *R. Herzog*, Mehrheitsprinzip, EvStL, Sp. 1295 ff. (1297); *H. Rausch*, Mehrheitsprinzip, Handbuch des Deutschen Parlamentarismus, S. 279.

[32] *U. Scheuner*, FS H. Huber, S. 244; *K. Hesse*, Grundzüge, S. 58.

tung der zeitlichen Begrenzung aller Machtpositionen und der Wahl offenkundig[33].

Solange die Verfassung die Operationsbasis der Mehrheit ist, ist es unzulässig, von Willkür und Mißbrauch der Mehrheit zu sprechen[34]. Daß beide freilich möglich sind, haben sowohl die Grundgesetzgeber als auch das Bundesverfassungsgericht[35] erkannt. Das Mehrheitsprinzip ist zwar die für die Demokratie einzig mögliche Abstimmungsmodalität, sie ist aber nicht der entscheidende Inhalt der Demokratie. Er ist vielmehr die Freiheit[36], und d. h. auch die Ablehnung einer Diktatur der Mehrheit. Aus diesem Grund ist die Veränderung der gemeinsamen Basis, der Verfassung, an eine besonders qualifizierte Mehrheit geknüpft und sind bestimmte Grundsätze der Verfassung überhaupt unantastbar[37] und somit jeder wie auch immer gearteten Mehrheit entzogen.

Sieht man unter diesen hier erörterten Gesichtspunkten die Frage des Schutzes der parlamentarischen Minderheiten, so ließe sich zunächst mit dem Bundesverfassungsgericht sagen, die gefällte Entscheidung, die den Kontrollverzicht beinhaltet, sei ja *auch* die Entscheidung der Minderheit, es sei die Entscheidung des Bundestags als solche[38]. Wer diese der volonté générale-Konzeption verpflichtete Auffassung nicht teilt, muß doch die Majoritätsregel nach dem positiven Verfassungsrecht beachten und darüber hinaus ihre innere Rechtfertigung anerkennen. Der Entscheidung der Mehrheit Riegel vorzuschieben, hieße die Mehrheits- durch Minderheitsrechte zu ersetzen; aber nicht hierin, sondern in der Chance des Regierungs- bzw. Mehrheitswechsels liegt die „Logik" des parlamentarischen Systems[39]. Der Bereich des Minderheitenschutzes ist nicht der des Fällens der parlamentarischen Entscheidung, sondern er

---

[33] Vgl. W. *Hamel*, S. 65.

[34] Illustrativ dazu die Debatte in der 159. Sitzung des Bundestags am 15. 12. 1971; der Abg. Lenz kritisierte die Verabschiedung des Gesetzes zur Änderung der Amtsbezeichnungen der Richter und der Präsidialverfassung der Gerichte mit den Worten: „Unter den gegebenen Umständen ist dieses Gesetz ein Akt gesetzgeberischer Willkür einer kleinen Mehrheit", Sten.Prot. BTag, VI/S. 9161. Der Vizepräsident Dr. Schmid entgegnete: „Die Abstimmung, die hier durchgeführt worden ist, ist auf der Grundlage des Grundgesetzes und der Geschäftsordnung unseres Hauses vorgenommen worden. Sie ist daher richtig erfolgt. Von Willkür zu sprechen, wenn richtig verfahren worden ist, halte ich für unzulässig", ebenda, S. 9163.

[35] BVerfGE 10, 4 ff. (13).

[36] Dazu *R. Laun*, Mehrheitsprinzip, Fraktionszwang und Zweiparteiensystem, Gedächtnisschrift W. Jellinek, S. 175 ff. (192).

[37] Vgl. Art. 79 Abs. 3 GG und dazu (bedenklich!) BVerfGE 30, 1 ff. (24 f.), Urt. v. 15. 12. 1970.

[38] Siehe oben bei und in Anm. 24. Zu dieser an Rousseau anknüpfenden Argumentation vgl. *C. Schmitt*, Die geistesgeschichtliche Lage des heutigen Parlamentarismus, 1923, S. 14.

[39] So zu Recht *H. Ehmke*, Empfiehlt es sich, Funktion, Struktur und Verfahren der parlamentarischen Untersuchungsausschüsse grundlegend zu ändern? Verhandlungen 45. DJT (1965), E 7 ff. (45).

betrifft die Möglichkeiten, Gang und Inhalt der parlamentarischen Beratungen bis zur Entscheidung angemessen zu beeinflussen[40]. Insoweit gibt es durchaus berechtigte Forderungen auf den Ausbau von Minderheitsrechten[41].

Als Ergebnis läßt sich festhalten, daß der Kontrollverzicht des Parlaments zwar die Rolle der unter dem Grundgesetz anerkannten Opposition tangiert, daß dies sich aber durch das Zugrundelegen des Mehrheitsprinzips rechtfertigt[42].

## § 25 Verfassungsrechtliche Schranken des Verzichts

Wenn wir auch die grundsätzliche Möglichkeit eines parlamentarischen Kontrollverzichts bejaht haben, so ist damit noch nicht das letzte Wort zugunsten einer freien Disponibilität der Parlamentskontrolle gesprochen. Der Verfassung vermag nämlich durchaus, auch dem *Rechts*verzicht Grenzen zu setzen; sie werden ohne Zweifel da überschritten sein, wo die von der Verfassung gewollte Ordnung bedroht oder gar zerstört würde.

Man kann, um dies zu vermeiden, zunächst einmal daran denken, den Rechtsgedanken des Art. 80 Abs. 1 GG als Schranke des Kontrollverzichts heranzuziehen. Ferner ist zu überlegen, daß zwangsläufig durch die Schaffung ministerialfreier Räume in die der Regierung bzw. ihren Mitgliedern zustehenden Staatsleitungsbefugnisse eingegriffen wird. Diesen Erwägungen soll im folgenden nachgegangen werden.

### I. Der Rechtsgedanke des Art. 80 Abs. 1 GG

Art. 80 Abs. 1 GG hat die Aufgabe, die Exekutive im Bereich der Rechtsetzung nur beschränkt zum Zuge kommen zu lassen; für die Rechtsetzung soll vielmehr grundsätzlich die Legislative zuständig sein[1]. Vom

---

40 Ähnlich *H. Wollmann*, S. 21.

41 Dazu *N. Gehrig*, DVBl. 1971, S. 637. Zu denken wäre insbesondere an die Ausgestaltung des Zitierungsrechts nach Art. 43 Abs. 1 GG als Minderheitenrecht.

42 A. A. bezüglich des alten § 89 RHO *B.-P. Lange*, S. 125 ff., und *A. Fuchs*, S. 61. Das Problem liegt hier aber insoweit anders, als mit Art. 114 GG eine spezielle Norm vorliegt, aus der man die Lückenlosigkeit der Rechnungsprüfung folgern kann; so *Fuchs*, a. a. O. Das davon losgelöste Abstellen auf die Kontrollmöglichkeit der Opposition, wie es *Lange*, S. 128 f., tut, überzeugt dagegen nicht.

1 *A. Hamann* und *H. Lenz*, Art. 80 Erl. A 1. Vgl. jetzt auch BVerfG, Beschl. v. 10. 10. 1972, DÖV 1973, S. 132 f.

bloßen Wortlaut her ist die genannte Grundgesetzbestimmung nicht einschlägig. Damit stellt sich die Frage ihrer analogen Anwendung. Sie stellt sich sogar um so dringlicher, als nach allgemeiner Ansicht die durch Art. 80 Abs. 1 GG getroffene Regelung unter dem Aspekt des Gewaltenteilungsprinzips ebenso gesehen werden muß wie unter dem, daß der Demokratie als Ordnungsprinzip Geltung zu verschaffen ist[2]. Beide Gesichtspunkte sind hier ausgiebig besprochen worden. Ihnen wurde dabei insbesondere die Bedeutung der parlamentarischen Kontrolle sowohl für die notwendige demokratische Legitimation als auch für die Gewaltenteilung i. S. einer Gewaltenhemmung und -verschränkung entnommen[3]. Dies legt nahe, an Gesetzgebung und Kontrolle ähnliche Maßstäbe anzulegen.

*Winfried Brohm* ist in dieser Angelegenheit allerdings weniger weit gegangen. Er entnimmt dem Rechtsgedanken der Art. 80 Abs. 1 S. 2 und 81 Abs. 3 GG nur, daß die Volksvertretung sich lediglich nicht „ihrer politischen Gesamtverantwortung" entziehen dürfe. Sie tue dies aber dann, wenn „Aufgaben von größerer politischer Tragweite weisungsunabhängigen Stellen überlassen" würden[4].

M. E. ist dies eine Fehldeutung des Rechtsgedankens des Art. 80 GG. Es geht in diesem Fall ja nicht um die Verhinderung einer Entäußerung qualitativ bestimmter Bereiche[5], sondern lediglich darum sicherzustellen, daß das Parlament nur quantitativ beschränkt und in klar abgestecktem Rahmen seine Aufgaben von einer anderen Stelle erfüllen läßt.

Das Parlament soll sich daher auch seiner Kontrolle nur entschlagen dürfen, wenn der den Verzicht begründende Akt Ausnahme ist[6] sowie den Rahmen deutlich umreißt, in dem parlamentskontrollfrei gehandelt wird. Gerade hierüber soll das Parlament sich klar geworden sein. Das Gesetz muß so in Analogie zu Art. 80 Abs. 1 S. 2 GG[7] zumindest ein „Programm" aufgestellt haben, aus dem sich die Reichweite der Befugnisse der weisungsfreien Stelle ergibt. Dies bedeutet, daß nicht nur der Zweck

---

[2] Vgl. BVerfGE 1, 14 ff. (60), Urt. v. 23. 10. 1951, sowie BFH, Urt. v. 25. 8. 1953, BStBl. 1954 III, S. 36 ff. (38) und BFH, Urt. v. 22. 11. 1957, BStBl. 1958 III, S. 44.

[3] Vgl. oben §§ 19 und 20.

[4] W. *Brohm*, Wirtschaftsverwaltung, S. 220; vgl. auch BVerfGE 9, 268 ff. (282).

[5] Andernfalls müßte durch Art. 80 GG für bestimmte Gesetzgebungsmaterien die Rechtsverordnungsbefugnis der Exekutive ausgeschlossen sein; dies ist jedoch nicht der Fall. Damit ist nicht gesagt, daß es keinen materialen „Kernbereich der Gesetzgebung" gäbe, dazu *H. Ehmke*, Wirtschaft und Verfassung, 1961, S. 77. Er ergibt sich jedenfalls nicht aus Art. 80 GG.

[6] Vgl. dazu *H.-U. Evers*, Der Staat Bd. 3 (1964), S. 52.

[7] Zu den Anforderungen des BVerfG an Art. 80 Abs. 1 S. 2 GG vgl. besonders BVerfGE 19, 354 ff. (361 f.), Beschl. v. 11. 1. 1966. Weitere Nachweise finden sich bei *H. Hasskarl*, Die Rechtsprechung des Bundesverfassungsgerichts zu Art. 80 Abs. 1 Satz 2 GG, AöR 94 (1968), S. 85 ff.

ihrer Errichtung, sondern daß auch die einzelnen Möglichkeiten ihres Agierens umschrieben sind.

Soweit ersichtlich entsprechen die ministerialfreien Räume sämtlich diesen Anforderungen. Man wird dabei die Bundesbank einschließen müssen, obgleich hier noch am ehesten Zweifel am Platz sind. Ihre zunächst nur sehr vage bezeichneten Aufgaben in § 3 BBankG sind durch § 1 Stabilitätsgesetz konkretisiert worden[8]. Die §§ 14 ff. BBankG enthalten die der Deutschen Bundesbank zur Verfügung gestellten Instrumente. Die Reichweite der Befugnisse der Bundesbank ist daher als im oben bezeichneten Sinn umgrenzt anzusehen.

## II. Die Staatsleitungsbefugnis der Regierung

### 1. Die Staatsleitungsbefugnis als mögliche Schranke des Verzichts

Der Bundesregierung steht — dies bedarf angesichts des Art. 65 GG keiner weiteren Begründung[9] — das Recht zur Staatsleitung zu. Nur mit Hilfe einer umfassenden Einzelweisungsbefugnis ist die Regierung in der Lage, ihre politischen Zielvorstellungen in den ihr nachgeordneten Exekutivbereichen durchzusetzen. Generell als Verzichtsschranke kommt die Staatsleitungsbefugnis der Bundesregierung freilich nur in Betracht, wenn sie in lückenloser Form gegeben ist.

*Carl Peter Fichtmüller* lehnt diese Auffassung ab[10]. Soweit er sich dabei auch hier auf Gesichtspunkte wie Selbstverwaltung, Demokratie und Neutralisierung von Verwaltungsaufgaben beruft, die nach ihm Ausnahmen von der parlamentarischen Kontrolle sowie von der Befugnis der Regierung zur Leitung der Verwaltung rechtfertigen sollen[11], kann auf die mit diesen Thesen geführte Auseinandersetzung verwiesen werden[12]. Neu ist hier aber das Argument, daß die Bundesregierung ja keineswegs allein Aufgaben der Staatsleitung wahrnehme; alle anderen Verfassungsorgane — Bundestag, Bundesrat, Bundespräsident, Bundesverfassungsgericht — wirkten hierbei gleichfalls mit[13]. Die Rechtsstellung der Regierung verbiete es aber, ihren Einflußbereich so zu beschneiden, daß die Leitungsfunktion nicht mehr ausgeübt werden

---

[8] Vgl. oben § 8 V. 3.

[9] Vgl. auch Art. 43 Abs. 1 der bayerischen Verfassung: „Die Staatsregierung ist die oberste leitende und vollziehende Behörde des Staates"; dazu *Th. Meder*, Handkommentar zur Verfassung des Freistaates Bayern, 1971, Art. 43 Rdn. 1.

[10] AöR 91 (1966), S. 350 ff.

[11] Ebenda, S. 351.

[12] Vgl. oben §§ 18 - 22.

[13] AöR 91 (1966), S. 351 ff.

könne. Dabei stimmt Fichtmüller dem Kriterium des Bundesverfassungsgerichts[14] insoweit zu, als das politische Gewicht der betroffenen Verwaltungsaufgabe ihre Bedeutung für die Staatsleitung anzeige. Zusätzlich müsse aber auch die Quantität der dem Regierungseinfluß entzogenen Aufgaben berücksichtigt werden. Die Ministerialfreiheit der bloß gesetzesvollziehenden Verwaltung der unteren Ebene berühre indessen die verfassungsrechtliche Stellung der Regierung kaum[15].

Demgegenüber ist *Peter Füßlein* der Ansicht, daß bei der Beurteilung des Verhältnisses zwischen Regierung (als der Exekutivspitze) und Verwaltung nicht auf Überlegungen zurückgegriffen werden dürfe, die im Verhältnis der Verfassungsorgane untereinander eine Rolle spielen mögen. Der Regierung stünden gegenüber der Verwaltung daher keineswegs nur Angelegenheiten von politischer Tragweite zu[16].

So richtig es ist, bei der Untersuchung der zwischen Regierung und Verwaltung bestehenden Beziehung den (u. U.) dem Parlament gegenüber bestehenden Vorbehaltsbereich der Regierung außer Ansatz zu lassen, kann auf die Prüfung der Frage nicht verzichtet werden, welche Befugnisse dem Parlament bezüglich der Staatsleitungsfunktion der Regierung zukommen. *Füßlein* hat sich allerdings hierzu den Weg dadurch verbaut, daß er die Problematik der parlamentarischen Kontrolle und Verantwortlichkeit für irrelevant und für die Beurteilung der Zulässigkeit ministerialfreier Räume allein die Staatsleitungsbefugnis der Regierung für ausschlaggebend erklärt hat[17].

Tatsächlich ist jedoch daran nicht vorbeizukommen, daß wir es mit gesetzlichen Regelungen zu tun haben, die in dieses Verhältnis der Exekutivspitze zur Verwaltung eingreifen. Ob dies für zulässig zu erachten ist, hängt davon ab, ob der demokratische Gesetzgeber ein entsprechendes Zugriffsrecht hat.

### 2. Die Organisationsgewalt im Spannungsfeld Parlament—Regierung

Wir müssen uns also um Antwort bemühen auf die Frage, wer die Funktionsträger der Exekutive zu gestalten und ihnen ihre Zuständigkeiten zuzuweisen hat und in welchem Umfang das geschehen kann. Es geht m. a. W. darum, wie die Organisationsgewalt[18] zwischen Legislative und Exekutive verteilt ist.

---

[14] BVerfGE 9, 268 ff. (282).
[15] AöR 91 (1966), S. 353.
[16] *P. Füßlein*, S. 322 ff.
[17] Ebenda, S. 324 f. Vgl. auch oben § 1.
[18] Zum Begriff siehe *K. Obermayer*, Verwaltungsakt, S. 117, sowie *E.-W. Böckenförde*, Organisationsgewalt, S. 38.

### a) *Die Ansicht Friesenhahns*

*Ernst Friesenhahn* hat auf der Berliner Staatsrechtslehrertagung 1957 ein ausschließlich der Regierung zustehendes verfassungskräftiges Vorbehaltsgebiet im Verhältnis zum Parlament abgelehnt; die Staatsleitung stehe Regierung und Parlament „gewissermaßen zur gesamten Hand" zu[19]. Das Parlament könne ferner durch einfaches Gesetz Aufgaben der Organisationsgewalt an sich ziehen[20].

### b) *Die Ansicht Böckenfördes*

*Ernst-Wolfgang Böckenförde* rechnet die Organisationsgewalt grundsätzlich zum Eigenbereich der vollziehenden Gewalt[21]. Das hierauf dem Parlament zustehende Zugriffsrecht rechtfertige sich aber aus der funktionellen Überlegenheit, welche die Volksvertretung als das hauptsächliche Repräsentationsorgan des Volkes habe. Dem legislativen Zugriffsrecht werden jedoch Schranken dreifacher Art gezogen: Der Gesetzgeber könne nur Organisationsregelungen für den konkreten Fall treffen und nicht generelle Gesetzesvorbehalte statuieren. Er sei dabei an die Verfassungsstruktur gebunden, dürfe also z. B. die Ressortgewalt eines Ministers weder aushöhlen noch völlig weisungsfreie Behörden errichten. Das Zugriffsrecht erstrecke sich schließlich nicht auf den Kernbereich der Exekutivkompetenzen[22].

### c) *Eigene Meinung: Theorie des „gemeinsamen Kernbereichs"*

Zunächst ist es sicher richtig, die Organisationsgewalt nicht mehr länger als „Hausgut" der Exekutive zu bezeichnen. Das Parlament hat in dieser Hinsicht im Vergleich zu früheren Epochen erheblich an Einfluß gewonnen[23]. Dies kann auf der anderen Seite nicht heißen, daß die Regierung zum „Ausschuß" des Parlaments geworden sei[24]. Unter dem Grundgesetz besteht weder eine Parlamentssouveränität noch eine Parlamentssuprematie[25]. Im parlamentarischen Regierungssystem sind viel-

---

[19] VVDStRL 16 (1958), S. 37 f.

[20] Ebenda, S. 70 (These II 4.), sowie auch S. 38 FN 73. Noch weiter in der Betonung des Parlaments als Führungsorgan geht *H. Ridder*, DÖV 1957, S. 511.

[21] Organisationsgewalt, S. 88.

[22] Ebenda, S. 105 ff. Ebenso *W. Hoffmann*, S. 46 ff.

[23] *F. Mayer*, Verwaltungsrecht, S. 60.

[24] So auch *F. Münch*, S. 100, und *H. Loening*, DVBl. 1954, S. 176.

[25] Vgl. *G. Leibholz*, Strukturwandel, S. 18; *R. Herzog*, Der demokratische Verfassungsstaat in Deutschland — Entwicklung und Ausblick, JuS 1969, S. 397 ff. (402). Nichtssagend hingegen die Ausführungen von *P. Federspiel*, Die Souveränität des Parlaments, in: Macht und Ohnmacht der Parlamente, 1965, S. 148 ff.

mehr Parlament und Regierung aufeinander zugeordnet[26]. Gerade weil die Regierung — generell — verantwortlich sein soll, muß sie auch selbständige Entscheidungsbefugnisse haben[27].

Von daher ist dem Ansatzpunkt *Böckenfördes* gegenüber dem *Friesenhahns* der Vorzug zu geben[28]. Aber auch Böckenfördes Ausführungen geben Anlaß zu Kritik. So richtig es i. a. sein mag, dem legislativen Zugriffsrecht durch Verfassungsstruktur und Exekutivkernbereich Grenzen zu ziehen, so unbefriedigend bleibt die Zuweisung der Schaffung weisungsfreier Räume allein zum ersteren Gesichtspunkt. Man wird vielmehr sagen müssen: nur wenn das hierarchische System dem Bereich der Exekutive wesensmäßig, als Kern sozusagen zugehört, ist es verfassungskräftig abgesichert und ist dann auch eine die gesetzgeberische Gestaltungsfreiheit (Organisationsgewalt) begrenzende Verfassungsstruktur.

Nun ist allerdings die Theorie, wonach Übergriffe der einen auf die andere Gewalt an Hand der von der durchaus herrschenden Lehre[29] vertretenen „Kernbereichslehre" zu beurteilen sind, in neuester Zeit starker Kritik ausgesetzt gewesen[30]. Auf diese Kontroverse braucht hier jedoch nicht eingegangen werden, und zwar aus folgendem Grund:

Überall, wo es bisher um die — kaum mögliche — Ermittlung des Kernbereichs einer Gewalt ging, bestand die Gefahr, daß eine Gewalt zu Lasten der anderen etwas usurpiert, was ihr ein Übergewicht verschaffen und das System der checks and balances aus dem Gleichgewicht bringen müßte. Der hier interessierende Fall, die Errichtung ministerialfreier Stellen, ist indes anders gelagert; denn mit der Ausgliederung verlieren beide, Parlament und Regierung an Einfluß. Diese besondere Konstellation war es ja auch, die das Bundesverfassungsgericht im Bremer Personalvertretungsfall veranlaßte, den Gewaltenteilungsgrundsatz überhaupt nicht tangiert zu sehen[31]. Dies freilich zu Unrecht; denn es geht — wie oben nachgewiesen wurde[32] — sehr wohl um Fragen der Gewaltenteilung, die im Grundgesetz weitgehend als Gewaltenverschrän-

---

[26] *K. Eichenberger*, SchwJZ 1965, S. 289.
[27] Vgl. *U. Scheuner*, FS G. Müller, S. 391.
[28] Kritisch gegenüber den Thesen Friesenhahns auch *U. Scheuner* in der Diskussion, VVDStRL 16 (1958), S. 122 ff. (124), sowie *A. Köttgen*, Die Organisationsgewalt, VVDStRL 16 (1958), S. 154 ff. (171) — Vgl. aber auch unten bei Anm. 35.
[29] Beispielhaft seien genannt: BVerfGE 4, 331 ff., (346 f.), Beschl. v. 9. 11. 1955, BVerwGE 7, 294 ff. (295), Urt. v. 29. 11. 1958; *Th. Maunz, G. Dürig*, in: Maunz - Dürig - Herzog, Art. 20 Rdn. 81.
[30] Dazu besonders *W. Leisner*, Die quantitative Gewaltenteilung, DÖV 1969, S. 405 ff., sowie *N. Achterberg*, Probleme der Funktionenlehre, 1970, S. 180 ff.
[31] BVerfGE 9, 268 ff. (280).
[32] Vgl. oben § 20.

kung ausgestaltet ist. Nur so konnte auch und gerade der Ministerverantwortlichkeit gewalten„teilende“ Funktion zuerkannt werden.

Anders gewendet: in unserem Fall geht es nicht um die Frage, was der einen Gewalt (noch) zugunsten der anderen entzogen werden darf, sondern darum, was *beide* Gewalten, genauer: Parlament und Bundesregierung, behalten müssen. Geht man mit *Walter Leisner*[33] und *Karl-Heinz Böckstiegel*[34] davon aus, daß Bundestag und Bundesregierung kaum mehr unterscheidbare Komponenten zu der „gemeinsam vorbereiteten und getragenen Verbundentscheidung“ beisteuern, insofern wirklich der Staatsleitung „zur gesamten Hand“ obliegen[35], dann dürfte es nicht verfehlt sein anzunehmen, daß es dieser Bereich ist, den man auch den „Bereich der Regierung“[36] nennen könnte, der den „gemeinsamen Kernbereich“ für (Bundes-)Regierung und Parlament bildet[37].

### ca) Der hochpolitische Bereich

*Ulrich Scheuner* hat nur wenige Jahre nach Inkrafttreten des Grundgesetzes den „Bereich der Regierung“ einer tiefschürfenden Betrachtung unterzogen, diesen Begriff freilich ausschließlich auf den Teil der Exekutivfunktion bezogen, dem das Charakteristikum der „Staatsleitung“ oder des „Hochpolitischen“ innewohnt[38]. Gerade diese Elemente sind der Tätigkeit der Regierung (als Institution) jedoch nicht allein eigen. Eine Abgrenzung ist somit allenfalls zur Verwaltung, nicht aber zum Parlament hin erreicht[39]. Dies bestätigt aber nur die Tatsache eines Parlament und Bundesregierung zugleich zugewiesenen Bereiches.

Dieser Bereich ist — wie gesagt — der des Politischen, d. h. der „obersten Zielsetzung“, der „Selbstbestimmung des Staates“[40]. Politisch in diesem Sinn ist das auf das Ganze Bezogene[41]. Von hier aus erhält nun auch der vom Bundesverfassungsgericht geprägte Begriff der „politischen Tragweite“ seinen Stellenwert. Von politischer Tragweite sind daher nicht Ausführung und Verwirklichung der festgelegten Staatszwecke; die in diesem Bereich durchaus vorkommenden „politischen“ Aspekte gehen von anderen Zusammenhängen als den hier entscheiden-

---

[33] DÖV 1969, S. 409.

[34] NJW 1970, S. 1713.

[35] So *E. Friesenhahn*, VVDStRL 16 (1958), S. 38.

[36] „Regierung“ ist hier nicht im Sinn der Institution Bundesregierung verstanden, sondern eher dem englischen „government“ angenähert.

[37] Es geht in diesem Zusammenhang also nicht um die Frage, ob das Parlament selbst die Richtlinien der Politik bestimmen kann; dazu etwa *E. U. Junker*, S. 87 ff.

[38] *U. Scheuner*, FS Rudolf Smend 1952, S. 278.

[39] Vgl. auch *H.-W. Bayer*, Aufhebung völkerrechtlicher Verträge, S. 146 f.

[40] *U. Scheuner*, FS R. Smend 1952, S. 275.

[41] Ebenda, S. 272.

den aus und haften am einzelnen Akt[42]. Dies dürfte auch *Machtolf Roller* meinen, wenn er bei der Erörterung des Begriffs der politischen Tragweite sagt, es dürfe nicht darauf abgestellt werden, ob im Einzelfall eine Entscheidung politisches Gewicht habe, sondern darauf, ob die dem weisungsfreien Ausschuß zugewiesene Aufgabe regelmäßig von politischer Bedeutung sei[43].

Ich komme daher zu dem Ergebnis, daß es dieser mit dem Ausdruck „politische Tragweite" charakterisierte Bereich ist, der nicht ministerialfrei organisiert werden darf. Dem entspricht übrigens die Formulierung des Gesetzes vom 28. Oktober 1918, mit der das parlamentarische Regierungssystem noch eben in der Todesstunde des Kaiserreiches verwirklicht wurde: „Der Reichskanzler trägt die Verantwortung für alle Handlungen von *politischer Bedeutung*, die der Kaiser in Ausübung der ihm nach der Reichsverfassung zustehenden Befugnisse vornimmt[44]."

### cb) Die Bewahrung des Rechts

Damit ist jedoch der „gemeinsame Kernbereich", also der Teil, der im Kooperationsfeld von Parlament und Regierung bleiben muß, noch nicht abschließend umschrieben. Das Grundgesetz hat die BRD als Rechtsstaat konzipiert[45]. In ihm ist die Bewahrung des Rechtes entscheidend. Hierauf müssen die Staatsorgane sehen können, gerade auch Regierung und Parlament, da die rechtsprechende Gewalt darauf angewiesen ist, daß ihr die präsumtiven Rechtsbrüche zur Beurteilung vorgelegt werden — wo kein Kläger, da kein Richter. Man kann sich auch nicht mit dem Gedanken beruhigen, das in seinen Rechten verletzte Individuum habe jedenfalls die Möglichkeit, eine gerichtliche Entscheidung herbeizuführen. Es sind ja auch Rechtsverletzungen zugunsten des einzelnen denkbar. Die Notwendigkeit, das Recht durchsetzen zu können, konkret: die zulässig ministerialfrei organisierten Stellen im Rahmen ihrer vom Gesetzgeber eingeräumten Befugnisse zu halten, fällt im Rechtsstaat in den Zuordnungsbereich Parlament — Regierung, der gekennzeichnet ist durch Verantwortlichkeit und Kontrolle. Die parlamentarische Rechtskontrolle[46] ist somit unverzichtbar. Dies bedeutet, daß ministerialfreie Räume nur insoweit zuläßig sind, als der Exekutivspitze eine Rechtsaufsicht oder zumindest das Recht zusteht, gegen Entscheidungen weisungsfreier Stellen Klage zu erheben[47].

---

[42] Ebenda, S. 275 f.
[43] *M. Roller*, S. 138.
[44] RGBl. 1918, S. 1274. Hervorhebung von mir.
[45] Vgl. oben § 22.
[46] Dazu oben § 3 IV. und § 22 II. 5. b).
[47] So im Ergebnis auch *D. Haas*, VerwArch. Bd. 49 (1958), S. 22; *M. Seebode*, DVBl. 1968, S. 177 f.; *P. Füßlein*, S. 328.

### 3. Folgerungen

Akzeptiert man die oben entwickelten Kriterien, so erweckt jedenfalls die ministerialfreie Tätigkeit der Deutschen Bundesbank die größten Bedenken. Nicht nur eine einzelne Maßnahme kann einmal „politisch“ werden — ihre gesamte Tätigkeit ist in einem gerade für den modernen Staat eminent wichtigen Bereich prägend und entscheidend[48]. Eine verfassungsrechtliche Rechtfertigung ihrer Unabhängigkeit steht daher nach wie vor aus[49].

Zum gleichen Befund wird man bezüglich des Sachverständigenrates zur Begutachtung der gesamtwirtschaftlichen Entwicklung kommen müssen, falls man einmal die Prämisse bejaht hat, daß der Sachverständigenrat dem Kreis der ministerialfreien Räume zugehört[50]. Es werden hier grundsätzliche, die Gesamtheit betreffenden Entscheidungen weitgehend vorgeprägt. Mutatis mutandis ist dasselbe zu sagen zu dem — nicht mehr existenten — Personalgutachterausschuß, dessen Tätigkeit, die Auswahl der höheren Offiziere für die Bundeswehr, eine prinzipiell politische Note hatte[51].

Diesem „Personalamt für den militärischen Sektor“ kann andererseits der Bundespersonalausschuß nicht gleichgestellt werden. In der Regel bedürfen Ernennungen bis zur obersten beamtenrechtlichen Stellung keiner Zustimmung oder sonstigen Mitwirkung des Ausschusses. Seine Funktion beginnt da, wo Ausnahmen vom Üblichen gemacht werden sollen. Damit ist im hier gebrauchten Sinn der nicht-politische Charakter der Tätigkeit des Ausschusses bezeichnet.

Gegen die Verfassungsmäßigkeit der Ausgestaltung des Bundespersonalausschusses wie nicht anders etwa der Bundesprüfstelle spricht freilich das Fehlen einer Möglichkeit der Bundesregierung, die Einhaltung der diesen ministerialfreien Stellen eingeräumten Befugnisses zu überwachen, es sei denn, man geht mit einer der h. L. entgegengesetzten, aber an Boden gewinnenden Meinung davon aus, daß die gesetzliche Zulassung des „Insichprozesses“ nicht notwendigerweise erforderlich ist[52].

---

[48] Vgl. dazu die interessanten Ausführungen von *H.-J. Arndt*, S. 261 f., freilich auch S. 290 ff., 322 ff.

[49] Ebenso vor allem *G. Vorbrugg*, S. 297 ff.; auch *Schmidt - Bleibtreu/Klein*, Art. 88 Rdn. 4: „Zumindest verfassungsrechtlich problematisch.“ Vgl. jetzt auch — unbefriedigend — BVerwG, NJW 1973, S. 1338 f.

[50] Vgl. oben § 6 I 3.

[51] Vgl. oben § 9 Anm. 3 Entsprechendes gälte für eine Alleinkooptation der Richter wie nicht anders der Hochschullehrer; vgl. oben § 5 bei und in Anm. 36.

[52] Vgl. oben §§ 4 I. 5. d) und § 7 Anm. 41.

## § 26 Einzelfragen

### I. Errichtung ministerialfreier Räume und Gesetzesvorbehalt

Die Verzichtstheorie ist nur auf das Parlament anwendbar. Da andere Rechtfertigungsmöglichkeiten versagt haben, ergibt sich schon daraus die Unzulässigkeit der Errichtung weisungsfreier Stellen durch die Exekutivspitze[1]. Die Organisationsgewalt der Bundesregierung (vgl. Art. 86 S. 2 GG) besitzt insoweit eine immanente Schranke. Ein Weisungsverzicht ist der Regierung nicht möglich, da das Weisungsrecht in der Pflicht der Regierung, die Kontrolle des Parlaments zu ermöglichen, seine Kehrseite hat; die Weisungsbefugnis der Regierung hat daher anders als das Kontrollrecht des Parlaments fremdnützigen Charakter[2]. Jedenfalls unter dem Grundgesetz wäre die Schaffung einer dem Reichssparkommissar analogen Institution durch exekutivischen Organisationsakt daher nicht möglich[3].

Anders ist die Bildung und Errichtung echter Beiräte zu beurteilen, deren Aufgabe ausschließlich die der Beratung ist und die dabei die Grenze zur tatsächlichen und juristisch faßbaren Beeinflussung und Entscheidung nicht überschreiten und somit nicht als ministerialfreie Räume zu begreifen sind[4]. Hier ist die Organisationsgewalt der Minister nicht eingeschränkt[5].

Der ministerialfreie Räume schaffende Legislativakt muß ein Gesetz sein. Der Zugriff auf eine andere Gewalt ist nur im Rahmen des Gesetzes möglich. Daher kann auch nur das Parlament, nicht etwa der sog. Ständige Ausschuß auf die Kontrolle im hier besprochenen Sinn verzichten[6].

Vom Ergebnis her deckt sich dies mit der überwiegend vertretenen Lehre, die für die Ausgliederung von Selbstverwaltungsbereichen aus

---

[1] So auch im Ergebnis *E.-W. Böckenförde*, Organisationsgewalt, S. 214 f.

[2] A. A. *P. Füßlein*, S. 104 f., 331.

[3] Vgl. oben § 18 Anm. 40. — Unter diesem Gesichtspunkt erweckt auch § 98 Abs. 2 BBG Bedenken, der es der Bundesregierung freistellt, auf den Bundespersonalausschuß weitere Aufgaben zu übertragen.

[4] Vgl. oben § 6 I.

[5] So zu Recht *E.-W. Böckenförde*, Organisationsgewalt, S. 255 f. Anders für die österreichische Rechtslage neuerdings *P. Oberndorfer*, Partizipation an Verwaltungsentscheidungen in Österreich, DÖV 1972, S. 529 ff. (535).

[6] Der Ständige Ausschuß ist nicht „das" Parlament. Er nimmt vielmehr nur Kontrollaufgaben in den „parlamentslosen Zeiträumen" wahr, so *Th. Maunz*, in: Maunz - Dürig - Herzog, Art. 45 Rdn. 3; vgl. auch zur Entstehungsgeschichte JöR NF Bd. 1 (1951), S. 370. Der Ständige Ausschuß ist eine echte Ausprägung des Gewaltenteilungsprinzips und ist nicht auf die Basis der repräsentativen Demokratie gestellt. Konsequenterweise steht ihm daher u. a. gerade das Gesetzgebungsrecht nach der ausdrücklichen Vorschrift des Art. 45 Abs. 2 GG nicht zu.

der Verwaltungshierarchie, die Errichtung (rechtsfähiger) Körperschaften, Anstalten und Stiftungen sowie die Bildung weisungsfreier Stellen im Verwaltungsorganismus die gesetzliche Grundlage fordert[7]. „Diese Feststellung gilt auch für den Auf- und Ausbau einer parakonstitutionellen mittelbaren Staatsverwaltung, wie sie uns bei der Aufgabenerfüllung durch staatlich gegründete oder vom Staat in Anspruch genommene Privatrechtssubjekte entgegentritt"[8]. Dies wird begründet mit dem demokratisch-institutionellen Gesetzesvorbehalt, der besagt, daß wegen der demokratischen Höherstufigkeit der Legislative dieser und nicht der Exekutive sowohl Veränderungen in der Substanz staatlicher Hoheitsrechte als auch die politisch-soziale Grundordnung des Gemeinwesens betreffende Organisationsregelungen überlassen sein sollen[9].

## II. Ausdrücklichkeit des Verzichts

Die Errichtung ministerialfreier Räume muß im Gesetz klar zum Ausdruck gebracht sein. Dies folgt aus der großen Bedeutung, die dem parlamentarischen Kontrollverzicht zukommt[10]. Das heißt nicht notwendig, daß die Begriffe „Weisungsfreiheit", „Unabhängigkeit" im Text selbst vorkommen müssen. Der Sache nach müssen sie sich aber zumindest — nach den anerkannten Regeln juristischer Interpretation — gesichert aus dem Gesetz ergeben.

Obwohl der Text des Ausländergesetzes zur Frage der Weisungsunabhängigkeit der Anerkennungs- und Widerspruchsausschüsse im Asylverfahren schweigt, ergibt sich doch aus dem Zusammenhang, insbesondere auch aus § 35 Abs. 2 AuslG eindeutig, daß hier weisungsfrei verwaltet werden soll[11]. Weisungsgebundene Verwaltung wäre unverständlich. Anders ist es hingegen bezüglich des Bundeskartellamtes. Hier halten sich die juristischen Argumentationen, die einerseits Weisungsfreiheit, andererseits Weisungsgebundenheit für gegeben halten, in etwa die Waage[12]. Da die Arbeit des Bundeskartellamtes sich jedoch auch durchaus sinnvoll in Weisungsabhängigkeit vom Bundesminister für Wirtschaft ausüben läßt, ist hier auf Grund der entwickelten Aus-

---

[7] *E.-W. Böckenförde*, Organisationsgewalt, S. 96 f.; *F. Ossenbühl*, VVDStRL 29 (1971), S. 168 ff., sowie *E. Rasch*, Entstehung und Auflösung von Körperschaften des öffentlichen Rechts, DVBl. 1970, S. 765 ff. (767).

[8] *F. Ossenbühl*, VVDStRL 29 (1971), S. 172 f.

[9] *F. Ossenbühl*, VVDStRL 29 (1971), S. 172 f.; *E.-W. Böckenförde*, Organisationsgewalt, S. 95 f.

[10] Dies folgt gerade auch aus der analogen Anwendung des in Art. 80 Abs. 1 S. 2 GG enthaltenen Rechtsgedankens.

[11] Vgl. oben § 7 II. 8.

[12] Vgl. oben § 7 II. 2.

legungskriterien auf solche Weisungsabhängigkeit zu schließen. Das Bundeskartellamt kann daher nicht zu den ministerialfreien Räumen gezählt werden[13].

### III. Rücknahme des Verzichts

Das Parlament kann die Errichtung einer ministerialfreien Stelle durch contrarius actus jederzeit wieder rückgängig machen. In der Praxis des Bundestages ist diese Frage im Zusammenhang mit der Unabhängigkeit der Bundesbank erörtert worden. Dort sah man für den Fall eines Konflikts zwischen Bundesregierung und Bundesbank das Tätigwerden des Gesetzgebers als letzten Ausweg an. Das Parlament müsse dann entweder generell über die Frage der Unabhängigkeit entscheiden oder eine gesetzliche Einzelfallregelung treffen[14].

Bis zum Erlaß des neuen Gesetzes ist das Parlament freilich an seine eigenen Akte gebunden[15]. Die Möglichkeit, ministerialfreie Räume darüber hinaus mit Bindungswirkung für den einfachen Gesetzgeber festzuschreiben, eröffnet sich nur durch Verfassungsänderung. Gerade hierbei sollte man sich aber einer in der Vergangenheit leider nicht immer beachteten Zurückhaltung befleißigen.

---

[13] Ähnliche Überlegungen wird man hinsichtlich des Bundesaufsichtsamtes für das Versicherungswesen anstellen müssen; vgl. oben § 7 II. 3.

[14] So der Scharnberg-Bericht, BTag-Drucks. II/zu 3603, S. 5.

[15] Dazu vgl. *Th. Maunz*, in: Maunz - Dürig - Herzog, Art. 20 Rdn. 139.

# Leitsätze

1. Als ministerialfreie Räume werden diejenigen Verwaltungsstellen der unmittelbaren oder mittelbaren Staatsverwaltung bezeichnet, die von Einzelweisungen des zuständigen Fachministers unabhängig sind, es sei denn, es handle sich dabei um Verwaltungen, die zum Funktionieren von Verfassungsorganen erforderlich sind, das Bundespräsidialamt oder den Bundesrechnungshof (§ 5).

2. Die verfassungsrechtliche Problematik der ministerialfreien Räume besteht darin, daß mit der Weisungsbefugnis des Ministers auch seine Verantwortlichkeit gegenüber dem Parlament für die Tätigkeit dieser Verwaltungsstellen entfällt, mit der Einräumung von Weisungsfreiheit also „Räume" geschaffen werden, die keiner parlamentarischen Kontrolle unterliegen. Ministerialfreie Räume sind immer parlamentsfreie Räume (§§ 1, 5).

3. Die parlamentarische Kontrolle, die politische Kontrolle, aber auch Rechtskontrolle ist, dient vordringlich der Sichtbarmachung von Verantwortlichkeit. Parlamentarische Kontrolle und Verantwortlichkeit erstrecken sich auf den ganzen Bereich der Exekutive und sind nur durch die Möglichkeit fehlender Zurechenbarkeit eingeschränkt. Die kontroll- bzw. verantwortlichkeitsrelevante Beziehung besteht im parlamentarischen Regierungssystem des Grundgesetzes nur zwischen Bundestag und den Mitgliedern der Bundesregierung. Nur die Regierungsmitglieder können die parlamentarische Kontrolle der Verwaltung vermitteln (§ 3).

4. Das fehlende ministerielle Einzelweisungsrecht kann durch andere Einwirkungsmechanismen (wie Kassation, Beanstandung, Selbsteintritt, Insichprozeß, personelle Einwirkungsbefugnisse) nicht ersetzt werden (§ 4).

5. Die parlamentarische Kontrolle hat in personellen Mitwirkungsbefugnissen des Parlaments, der Gesetzgebungsfunktion und der Kontrolle durch Ausschüsse kein Äquivalent (§ 9).

6. Die bloße — weisungsfreie — Beratung von Regierungsmitgliedern ist deshalb im vorliegenden Zusammenhang unproblematisch, weil für diese Tätigkeit der jeweils Beratene (mit-)verantwortlich ist. Entsprechendes gilt von den sog. echten Kabinettsausschüssen und den Interministeriellen Ausschüssen; ihre Arbeit verantwortet der Bundeskanzler. Parlamentskontrollfrei ist jedoch der Sachverständigenrat zur Be-

gutachtung der gesamtwirtschaftlichen Entwicklung, da hier die Grenzen von der bloßen Beratung zur juristisch faßbaren Einflußnahme überschritten sind (§ 6).

7. Eine der Verfassung unmittelbar zu entnehmende Rechtfertigung ministerialfreier Räume gibt es nur in bestimmten, nicht generalisierungsfähigen Fällen. Zu nennen sind Art. 5 Abs. 1 S. 2 GG (Rundfunkfreiheit), Art. 5 Abs. 3 GG (Hochschulautonomie) und Art. 28 Abs. 2 GG (kommunale Selbstverwaltung) (§§ 12 - 14).

8. Entgegen manchen Behauptungen läßt sich Entsprechendes für Art. 88 GG (Bundesbank), Art. 86 und 87 Abs. 2 GG (dezentralisierte Verwaltungsstellen) und Art. 87 Abs. 3 GG (selbständige Bundesoberbehörden) nicht nachzuweisen (§§ 10, 11, 15).

9. Die verfassungshistorische Argumentation bietet keine Lösungshilfe. Die Zeit vor 1918 ist wegen der verschiedenen verfassungsrechtlichen Ausgangslage unergiebig. Unter der Weimarer Verfassung ist das Problem nicht ausreichend diskutiert worden (§ 18).

10. Dem Demokratiegebot des Grundgesetzes kann zum Problem nur entnommen werden, daß eine Lösung vom Rechtskreis des Parlamentes auszugehen hat. Das Grundgesetz enthält eine pointierte Abkehr von plebiszitären Elementen. Demokratische Legitimierung am Parlament vorbei durch unmittelbaren Rekurs auf das Volk ist ausgeschlossen. Demokratische Legitimation kann daher auch nicht durch Beteiligung von Laien an der Verwaltungsarbeit vermittelt werden; auch das Subsidiaritätsprinzip ist schon darum verfassungsrechtlich nicht akzeptabel. Das System der parlamentarischen Demokratie ist geschlossen (§ 19).

11. Auch das Gewaltenteilungsprinzip führt zu keiner Rechtfertigung der ministerialfreien Räume. Unter dem Grundgesetz steht es in Verbindung zunächst mit dem Grundsatz der parlamentarischen Demokratie. Hieraus ist die gewaltenteilende Funktion der Ministerverantwortlichkeit und die funktionsgerechte Organstruktur herzuleiten. Der zweite Aspekt der Gewaltenteilung ist der der Sicherung individueller Freiheit. Machtabbau durch Ausgliederungen aus der hierarchischen Verwaltungsorganisation und Freiheit stehen jedoch in keinem notwendigen Zusammenhang (§ 20).

12. Die Auffassung von der notwendigen Neutralisierung einzelner Verwaltungsbereiche ist abzulehnen. „Entpolitisierung" ist immer nur Entscheidung für eine bestimmte Politik. Auch sind politische Fragen nicht auf den reinen Sachverstand reduzierbar. Die Effektivität parlamentarischer Kontrolle wird zwar durch die Verwissenschaftlichung der Politik erschwert. Diese Kontrolle aber durch Schaffung ministerialfreier Räume ganz unmöglich zu machen, ist nicht logisch. Das System läßt sich nicht durch seine Überwindung retten (§ 21).

13. Die Rechtskontrolle durch die (Verwaltungs-)Gerichte ersetzt die parlamentarische Kontrolle nicht. Wo freilich die politische Kontrolle des Parlaments deshalb nicht aktualisierbar ist, weil die Tätigkeit der Verwaltung streng rechtsgebunden ist, Zweckmäßigkeitsüberlegungen also ausgeschaltet sind (Prüfungsausschüsse, Bundesprüfstelle, Musterungsausschüsse usw.), ist die Rechtskontrolle allein ausreichend. Unter rechtsstaatlichen Gesichtspunkten ist jedoch nicht erklärbar, daß die parlamentarische Kontrolle, soweit sie Rechtskontrolle ist, ausgeschlossen ist (§ 22).

14. Das parlamentarische Kontrollrecht hat wegen der fiktiven Einheit von Volk und Parlament keinen „fremdnützigen" Charakter. Es ist „Recht", nicht „Pflicht", und daher prinzipiell verzichtbar (§ 23).

15. Ein Kontrollverzicht durch gesetzliche Schaffung ministerialfreier Räume tangiert zwar die Stellung der Opposition als der „Hüterin" der Kontrolle. Wegen des den parlamentarischen Entscheidungen zugrunde liegenden Mehrheitsprinzips ist hiergegen jedoch nichts zu erinnern (§ 24).

16. Das Grundgesetz zieht dem Verzicht auf parlamentarische Kontrolle Schranken. Sie ergeben sich einmal formell aus einer Analogie zu Art. 80 Abs. 1 S. 2 GG. Den hieraus zu folgernden Anforderungen an den Kontrollverzicht entsprechen die bislang bestehenden ministerialfreien Räume (§ 25 I.).

17. Eine weitere — materielle — Schranke ist in dem Regierung und Parlament „gemeinsamen Kernbereich" zu sehen. Damit ist der Bereich bezeichnet, der notwendig im Kooperationsfeld Parlament — Regierung bleiben muß. Darunter ist zunächst der Bereich der Regierung im materiellen Sinn, der Bereich der Staatsleitung also, des Hochpolitischen zu verstehen. Dem gemeinsamen Kernbereich ist unter einer rechtsstaatlichen Verfassung aber auch die Bewahrung des Rechts zuzuweisen; die parlamentarische Rechtskontrolle ist darum unverzichtbar (§ 25 II.).

18. Die Errichtung ministerialfreier Räume steht unter Gesetzesvorbehalt; der Kontrollverzicht kann nur durch Gesetz ausgesprochen werden. Die Schaffung ministerialfreier Räume durch Exekutivakt wäre rechtswidrig. Der Verzicht hat ausdrücklich zu erfolgen; er ist durch gesetzlichen contrarius actus zurücknehmbar (§ 26).

19. Nach diesen Kriterien entbehrt lediglich die Unabhängigkeit der Bundesbank sowie des Sachverständigenrats der verfassungsrechtlichen Rechtfertigung. Hält man mit der h. L. — die hier nicht voll geteilt wird — Insichprozesse nur bei gesetzlicher Zulassung für erlaubt, so sind verfassungsrechtlich nicht erklärbar z. B. auch Bundesprüfstelle und Bundespersonalausschuß, da die Bundesregierung hier keine Möglichkeit hat, diese Stellen auf Einhaltung der ihnen eingeräumten Befugnisse zu überwachen und damit die parlamentarische Rechtskontrolle zu ermöglichen (§ 25 II.).

# Literaturverzeichnis

*Achterberg,* Norbert: Antinomien verfassungsgestaltender Grundentscheidungen, Der Staat Bd. 8 (1969), S. 159 - 180.

— Probleme der Funktionenlehre, München 1970.

*Adamovich,* Ludwig: Handbuch des österreichischen Verfassungsrechts, 6. Aufl., Wien—New York 1971.

*Albert,* Gerd: Stellung, Funktion und verfassungsrechtliche Problematik der Independent Regulatory Commissions in den Vereinigten Staaten von Amerika, Berlin 1971.

*Amphoux,* Jean: Le Chancelier fédéral dans le Régime constitutionel de la République Fédérale d'Allemagne, Paris 1962.

*Anschütz,* Gerhard: Die Verfassung des Deutschen Reichs vom 11. August 1919, 4. Bearbeitung, 14. Aufl., Berlin 1932.

*Arndt,* Adolf: Die verfassungsrechtlichen Möglichkeiten der Spitzenorganisation des Post- und Fernmeldewesens — unter besonderer Berücksichtigung der in dem Gutachten der Sachverständigen-Kommission für die Deutsche Bundespost vom 6. November 1965 enthaltenen Vorschläge —, Archiv PF 1970, S. 3 - 18.

*Arndt,* Claus: Parlament und Ministerialbürokratie, Die Verwaltung, Bd. 2 (1969), S. 265 - 278.

*Arndt,* Hans-Joachim: Politik und Sachverstand im Kreditwährungswesen. Die verfassungsstaatlichen Gewalten und die Funktion von Zentralbanken, Berlin 1963.

*Arnold,* Egon: Stellung und Aufgaben des Rechtspflegers, Kommentar zum Rechtspflegergesetz, Bielefeld 1957.

*Aschauer,* Stephan István: Die parlamentarische Kontrolle der Regierung, Diss. Bonn 1966.

*Bachof,* Otto: Diskussionsbeitrag, Verhandlungen des 39. DJT (1951), D 135—137.

— Wehrpflichtgesetz und Rechtsschutz, Tübingen 1957.

— Diskussionsbeitrag, VVDStRL 22 (1965), S. 335 - 338.

— Anmerkung zum Urteil des Bundesverwaltungsgerichts v. 16. 12. 1971, JZ 1972, S. 208 - 210.

*Badura,* Peter: Diskussionsbeitrag, VVDStRL 22 (1965), S. 350 - 353.

— Bewahrung und Veränderung demokratischer und rechtsstaatlicher Verfassungsstruktur in den internationalen Gemeinschaften, VVDStRL 23 (1966), S. 34 - 104.

— Diskussionsbeitrag, VVDStRL 29 (1971), S. 94 - 98.

*Bäumlin,* Richard: Die Kontrolle des Parlaments über Regierung und Verwaltung, ZSchwR NF Bd. 85, 2. Halbbd. (1966), S. 165 - 319.

— Verfassung und Verwaltung in der Schweiz, in: Verfassung und Verfassungsrecht, FS für Hans Huber zum 60. Geburtstag, Bern 1961, S. 69 - 93.

*Bäumlin*, Richard: Demokratie, EvStL, 1966, Stuttgart—Berlin 1966, Sp. 278 - 285.

*Bagehot*, Walter: The English Constitution, Oxford University Press, London, New York, Toronto, 1952.

— Die englische Verfassung, hrsg. und eingeleitet von Klaus Streifthau, Neuwied und Berlin 1971.

*Ball*, Albert: Die Errichtung von Bundesoberbehörden, Diss. Mainz 1964.

*Barfuß*, Walter: Die Weisung, Wien—New York 1967.

— Kollegialbehörden und Bundesverfassung, ÖJZ 1970, S. 57 - 63.

*Baur*, Fritz: Richterwahl und Gewaltenteilung, DRiZ 1971, S. 401 - 405.

*Bayer*, Hermann-Wilfried: Zur Richtlinienkompetenz des Bundeskanzlers, DÖV 1965, S. 753 - 755.

— Die Aufhebung völkerrechtlicher Verträge im deutschen parlamentarischen Regierungssystem, Köln - Berlin 1969.

*Beck*, Heinz: Gesetz über die Deutsche Bundesbank vom 20. Juli 1957, Kommentar, Mainz—Gonsenheim, Düsseldorf 1959.

*Beckensträter*, Friedrich Wilhelm: Die Stellung der Rechnungshöfe im System der Dreiteilung der Staatsgewalt, Diss. Frankfurt a. M. 1961.

*Becker*, Peter: Prüfungsordnungen und Rechtsstaatsgebot, DÖV 1970, S. 730 bis 735.

*Becker-Birck*, Hans Henning: Der Insichprozeß in der Verwaltungsgerichtsbarkeit, Diss Kiel 1966.

*Becker*, Walter; Hans *Seidel*: Gesetz über die Verbreitung jugendgefährdender Schriften vom 9. Juni 1953, Münster 1953.

*Beckmann*, Ulrich: Die Rechtsstellung des Stellvertreters des Bundeskanzlers, Diss. Würzburg 1966.

*Benda*, Ernst: Verfassungsprobleme der Großen Koalition, Bulletin des Presse- und Informationsamtes der Bundesregierung Nr. 89 (1969), S. 761 - 763.

*Berg*, Wilfried: Zur Übertragung von Aufgaben des Bundestages auf Ausschüsse, Der Staat Bd. 9 (1970), S. 21 - 42.

*Berlage*, Christian: Neues Beamtenrecht für die Mitglieder des Bundesrechnungshofes?, ZBR 1970, S. 41 - 46.

*Bermbach*, Udo: Das Scheitern des Rätesystems und der Demokratisierung der Bürokratie 1918/19, Politische Vierteljahresschrift 1967, S. 445 - 460.

— Kreßbronner Kreis, Handbuch des deutschen Parlamentarismus, hrsg. von Hans-Helmut Röhring und Kurt Sontheimer, München 1970.

*Bettermann*, Karl August: Rundfunkfreiheit und Rundfunkorganisation. Kritische Bemerkungen zum Fernsehurteil des Bundesverfassungsgerichts, DVBl. 1963, S. 41 - 44.

— Die Rechtsweggarantie des Art. 19 Abs. 4 GG in der Rechtsprechung des Bundesverfassungsgerichts, AöR 96 (1971), S. 528 - 567.

*v. Beyme*, Klaus: Organisationsgewalt, Patronage und Ressorteinteilung im Bereich der Regierung, Die Verwaltung Bd. 2 (1969), S. 279 - 293.

— Interessengruppen in der Demokratie, München 1969.

— Kontrolle, parlamentarische, Handbuch des deutschen Parlamentarismus, hrsg. von Hans-Helmut Röhring und Kurt Sontheimer, München 1970, S. 251 - 253.

*Bilfinger*, Karl: Der Reichssparkommissar, Berlin und Leipzig 1928.

*Böckenförde*, Christoph: Konzertierte Aktion. Zu institutionellen Problemen der Globalsteuerung, Der Staat Bd. 11 (1972), S. 366 - 375.

*Böckenförde*, Ernst-Wolfgang: Die Organisationsgewalt im Bereich der Regierung, Berlin 1964.

— Die Bedeutung der Unterscheidung von Staat und Gesellschaft im demokratischen Sozialstaat der Gegenwart, aus politik und zeitgeschichte, beilage zur wochenzeitung das parlament, B 49/71, S. 3 - 17.

*Böckstiegel*, Karl-Heinz: Neue Aspekte der Gewaltenteilung seit Inkrafttreten des Grundgesetzes, NJW 1970, S. 1712 - 1718.

*Böhmert*, Viktor: Diskussionsbeitrag, VVDStRL 16 (1958), S. 141 - 143.

*Brandt*, Wilhelm: Die gerichtliche Selbstverwaltung. Grundlage, Umfang und Erweiterung nach dem Grundgesetz, Diss. Münster 1970.

*Braun*, Karlpeter: Die Stellung der Notenbank als währungspolitische Instanz, Diss. Tübingen 1969.

*Brohm*, Winfried: Strukturen der Wirtschaftsverwaltung. Organisationsformen und Gestaltungsmöglichkeiten im Wirtschaftsverwaltungsrecht, Stuttgart, Berlin, Köln, Mainz 1969.

— Sachverständige und Politik. Rechtsfragen der Beratung in der Wirtschafts- und Sozialpolitik der BRD, FS für Ernst Forsthoff zum 70. Geburtstag, München 1972, S. 37 - 75.

*Brunner*, Georg: Der Selbsteintritt der höheren Behörde, DÖV 1969, S. 773 bis 781.

*Bryde*, Brun-Otto: Zentrale Wirtschaftspolitische Beratungsgremien in der Parlamentarischen Verfassungsordnung. Sachverstand und Entscheidung in der Wirtschaftspolitik Belgiens, Dänemarks, Deutschlands, Frankreichs, Italiens und der Niederlande, Frankfurt/Main 1972.

*Bühler*, Ottmar: Übersicht über die Behördenorganisation des Reiches, HdbDStR Bd. 1, hrsg. von Gerhard Anschütz und Richard Thoma, Tübingen 1930, S. 586 - 594.

— Übersicht über die reichsunmittelbaren Anstalten und Körperschaften, HdbDStR Bd. 1, hrsg. von Gerhard Anschütz und Richard Thoma, Tübingen 1930, S. 594 - 603.

*Bull*, Hans Peter: „Dienstliche Anweisung“ statt Widerspruchsbescheid? Ein Diskussionsbeitrag zu den Grenzen der Fachaufsicht, DVBl. 1970, S. 243 bis 250.

*Bullinger*, Martin: Staatsaufsicht in der Wirtschaft, VVDStRL 22 (1965), S. 264 - 328.

Bundesverfassungsgericht: Bemerkungen des Bundesverfassungsgerichts zu dem Rechtsgutachten betr. die Stellung des Bundesverfassungsgerichts von Geh. Hofrat Dr. Thoma vom 3. Juni 1953, JöR NF Bd. 6 (1957), S. 194 bis 207.

*Canenbley*, Hans-Wilken: Die Zweckmäßigkeit der Verwendung von Ausschüssen in der Verwaltung, Köln, Berlin, Bonn, München 1968.

*Conrady*, Hans-Peter: „Angelegenheiten der örtlichen Gemeinschaft“ nach Art. 28 Abs. II Satz 1 GG?, DVBl. 1970, S. 408 - 412.

*Cordes*, Cord: Subsidiaritätsprinzip, EvStL, Stuttgart - Berlin 1966, Sp. 2264 bis 2266.

*Dähne*, Horst Hermann: Selbstverwaltung der ordentlichen Gerichte durch Präsidialverfassung, Diss. Würzburg 1969.

*Dagtoglou*, Prodromos: Kollegialorgane und Kollegialakte der Verwaltung, Stuttgart 1960.

— Der Private in der Verwaltung als Fachmann und Interessenvertreter, Heidelberg 1964.

— Die Beteiligung Privater an Verwaltungsaufgaben. Die Abgrenzungsproblematik, DÖV 1970, S. 532 - 537.

— Partizipation Privater an Verwaltungsentscheidungen, DVBl. 1972, S. 712 bis 719.

*Dahlgrün*, Hans Georg: Parlamentarische Kontrolle und autonome Verwaltungsbereiche, in: Demokratie und Verwaltung — 25 Jahre Hochschule für Verwaltungswissenschaften Speyer, Berlin 1972, S. 317 - 326.

*Damkowski*, Wulf: Zum Verhältnis von Regierung, Verwaltung und Parlament im demokratischen Staat, Die Verwaltung Bd. 3 (1970), S. 317 - 330.

*Darmstaedter*, Friedrich: Ist das englische selfgovernment als Grundlage der deutschen Selbstverwaltung anzusehen?, Forschungen und Berichte aus dem öffentlichen Recht, Gedächtnisschrift für Walter Jellinek, München 1955, S. 535 - 548.

*Deppisch*, Friedrich: Die Beschlüsse der Personalausschüsse, DÖV 1954, S. 241 bis 243.

*Dieterich*, Roland: Die Funktionen der Öffentlichkeit der Parlamentsverhandlungen im Strukturwandel des Parlamentarismus, Diss. Tübingen 1970.

*Dietzel*, Gottfried T. W.: Ein zweiter Sachverständigenrat, ZRP 1973, S. 98 bis 99.

*v. Doemming*, Klaus-Berto, Rudolf Werner *Füßlein* und Werner *Matz*: Entstehungsgeschichte der Artikel des Grundgesetzes, JöR NF Bd. 1 (1951).

*Drath*, Martin: Die Gewaltenteilung im heutigen deutschen Staatsrecht, in: Zur heutigen Problematik der Gewaltentrennung, hrsg. von Heinz Rausch, Darmstadt 1969, S. 21 - 77.

*Drewes*, Günter: Die Gewerkschaften in der Verwaltungsordnung, Heidelberg 1958.

*Eggers*, Jan: Die Rechtsstellung von Ausschüssen, Beiräten und anderen kollegialen Einrichtungen im Bereich der vollziehenden Gewalt, Diss. Kiel 1969.

*Ehmke*, Horst: Wirtschaft und Verfassung, Karlsruhe 1961.

— Empfiehlt es sich, Funktion, Struktur und Verfahren der parlamentarischen Untersuchungsausschüsse grundlegend zu ändern?, Verhandlungen des 45. DJT (1965), E 7 - 51.

*Eichenberger*, Kurt: Die politische Verantwortlichkeit der Regierung im schweizerischen Staatsrecht, in: Verfassungsrecht und Verfassungswirklichkeit, FS für Hans Huber zum 60. Geburtstag, Bern 1961, S. 109 - 132.

— Die Problematik der parlamentarischen Kontrolle im Verwaltungsstaat, SchwJZ 1965, S. 269 - 273 und 285 - 291.

*Ellwein*, Thomas: Zur Entwicklung der öffentlichen Aufgaben, DÖV 1972, S. 13 - 16.

*Ermacora*, Felix: Die Organisationsgewalt, VVDStRL 16 (1958), S. 191 - 239.

*Eschenburg,* Theodor: Staat und Gesellschaft in Deutschland, Stuttgart 1956.

*Evers,* Hans-Ulrich: Verbände — Verwaltung — Verfassung, Der Staat Bd. 3 (1964), S. 41 - 60.

— Zur Unantastbarkeit des Prinzips möglichst lückenlosen Rechtsschutzes, Art. 19 IV, 79 III Grundgesetz, in: Günter Dürig, Hans-Ulrich Evers, Zur verfassungsändernden Beschränkung des Post-, Telefon- und Fernmeldegeheimnisses, Bad Homburg v. d. H., Berlin, Zürich 1969.

— Buchbesprechung von Josef Isensee, Subsidiaritätsprinzip und Verfassungsrecht, Berlin 1968, DVBl. 1969, S. 758 - 759.

*Faber,* Heiko: Wirtschaftsplanung und Bundesbankautonomie, Baden-Baden 1969.

*Federspiel,* Per: Die Souveränität des Parlaments, in: Macht und Ohnmacht der Parlamente, Stuttgart 1965, S. 148 - 167.

*Fell,* Karl: Plebiszitäre Einrichtungen im gegenwärtigen deutschen Staatsrecht, Diss. Bonn 1964.

*Feuchte,* Paul: Das demokratische Prinzip und die Rechtsprechung in Verfassungssachen, DÖV 1964, S. 433 - 440.

*Fichtmüller,* Carl Peter: Zulässigkeit ministerialfreien Raums in der Bundesverwaltung, AöR 91 (1966), S. 297 - 355.

*Finger,* Hans-Joachim: Eisenbahngesetze, 6. Aufl., München, Berlin 1970.

*Fischbach,* Oscar Georg: Der Bundespersonalausschuß, seine rechtliche Stellung und seine Aufgaben, ZBR 1954, S. 233 - 236 und 257 - 260.

— Bundesbeamtengesetz I, 3. Aufl., Köln, Berlin, Bonn, München 1964.

*Fögen,* Hermann: Geld- und Währungsrecht, München 1969.

*Forsthoff,* Ernst: Die öffentliche Körperschaft im Bundesstaat. Eine Untersuchung über die Bedeutung der institutionellen Garantie in den Artikeln 127 und 137 der Weimarer Verfassung, Tübingen 1931.

— Strukturwandlungen der modernen Demokratie, Berlin 1964.

— Rechtsstaat im Wandel. Verfassungsrechtliche Abhandlungen 1950 - 1964, Stuttgart 1964.

— Lehrbuch des Verwaltungsrechts. 1. Bd., Allgemeiner Teil, 9. Aufl., München, Berlin, 1966.

*Fraenkel,* Ernst: Die repräsentative und die plebiszitäre Komponente im demokratischen Verfassungsstaat, Tübingen 1958.

*Frenkel,* Max: Institutionen der Verwaltungskontrolle. Systematische Darstellung behördenmäßig organisierter, verwaltungsexterner und innerstaatlicher Institutionen sowie der Gewaltenteilung, Zürich 1969.

*Friauf,* Karl Heinrich: Zur Problematik des verfassungsrechtlichen Vertrages, AöR 88 (1963), S. 257 - 313.

*Frick,* Heinrich: Die Staatsaufsicht über die kommunalen Sparkassen. Die Sparkassen als Selbstverwaltungsträger und ihr Verhältnis zum Staat in der Bundesrepublik Deutschland, Berlin 1962.

*Friesenhahn,* Ernst: Parlament und Regierung im modernen Staat, VVDStRL 16 (1958), S. 9 - 73.

*Friess,* Knut: Der Verzicht auf Grundrechte, Diss. Würzburg 1968.

*Fröhler,* Ludwig: Die Staatsaufsicht über die Handwerkskammern, München, Berlin 1957.

*Fromm*, Gerhard Erich, A. *Goldberg*: Versicherungsaufsichtsgesetz und Bundesaufsichtsgesetz, Berlin 1966.

*Fromme*, Friedrich Karl: Der Demokratiebegriff des Grundgesetzgebers. Ein Beitrag zur Frage der verfassungsrechtlichen Fixierung von „Grundentscheidungen", DÖV 1970, S. 518 - 526.

*Frost*, Herbert: Die Parlamentsausschüsse, ihre Rechtsgestalt und ihre Funktionen, dargestellt an den Ausschüssen des Deutschen Bundestages, AöR 95 (1970), S. 38 - 85.

*Fuchs*, Arthur: Wesen und Wirken der Kontrolle. Betrachtungen zum staatlichen Kontrollwesen in der Bundesrepublik (Bundesrechnungshof), Tübingen 1966.

*Füßlein*, Peter: Ministerialfreie Verwaltung. Begriff, Erscheinungsformen und Vereinbarkeit mit dem Grundgesetz, Diss. Bonn 1972.

*Gallwas*, Hans-Ullrich: Anmerkung zum Urteil des Bundesverwaltungsgerichts vom 4. 7. 1969, JZ 1970, S. 25.

— Die Erfüllung von Verwaltungsaufgaben durch Private, VVDStRL 29 (1971), S. 211 - 236.

*Gaugenrieder*, Carl A.: Die rechtliche Stellung der deutschen Zentralnotenbank im Staatsgefüge in Geschichte und Gegenwart, Diss. Würzburg 1961.

*Gehrig*, Norbert: Parlament — Regierung — Opposition. Dualismus als Voraussetzung für eine parlamentarische Kontrolle der Regierung, München 1969.

— Gewaltenteilung zwischen Regierung und parlamentarischer Opposition, DVBl. 1971, S. 633 - 638.

*Geiger*, Willi: Das Demokratieverständnis des Grundgesetzes, in: Demokratie und Verwaltung — 25 Jahre Hochschule für Verwaltungswissenschaften Speyer, Berlin 1972, S. 229 - 245.

*Giehl*, Friedrich: Die öffentliche Verwaltung in der modernen Gesellschaft — Bürokratie oder Management?, BayVerwBl. 1972, S. 57 - 62.

*Giese*, Friedrich und Egon *Schunck*: Grundgesetz für die Bundesrepublik Deutschland, 8. Aufl., Frankfurt a. M. 1970.

*Glum*, Friedrich: Das parlamentarische Regierungssystem in Deutschland, Großbritannien und Frankreich, 2. Aufl., München, Berlin 1965.

*v. Gneist*, Rudolf: Selfgovernment, Communalverfassung und Verwaltungsgerichte in England, 3. Aufl., Berlin 1871.

*Gönnenwein*, Otto: Die Kommunalaufsicht als Rechtsaufsicht, in: Forschungen und Berichte aus dem öffentlichen Recht, Gedächtnisschrift für Walter Jellinek, München 1955, S. 511 - 533.

*Görlitz*, Axel: Die Verwaltungsgerichtsbarkeit: Puissance en quelque façon nulle, Politische Vierteljahresschrift 1970, S. 268 - 286.

*Grabendorff*, Walter: Die Entscheidung des Bundesverfassungsgerichts zum Bremischen Personalvertretungsgesetz, ZBR 1959, S. 169 - 172.

*Grauhan*, Rolf-Richard: Modelle politischer Verwaltungsführung, Konstanz 1969.

*Grebing*, Helga: Volksrepräsentation und identitäre Demokratie, Politische Vierteljahresschrift 1972, S. 162 - 180.

*Grewe*, Wilhelm: Inwieweit läßt Art. 33 Abs. 5 des Grundgesetzes eine Reform des Beamtenrechts zu?, Verhandlungen des 39. DJT (1951), S. 3 - 32.

*Grewe*, Wilhelm: Diskussionsbeitrag, Verhandlungen des 39. DJT (1951), D. 146 - 155.

*Grimm*, Dieter: Aktuelle Tendenzen in der Aufteilung gesetzgeberischer Funktionen zwischen Parlament und Regierung, ZfP Bd. 1 (1970), S. 448 bis 466.

*von der Groeben:* Mitwirkung von Ausschüssen in der staatlichen Verwaltung — Möglichkeiten, Bewährung und Grenzen —, VerwArch. Bd. 49 (1958), S. 231 - 249.

*Grube*, Konrad Dieter: Die Stellung der Opposition im Strukturwandel des Parlamentarismus, Diss. Köln 1965.

*Guilleaume*, Emil: Politische Entscheidungsfunktion und Verwaltungsstruktur, Die Verwaltung Bd. 3 (1970), S. 1 - 14.

*Haas*, Diether: Verwaltungsstreit zwischen Behörden des gleichen Rechtsträgers, DÖV 1952, S. 135 - 138 und 170 - 172.

— Ausschüsse in der Verwaltung, VerwArch. Bd. 49 (1958), S. 14 - 32.

*Häberle*, Peter: Diskussionsbeitrag, VVDStRL 29 (1971), S. 98 - 99.

— Berufs„ständische" Satzungsautonomie und staatliche Gesetzgebung, DVBl. 1972, S. 909 - 913.

*Hämmerlein*, Hans: Öffentlichkeit und Verwaltung, Göttingen 1966.

*Hättich*, Manfred: Demokratie als Herrschaftsordnung, Köln und Opladen 1967.

*Haller*, Hubertus: Entwicklung und Wesen der Staatsaufsicht über die kommunalen Sparkassen unter besonderer Berücksichtigung der verfassungsrechtlichen Grenzen der Bundesaufsicht, Diss. Würzburg 1970.

*Hamann* jr., Andreas und Helmut *Lenz*: Das Grundgesetz für die Bundesrepublik Deutschland vom 23. Mai 1949, 3. Aufl., Neuwied und Berlin 1970.

*Hamel*, Walter: Deutsches Staatsrecht. I Grundbegriffe, Berlin 1971.

*Hammer*, Richard: Regierung, Parlament, politische Partei und ihre Wechselbeziehungen, Diss. Erlangen 1929.

*Harmening*, Rudolf, Werner *Schubert* u. a.: Lastenausgleich, Kommentar, München, Stand Januar 1967.

*Hartung*, Fritz: Deutsche Verfassungsgeschichte, 8. Aufl., Stuttgart 1964.

*Hasskarl*, Horst: Die Rechtsprechung des Bundesverfassungsgerichts zu Art. 80 Abs. 1 Satz 2 GG, AöR 94 (1968), S. 85 - 115.

*Heering*, Uwe: Die zulässige staatliche Einflußnahme auf die Erledigung von Aufgaben durch die Gemeinden. Ein Beitrag zur Abgrenzung von Staats- und Selbstverwaltung, Diss. Hamburg 1969.

*Hefele*, Ludwig und Johann *Schmidt*: Bayerisches Beamtengesetz, Kommentar, Neuwied und Berlin 1961.

*Heinemann*, Klaus: Stabilität und Wandel bürokratischer Organisationen, Schmollers Jahrbuch für Wirtschafts- und Sozialwissenschaften, 1969, S. 313 - 331.

*Heinze*, Christian: Der Sachverständigenrat zur Begutachtung der gesamtwirtschaftlichen Entwicklung und die Umbildung der Verfassung, Der Staat Bd. 6 (1967), S. 433 - 444.

*Hennis*, Wilhelm: Meinungsforschung und repräsentative Demokratie, Tübingen 1957.

*Hennis*, Wilhelm: Amtsgedanke und Demokratiebegriff, in: Staatsverfassung und Kirchenordnung; Festgabe für Rudolf Smend zum 80. Geburtstag, Tübingen 1962, S. 51 - 70.

— Richtlinienkompetenz und Regierungstechnik, Tübingen 1964.

— Zur Rechtfertigung und Kritik der Bundestagsarbeit, FS für Adolf Arndt zum 65. Geburtstag, Frankfurt a. M. 1969, S. 147 - 162.

*Hereth*, Michael: Reform des Deutschen Bundestags, Opladen 1971.

*Herzog*, Roman: Der Bundesrat als politisches Führungsorgan?, BayVerwBl. 1966, S. 181 - 186.

— Mehrheitsprinzip, EvStL, Stuttgart—Berlin 1966, Sp. 1295 - 1298.

— Subsidiaritätsprinzip, EvStL, Stuttgart—Berlin 1966, Sp. 2266 - 2272.

— Der demokratische Verfassungsstaat in Deutschland — Entwicklung und Ausblick, JuS 1969, S. 397 - 403.

— Allgemeine Staatslehre, Frankfurt a. M. 1971.

*Hesse*, Konrad: Der Rechtsstaat im Verfassungssystem des Grundgesetzes, in: Staatsverfassung und Kirchenordnung, Festgabe für Rudolf Smend zum 80. Geburtstag, Tübingen 1962, S. 71 - 95.

— Grundzüge des Verfassungsrechts der Bundesrepublik Deutschland, 5. Aufl., Karlsruhe 1972.

*Höhn*, Reinhard: Verwaltung heute — Autoritäre Führung oder modernes Management, Bad Harzburg 1970.

*Höpker*, Heinrich: Grundlagen, Entwicklung und Problematik des Mehrheitsprinzips und seine Stellung in der Demokratie, Diss. Köln 1957.

*Hoffmann*, Wolfgang: Rechtsfragen der Währungsparität, München 1969.

*Holzheu*, Franz: Zur Zielproblematik in den Jahresgutachten des Sachverständigenrats zur Begutachtung der gesamtwirtschaftlichen Entwicklung, ZgesStW Bd. 127 (1971), S. 609 - 620.

*Honnacker*, Heinz, Gottfried *Grimm*: Geschäftsordnung der Bundesregierung, München 1969.

*Hoppe*, Werner: Organstreitigkeiten vor den Verwaltungs- und Sozialgerichten, Siegburg 1970.

— Organstreitigkeiten und organisationsrechtliche subjektiv-öffentliche Rechte, DVBl. 1970, S. 845 - 850.

*Huber*, Ernst Rudolf: Wirtschaftsverwaltungsrecht, Bd. I, 2. Aufl., Tübingen 1953.

— Deutsche Verfassungsgeschichte seit 1789, Bd. IV Struktur und Krisen des Kaiserreichs, Stuttgart 1969.

*van Husen*, Paulus: Die Entfesselung der Dritten Gewalt, AöR 78 (1952/53), S. 49 - 62.

*Ipsen*, Hans-Peter: Empfiehlt es sich, die vollständige Selbstverwaltung aller Gerichte im Rahmen des Grundgesetzes gesetzlich einzuführen?, Verhandlungen des 40. DJT (1953), Bd. 2, C 5 - 40.

*Isensee*, Josef: Subsidiaritätsprinzip und Verfassungsrecht. Eine Studie über das Regulativ des Verhältnisses von Staat und Gesellschaft, Berlin 1968.

*Jank*, Karl Peter: Die Verfassung der deutschen Rundfunkanstalten, DVBl. 1963, S. 44 - 50.

— Die Rundfunkanstalten der Länder und des Bundes. Eine systematische Darstellung ihrer organisatorischen Grundlagen, Berlin 1967.

*Jank,* Karl Peter: Anmerkung zum Urteil des OVG Berlin vom 23. 1. 1969, DVBl. 1969, S. 883 - 884.

*Jecht,* Hans: Die öffentliche Anstalt. Wandlungen und gegenwärtige Struktur, Berlin 1963.

*Jellinek,* Georg: Die Entwicklung des Ministeriums in der konstitutionellen Monarchie, in: Ausgewählte Schriften und Reden, Bd. 2, Berlin 1911, S. 89 - 139.

— Allgemeine Staatslehre, 3. Aufl., Berlin 1922.

*Jellinek,* Walter: Verwaltungsrecht, 3. Aufl., Offenburg 1948 (Neudruck).

*Jennings,* Ivor: Cabinet Government, 3rd edition, Cambridge 1959.

*Junker,* Ernst Ulrich: Die Richtlinienkompetenz des Bundeskanzlers, Tübingen 1965.

*Kägi,* Werner: Von der klassischen Dreiteilung zur umfassenden Gewaltenteilung, in: Zur heutigen Problematik der Gewaltentrennung, hrsg. von Heinz Rausch, Darmstadt 1969, S. 286 - 312.

*Kämmerer,* Ludwig: Die Rechtsnatur der Bundespost, DVBl. 1966, S. 357 - 362; 396 - 400.

*Kaiser,* Joseph H.: Die Repräsentation organisierter Interessen, Berlin 1956.

— Bewahrung und Veränderung demokratischer und rechtsstaatlicher Verfassungsstruktur in den internationalen Gemeinschaften, VVDStRL 23 (1966), S. 1 - 33.

*Kanein,* Werner: Das Ausländergesetz und die wesentlichen fremdenrechtlichen Vorschriften, Kommentar, München, Berlin 1966.

*Kaps,* Norbert, Hanns *Küffner*: Das Presse- und Informationsamt der Bundesregierung, Bonn 1969.

*Karehnke,* Helmut: Zur Neufassung des Artikels 114 des Grundgesetzes, DÖV 1972, S. 145 - 155.

*Karl,* Fritz: 150 Jahre Staatsschuldenverwaltung 17. 1. 1820 - 17. 1. 1970. Ein Gang durch anderthalb Jahrhunderte deutscher Finanzgeschichte, Berlin 1970.

*Kassimatis,* Georg: Der Bereich der Regierung, Berlin 1967.

*Kaufmann,* Erich: Die Grenzen der Verfassungsgerichtsbarkeit, VVDStRL 9 (1952), S. 1 - 16.

*Keller,* Ernst: Politische Selbstverwaltung, DÖV 1950, S. 385 - 387.

*Kendall,* Willmoore: John Locke and the Doctrine of Majority-Rule, Urbana 1965.

*Kewenig,* Wilhelm: Staatsrechtliche Probleme parlamentarischer Mitregierung am Beispiel der Arbeit der Bundestagsausschüsse, Bad Homburg v. d. H., Berlin, Zürich 1970.

*Kind,* Klaus: Die rechtliche Stellung des Volkes in der Demokratie, Diss. Frankfurt a. M. 1955.

*Kirchhoff,* Ulrich: Die Rechtsstellung des Beschlußausschusses in Nordrhein-Westfalen, Diss. Münster 1963.

*Kisker,* Gunter: Insichprozeß und Einheit der Verwaltung, Baden-Baden 1968.

— Zwischenländer-Gemeinschaftseinrichtungen — Verfassungsmäßigkeit der Anstalt „Zweites Deutsches Fernsehen" und ihrer Finanzierung — BVerwGE 22, 299, JuS 1969, S. 466 - 472.

*Kisker,* Gunter: Gruppenmitbestimmung in der öffentlichen Verwaltung, DÖV 1972, S. 520 - 529.

*Klein,* Eckart: Anmerkung zum Beschluß des Bundesverfassungsgerichts vom 15. 7. 1969, DVBl. 1970, S. 109 - 111.

*Klein,* Hans H.: Zum Begriff der öffentlichen Aufgabe, DÖV 1965, S. 755 - 759.

— Diskussionsbeitrag, VVDStRL 29 (1971), S. 120 - 122.

— Die Grundrechte im demokratischen Staat. Kritische Bemerkungen zur Auslegung der Grundrechte in der deutschen Staatsrechtslehre der Gegenwart, Stuttgart, Berlin, Köln, Mainz 1972.

— Demokratie und Selbstverwaltung, in: FS für Ernst Forsthoff zum 70. Geburtstag, München 1972, S. 165 - 185.

*Klingler,* Eberhard: Rat und Beratung in der deutschen öffentlichen Verwaltung, Diss. Würzburg 1965.

*Knaut,* Martin: Geschichte der Verwaltungsorganisation unter besonderer Berücksichtigung Preußens und der rheinisch-westfälisch-lippischen Lande, Stuttgart 1961.

*Knemeyer,* Franz-Ludwig: Garantie der Wissenschaftsfreiheit und Hochschulreform, JZ 1969, S. 780 - 783.

— Politisches Kabinett und Verwaltungskabinett in Deutschland zu Beginn des 19. Jahrhunderts. Ein Beitrag zur Entwicklung der Ministerialkabinette in Deutschland, Die Verwaltung Bd. 2 (1969), S. 411 - 423.

— Regierungs- und Verwaltungsreformen in Deutschland zu Beginn des 19. Jahrhunderts, Köln und Berlin 1970.

*Kölble,* Josef: Die Ministerialverwaltung im parlamentarisch-demokratischen Regierungssystem des Grundgesetzes, DÖV 1969, S. 25 - 38.

— Ist Artikel 65 GG (Ressortprinzip im Rahmen von Kanzlerrichtlinien und Kabinettentscheidungen) überholt? Verfassungsrechtlicher Diskussionsbeitrag zur Reform der Organisation der Bundesregierung, DÖV 1973, S. 1 - 15.

*Köttgen,* Arnold: Bundesregierung und Oberste Bundesbehörden, DÖV 1954, S. 4 - 10.

— Die Freiheit der Wissenschaft und die Selbstverwaltung der Universität, in: Die Grundrechte, hrsg. von Franz L. Neumann, Hans Carl Nipperdey, Ulrich Scheuner, Bd. 2, Berlin 1954, S. 291 - 329.

— Der Einfluß des Bundes auf die deutsche Verwaltung und die Organisation der bundeseigenen Verwaltung, JöR NF Bd. 3 (1954), S. 67 - 147, sowie JöR NF Bd. 11 (1962), S. 173 - 311.

— Wesen und Rechtsform der Gemeinden und Gemeindeverbände, in: Handbuch der kommunalen Wissenschaft und Praxis, hrsg. von Hans Peters, Bd. 1 Kommunalverfassung, Berlin, Göttingen, Heidelberg 1956, S. 185 bis 234.

— Die Organisationsgewalt, VVDStRL 16 (1958), S. 154 - 190.

*Kohl,* Horst (Hrsg.): Die politischen Reden des Fürsten Bismarck, 1. Bd. 1847 - 1852, Stuttgart 1892.

*Kohlhaas,* Max: Die Stellung der Staatsanwaltschaft als Teil der rechtsprechenden Gewalt, Neuwied, Berlin 1963.

*Koja,* Friedrich: Das freie Mandat des Abgeordneten, Salzburg - München 1971.

Kommentar zum Bonner Grundgesetz (Bonner Kommentar): Hamburg 1950 ff. (Stand: Juni 1972).

*Kopp*, Ferdinand: Verfassungsrecht und Verwaltungsverfahrensrecht, München 1971.

— Diskussionsbeitrag, VVDStRL 29 (1971), S. 118 - 120.

*Korinek*, Karl: Wirtschaftliche Selbstverwaltung, Wien—New York 1970.

*Korte*, Heinz-Walter: Die Aufgabenverteilung zwischen Gemeinde und Staat unter besonderer Berücksichtigung des Subsidiaritätsprinzips, Diss. Würzburg 1968.

*Kraus*, Heinz: Versicherungsaufsichtsrecht, Wien—New York 1971.

*Krause*, Peter: Hochschulprüfungen und ihre Kontrolle als Rechtsproblem, WissR Bd. 3 (1970), S. 118 - 136.

*Krbek*, Ivo: Repräsentation nach der Doktrin der Volkssouveränität, in: Die moderne Demokratie und ihr Recht, FS für Gerhard Leibholz, 2. Bd., Tübingen 1966, S. 69 - 89.

*Kriele*, Martin: Das demokratische Prinzip im Grundgesetz, VVDStRL 29 (1971), S. 46 - 84.

*Kröger*, Klaus: Aufgabe und Verantwortung des Bundeskanzlers nach dem Grundgesetz, in: aus politik und zeitgeschichte, beilage zur wochenzeitung das parlament, B 34/69, S. 28 - 48.

— Die Ministerverantwortlichkeit in der Verfassungsordnung der Bundesrepublik Deutschland, Frankfurt a. M. 1972.

*Krüger*, Herbert: Allgemeine Staatslehre, Stuttgart 1964.

*Krzizek*, Friedrich: Weisungsrecht und Gehorsamspflicht, JBl. 1954, S. 29 - 34.

*Küchenhoff*, Erich: Mißtrauensantrag und Vertrauensfrage-Ersuchen. Zwei zulässige Mittel parlamentarischer Regierungskontrolle mit unterschiedlichen Funktionen, DÖV 1967, S. 116 - 124.

*Küchenhoff*, Günther: Eine neue Art von Demokratie?, NJW 1972, S. 618 - 619.

*Kühnemann*, Max E. F.: Die staatsrechtliche Stellung der Reichsschuldenverwaltung. Eine kreditrechtliche Studie unter Einbeziehung des Gesetzes zur Behebung der Not von Volk und Reich vom 24. März 1933, AöR 24 (1934), S. 3 - 55 und 221 - 241.

*Küster*, Otto: Das Gewaltenproblem im modernen Staat, in: Zur heutigen Problematik der Gewaltentrennung, hrsg. von Heinz Rausch, Darmstadt 1969, S. 1 - 20.

*Laband*, Paul: Das Staatsrecht des Deutschen Reiches, 2. Bd., 5. Aufl., Tübingen 1911.

*Lammers*, Hans-Heinrich und Walter *Simons*: Die Rechtsprechung des Staatsgerichtshofs für das Deutsche Reich und des Reichsgerichts auf Grund Artikel 13 Absatz 2 der Reichsverfassung, Bd. IV (1930/31), Berlin 1932.

*Lampe*, Ortrun: Die Unabhängigkeit der Deutschen Bundesbank, 2. Aufl., München 1971.

*Lang*, Hartmut: Das repräsentative Prinzip im Parteienstaat, Diss. Würzburg 1971.

*Lange*, Bernd-Peter: Verfassungsrechtliche Probleme im Zusammenhang mit Rechnungsprüfung und Rechnungshof. Ein Versuch der Auslegung des Art. 114 Grundgesetz, Diss. Bonn 1967.

*Laun*, Rudolf: Mehrheitsprinzip, Fraktionszwang und Zweiparteiensystem, in: Forschungen und Berichte aus dem öffentlichen Recht, Gedächtnisschrift für Walter Jellinek, München 1955, S. 175 - 194.

*Laurer*, René: Ist der Rechnungshof ein Verwaltungsorgan? Die Einordnung des Rechnungshofes in die Typen der Staatsorgane und deren rechtliche Bedeutung, Österreichisches Verwaltungsarchiv VIII (1969), S. 13 - 24.

*Laux*, Eberhard: Managementmodelle für die öffentliche Verwaltung, DVBl. 1972, S. 167 - 172.

— Nicht-hierarchische Organisationsformen in den Ministerien, in: Aktuelle Probleme der Ministerialorganisation, Berlin 1972, S. 317 - 351.

*Lauxmann*, Frieder: Straffe Verwaltung ohne Gehorsam?, DÖV 1970, S. 412 bis 416.

*Lechner*, Hans und Klaus *Hülshoff*: Parlament und Regierung, 3. Aufl., München 1971.

*Leibholz*, Gerhard: Parteienstaat und Repräsentative Demokratie. Eine Betrachtung zu Art. 21 und 38 des Bonner Grundgesetzes, DVBl. 1951, S. 1 - 8.

— Der Strukturwandel der modernen Demokratie, Karlsruhe 1952.

— Regierung und Parlament, in: Strukturprobleme der modernen Demokratie, Karlsruhe 1958, S. 160 - 167.

— Das Wesen der Repräsentation und der Gestaltwandel der Demokratie im 20. Jahrhundert, 2. Aufl., Berlin 1960.

— Der Einfluß der Fachleute auf politische Entscheidungen, in: Die politische Verantwortung der Nichtpolitiker, München 1964.

— Staat und Verbände, VVDStRL 24 (1965), S. 5 - 33.

— Die Kontrollfunktion des Parlaments, in: Macht und Ohnmacht der Parlamente, Stuttgart 1965, S. 57 - 80.

— Repräsentation, EvStL, Stuttgart—Berlin 1966, Sp. 1859 - 1864.

— Volksvertretung, EvStL, Stuttgart—Berlin 1966, Sp. 2454 - 2458.

*Leisner*, Walter: Öffentlichkeitsarbeit der Regierung im Rechtsstaat. Dargestellt am Beispiel des Presse- und Informationsamtes der Bundesregierung, Berlin 1966.

— Regierung als Macht kombinierten Ermessens. Zur Theorie der Exekutivgewalt, JZ 1968, S. 727 - 731.

— Die quantitative Gewaltenteilung. Für ein neues Verständnis der Trennung der Gewalten, DÖV 1969, S. 405 - 411.

— Mitbestimmung im öffentlichen Dienst, Bonn—Bad Godesberg 1970.

— Gewaltenteilung innerhalb der Gewalten. Ein Beitrag zum Problem der Hierarchie, in: Festgabe für Theodor Maunz zum 70. Geburtstag, München 1971.

— Parteienvielfalt bei gleichem Parteiprogramm. Ein Beitrag zur Verfassungsdogmatik des Mehrparteienstaates, DÖV 1971, S. 649 - 654.

*Lenhard*, Klaus: Öffentlichrechtliche Beziehungen zwischen Trägern mittelbarer Staatsverwaltung, Diss. Mainz 1969.

*Lerche*, Peter: Rundfunkmonopol. Zur Zulassung privater Fernsehveranstaltungen, Frankfurt a. M.—Berlin 1970.

*Linckelmann*, Karl: Zum staatsrechtlichen Lehrbegriff der „mittelbaren Staatsverwaltung“, DÖV 1955, S. 561 - 569.

*Loening,* Edgar: Lehrbuch des Deutschen Verwaltungsrechts, Leipzig 1884.

*Loening,* Hellmuth: Der ministerialfreie Raum in der Staatsverwaltung, DVBl. 1954, S. 173 - 180.

*Loewenstein,* Karl: Die neue Dreiteilung der Staatsfunktionen, in: Zur heutigen Problematik der Gewaltentrennung, hrsg. von Heinz Rausch, Darmstadt 1969, S. 272 - 285.

*Lorenz,* Dieter: Zur Problematik des verwaltungsgerichtlichen Insichprozesses, AöR 93 (1968), S. 308 - 340.

*Luhmann,* Niklas: Funktionen und Folgen formaler Organisation, Berlin 1964.

— Grundrechte als Institution, Berlin 1965.

*Machens,* Konrad: Die Klagemöglichkeiten von einzelnen oder Gruppen von Mitgliedern gegen ihr eigenes Kollegialorgan innerhalb der öffentlichen Verwaltung, Diss. Köln 1964.

*Mähler,* Ulrich: Der Minister ohne Geschäftsbereich als Mitglied des Regierungskollegiums, Diss. Würzburg 1967.

*Mampe,* Günter: Rechtsprobleme im Schulwesen. Schulentscheidungen als Rechtsakte, Berlin-Spandau und Neuwied a. Rh. 1965.

*v. Mangoldt,* Hermann: Das Verhältnis von Regierung und Parlament, in: Deutsche Landesreferate zum III. Internationalen Kongreß für Rechtsvergleichung in London 1950, Berlin und Tübingen 1950, S. 819 - 833.

— Das Bonner Grundgesetz, 1. Aufl., Berlin, Frankfurt a. M. 1953.

*v. Mangoldt,* Hermann und Friedrich *Klein*: Das Bonner Grundgesetz, 2. Aufl., Berlin, Frankfurt a. M. seit 1957.

*Marcic,* René: Die Öffentlichkeit als Prinzip der Demokratie, FS für Adolf Arndt zum 65. Geburtstag, Frankfurt a. M. 1969, S. 267 - 292.

— Diskussionsbeitrag, VVDStRL 29 (1971), S. 100 - 102.

*Marschall,* Karl: Zur Errichtung von Bundesbehörden nach Art. 102 Abs. 4 B-VG, ÖJZ 1971, S. 477 - 483.

*Marschall von Bieberstein,* Fritz Freiherr: Die Verantwortlichkeit der Reichsminister, HdbDStR, Bd. 1, hrsg. von Gerhard Anschütz und Richard Thoma, Tübingen 1930, S. 520 - 544.

*Marxen,* Walter: Deutsches Ausländerrecht, Kommentar, München 1967.

*Mattern,* Karl-Heinz: Grundlinien des Parlaments, Berlin, Frankfurt a. M. 1969.

*Maunz,* Theodor: Deutsches Staatsrecht, 18. Aufl., München 1971.

*Maunz,* Theodor, Günter *Dürig* und Roman *Herzog:* Grundgesetz, Kommentar, München (Stand: August 1971).

*Mayer,* Franz: Allgemeines Verwaltungsrecht, Stuttgart, München, Hannover 1970.

— Selbstverwaltung und demokratischer Staat, in: Demokratie und Verwaltung, Berlin 1972, S. 327—340.

*Meder,* Theodor: Handkommentar zur Verfassung des Freistaates Bayern, München 1971.

*Menzel,* Eberhard: Die heutige Auslegung der Richtlinienkompetenz des Bundeskanzlers als Ausdruck der Personalisierung der Macht?, in: Die moderne Demokratie und ihr Recht, FS für Gerhard Leibholz zum 65. Geburtstag, Bd. 2, Tübingen 1966, S. 877 - 898.

*Menzel*, Eberhard: Der staatsrechtliche Standort der Finanzkontrolle in der Bundesrepublik und im Ausland, DÖV 1968, S. 593 - 604.

— Mitglieder des Rechnungshofes — Beamte oder Richter?, DVBl. 1969, S. 71 bis 75.

— Parteienstaat und Beamtentum, DÖV 1970, S. 433 - 447.

*Mestern*, Hans: Diskussionsbeitrag, Verhandlungen des 39. DJT (1951), D 130 - 132.

*Mettgenberg*, Wolfgang und Karl *Doerner*: Deutsches Auslieferungsgesetz, 2. Aufl., Berlin, Frankfurt a. M. 1953.

*Meyer*, Georg und Gerhard *Anschütz*: Lehrbuch des deutschen Staatsrechts, 7. Aufl., München und Leipzig 1919.

*Meyer*, Poul: Die Verwaltungsorganisation (Administration Organization). Vergleichende Studien über die Organisation der öffentlichen Verwaltung, Göttingen 1962.

*Meyer-König*, A.: Sparkassenaufsicht, BaWüVBl. 1970, S. 152 - 154.

*Michaels*, Bernd: Staatsaufsicht über Versicherungsunternehmen und Kreditinstitute — Vergleichende juristische Überlegungen, Diss. Hamburg 1967.

*Möller*, Alex (Hrsg.): Gesetz zur Förderung der Stabilität und des Wachstums der Wirtschaft und Art. 109 Grundgesetz, Hannover 1968.

*Möller*, Franz: Das Parlamentarische Kontroll- und Untersuchungsrecht, Bundeswehrverwaltung 1964, S. 265 - 271.

*Mohl*, Robert: Die Verantwortlichkeit der Minister in Einherrschaften mit Volksvertretung, Tübingen 1837.

*de Montesquieu*, Charles: De l'Esprit des Lois, Edition Garnier Frères, Paris 1961.

*Monz*, Heinz: Die parlamentarische Verantwortlichkeit im deutschen Staatsrecht einst und heute, Göttingen 1965.

*Morkel*, Arnd: Die Reform des Kabinetts, in: aus politik und zeitgeschichte, beilage zur wochenzeitschrift das parlament, B 43/70, S. 3 - 21.

*Moser*, Werner: Die parlamentarische Kontrolle über Verwaltung und Justiz unter besonderer Berücksichtigung ihres Ausbaus durch die Revision des Geschäftsverkehrsgesetzes vom 1. Juli 1966, Zürich 1969.

*Mosler*, Hermann: Die auswärtige Gewalt im Verfassungssystem der Bundesrepublik Deutschland, in: Völkerrechtliche und Staatsrechtliche Abhandlungen, Carl Bilfinger zum 75. Geburtstag, Köln—Berlin 1954, S. 243 - 299.

*Müller*, Christoph: Das imperative und freie Mandat. Überlegungen zur Lehre von der Repräsentation des Volkes, Leiden 1966.

*Müller*, Georg: Die Stabsstelle der Regierung als staatsrechtliches Problem, Basel und Stuttgart 1970.

*Müller*, Gerhard und Erwin *Beck*: Das Beamtenrecht in Baden-Württemberg, Bd. 1, Stuttgart (Stand: Juni 1972).

*Müller*, Helmut: Die Zentralbank — eine Nebenregierung. Reichsbankpräsident Hjalmar Schacht als Politiker der Weimarer Republik, Opladen 1973.

*Münch*, Fritz: Die Bundesregierung, Frankfurt a. M., Berlin 1954.

*v. Mutius*, Albert: Anmerkung zum Urteil des Bundesverwaltungsgericht v. 26. 6. 1970, VerwArch. Bd. 62 (1971), S. 300 - 305.

*Nawiasky*, Hans: Allgemeine Rechtslehre als System der rechtlichen Grundbegriffe, 2. Aufl., Einsiedeln, Zürich, Köln 1948.

*Nawiasky*, Hans: Die Grundgedanken des Grundgesetzes für die Bundesrepublik Deutschland, Stuttgart, Köln 1950.

*Nawiasky*, Hans und Claus *Leusser*: Die Verfassung des Freistaates Bayern vom 2. Dezember 1946, München, Berlin 1948.

*Niermann*, Erwin: Die Errichtung selbständiger Bundesoberbehörden und ihr Verhältnis zu Landesbehörden nach Art. 87 Abs. III Satz 1 des Grundgesetzes, Diss. Münster 1961.

*Obermayer*, Klaus: Verwaltungsakt und innerdienstlicher Rechtsakt, Stuttgart, München, Hannover 1956.

*Oberndorfer*, Peter: Partizipation an Verwaltungsentscheidungen in Österreich, DÖV 1972, S. 529 - 536.

*Oppler*, Kurt: Diskussionsbeitrag, Verhandlungen des 39. DJT (1951), D 133 bis 134.

*Ossenbühl*, Fritz: Verwaltungsvorschriften und Grundgesetz, Bad Homburg v. d. H., Berlin, Zürich 1968.

— Die Erfüllung von Verwaltungsaufgaben durch Private, VVDStRL 29 (1971), S. 137 - 209.

— Zur Renaissance der administrativen Beurteilungsermächtigung — Rezension zum Urteil des BVerwG v. 16. 12. 1971, DÖV 1972, S. 401 - 405.

*Partsch*, Karl Josef: Parlament und Regierung im modernen Staat, VVDStRL 16 (1958), S. 74 - 112.

— Anmerkung zum Urteil des Bundesverfassungsgerichts vom 27. 4. 1959, JZ 1960, S. 23 - 24.

*Pelny*, Stefan E.: Die legislative Finanzkontrolle in der Bundesrepublik Deutschland und in den Vereinigten Staaten von Amerika, Berlin 1972.

*Peters*, Hans: Grenzen der kommunalen Selbstverwaltung in Preußen, Berlin 1926.

— Zentralisation und Dezentralisation, Berlin 1928.

— Postverwaltung und Demokratie, DÖV 1951, S. 225 - 231.

— Zu den Grenzen der staatlichen Versicherungsaufsicht, in: Das deutsche Privatrecht in der Mitte des 20. Jahrhunderts, FS für Heinrich Lehmann zum 80. Geburtstag, Berlin, Tübingen, Frankfurt a. M. 1956, S. 894 - 910.

— Die Opposition in der parlamentarischen Demokratie, ÖZöffR NF Bd. X (1959/1960), S. 424 - 438.

— Die Verwaltung als eigenständige Staatsgewalt, Krefeld 1965.

— Die Gewaltentrennung in moderner Sicht, in: Zur heutigen Problematik der Gewaltentrennung, hrsg. von Heinz Rausch, Darmstadt 1969, S. 78 - 112.

*Pfeifer*, Helfried: Über die Beschlußfassung der Regierung und die Verantwortlichkeit ihrer Mitglieder, JBl. 1964, S. 485 - 500, 541 - 552.

*Phillips*, Owen Hood: Constitutional and Administrative Law, 4th edition, London 1967.

*Poetzsch-Heffter*, Fritz: Handkommentar der Reichsverfassung vom 11. August 1919. Ein Handbuch für Verfassungsrecht und Verfassungspolitik, 3. Aufl., Berlin 1928.

*Potrykus*, Gerhard: Gesetz über die Verbreitung jugendgefährdender Schriften, München (Stand: 1967).

*Prior*, Harm: Die interministeriellen Ausschüsse der Bundesministerien, Stuttgart 1968.

*Prölss*, Erich R.: Versicherungsaufsichtsgesetz, 5. Aufl., München, Berlin 1966.

*Püttner*, Günter: Die öffentlichen Unternehmen. Verfassungsfragen zur wirtschaftlichen Betätigung der öffentlichen Hand, Bad Homburg v. d. H., Berlin, Zürich 1969.

*Rasch*, E.: Entstehung und Auflösung von Körperschaften des öffentlichen Rechts. Zugleich ein Beitrag zur Rechtsnatur der Gebietsänderungsakte, DVBl. 1970, S. 765 - 770.

*Rausch*, Heinz: Mehrheit, Mehrheitsprinzip, Handbuch des deutschen Parlamentarismus, hrsg. von Hans-Helmut Röhring und Kurt Sontheimer, München 1970, S. 279 - 281.

*Redeker*, Konrad und Hans-Joachim *v. Oertzen*: Verwaltungsgerichtsordnung, Kommentar, 4. Aufl., Stuttgart, Berlin, Köln, Mainz 1971.

*Redslob*, Robert: Die parlamentarische Regierung in ihrer wahren und in ihrer unechten Form. Eine vergleichende Studie über die Verfassungen von England, Belgien, Ungarn, Schweden und Frankreich, Tübingen 1918.

*Reichel*, Gerhard Hans: Die auswärtige Gewalt nach dem Grundgesetz für die Bundesrepublik Deutschland vom 23. Mai 1949, Berlin 1967.

*Reuß*, Wilhelm: Buchbesprechung von Rüdiger Zuck, Subsidiaritätsprinzip und Grundgesetz, München 1968, DVBl. 1968, S. 927.

*Richter*, Ernst-Günther: Mitglieder des Rechnungshofes — Beamte oder Richter?, DVBl. 1969, S. 67 - 71.

*Ridder*, Helmut: Empfiehlt es sich, die vollständige Selbstverwaltung aller Gerichte im Rahmen des Grundgesetzes gesetzlich einzuführen?, Verhandlungen des 40. DJT (1953), Bd. 1, S. 93 - 134.

— Buchbesprechung von Otto Bachof, Wehrpflichtgesetz und Rechtsschutz, Tübingen 1957, DÖV 1957, S. 511 - 512.

*Rieker*, Karl: Die rechtliche Natur der modernen Volksvertretung, Leipzig 1893.

*Rietdorf*, Fritz: Zum staatsrechtlichen Lehrbegriff der „mittelbaren Staatsverwaltung", DÖV 1959, S. 671 - 674.

*Rinck*, Gerd: Wirtschaftsrecht, 2. Aufl., Köln, Berlin, Bonn, München 1969.

*Risken*, Arno: Grenzen amtlicher und dienstlicher Weisungen im öffentlichen Dienst, Berlin 1969.

*Ritter*, Gerhard A.: Kontrolle von Regierung und Verwaltung in Großbritannien, in: Festgabe für Ernst Fraenkel: Faktoren der politischen Entscheidung, Berlin 1963, S. 294 - 334.

*Rittstieg*, Helmut: Die Weisungsunterworfenheit des Beamten, ZBR 1970, S. 72 - 81.

*Roellecke*, Gerd: Wissenschaftsfreiheit als institutionelle Garantie?, JZ 1969, S. 726 - 733.

*v. Rönne*, Ludwig, Philipp *Zorn*: Das Staatsrecht der Preußischen Monarchie, 2. Bd., 5. Aufl., Leipzig 1906; 3. Bd., 5. Aufl., Leipzig 1915.

*Roller*, Machtolf: Weisungsfreie Ausschüsse in der Verwaltung und Ministerverantwortlichkeit, Diss. Tübingen 1966.

*Roxin*, Claus: Rechtsstellung und Zukunftsaufgaben der Staatsanwaltschaft, DRiZ 1969, S. 385 - 389.

*Rupp*, Hans Heinrich: Die Universität zwischen Wissenschaftsfreiheit und Demokratisierung, JZ 1970, S. 165 - 168.

*Rupp*, Hans Heinrich: Buchbesprechung von Werner Hoppe, Organstreitigkeiten vor den Verwaltungs- und Sozialgerichten, Siegburg 1970, DVBl. 1970, S. 594 - 595.

— Die Dogmatik des Verwaltungsrechts und die Gegenwartsaufgaben der Verwaltung, DVBl. 1971, S. 165 - 168.

*Salzwedel*, Jürgen: Staatsaufsicht in der Verwaltung, VVDStRL 22 (1965), S. 206 - 263.

*Samm*, Carl-Theodor: Die Stellung der Deutschen Bundesbank im Verfassungsgefüge, Berlin 1967.

*Sarter*, Adolf und Theodor *Kittel*: Die Deutsche Bundeseisenbahn. Ihr Aufbau und ihre Arbeitsgrundlagen, Frankfurt a. M. 1952.

*Sattler*, Andreas: Vertrauensfrage-Ersuchen und Art. 67 GG. Zugleich eine Erwiderung zum Aufsatz von Erich Küchenhoff in DÖV 1967, 116 ff., DÖV 1967, S. 765 - 773.

*Schäfer*, Hans: Der Bundesrat, Köln—Berlin 1955.

— Der Bundesrechnungshof im Verfassungsgefüge der Bundesrepublik, DÖV 1971, S. 542 - 545.

*Schäfer*, Ludwig: Grundfragen richterlicher Unabhängigkeit, DRiZ 1970, S. 73 - 76.

*Scherer*, Werner und Theo *Krekeler*: Wehrpflichtgesetz, 3. Aufl., Berlin, Frankfurt a. M. 1966.

*Scheuner*, Ulrich: Der Bereich der Regierung, in: Rechtsprobleme in Staat und Kirche, FS für Rudolf Smend zum 70. Geburtstag, Göttingen 1952, S. 253 - 301.

— Das parlamentarische Regierungssystem in der Bundesrepublik. Probleme und Entwicklungslinien, DÖV 1957, S. 633 - 638.

— Diskussionsbeitrag, VVDStRL 16 (1958), S. 122 - 126.

— Das repräsentative Prinzip in der modernen Demokratie, in: Verfassungsrecht und Verfassungswirklichkeit, FS für Hans Huber zum 60. Geburtstag, Bern 1961, S. 222 - 246.

— Politische Repräsentation und Interessenvertretung, DÖV 1965, S. 577 - 581.

— Politische Koordination in der Demokratie, in: Die moderne Demokratie und ihr Recht, FS für Gerhard Leibholz zum 65. Geburtstag, Bd. 2, Tübingen 1966, S. 899 - 922.

— Entwicklungslinien des parlamentarischen Regierungssystems in der Gegenwart, in: FS für Adolf Arndt zum 65. Geburtstag, Frankfurt a. M. 1969, S. 385 - 404.

— Verantwortung und Kontrolle in der demokratischen Verfassungsordnung, in: FS für Gebhard Müller zum 70. Geburtstag, Tübingen 1970, S. 379 - 402.

— Das Grundgesetz in der Entwicklung zweier Jahrzehnte, AöR 95 (1970), S. 353 - 408.

*Schick*, Walter: Beamtenrecht — Beamtentum — Beamte, JZ 1970, S. 449 bis 452.

*Schiedermair*, Rudolf: Handbuch des Ausländerrechts der Bundesrepublik Deutschland, Frankfurt a. M., Berlin 1968.

*Schmid*, Albert: Das Repräsentativsystem als Verfassungsprinzip, Diss. Regensburg 1971.

*Schmidt-Bleibtreu*, Bruno und Franz *Klein*: Kommentar zum Grundgesetz für die Bundesrepublik Deutschland, 2. Aufl., Neuwied und Berlin 1969.

*Schmitt,* Carl: Die geistesgeschichtliche Lage des heutigen Parlamentarismus, München und Leipzig 1923.

— Verfassungslehre, München und Leipzig 1928 (Neudruck Berlin 1957).

— Das Problem der innerpolitischen Neutralität des Staates (1930), in: Verfassungsrechtliche Aufsätze aus den Jahren 1924 - 1954, Berlin 1958, S. 41 bis 59.

— Der Zugang zum Machthaber, ein zentrales verfassungsrechtliches Problem (1947), in: Verfassungsrechtliche Aufsätze aus den Jahren 1924 - 1954, Berlin 1958, S. 430 - 439.

— Gespräch über die Macht und den Zugang zum Machthaber, Pfullingen 1954.

*Schneider,* Hans: Kabinettsfrage und Gesetzgebungsnotstand nach dem Bonner Grundgesetz, VVDStRL 8 (1950), S. 21 - 54.

— Zum Selbsteintritt der höheren Behörde in Angelegenheiten der unteren Verwaltungsstelle, DVBl. 1950, S. 702 - 706.

— Anmerkung zur Entscheidung des Staatsgerichtshofs Bremen vom 13. 5. 1953, DVBl. 1953, S. 440 - 441.

— Betrachtungen zum Gesetz über das Bundesverfassungsgericht, NJW 1953, S. 802 - 806.

— Volksabstimmungen in der rechtsstaatlichen Demokratie, in: Forschungen und Berichte aus dem öffentlichen Recht, Gedächtnisschrift für Walter Jellinek, München 1955, S. 155 - 174.

— Anmerkung zur Entscheidung des Staatsgerichtshofs Bremen vom 3. 5. 1957, ZBR 1957, S. 239 - 241.

— Die Heranziehung des Bayerischen Rundfunks zur Finanzierung des „Zweiten Deutschen Fernsehens“, Schriftenreihe des Bayerischen Rundfunks „Verfassungs- und verwaltungsrechtliche Probleme des Staatsvertrages über die Errichtung der Anstalt des öffentlichen Rechts ‚Zweites Deutsches Fernsehen‘“, H. 3, 1963.

— Autonome Satzung und Rechtsverordnung, in: FS für Philipp Möhring zum 65. Geburtstag, München, Berlin 1965, S. 521 - 542.

*Schönbohm,* Wulf: Probleme einer großen Koalition im parlamentarischen Regierungssystem, in: Reale Utopien, Glanz und Elend der Parteien, Mainz 1970, S. 103 - 138.

*Schoenborn,* Walter: Studien zur Lehre vom Verzicht im öffentlichen Recht, Tübingen 1908.

*Schomerus,* Lorenz: Die organisatorische Eingliederung der Interessenverbände in die Bundesverwaltung, Diss. Heidelberg 1959.

*Schröder,* Dieter: Die Laienbeteiligung in Gremien der Staatsverwaltung, Diss. Göttingen 1963.

*Schüle,* Adolf: Die Informationspflicht der Bundesregierung gegenüber dem Bundesrat, in: Völkerrechtliche und Staatsrechtliche Abhandlungen, Carl Bilfinger zum 75. Geburtstag, Köln, Berlin 1954, S. 441 - 471.

*Schütz,* Johann: Staatsanwaltschaft und Dritte Gewalt, in: Recht und Staat, FS für Günther Küchenhoff, 2. Hbbd., Berlin 1972, S. 985 - 999.

*Schulze,* Hermann: Lehrbuch des Deutschen Staatsrechtes, 1. Buch: Das deutsche Landesstaatsrecht, Leipzig 1881.

*Schumacher,* Karl: Zum Aufbau der Dritten Gewalt, DRiZ 1953, S. 17 - 19.

*Schweichel*, Heinrich: Die Zukunft der Staatsanwaltschaft, ZRP 1970, S. 171 bis 174.

*Seebode*, Manfred: Anmerkung zum Urteil des Bundesverfassungsgerichts vom 20. 6. 1967, DVBl. 1968, S. 177 - 178.

*Seeck*, Horst und Gernot *Steffens*: Die Deutsche Bundesbank, Frankfurt a. M. und Bonn 1967.

*v. Simson*, Werner: Das demokratische Prinzip im Grundgesetz, VVDStRL 29 (1971), S. 3 - 45.

*Smend*, Rudolf: Das Recht der freien Meinungsäußerung, VVDStRL 4 (1928), S. 44 - 74.

— Verfassung und Verfassungsrecht, in: Staatsrechtliche Abhandlungen, Berlin 1955, S. 119 - 276.

— Zum Problem des Öffentlichen und der Öffentlichkeit, in: Forschungen und Berichte aus dem öffentlichen Recht, Gedächtnisschrift für Walter Jellinek, München 1955, S. 11 - 20.

*Staff*, Ilse: Die Rechtsstellung der parlamentarischen Staatssekretäre, Frankfurt a. M. 1970.

*Starck*, Christian: Rundfunkräte und Rundfunkfreiheit, ZRP 1970, S. 217 bis 220.

*Starke*, Otto-Ernst: Das Gesetz über die Deutsche Bundesbank und seine wichtigsten öffentlich-rechtlichen Probleme, DÖV 1957, S. 606 - 612.

*Steffani*, Winfried: Opposition, Handbuch des deutschen Parlamentarismus, hrsg. von Hans-Helmut Röhring und Kurt Sontheimer, München 1970.

*Stein*, Ekkehart: Die Grenzen des dienstlichen Weisungsrechts, Tübingen 1965.

— Lehrbuch des Staatsrechts, 2. Aufl., Tübingen 1971.

*v. Stein*, Lorenz: Die Verwaltungslehre, Bd. 1: Die vollziehende Gewalt, 2. Aufl., Stuttgart 1869.

*Steiner*, Udo: Der „beliehene Unternehmer" — VG Münster, NJW 1967, 171, JuS 1969, S. 69 - 75.

— Öffentliche Verwaltung durch Private, DÖV 1970, S. 526 - 532.

*Stern*, Klaus: Umstrittene Maßnahmen der Bundesbank, JuS 1963, S. 68 - 73.

*Stern*, Klaus und Paul *Münch*: Gesetz zur Förderung der Stabilität und des Wachstums der Wirtschaft, Stuttgart 1967.

*Teichmann*, Claus: Das Ortsamt in der Hamburger Bezirksverwaltung, Köln, Berlin, Bonn, München 1969.

*Thieme*, Werner: Für eine Totalrevision des Grundgesetzes, ZRP 1969, S. 32 - 33.

*Thierfelder*, Hermann: Mitwirkung von Ausschüssen in der staatlichen Verwaltung — Möglichkeiten, Bewährung und Grenzen —, VerwArch. Bd. 49 (1958), S. 249 - 265.

*Thoma*, Richard: Grundbegriffe und Grundsätze, HdbDStR, 2. Bd., hrsg. von Gerhard Anschütz und Richard Thoma, Tübingen 1932, S. 108 - 159.

*Tiemann*, Burkhard: Zur staatsrechtlichen Stellung und Funktion des Bundesrechnungshofes nach der Haushaltsreform. DVBl. 1970, S. 954 - 960.

*Tipke*, Klaus und Heinrich Wilhelm *Kruse*: Reichsabgabenordnung mit Nebengesetzen, Taschenkommentar, Bd. 2, Köln 1963.

*Toews*, Hans-Jürgen: Die Regierungskrise in Niedersachsen (1969/70), Parteienstaat und parlamentarisches Regierungssystem in der Verfassungspraxis, AöR 96 (1971), S. 354 - 391.

*Triepel*, Heinrich: Die Reichsaufsicht. Untersuchungen zum Staatsrecht des Deutschen Reiches, Berlin 1917.

*Tsatsos*, Dimitris Th.: Der verwaltungsrechtliche Organstreit, Bad Homburg v. d. H., Berlin, Zürich 1969.

*v. Turegg*, Kurt Egon und Erwin *Kraus*: Lehrbuch des Verwaltungsrechts, 4. Aufl., Berlin 1962.

*Uhlenbruck*, Dirk: Die verfassungsmäßige Unabhängigkeit der Deutschen Bundesbank und ihre Grenzen, München 1968.

*Ule*, Carl Hermann: Zur Anwendung unbestimmter Rechtsbegriffe im Verwaltungsrecht, in: Forschungen und Berichte aus dem öffentlichen Recht, Gedächtnisschrift für Walter Jellinek, München 1955, S. 309 - 330.

— Der Verwaltungsrechtsschutz in den europäischen Staaten und die deutsche Verwaltungsgerichtsbarkeit, DVBl. 1970, S. 225 - 233.

*v. Unruh*, Georg-Christoph: Hemmung eines „despotisme administratif" durch verfassungskonforme Verwaltungsorganisation, DÖV 1970, S. 581 - 586.

*Vogel*, Klaus: Öffentliche Wirtschaftseinheiten in privater Hand, Hamburg 1959.

— Das Bundesverfassungsgericht zum Bremer Personalvertretungsgesetz. Probleme der Gewaltenteilung, der Regierungsverantwortung und der hergebrachten Grundsätze des Berufsbeamtentums, MDR 1959, S. 894 - 897.

— Gesetzgeber und Verwaltung, VVDStRL 24 (1966), S. 125 - 182.

— Zur Verantwortlichkeit leitender Organwalter, in: Hamburger FS für Friedrich Schack, Hamburg 1966, S. 183 - 196.

— Der gerichtliche Rechtsschutz des Einzelnen gegenüber der vollziehenden Gewalt in der Bundesrepublik Deutschland, in: Gerichtsschutz gegen die Exekutive, Bd. 1, Köln, Berlin, Bonn, München 1969, S. 127 - 183.

— Verfassungsrechtliche Grenzen der öffentlichen Finanzkontrolle, DVBl. 1970, S. 193 - 200.

*Voigt*, Hans-Uwe: Die Währungsverwaltung der Deutschen Bundesbank, Diss. Göttingen 1969.

*Vorbrugg*, Georg: Unabhängige Organe der Bundesverwaltung, Diss. München 1965.

*Wacke*, Gerhard: Das Gesetz über die Finanzverwaltung. Über seine Unvereinbarkeit mit dem Grundgesetz, Finanzarchiv NF Bd. 12 (1950/51), S. 713 bis 724.

*Wade*, Emlyn Capel Stewart und A. W. *Bradley*: Constitutional Law, 7th edition, London 1965.

*Wahl*, Rainer: Die Weiterentwicklung der Institution des parlamentarischen Staatssekretärs, Der Staat Bd. 8 (1969), S. 327 - 348.

— Stellvertretung im Verfassungsrecht, Berlin 1971.

*Walter*, Robert: Diskussionsbeitrag, VVDStRL 29 (1971), S. 90 - 93.

— Österreichisches Bundesverfassungsrecht, Wien 1972.

*Weber*, Hermann: Die Religionsgemeinschaften als Körperschaften des öffentlichen Rechts im System des Grundgesetzes, Berlin 1966.

*Weber*, Werner: Mittelbare und unmittelbare Demokratie, in: FS für Karl Gottfried Hugelmann zum 80. Geburtstag, Bd. 2, Aalen 1959, S. 765 - 786.

— Kommunalaufsicht als Verfassungsproblem, in: Aktuelle Probleme der Kommunalaufsicht, Berlin 1963, S. 17 - 36.

— Staats- und Selbstverwaltung in der Gegenwart, 2. Aufl., Göttingen 1967.

— Spannungen und Kräfte im westdeutschen Verfassungssystem, 3. Aufl., Berlin 1970.

*Welan*, Manfried: Die Lehre von der Gewaltentrennung und das B-VG, ÖJZ 1970, S. 449 - 453.

*Werner*, Leopold: Weisungsfreie Verwaltungsbehörden, JBl. 1957, S. 229 bis 232.

— Kollegiale Verwaltungsbehörden mit richterlichem Einschlag, JBl. 1958, S. 217 - 222.

*v. Wick*, Georg: Die Verantwortung der Bundesminister, DÖV 1956, S. 113 bis 115.

*Wildenmann*, Rudolf: Macht und Konsens als Problem der Innen- und Außenpolitik, Frankfurt a. M., Bonn 1963.

— Die Rolle des Bundesverfassungsgerichts und der Deutschen Bundesbank in der politischen Willensbildung, Stuttgart, Berlin, Köln, Mainz 1969.

*Winkler*, Günther: Staat und Verbände, VVDStRL 24 (1966), S. 34 - 78.

*Witting*, Alfons: Die Rechtsstellung der Personalräte innerhalb der Staats- und Kommunalverwaltung, Diss. Münster 1961.

*Wolff*, Hans J.: Verwaltungsrecht I, 7. Aufl., 1968; II, 3. Aufl., 1970; III, 2. Aufl., 1967; alle: München und Berlin.

*Wollmann*, Hellmut: Die Stellung der Parlamentsminderheiten in England, der Bundesrepublik Deutschland und Italien, Den Haag 1970.

*Wufka*, Eduard: Die verfassungsrechtlich-dogmatischen Grundlagen der Rundfunkfreiheit. Zugleich ein Beitrag zu Problemen der Rundfunkorganisation und Staatsaufsicht, Frankfurt a. M., Berlin 1971.

*Zimmermann*, Bernhard: Das Bundespräsidialamt, Frankfurt a. M., Bonn 1968.

*Zippelius*, Reinhold: Allgemeine Staatslehre, 2. Aufl., München 1970.

*Zuck*, Rüdiger: Subsidiaritätsprinzip und Grundgesetz, München 1968.

*Zwyssig*, Kurt: Repräsentation (Versuch einer neuen Repräsentationstheorie), Zürich 1971.

FSC
www.fsc.org
MIX
Papier | Fördert
gute Waldnutzung
FSC® C083411

Kolibri 360 GmbH
Ferdinand-Jühlke-Straße 7
99095 Erfurt, Deutschland
produktsicherheit@kolibri360.de

Druck:
CPI Druckdienstleistungen GmbH
im Auftrag der
Kolibri 360 GmbH
Ferdinand-Jühlke-Str. 7
99095 Erfurt